近代日本メディア議員列伝　8

石山賢吉の決算

ダイヤモンドの政治はあるか

佐藤彰宣

創元社

石山賢吉の決算——ダイヤモンドの政治はあるか　目次

凡例

①文中の表記で典拠が明らかな場合は、引用の文末にページ数のみ（＊＊）と表記した。引用文献リストにある文献では、（○○：＊＊）は○○が著者、＊＊がページ数を示す。また同一著者および著者の名字が同一の場合は刊行年も加えた。無署名の雑誌記事、また年鑑、日記資料群については文献名を示した。

②石山賢吉の単行本は年譜中の通し番号で示した。すなわち（石山④：20）は、石山賢吉『創刊苦心』ダイヤモンド社・一九三〇年、二〇頁である。出典確認の便宜を考え、新聞記事や雑誌論文を収載した単行本がある場合はそこから引用した。

③文中で出典を明示する場合は、煩雑さを避けるため、出版社の表記を除いた。

④引用文中の省略についてのみ（中略）と表記し、「前略」および「後略」は省いた。引用文中の雑誌、書籍は『』、論文、演題は「」で統一した。

⑤幅広い読者を対象とする本書の性格に鑑み、読み易さを優先して引用文に濁点や句読点、難字のルビを補った箇所もある。逆に、原文が総ルビの文章ではルビの大半を省略した。歴史的仮名遣いは原文のままとしたが、旧字体の漢字は新字体（常用漢字）に改めた。極端な当て字、人名・地名などの明らかな誤字についても訂正を加えた。また原文で改行の多い文章については適宜つなげて記載した。

⑥引用文中に差別などにかかわる不適切な語句があるが、今日の視点で史料に手を加えることはしなかった。ご理解を賜りたい。

石山賢吉の決算——ダイヤモンドの政治はあるか

序章
「記者一筋」の政治家
――経済雑誌と政界の近接性

執筆に取り組む石山賢吉（『私の雑誌経営』）

「一体、私は、文章を書く為めに、この世の中へ生れて来たやうな男でありま す。見る物、聴く物、悉く私の記者感に触れる。この方面の感覚は、常人より少し敏感になつて居るやうであります。従つて。原稿を書く事は、一の楽みとなつて居ます。厭でも書かなければならぬ事もありますが、さういふ事は滅多にありません。多くの場合、楽んで書きます。詰り、書く事は、私に取りて、一種の道楽であります。それを私は、職業にする事が出来たのでありますから、私は、幸福の人間であります。」（石山賢吉「社長更迭の辞」『ダイヤモンド』一九四〇年一月一日号：154）

「平常と変らぬ執務ぶり」

一九三七年三月一七日、東京市会議員選挙に出馬した石山賢吉は、当選の報を自社の社長室で耳にした。その様子が当時の『読売新聞』（一九三七年三月一七日号外）で記されている。

「激戦地品川の逐鹿戦《ちくろくせん》に初陣《ういじん》で見事金的を射止めた市政革新同盟石山賢吉氏はジャーナリストだけあつて当選の喜びもよそに麴町区内幸町二ノ三ダイヤモンド社の社長室に納まり平常と変らぬ執務ぶりだが、編輯局から溢《あふ》れ出る歓声の波、引きりなしの祝電の雨に流石《さすが》に嬉しさうだ」

石山賢吉は経済雑誌『ダイヤモンド』を一九一三年に創刊し、一代で現在に至るダイヤモンド社を築いた出版人である。この東京市会議員選の当選を機に、石山は出版業と並行しながら、政治家の道を歩み始めることとなる。

注目したいのは、選挙結果を待つときの姿である。開票速報というのは、選挙に出馬した大半の候補者にとっては何も手につかないほど、気が気でないもののはずである。現在でも、選挙事務所で支援者とともに固唾《かたず》をのんで結果を見守る候補者の様子は、テレビの選挙特番において定番の構図となっている。

しかし石山の場合は、周囲の方が結果を気にし、当の本人は社長室にこもって、我関せずといつも通り仕事をしているというのだ。もちろん、歓声に反応して嬉しそうな表情を浮かべるなど、人間らしい一面も垣間《かいま》見せており、一人自室で結果に気を揉《も》んでいたとも考えられる。紙面には「ダイヤモンド社長石山氏の嬉しさ」というキャプションで社員に囲まれ笑みを浮かべる石山の表情が掲載されている。

図 0–1　東京市議選当選時の石山（『読売新聞』1937 年 3 月 17 日号外）

それゆえに、「平常と変らぬ執務ぶり」というのも取材に来た記者に見せたポーズとして考えることもできる。もっとも写真をみると、石山よりも周囲の方が笑っているようにもみえなくもない。

とはいえそれがもし平静を装うためのパフォーマンスだったとしても、石山はなぜそうした「ジャーナリスト」としての素振りを見せたのだろうか。選挙に出馬しながら、その結果を気にも留めないように「平常と変らぬ執務ぶり」に取り組むキャラクターを自己呈示する。そこに、石山の考えるメディア議員としての姿が浮かび上がる。

「生涯一記者を貫いて」

メディア議員としての石山の振る舞いを検討するうえで、まずその手がかりとなるのは石山の「執務」に対する向き合い方である。石山は初めての自伝といえる『創刊苦心』（一九三〇年）の冒頭で、記者があくまで本職であると綴っている。

「ダイヤモンドが、どうにか物になつたのは、全く時勢のお蔭だ。是れは、私が謙遜して云ふのではない。真実、私はそう信じて居るもので、欧州戦争がなかつたならば、ダイヤモンドは疾《と》うの昔に煙になつて居るのである。
然し、時勢に助けられた雑誌でも、其経営に苦心がない事はない。順風で走る帆船でも、舵《かじ》取りに苦心があると同じ事だ。取り分け、私は、記者が本職で、経営は全然素人《しろうと》である処から、人一倍骨が折れた。」(1)

それからおよそ三〇年後『新経済』(一九五九年五月号)でのインタビュー記事においても、石山は「私は記者が本業で、経営は片手間なんだよ」、「記者としては一人前だが、経営では他の人におよばないね」(52)と述べている。石山にとって記者が本職・本業であるという立場は、終始一貫してきた。

周囲からの評価においても石山の「記者」としての姿が強調されてきた。一九五五年には石山は、菊池寛賞を受賞しているが、その受賞理由は、「雑誌経営、ならびに編集者として一貫変わらざる精進」であった。さらに石山が一九六四年に死去したことをきっかけに、ダイヤモンド社で石山の著書のなかから『先人に学ぶ』(一九三五年、旧版は千倉書房より刊行)と『人間学』(一九四九年)が再刊された。その「まえがき」でも、「記者かたぎ」としての石山像が強調されている。

「著者は昨年七月、八十二歳で没した。およそ六十年にわたる記者生活であった。そのなかの五十年は『ダイヤモンド』の創刊にはじまり、その記者活動と経営に終始した。

記者かたぎとでもいうか、いつも人間を愛し、人の知識を尊び、異色ある人物に心を動かした。これらに関する原稿執筆は、生涯を通じて莫大なものである。著書として残されたものも三十数冊をかぞえる。」(1)

図 0–2　石山賢吉顕彰記念会『石山賢吉物語——生涯一記者を貫いて』(2007年)

石山についての評伝は、短編こそいくつか存在するが、まとまったものは限られる。ダイヤモンド社ホームページ掲載の「石山賢吉物語」、および石山賢吉顕彰記念会『石山賢吉物語——生涯一記者を貫いて』（二〇〇七年）、そしてダイヤモンド社の社史『七十五年史』（一九八八年）を底本として近年刊行されたダイヤモンド社社史編集委員会編『百年紀を越えて Beyond the Centennial』（二〇二一年）である。いずれもダイヤモンド社自身によるいわば「正史」といえる評伝である。特に『石山賢吉物語』では副題の通り、経済記者としての石山の実績に光が当てられ、表紙の写真にも書斎で執筆する石山の姿が据《す》えられている。この写真は一九三八年に刊行された『ダイヤモンド社二十五年史』に掲載されたもので、ダイヤモンド社にとっての石山を象徴するイメージといえるものでもある。「記者が本職」という石山の言葉に倣《なら》って、先の『石山賢吉物語』をはじめ、これまでの評伝でも、『ダイヤモンド』を苦難の末に経済雑誌の代表格へと築き上げた雑誌経営者、実直な経済記者としての姿が色濃く描かれてきた。

　では、このように自他ともに認める「記者一筋」の人間が、なぜ政治家となったのだろうか。記者とそれに付随する雑誌経営者としての功績が強調される反面、政治家としての顔はほとんど語られてこなかった。

「記者一筋」を誇るだけあって石山は、五〇冊以上の著作を刊行し、自伝的内容を含む著作だけでも六冊に及ぶ。ただ自伝のなかでもほとんど政治活動については語られていない。唯一、一九四七年衆院選の活動について扱った自著として『随筆 花に背いて』（一九四八年）がある。第二三回衆議院選挙において地元の新潟一区より日本自由党の公認で出馬した石山だが、同書でも選挙活動の模様については綴られていても、なぜ政治家となったのかについては述べられていない。それゆえに評伝でも政治家としての言及は限定的にしか触れられていない。

ダイヤモンド社ホームページ掲載の「石山賢吉物語」では、「衆議院議員に当選するが、なぜ政治に突き進んだかは資料の限りではわからない」という。石山記念顕彰会の評伝でも、「政治は決して好きではなかったが、やむにやまれぬ使命感から政治への参画を決意した」（110）、「在野の立場から進んで国会の場にその言論を反映させたいという思いから」（133）と記されている。「正史」からも記者・雑誌経営者としての石山に対して、政治家としての石山についての記

表 0-1 《近代日本メディア議員列伝》で取り上げられている議員の当選回数

議員名	当選回数
橋本登美三郎	12
降旗元太郎	11
三木武吉	11
田川誠一	11
中野正剛	8
関和知	7
西岡竹次郎	6
大石正巳	6
古島一雄	6
神近市子	5
上田哲	5
池崎忠孝	3
米原昶	3
石山賢吉	1

述は希薄である。

それもやむを得ない面もある。というのも石山は国会議員としての当選回数はわずか一回のみである。しかも公職追放によって議員の座を追われたため、務めた期間も半年足らずであった。本シリーズで取り上げられるメディア議員のなかでも、当選回数一回というのは他にみられない少なさといえる。志半ばで政界を退かなければならなかった事情もあってか、石山の自伝でも多くは語られず、それに付随して既存の評伝においても政治家としての石山にはほとんど焦点が当てられてこなかった。

「一回議員」を通して考えるメディア議員の裾野

では、当選回数わずか一回のみの石山をなぜメディア議員として取り上げるのだろうか。出版人としては功績を残したが、当選回数だけみれば議員としては際立った存在ではないかもしれない。

しかし視点を変えれば、メディア議員の典型例として捉《とら》えることもできる。本シリーズの起点となった『近代日本のメディア議員——〈政治のメディア化〉の歴史社会学』（二〇一八年）では、『衆議院議員名鑑』（一九九〇年）をもとに、一八九〇年から一九九〇年までの一〇〇年間で当選した議員のなかからメディア業界に関連した「メディア関連議員」九八四人分のデータを抽出・分析している。そのうち、石山のように当選回数が一回限りの議員の数は、実に三一九人にものぼる（河崎：78）。雑誌界では三号あたりで休刊・廃刊に至る雑誌を「三号雑誌」というが、政界でいえばメディア議員の三分の一がいわば「一回議員」で占めているのである。

そこに二回当選の議員を加えると、もはやメディア議員の約半数となる。さらに立候補したが当選しなかったメディア関係者も含めると、その数は膨大なものとなるだろう。石山が「メディア議員」へと至るプロセスを検討することは、多選議員だけでは見えないメディア議員の「裾野」を考えるための事例ともなろう。

「一回議員」といっても、石山の場合は冒頭で記した通り東京市議に当選し、翼賛体制下となった期間も含め二期六年間務めている。さらに実は、公職追放後も二度国政選挙に出馬していた。一九四九年の第二四回衆院選（民主党・新潟一区）、一九五〇年の第二回参院選（国民民主党・全国区）と立て続けに立候補している。いずれも落選してしまうが、それらの期間も合わせると石山は一〇年近くにわたって政治に携わっていたことになる。

表 0-2　メディア関連議員の当選回数割合

当選回数	人数	%
1 回	319	32.4%
2 回	168	17.1%
3 回	111	11.3%
4 回	83	8.4%
5 回	56	5.7%
6 回	64	6.5%
7 回	47	4.8%
8 回	40	4.1%
9 回	27	2.7%
10 回以上	69	7.0%

結果的に国政議員としては不遇であったとはいえ、「記者が本職」であることを自負したはずの一人の出版人が、戦時下から敗戦後にかけていつの間にか政治と関わるようになっていく経緯を紐解くことは、メディア議員が社会のなかで生み出される回路を映し出すことにもつながろう。

「近未来予測」の自己成就メディア

石山が身を置いた経済雑誌は、政治家を多数輩出した業界でもあった。石山のみならず、『ダイヤモンド』の競合誌であった『東洋経済』の石橋湛山《たんざん》をはじめ、『実業之世界』の野依秀市《のよりひでいち》、『実業之日本』の増田義一《ぎいち》など、経済雑誌の経営者および記者が政界へ進出を果たしている。

なぜ経済雑誌の関係者の多くが政界へ進出したのか。そこには、経済雑誌が有する「近未来予測メディア」としての特性が関わっていよう。

そもそも雑誌自体が、「近未来」を意識したメディアでもある。『青年と雑誌の黄金時代』（二〇一五年）において、佐藤卓己は「発行日」の意味に注目することで、新聞、書物と比較しながら雑誌の「近未来」的性格を指摘している。書物が奥付の発行日の後に読まれ、新聞は発行日当日に読まれるのが通常であるが、雑誌の場合は発行日の「少し前」に読まれる。「つまり、「いま」よりも「近未来」に発行日をもつ不思議なメディアなのだ。それゆえ、雑誌は時間の幅を前向きにスライドして意識させてくれるほとんど唯一のメディアである」（v）という。

だとすれば経済の「近未来」を予測する経済雑誌は、その最たるものといえよう。石山によって一九一三年に創刊された『ダイヤモンド』は、企業分析や株式市況の予測を特徴とする経済雑誌である。『ダイヤモンド』の成功によって石山も「我が国の実際的経済理論の指導者として――殊《こと》に財界前途の見通し、株界の変遷等に関しては権威者を以つて過されてゐる」と評されるまでになる（内海：101）。

石山と『ダイヤモンド』は財界や景気を見通す権威的存在となったわけだが、今日に至る過程で同誌は、株式市況の予測、業界の分析のみならず、学歴やキャリア、さらには老後の生活に至るまで、多岐にわたるテーマを扱うようになった。二〇一三年に『ダイヤモンド』は創刊から一〇〇周年を迎えた。創刊一〇〇周年記念号となった二〇一三年五月一八日号の特集は「総力検証!パナソニック最後の賭け」と業界分析であったが、その前後を見てみると、「親子で選ぶ「老後の住まい」」(四月二七日・五月四日合併号)、「〝仕事消失時代〟に生き残るビジネスマン」(五月一一日号)、「子どもが伸びる!中高一貫校・高校ランキング」(六月一日号)など、老後やキャリア、学歴などの特集が並んでいる。これらのテーマに共通するのは、個人や社会の「近未来予測」という点にあろう。株価や業界の動向を予測する『ダイヤモンド』は、個人の人生や社会の動向をも射程に入れた、近未来を占う経済雑誌として現在でも読まれ続けている。

「近未来予測メディア」としての性格を有する経済雑誌がなぜ政治と接近するのかについては、『ダイヤモンド』において石山のもとで働いた三鬼陽之助の話が示唆的である。一九三一年に『ダイヤモンド』入りした三鬼は二年足らずで退社、独立し、その後石橋湛山に声を掛けられる形で今度は『東洋経済新報』に入社した。石山の『ダイヤモンド』と石橋の『東洋経済』という経済雑誌の二大巨頭のもとでキャリアを積んだ三鬼は、戦後『財界』を自ら創刊している。三鬼は後年『財界』(一九九七年七月二二日号)でダイヤモンド社での下積み時代を回顧しながら。経済という分野がいかに政治と近接しているかに言及している。三鬼によると「私が入社した当時も、公経済の東洋経済新報に対し、ダイヤモンドは私経済の最高峰的な大権威で、ダイヤモンドに悪評されたら、株価は暴落、直ちに経営者の進退が云々《うんぬん》された」（177）という。三鬼は「経済と政治と、それは、裏と表で、一衣帯水の世界である。有無相通ずる世界である。判然とは、区別出来ない境目の代物《しろもの》の様であると」と指摘した（『財界』一九五八年四月一日号：96）。

そんな三鬼は、経済記者として石山と石橋のもとで学び、自らも経済雑誌を立ち上げた経験をもとに、「経済記者の宿命」を説いている。

「早い話、いかに多くの経済記者が、政界に転出しているかである。経済記者の終局の目標は、政治家になることだ、とも考えられる。思い出すだけでも、増田義一（実業之日本）さんを始め、石橋湛山（東洋経済）、石山賢吉（ダイヤモンド）、野依秀市（実業之世界）、木村禧八郎（元時事新報）、野田豊（ノダケイザイ）、高橋亀吉（高橋経済研究所）さんがいる。このうち、総理大臣の最高峰に達したのは石橋さんだけで、他は、必ずしも成功しておらず、なかには、石山さんの様に、二度も落選、ついには政界転出を断念、その代り、ダイヤモンドの経営に再専念。ついに「菊池寛」賞の栄与に浴した大先輩もいる。」（同：96）

三鬼自身もその後、「先輩」にならって一九五八年の衆議院選挙に三重二区から出馬している。落選こそしたが、三鬼は「経済記者の目標は政治家になることだ」と指摘した「経済記者の宿命」を自らも辿ることとなった。

三鬼の説く「経済と政治の一衣帯水の世界」を補足するとすれば、「近未来を予測するメディア」としての経済雑誌に対して、その「予測」を実現する領域こそが政治であるといえよう。経済記者は職務上、政財界に接近するわけだが、政財界との距離の近さを基盤とし、自らが発した予言を自分自身で成就させるために政治家となるとも考えられる。石山の来歴を辿ることで、経済雑誌がいかにして「近未来予測」の自己成就メディアとなるのかも検討することができるだろう。

好敵手としての『東洋経済』石橋湛山、『実業之世界』野依秀市

石山が身を置いた経済雑誌界は、先に触れたように政治家を多数輩出した業界でもあったが、そのなかでも経済雑誌出身の政治家として真っ先に想起されるのは、『東洋経済』の石橋湛山であろう。経済の視点から天下国家を論じ、時の首相にまで登りつめた石橋については、筒井清忠『石橋湛山――自由主義政治家の軌跡』（一九八六年）をはじめ、増田弘『石橋湛山――リベラリストの真髄』（一九九五年）、同『石橋湛山――思想は人間活動の根本・動力なり』（二〇一七年）などをはじめ、膨大な数の評伝がある。小日本主義や金解禁論争などに象徴されるように、戦時下のなかで時の政府を真っ向から批判する自由主義者としての石橋にとりわけ関心が寄せられてきた。さらに近年では鈴木裕輔『政治家石橋湛山――見識ある「アマチュア」の信念』（二〇二三年）や増田弘『政治家・石橋湛山研究――リベラル保守政治家の軌跡』（二〇二三年）のように戦後、現実政治のなかで首相の座に就いた政治家としての石橋にも焦点が当てられるなど、没後五〇年を経てもなお石橋への注目は留《とど》まるところを知らない。

また『実業之世界』で自ら広告塔となり、「言論ギャング」として政財界の間でその名を馳《は》せた野依秀市についても、佐藤卓己『負け組のメディア史――天下無敵野依秀市伝』（二〇二一年）でその存在は

知られることになった。

多くの先行研究がある石橋や近年注目されている野依とは対照的に、石山についてのまとまった評伝は先に挙げたようにダイヤモンド社自身による「正史」のみである。たしかにメディア議員としてみれば、石山は権力の頂点に登りつめた「勝ち組」でもなければ、「負け組」として名を馳せたわけでもなく、どちらかといえば平凡な存在といえよう。

とはいえ、大正から昭和にかけて彼らと経済雑誌界の覇権《はけん》を争った石山は、しばしば好敵手として対比されてきた。石橋とは、現在まで続く『ダイヤモンド』と『東洋経済』の二大経済雑誌の基礎を築いた間柄である。

例えば経済評論家の小汀利得《おばまとしえ》は、「産業経済雑誌論」内外社編『総合ヂャーナリズム講座第一一巻』(一九三一年)にて、「東洋経済新報を組上《そじょう》に上す以上、之れと種々の意味に於て対抗するダイヤモンドを見て行く必要がある」(147f)として、『東洋経済』と『ダイヤモンド』の関係性を次のように比較している。

「東洋経済新報の特徴は理論と統計との方面にあつて、自然同じ経済現象では公経済、金融方面に関する観察が鋭いが、私経済の方面、会社の内容解剖といふが如き方面は、どちらかといへば稍々《やや》ネグレクトし勝ちであつた。この欠陥を補ふべく現はれたものがダイヤモンドである。」(148f)

天下国家の経済問題を論じる「公経済」の『東洋経済』と、具体的な企業の経営状況を分析する「私経済」の『ダイヤモンド』という構図である。小汀はより具体的に、「両誌の経済社会に対する寄与の特筆すべきものを挙げるならば、東洋経済が常に一歩進んだ経済思潮を社会に注入し来つたことと、ダイヤモンドが日本に会社内容の見方を教えたことであらう」（150）と整理している。

石山にとって野依とは慶應義塾商業学校で『実業之世界』の前身となる『三田商業界』を創刊するなど、同窓として浅からぬ縁がある。野依自身が『実業之世界』において、その話題を題材に自らの出世談を語り、『石山賢吉と野依秀市』（一九六六年）として書籍化までしている。

興味深いのは、野依の著書が刊行される一八年も前に、「石山賢吉と野依秀市」という同名の記事が『丸』（一九四八年一一月号）に掲載されていることだ。『丸』といえば現在ではミリタリー雑誌であるが、この当時にあっては多様なトピックを扱う総合雑誌であった。総合雑誌時代の『丸』においてメディア業界の記事を執筆していた増田信一郎は、上述した両者の因縁を踏まえたうえで「石山は水のように冷静で質実、野依は火のように熱烈で豪放である」（92）として次のように両者を対比している。

「石山が科学的に冷静に会社の決算報告を分析しようとするに対して、野依は直観的にまた多分に感情的に経営者個人の性格を分析しようとするわけだ。野依のこの直観力は殆《ほと》んど天稟《てんぴん》ともいうべきであつて、彼が経営者の性格から帰納して不正ありと認定した場合は殆んどその推測を誤らない。東京電燈、愛国生命、東京農工銀行等の事件も大部分が彼の直観力によつて看破したものであつた。

同様に石山の決算報告を分析して、その会社の経営能力を判断する能力も他に比類すべきものを見ない。石山の「ダイヤモンド」の記事がその対抗誌の「東洋経済」を刺戟し、その内容を向上せしめ、ひいては他の経済雑誌の質を向上せしめるために果した間接的な貢献は、決して忽緒《こっしょ》に付することは出来ない。また野依の「実業之世界」の暴露記事が、経済界及び政界の粛正に尽した功績も、必ずしも過少評価すべきではない。」(91)

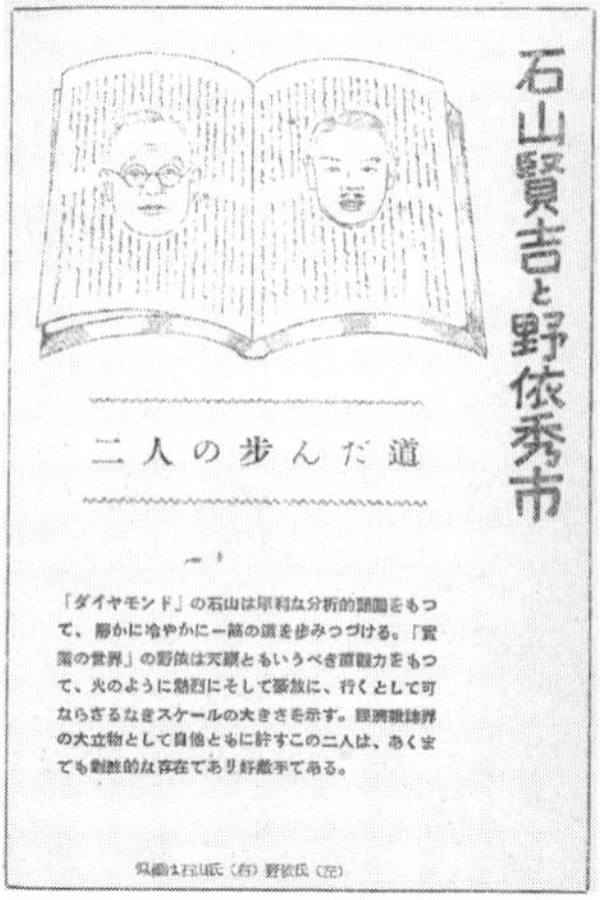

図 0–3　増田信一郎「石山賢吉と野依秀市」(『丸』1948 年 11 月号)

『ダイヤモンド』と『実業之世界』に映る石山と野依の対照的な性格を論じていたはずが、増田の説明は次第に『ダイヤモンド』と『東洋経済』、石山と石橋の関係にスライドしている。

「「東洋経済」の当時の主幹、石橋湛山の世界経済に対する洞察力は、他に及ぶべきものを見ない。「東洋経済」の存在が日本の経済雑誌に幅と品位を与えたことも、また特筆大書さるべきである。この意味からいえば、石山のライヴァルは野依よりも石橋ということができる」(91)

いずれにしても、同じ釜の飯を食った因縁を持つ野依、そして『ダイヤモンド』の「ライヴァル」誌である『東洋経済』の石橋は、石山を論じる際の比較対照として挙げられてきた。

「政治の論理」と「メディアの論理」のはざまで

石山と石橋、野依は経済雑誌の主筆にして、奇《く》しくも三人とも議員となるのだが、そのスタンスは三者三様であった。

石橋にとってのジャーナリスト経験は、『東洋経済』で記者となった早い段階から「政治家を志望していた」と増田弘が指摘しているが（増田 1995：28）、政治家になるための足掛かりであった。それに対して、野依は、「メディア人間」として佐藤卓己が表現するように（佐藤 2021：17）、自らの知名度を高めるために言論界から政界へと活躍の場を拡張していった。その意味で、石橋が「政治の論理」を体現する存在であったとすれば、その対極で野依は「メディアの論理」を象徴する存在であった。

ここでいう「政治の論理」、「メディアの論理」というのは、本シリーズの基調となっている分析概念である。『近代日本のメディア議員』において、「政治の論理」とは何らかの理念や価値の実現を目指す態度であり、一方で「メディアの論理」とは影響力の最大化を図る志向を指すものとして佐藤卓己は定義している（佐藤 2018：10）。だとすれば「政治の論理」の極にある石橋がジャーナリズム研究にて、そして「メディアの論理」の極にある野依がメディア史研究にて取り上げられるのもうなずけよう。

「政治の論理」と「メディアの論理」、石橋と野依、そんな二極の磁場のはざまで見落とされてきたのが石山であった。「小アジア主義」を説き、輿論《よろん》指導を行う孤高の言論人であった石橋と、「野依雑誌」として自己の存在を全面展開する言論ギャング・野依がそれぞれ政界へと転じるのは自然の流れともいえよう。だが、その二人と比較した際に、「記者」としてのアイデンティティを実直に堅持しようとした石山がなぜ政治家となったのか、改めて疑問に思われる。

再び小汀利得の石山評を見てみたい。小汀は一九六四年に石山が没した際に「石山賢吉君を送る」（『朝日新聞』一九六四年七月二五日朝刊）として次のような弔文を寄せている。政治家としての石山に言及した数少ない評価言説でもある。

「石山君が慶応義塾商業学校を卒業したのは明治三十九年であるが、この年は西暦でいうと一九〇六年だから、ちょうど五十九年目に当る。今日現役の記者あるいは評論家の年齢は大部分石山君の記者の年数に及ばないものである。しかもそれが終始一貫経済記者としての生活である事を思うと、この人の記者生活が如何《いか》に長かったかがわかる。その間、桐島像一《しゅういち》、宮島清次郎、広川弘禅《こうぜん》等の諸君と東京市会革新のために東京市会議員になったり、また戦後衆議院議員に打って出たりした事は同君が如何に血の気が多かったかを物語るものであるが、ただその間ダイヤモンド社のために経済記事を書くことと、その経営については寸時もゆるがせにしなかった。要するにこの人はわが国の公私経済の批判の線から一度も外れなかった事が特徴である。また同君の生活はきわめて質素であり、清潔でいわゆる経済記者の亜流とは選を異にしている。」

ここでもやはり石山の経済記者一筋であった「質素で清潔」な態度が言われる一方で、同時に政界への進出を「血の気の多さ」と小汀は評している。ここまで見てきたように、石山は「水のように冷静で質実」な記者である姿が描かれ、とりわけ野依との対比で強調されてきた。それに対して小汀のいう「血の気の多さ」は、一見すると矛盾するようにも思われる。この結節点にこそ、石山が政界へと進出した謎を読み解く鍵があるのではないだろうか。

よって石橋と野依との関係性をにらみながら、石山のこの矛盾する性格がどのように接続しえたのかを明らかにすることで、メディア議員としての石山の姿を立体的に描き出せるかもしれない。

石山賢吉の政論はあるか

石山と石橋、野依との関係については、『近代日本のメディア議員』においても、雑誌メディアと議員の関連を整理した福井佑介「出版関連議員と政論メディアの変遷」のなかで言及がある。経済雑誌ジャンルの出版関連議員として、石橋や野依、そして同じく政界に進出した『実業之日本』の増田義一とともに石山が触れられている。福井は『東洋経済』や『実業之世界』と比較しながら、『ダイヤモンド』の性格について次のように的確にまとめている。

「同誌には、財界の概況や時報が掲載され、会社の経営分析を連載し、あわせて経済統計や調査資料が示されていたものの、政論は含められていない。これまで見てきた経済雑誌は、報道性と評論性を兼ね備えるという点では一般経済雑誌であったのであるが、その評論性には政論が含まれており、「政論メディア」でもあった。一方、『ダイヤモンド』誌の評論性はあくまで経済評論にとどまっている点で対照的である。」(187)

『東洋経済』はいうまでもなく、『実業之日本』や『実業之世界』も福井は政論を扱う「政論メディア」として位置付けている。「政論メディア」としての性格を持つ経済雑誌を取り仕切っていた石橋や野依、増田が政界へと進出するのは、メディア出身議員という点からすればイメージしやすい。

だが、福井が指摘するように、これらの同業他誌に対して、『ダイヤモンド』は「あくまで経済評論にとどまっている」。だとすれば、なおさら石山がなぜ政治家となったのかについて説明が付かない。

ただし石山個人の来歴に注目すると、その示唆となるものがみえてくる。石山が関わった雑誌は『ダイヤモンド』だけではない。名古屋発の夕刊紙『名古屋日報』や婦人雑誌『家庭婦人』、戦時期には『経済マガジン』や『満洲経済』、さらに敗戦後にも芦田均《ひとし》との同人誌『東京だより』など、出版活動を通して形成していった人的ネットワークをもとに、「経済評論」の枠にとどまらない雑誌を手掛け、そこで自らも記事を執筆した。『満洲経済』については、正史『百年紀を越えて』（二〇二一年）や平山周吉『満洲国グランドホテル』（二〇二二年）など近年注目されているが、その他の存在は自伝や評伝、社史においても、断片的にしか言及されてこなかった。同時に、石山は自社の出版物のみならず、さまざまな雑誌に多様なテーマで、文字通り「一記者」として寄稿してきた。こうしたなかで記者および雑誌経営者として石山は、「政論メディア」に関与することとなっていったのである。そして選挙への出馬に際しては、冒頭に挙げたように記者・雑誌経営者を第一義とする政治家という姿を全国紙や地元紙『新潟日報』などで呈示していた。

本書では、それらを整理するなかで、記者一筋をアイデンティティとする出版人が政治家となっていくプロセスを浮かび上がらせたい。

逆に石山と関係の深かった芦田均や、経済誌のライバル関係にあった石橋湛山に関する評伝のなかで、石山の名はほとんど出てこない。石山の来歴を辿ることで芦田や石橋の新たな一面も見えてくるかもしれない。特に本書では石山と接点を持った人物について詳細にみていきたい。石山が築いていったさまざまな人物との接点こそが、必ずしも政治家を志していなかった石山を政治の世界へと導いた原動力となったと考えられるからである。

第一章

不良苦学生が抱いた立身出世

――「独学」への自負の芽生え

幼少期の石山賢吉（『越佐が生んだ日本的人物 続』）

「世の中は広いもので、どういふ人でも、適所がある。学校の成績がよければよいやうに、悪ければ悪いやうに、必ずその人の適所があるものである。だから、学校の成績が悪くても悲観するに及ばない。同時に、学校の成績がよくても、威張つてはいけない。学校が優等でも、社会の優等生に成り得るとは限らない。いや、寧《むし》ろ、社会の優等生は学校の優等生でない方が多い。」

（石山賢吉「適材適所」『経済マガジン』一九三八年九月号：178）

「地元びいき」の由来

「石山賢吉　新潟県第一区選出　日本自由党
　明治一五年一月生・東京都出身・明治三九年慶應義塾商業学校卒業〇実業の世界、日本新聞、毎夕新聞各記者を経て、経済雑誌「ダイヤモンド」を創刊、同社取締役会長、不動化学工業（株）取締役、東京テアトル（株）監査役となる、また大蔵省専売局参与、同省通貨対策委員、同省行政委員、厚生省中央賃金委員、商工省参与等となる。著「決算報告の見方」〇当選一回（23覚）〇昭和三九年七月二三日死去」(66)

歴代衆議院議員の経歴を収めた『衆議院議員名鑑』（一九九〇年）では、石山賢吉はこのように紹介されている。石山についての過不足ない情報のなかで、ただ一つ誤りがある。それは出身地である。「東京都出身」と記載されているが、正しくは新潟県出身である。

たしかに出版人としての石山の拠点は、常に東京にあった。ダイヤモンド社本社も、自宅も、本籍も、そして墓も東京に置かれた。それゆえに「東京出身」と勘違いされるのも分からなくはない。『衆議院議員名鑑』だけでなく、『人事興信録』（一九二五年）、『昭和新聞名家録』（一九三〇年）など、「東京府の人」として紹介される記述は散見される。

だが石山にとっての出身地である新潟は、ただの出身地ではない。石山が手掛けた仕事は新潟と関わるものが多く、常に郷里新潟が念頭にあったといってもよいだろう。地元への執着は、序論で紹介した小汀利得の弔文（『朝日新聞』一九六四年七月二五日朝刊）においても、「彼はまた郷里の面倒を度がすぎる程度まで見た」と評されている。

後の章で触れるように、石山は大河内正敏が理化学研究所の第三代所長を勤めていた一九三〇年代に、大河内へ働きかけ、一九三五年に地元の白根町へ理研電線株式会社の工場誘致を実現している。さらに石山自らも東京新潟県人会会長を第三代（一九四六―一九四八）および第五代（一九五二―一九六四）と、二期一六年以上も務めるなど、地元新潟県、そして郷里白根町の「顔」としても活動していた。

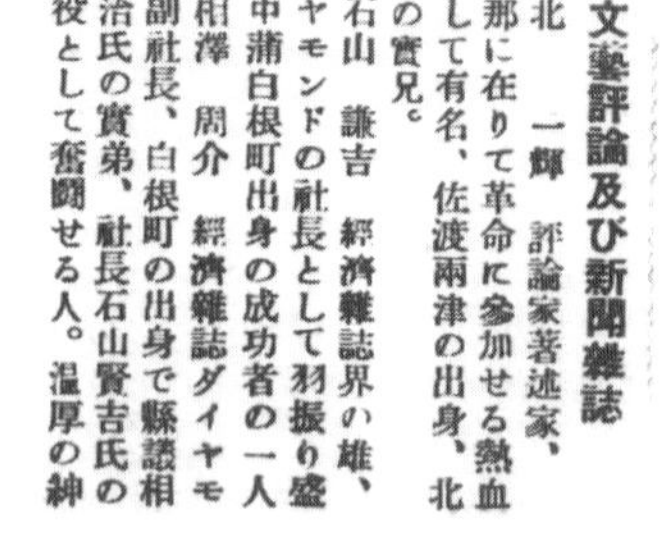
文藝評論及び新聞雜誌
◇北　一輝　評論家著述家、
く支那に在りて革命に参加せる熱血
見として有名、佐渡兩津の出身、北
吟吉の實兄。
◇石山　謙吉　經濟雜誌界の雄、
ダイヤモンドの社長として羽振り盛
ん、中蒲白根町出身の成功者の一人
◇相澤　周介　經濟雜誌ダイヤモ
ンド副社長、白根町の出身で縣議相
澤成治氏の實弟、社長石山賢吉氏の
女房役として奮鬪せる人。溫厚の紳
士。

図 1-1　新潟出身の「文芸評論及び新聞雑誌」界の著名人（『新潟県年鑑 昭和九年度版』）

そのため新潟では地元を代表する出版人、実業家として取り上げられてきた。『新潟県年鑑 昭和九年版』（一九三三年）では、「文芸評論及び新聞雑誌」分野での県出身著名人として石山が、北一輝《きたいっき》や弟の北昤吉《れいきち》らとともに名を連ねている。石山については「経済雑誌界の雄、ダイヤモンドの社長として羽振り盛ん、中蒲白根町出身の成功者の一人」（14）と紹介されている。

新潟といえば、石山とおおよそ同じ時代、明治末期から大正、昭和にかけて活躍した出版人を輩出した地でもある。博文館の大橋進一および大橋新太郎、実業之日本社の増田義一、ベースボール・マガジン社の池田恒雄、第一書房の長谷川巳之吉《みのきち》、主婦と生活社の大島秀一《ひでいち》などがいる。とりわけ『実業之日本』を一八九七年に創刊し、経済雑誌界で『ダイヤモンド』とも覇権を争った増田義一は、石山と同じように衆議院議員にもなったメディア議員である。石山とは対照的に増田の場合は、衆院選に八回もの当選数を誇る多選議員である。主婦と生活社の大島も、石山も出馬した一九五〇年の第二回参院選への立候補を皮切りに政界進出している。大島は一九五二年の第二五回衆院選以降、衆院選に四度出馬し、通算三期にわたって衆議院議員を務めた。戦後自由党の重鎮となる北昤吉も、戦前・戦時期には雑誌『祖国』を主幹として運営していたメディア議員であるが、一九四八年の第二三回衆議院議員選挙では新潟一区を舞台に直接、石山と選挙戦で相まみえることとなる。

そうしたメディア議員と伍《ご》して、新潟県出身の「成功者」といわれた石山であるが、新潟で過ごした期間は決して順風満帆なものではなかった。

油紙の家から染物の家へ

石山賢吉は、一八八二年に新潟県西蒲原《にしかんばら》郡曽根村で、父・賢治、母・マスのもとに生まれる。父の賢治は、雨具などにする油紙の製造を生業としていた。ビニールが普及していなかった当時は、和紙に油を染み込ませた油紙が、防水性に優れるということで、桐油《とうゆ》合羽《がっぱ》のように雨具として利用された。父の賢治は石山家の次男であったが、長男・九蔵が「酒好きで、酒クセが悪く、廃嫡《はいちゃく》されて、私の父が家業を継いだ」という（石山㉝：29）。賢治のもとで石山家の油紙業も順調な歩みを見せていた。

「無論、それは、ささやかな家であった。何のなにがしと名乗る家ではなかった。それでも、その町では、ひとっぱしの小工業家であった。和紙を揉んで、油をしみ込ませ、油紙を作るのを業とし

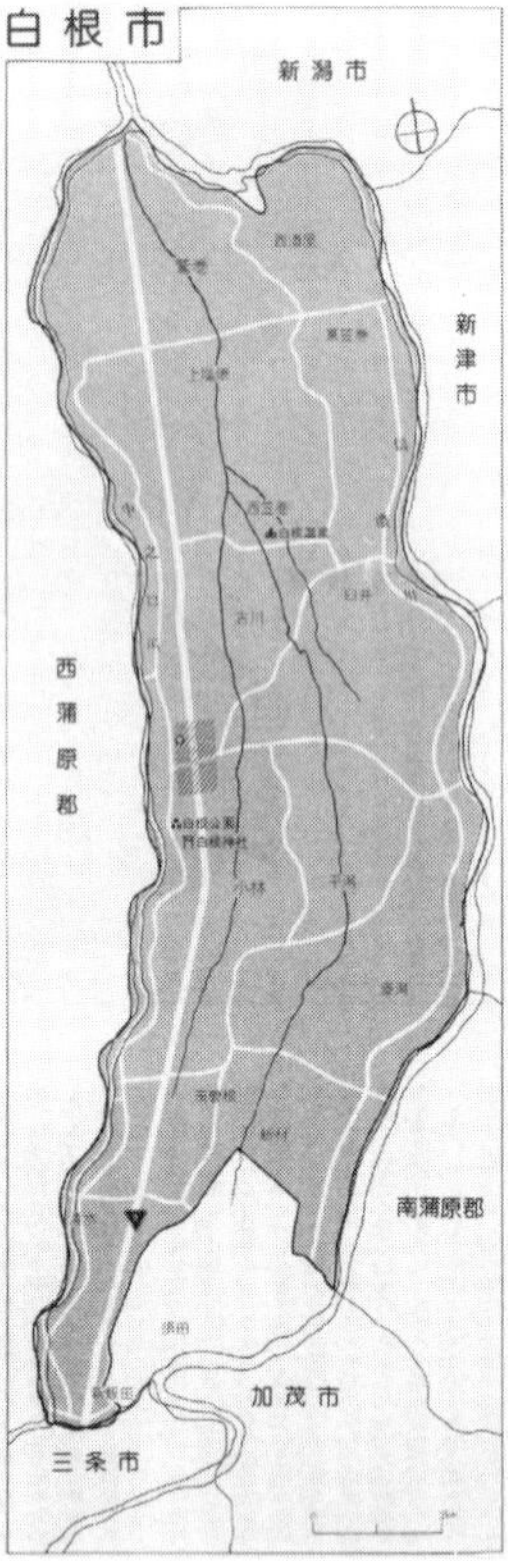

図 1-2　二つの川に挟まれた白根（『新潟県風土記』）

た。間口、奥行十数間、工場に住宅を兼ねた家であった」（石山㊻：237）

しかし石山が生まれた年に賢治がこの世を去ってしまう。もともと病弱だった賢治は三〇歳で肺病のため、賢吉がまだ生まれて間もない時期に死去したことで、家業も途絶えた。「父が亡くなると同時に、私の家は潰れた」ことは、石山にとって「運命の転機」であった（石山④：3）。

父を失った石山は、隣町の白根町にあった母方の実家へ引き取られることになる。父の「死と共に、家業は兄の九蔵に返され、母は幼児を抱えて生家へ帰ったのである」（石山(53)：30）。その後、上京するまでの間、石山は白根町で多くの時間を過ごすことになる。結果的に石山は、生家のあった曽根町よりも幼少期を過ごした白根町に故郷としてのアイデンティティを持った。

母親の実家で石山は、母の兄である伯父・川瀬善一郎によって育てられる。白根町の名産は藍染であったが、善一郎も染物屋を営んでいた。

新潟市の南に位置する白根町は、信濃川から分流した中ノ口川の沿岸にあり、明治期までは交通の要所として栄えた。『中蒲原郡誌《なかかんばらぐんし》』（一九一八年）によると、現在の新潟市の南に位置する中蒲原郡のなかで、白根町は周辺で「唯一の市街地」であった。『白根市史　巻七（通史）』（一九八九年）においても明治期には町内の人口としても商業関係者の比重が多かったとし、白根町が「染織を中心として、鎌、仏壇、醸造業などの産業が発展」した点と「新潟と長岡、燕を上り下りする川蒸気船の中継点」であったことを挙げ、「明治時代の白根町に限っては商業の盛んな町」であったと位置付けている（720）。

石山自身も「本体は商業町であるが、工業もあつた。商業は仲々盛んであつた。それへ工業が加はつたので可なり巾が利けたのである」と語っている（石山㉙：3）。石山自身も地理的な条件を踏まえて明治期における白根町の繁栄について述懐している。

「我が町は、越後の大都市である新潟市へ達するにも、三條、長岡に通ずるにも好都合であつた。其の結果、我が町は、商業町として相当の発達をした。新潟、三條、長岡の中越地方に於ける三大都市から、商品を仕入れ、それを附近の町や村へ販売したのである。」（同：7）

明治期、商業町として活気づく白根町のなかで、石山が身を置いた川瀬家の染物業も軌道に乗っていた。川瀬家について石山は、「徳川時代から明治へ掛け、紺屋をして居た。私の少年時代は可なり盛んな紺屋であつた」（『経済マガジン』一九三八年九月号：180）と述べている。具体的には「家庭工業ではあるが、二、三の常傭職工を置き、之に家族全部が加はつて働き、従業員が十二、三人居た染物屋であった」というように、一定の規模を有した商家であった（石山㉙：4）。

川瀬家について当時の史料を見てみると『日本全国諸会社役員録　明治二九年版』（一八九六年）には、

図 1-3　白根銀行（『白根市史 巻七（通史）』）

白根銀行の取締役として善一郎の名が記されるなど、町の名望家の一人であったことが分かる。

白根銀行は、地場産業として染物製品の生産が盛んになったことで、資金の融通などを行うために地元の有力者たちによって一八八二年に設立された白根会社を前身としたものである。一八九三年に普通銀行に改組し、白根郷の農家たちを顧客とし、公金の取り扱いなども委託された（新潟市歴史博物館編：56）。『白根市史 巻七（通史）』によると、白根会社の三人の発起人として北溟商社員相沢仲治、白根町の深沢俊三郎、神屋村の市島正内が挙げられているが（712）、そのなかで相沢仲治は善一郎と懇意な間柄にあり、後述するように白根郵便局長として石山の上司にもなる。

「坊主嫌い」となった「居候おじ」

地元の有力者であった伯父のもとで育てられた石山だが、肩身の狭さも感じていた。当時について「十四、五歳までは、大体、無事に成長した」と振り返りつつ、「その間に、私の頭に、強く、きざみ込まれたことが、二つあった」として、伯父から「居候おじ」と呼ばれたことと、また「兄のまねはさせられぬ」と言われたことを挙げている（石山㊻：238）。「おじ」というのは、新潟の方言で次男三男を指し、石山の場合は伯父の家には一男三女の子供がいたことに加え、さらに居候であったがゆえに「居候おじ」と呼ばれたわけである。「私は子供心に、それを侮辱と感じた」と石山は回想している（同：238）。石山よりも三歳上だった本家長男の弟として育てられたが、居候であったがゆえに扱いも大きく異なった。義理の兄と同じことをしたいとせがむ石山に対して、伯父はいつも「兄の真似はさせられぬ」と言い放ったという。後述するようにとりわけ進学の道を断たれたことは、若き日の石山にとって大きな挫折経験となる。川瀬家では「居候おじ」の身であるがゆえに「当然、そうあるべき」と石山自身も思いながらも「私の境遇を悲しんだ」のであった（同：238f）。

とはいえ、善一郎は義理の息子となった石山の進路に対し、あれこれと世話を焼こうとした。石山が一〇歳ごろのとき、善一郎は石山を僧侶の道へ進めようとする（「逓信畠から出た人々巡礼記（十）」『逓信協会雑誌』一九三四年六月号：79）。

染物業で有名だった白根町は、もともと仏教信仰で盛んな仏壇製造の町でもある。『白根市史 巻七（通史）』によると、白根町で仏教信仰が盛んになり仏壇製造が町の伝統工芸品となった背景には、鎌倉時代に佐渡島へ流刑された親鸞と日蓮にまつわる伝説が民間伝承として語り継がれ、とりわけ二つの川に挟まれ、江戸時代には水害を何度も経験するなかで、「神や仏の加護を願って、篤《あつ》い信仰心を持つようになった」と指摘されている（362f）。加えて仏壇製作が盛んになった現実的な理由として興味深いのは、次男三男対策を兼ねていた点にある。白根地方は泥沢が多く、「一度水害を受ければ、すべてがなくなってしまう」ことだけでなく、土地が限られていることから農家では次男三男に土地を分ける余裕が物理的にないなかで、見出《みいだ》されたのが仏壇製作であった(364)。

現在でも新潟中心部の新潟駅からバスで一時間ほどかかる白根の町を歩いていると気付くのは、道沿いに仏壇仏具・墓石関連の店が軒を連ねていることだ。染物業が栄えた痕跡を探すのは難しいが、仏壇製造の町としての姿は目に見える形で残っている。仏教信仰の盛んな白根町のなかで善一郎は、「お寺の檀家総代を勤めていた」ほどの熱心な日蓮宗の帰依者《きえしゃ》であった(石山㊻:239)。

ただ石山は「子供心にも坊主は嫌ひであつた」ということで、出家させようとする伯父の意向を拒絶している(石山④:3)。石山が伯父の勧めに応じなかった理由には、実父を早く失った境遇から芽生えた信仰心の薄さがあった。

「私は、法事をやらない。お墓参りも、殆んどしない。——要するに、私は、祖先崇拝の念が薄いのである。これは、私が父の愛を知らないためから起った事と思う。」(石山㊻:239)

もっとも石山が信仰から距離を置き僧侶への道を断った根本的な要因には、「居候おじ」として扱われたことへの反発もあった。

「私は生来ツムジ曲りに出来て居る。どうも服従心が足らない。子供の癖に、伯父に反抗して、其言ふ事を少しもきかなかつた。」(石山④:6)

伯父からは、その後、今度は足袋《たび》屋への丁稚《でっち》奉公を勧められる。縫物ができる石山の手先の器用さを見込んで、尋常小学校卒業後に足袋職人にしようとしたというのだが、石山自身はこの話も断っている。

いずれにせよ、仏教信仰の盛んな町で育ちながら、「祖先崇拝の念が薄い」あるいは「坊主嫌い」として信仰を遠ざけるようになった石山の態度は、後に経済雑誌界で鎬《しのぎ》を削る石橋湛山や野依秀市は対照的ともいえる。石山と二歳違いの一八八四年生まれの石橋湛山は、日蓮宗の僧侶を実父とし、父の知り合いの住職のもとで育てられることになるが、増田弘は、「この世に生を受けて以来、実父および養父を介して日蓮宗の教義をあたかも空気のごとく摂取しつつ成長し」、「日蓮主義という湛山の精神的支柱の形成に大きく寄与したことは紛れもない事実である」と指摘する（増田 1995：5f）。一八八五年生まれと石山や石橋とほぼ同世代である野依秀市も、一九一六年から四年間の獄中生活において「親鸞の弟子」になったとして、復帰後に関連誌を創刊し、浄土真宗への信仰心を自らの雑誌のなかで熱心に宣伝している（佐藤 2021：178）。

宗派の違いはあるにせよ、仏教への信仰心が深い石橋や野依と比較すると、実父を失った境遇と伯父への反発から芽生えた無宗教とつむじ曲がりという石山の態度は、理念や感情よりも数字にこだわる『ダイヤモンド』のルーツといえるだろう。

「神童」の実像

石山が通った白根尋常小学校も、当初は日蓮派の恵光寺《えこうじ》を校舎とした。一八七三（明治六）年、村松藩士の野口政常によって知学館として開学されたものを前身とし、翌年の一八七四年に白根小学校と改称後、石山が入学する三年前の一八八七年に白根尋常小学校となった。前年に文科省により「小学校令」が制定され、尋常小学校の四年間が義務教育期間と定められた。その後、白根小学校には一八九六年には高等科も併置されている。

同校の創立百周年を記念した『白根市立白根小学校創立百周年記念誌』（一九七三年）では、歴代の卒業生のなかから石山を取り上げ、「神童」と評している。

「幼少にして神童と称された。志を立て上京、苦労しながら慶応義塾を抜群の成績で卒業。大正二年、経済雑誌〝ダイヤモンド〟を創刊。経済評論に、ユニークな論壇を放つ。号を重ねるに伴い、その公正中立を軸とした、産業育成の主張と適確な経済分析は、発展期の日本財界に大きな糧《かて》を与えた。現在、同誌は日本で最も権威ある経済誌と位置づけられ、日本経済界の指導標とされている。またダイヤモンド社の経済関係の刊行物は世界のベストにランクされている。

郷土、白根には常々、限りない愛着を抱き、大成されてからも、高い見地より、町民の誰かれとなく工業立町化を助言し続けていられた。この愛情と持論は昭和九年、白根理研工業の誘致に奔走されたことに見事に結実されている。同工場の白根市に占めるウエイトを考える時、偉大なる先輩、石山氏は郷土白根に不滅の光芒《こうぼう》を放っているものである。明治十五年生れ　昭和三十九年没。」

（176）

同校の卒業生のみならず白根町を代表する存在として石山が称《たた》えられている。ただし、石山の最終学歴は慶應義塾商業出身でありながら、「慶應義塾を抜群の成績で卒業」と記載されるなど、やや誇張も混じった内容となっている。石山自身の回想によると、実際の成績は「神童」というほどではなかったようだ。

「僕はその頃の小学校の先生には珍らしい木下と云ふ良教員の薫陶《くんとう》を受け、課外に物理化学、代数、漢文等を学んで成績は中の上位だつたが気位だけは高かつたので、徒弟生活も受け容れなかつた」（『逓信協会雑誌』一九三四年六月号：79）

先の記念誌では「神童と称された」とあったが、「成績は中の上位だった」と石山自身は述べている。「気位だけは高かつたので、徒弟生活も受け容れなかつた」というのは、先述したように伯父から勧められた僧侶や足袋職人への道を断ったことを指しているのだろう。

「夜学」で教わった数学と論語

石山の小学校時代の回想において、むしろ注目したいのは、「木下と云ふ良教員」の存在と、「課外」に学んだという点である。手掛かりとなるのは『記念誌』のなかで石山の紹介文の横に掲載されている、「母校の思い出」という新聞記事の切り抜きである。石山による尋常小学校時代の回想記事とみられるが、『記念誌』のなかでは出典が表記されておらず、どの新聞のいつの記事か分からない。しかも記事そのものも「眠りながら論語」「卒業証書の感激より夜学」という見出しは判別できるが、本文は文字が潰れておりほとんど読み取ることができない。

本文冒頭の「昨年、わが母校も九十周年を迎え」とかすかに見て取れる情報を手掛かりに、白根小学校創立九〇周年の翌年にあたる一九六四年の『新潟日報』をめくってみると、一九六四年一月三〇日朝刊に同記事を見つけた。

図 1-4　「母校の思い出」（『新潟日報』1964 年 1 月 30 日朝刊）

石山自身は自伝のなかで触れていない尋常小学校時代の詳細が綴られた回想記事である。亡くなる半年前に執筆掲載されたもので、自伝にも掲載されていないため、その内容はいずれの正史でも扱われていない。

「私の入学は明治二十三年。当時の校長は木下牛太郎先生といい、ふだんはなかなか恩情あふれた人格者であった半面、すごいカンシャク持ちの先生でもあった。生徒は全校で五、六百人ぐらい。クラスの中には勉強のできる子供もいたが、まったく勉強が手につかない悪童もまた多数いたようだ。それというのも、当時はまだ今日のような設備、施設のととのった校舎があったわけでなく、町に三つほどある寺のうち二つを校舎代わりに使っていた。寺の本堂やクリ（庫裏）は昼間でも薄暗く元気盛りの子供たちが落ち着いて勉強するのには、決して良い環境といえなかったからだ。」（『新潟日報』一九六四年一月三〇日）

「入学は明治二十三年」、すなわち一八九〇年と語っており、八歳で入学したことになる。正規の入学年齢は六歳であるはずだが、当時の白根町では入学時の「年齢に余りこだわらなかった」傾向にあったという（白根市教育委員会編：746）。年齢遵守が厳しく扱われるようになったのは、石山が入学後の一八九四年からである。

寺を校舎としていたため、「落ち着いて勉強するのには、決して良い環境といえなかった」と石山も述べている。先述したように白根町が仏教信仰の盛んな町であったことが関係しているとも考えられるが、学制が公布されて間もないこの時期には、寺などの既存の施設を学校として利用することは珍しくはなかった。白根小学校の本校舎が新築されるのは、石山が四年生となる一八九三年であったが、教育方法についても、まだ手探りの状態で行われていたことが石山の回想からは見て取れる。

図 1-5　1887 年当時の惠光寺校舎（『白根小学校八十年のあゆみ』）

図 1-6　1893 年に新築された本校舎（『白根小学校八十年のあゆみ』）

「しかも、教える先生方はいずれも形式ばったことのきらいな人たちばかりで、私たちが一生懸命勉強しようとしまいと、いっこうトン着しないといった方針のようだった。そんなありさまの学校だから、正規の四年間（当時は小学四年で卒業する制度だった）を終わっても卒業証書など、はたしてもらったかどうか――いまだに記憶がはっきりしない。もっとも、あれから七十年以上もたった今日だから、私の記憶自体だいぶあやしくなってきてはいるが、要するに小学四年を修了した。〝瞬間的な感激〟といったものが、おそらく私の胸中にそれほど強くこみ上げてこなかったことだけは確かのようである。」(『新潟日報』一九六四年一月三〇日)

ダイヤモンド社の社史(『七十五年史』一九八八年)などでは石山は高等科出身と記されているが、「正規の四年間」や「小学四年を修了した」という石山の記述からは尋常科を卒業したと推測される。ただ小学校を修了したという印象があまり強くないと語っているように、むしろ石山にとって重要な教育の場となったのは、正規課程の小学校ではなく、「夜学」であった。

「それにひきかえ、現在私の脳裏にはっきりと刻みこまれている事がらは、小学校を終えてもなお木下校長のもとで勉強した思い出である。なぜそういうことになったのかは、はっきりとした理由をいま思い浮かばない。とにかく夕方から先生のお宅へ伺っては、三時間ほど論語や数学の勉強をしたのである。もちろんそのときは私一人だけでなく、同級だった相沢成治君もいっしょだった。彼はのちに県会議員までやり、政治家の道へ進んだが、彼の得意は論語、私の得意は数学であったようだ。したがって、木下先生がどちらか一方を講義なさっておられる間、彼と私とは決まって代わるがわる居眠りしたり、あくびをしながら時間を過ごした。しかし、そんな〝夜学〟も結構おもしろく、いまにして不思議に思えることだが、そのとき居眠りしながら聞いていたはずの論語の根本思想が、知らず知らずのうちにわが身にたたきこまれていたのは、やはり偉大な恩師の教育力の

図 1-7　木下牛太郎（『白根市立白根小学校創立百周年記念誌』）

賜物《たまもの》であったのだろうか。」（『新潟日報』一九六四年一月三〇日）

思い出として「脳裏にはっきりと刻みこまれている」という夜学を担当していたのが、石山が薫陶を受けたと語る当時の校長・木下牛太郎である。木下は白根小学校の六代校長（一八九三年一〇月から一八九六年三月まで）であり、教員として一八七四年から一九二七年までのおよそ五〇年近く同校に勤めた。木下長年、白根小学校に身を置いた木下は、石山以外の卒業生にも印象深い教員だったようである。木下が名物教員だったことは、小学校記念誌『白根小学校八十年のあゆみ』（一九五三年）での明治時代の同校を回想する座談会からもうかがえる。座談会では「私達の忘れることの出来ない先生は何といっても木下先生であろう。木下先生の勉強の時間だと誰一人として騒ぐものがない」や「白根町の年をとった人はみんな安中、木下両先生に習った訳だが、今考えても非常に立派な先生と思っている」(17) として木下の名が挙げられている。この座談会には「明治十二年生川瀬文蔵」として、川瀬善一郎の長男・文蔵も参加していた。

江戸時代末期の一八六二年に白根町で生まれた木下は、白根小学校が開学された翌年の一八七四年に一二歳で白根小学校句読師《くとうし》となり、一八七七年に授業生として代用教員となった。一八歳となる一八八〇年に一度同校を退職している。その三年後の一八八三年に復職した後、以来六五歳で定年退職となるまで白根小学校で教壇に立ち、一九四九年に八七歳でこの世を去っている（木下：ii）。『白根小学校八十年のあゆみ』においても「寝食を忘れ、栄達をよそに一意専心白根教育に尽された」と綴られている（23）。

哲学館に関わった「篤志の教員」

木下の経歴で目を引くのは、東洋大学の前身となる哲学館とその創設者である井上円了《えんりょう》と接点を持った点にある。円了も旧越後国長岡藩、現新潟県長岡市の出身であるが、浄土真宗大谷派の長男として生まれた。その後、総本山の京都・東本願寺が創設した教師教校英学科を経て、東京帝大文学部哲学科に入学した円了は、在学中の一八八四年に哲学研究を専門とする学会として哲学会を設立した。一八八七年には、教育機関として哲学館を開設している（三浦：19）。

『白根小学校八十年のあゆみ』では、石山より三歳上の明治一二年生の中野長蔵が「東京の哲学館を出て帰られた木下牛太郎先生が長く職におられ、私の温習生時代は殆んど同氏の御厄介になつた」（11）と回想している。同書巻末の「旧職員名簿」をみると、たしかに木下の勤務期間には、一八八〇年九月から一八八三年一月までの三年間の空白の期間があり、この間に上京して井上と接点を持ったと推測できる。ただし哲学会および哲学館の設立前であり、木下が哲学館で学んだ時期は判然としない。

とはいえ木下が哲学館出身であることは円了も語っている。円了は晩年、国内外各地を講演して回ったが、井上円了『南船北馬集　第一四編』（一九一八年）での「新潟県西蒲巡講日誌」には、一九一七年八月に円了が新潟を巡回中、白根町からほど近い西福寺で夜会を開いた。その際に、木下が会の発起人の一人であったことで、円了は「木下氏は哲学館出身にして、十五六年振にて相会す」(89)と綴っている。『東洋大学一覧 大正七年』(一九一八年)にも「出身者」の欄に木下の名が確認できるほか、吉岡金峰『越佐趣味の人々』(一九三八年)でも「中蒲原郡白根町在住、漢学者、元訓導、哲学館卒業」(6)と紹介されており、哲学館に通ったことは確かなようである。木下が早い段階から哲学会および哲学館の援助者として参与していた様子が、関連誌にはみられ、『哲学館報告 明治二六年度』(一八九四年)の「寄付金募集尽力諸氏姓名」には、哲学館専門科の資金募集に尽力した一人として木下の名が記載されている。

教員として働きながら哲学館で学ぶなど、篤学の士としての顔を持つ木下は白根小学校でも教育研究活動へ熱心に取り組み、児童から説話を集めて編纂し、『白根地方お伽噺』(一九一五年)として刊行するほどであった。

図1-8　木下牛太郎編『白根地方お伽噺』(1915年)

木下が開いた夜学校は、当時地元の『新潟新聞』に取り上げられるほど有名であった。「白根。木下牛太郎、自宅で夜学生四〇余名教授」(『新潟新聞』一八九三年一二月二二日)として、次のように紹介されている。

「篤志の教員。中蒲原郡白根尋常小学校は、曾《かつ》て寺院を借受け教場となし置きたれど、生徒の教授上不都合少なからざるを以《もっ》て、去る秋中新築工事を起して之れに移転したるか、同校長木下牛太郎氏は熱心教授の労を執《と》り、特に放課後は貧家の子弟若《もし》くは日中就学すること能《あた》はざる者の為め、氏は自宅に於て懇篤《こんとく》に教授され、目下夜学生四十余名もあるよしにて、父兄は孰《いず》れも其篤志に感激し居るとぞ。」

この「夜学生四十余名」のなかに、当時尋常小学校四年生の石山もいたことになる。ただしその後、石山が尋常小学校を卒業するころには夜学に通う生徒は少なくなっていたようだ。石山自身、「私は、十五歳まで郷里の小学校に学んだ。最後の二年間ばかりは、補習科と云ふ様なものであつた。其の時、生徒は、只二人しかなかつた」と語っている（石山⑮：156）。

ここで石山のいう補習科とは、「温習生」として卒業後も学校に残って学ぶ制度だと思われる。明治一二年生まれで石山と同じ頃に通っていた卒業生の説明によると、「卒業した者は温習生という名で何年でも学校に止まつて授業を受けることができた」という（白根町立白根小学校：10）。石山の回想を踏まえると、尋常小学校を修了後、木下による夜学と合わせて、昼は温習生として小学校の補習科に通っていたようである。別の回想では「尋常科を卒業すると、皆、学校をやめてしまい、高等科にはいつたものは私と成治と二人だけだった」とも述べている（石山㊻：71）。ただし、『白根市立白根小学校創立百周年記念誌』によると、石山と同じ一八九〇年に尋常小学校へ入学し、一八九五年に高等科に進学し、一八九八年に高等科を修了した卒業生の卒業証書が紹介されており、「私と成治と二人だけだった」という回想とは整合せず、尋常小学校卒業後に石山が籍を置いたのが高等科だったのか、補習科だったのかは定かではない。

いずれにせよ「正規の科目をさずけず、勝手に勉強させた」というように、石山が木下から最も学んだ点は、表面的な知識というよりも「独学」の体験であったようだ。

「先生は放任主義で、教科書をひろげて、一々教へるような事をしない。「本は読めば、わかるもの」と云ふのが、先生の解釈である。先生は、漢字だけ教へる。それも夜である。夜、自宅で教へるのである。昼は、我々が独学をするのだ。先生は、唯《ただ》本を選んで呉れるだけである。その為めに、我々両人は、小学校に不似合な本まで読んだ。物理もやつたし、化学もやつた。数学は幾何、代数までやつた。無論、骨も折れた。それだけ力もついた。此の独学的の苦労を二人でしたものだから、其の間柄が非常に親密になつた。」（石山⑮：156f）

もともと句読師として教育に携わり、漢学を専門とした木下が、数学や物理、化学などをどこまで解説したのかは定かではない。むしろ学年関係なく卒業生にも門戸を開き、補習科や夜学としての場を提供するなかで木下が教えようとしたのも、自ら学ぶ「独学」としての学問への向き合い方であったのかもしれない。この「独学」の体験と、二年間ほど机を並べて学び親友となる相沢成治の存在は、石山のその後の歩みのなかで核となっていく。

「近代文明」を連想させた電信技手

尋常小学校を卒業し、木下のもとで学んでいたとき、母・マスが再婚したことを契機に、石山もマスが嫁いだ新潟市の人力車製造業の家へ「養子」として迎えられ、一時期、移り住んでいる。そこで石山は人力車製造の手伝いを行っていたが、「車夫などが沢山出入して、其家の空気が厭《いや》だつたので、半歳ばかりで伯父の家へ逃げ帰つた」という（石山④：4）。

そんな折、白根郵便局に電信が設置され、石山は電信技手の道へと進むこととなる。きっかけはやはり伯父の川瀬善一郎であった。

「丁度十五才の時――明治三十一年だったか、町の郵便局に電信が開通した。従来郵便局の仕事は、別して村人の注意や尊敬を払はれなかつたのが、電信が出来て「郵便電信局」と改称され、他所《よそ》の村から勤めに来た局員は袴《はかま》など着けて来たので、俄然《がぜん》村人の人気を集めた。実際、電信は平和な片田舎へ先づ近代文明輸入の先駆だつたのである。その頃学校教員以外村役場も、小さな銀行支店も和服の着流しだつたが、局員が袴を着けるやうになつたのも、子供心に驚いたのを覚えてゐる。局長と伯父が懇意にしてゐたので、電信係として勤めては、と勧誘された。其処《そこ》で僕は新潟に出た。七八ケ月英語を習つたり、下準備をしたりして新潟の「電気通信伝習所」に入学した。」（『逓信協会雑誌』一九三四年六月号：79f）

僧侶や足袋職人には反発した石山だが、「近代文明」の響きがする電信技手への誘いには応じている。ただ電信の開通時期については、『私の雑誌経営』（一九五三年）では「十四歳の時に、白根町に電信が架設された」（239）とされており、石山の回想では若干の揺れがある。

新潟県中蒲原郡編『中蒲原郡誌 上編』（一九一八年）によると、もともと白根郵便局は一八七二年に

「白根駅逓取扱所」として開設され、一八八六年に郵便局（三等）となった翌年の一八八七年から電信業務自体は扱っていた。石山のいう電信が開通したというのは、一八九七年から「白根郵便電信局」となったことを指すと思われる。欧文電報を取り扱うことを機に電信局としたが、その後、欧文電報の取り扱いを廃止した一九〇三年に名称も再び「白根郵便局」へと戻っている。

　伯父の川瀬と「懇意」であったという当時の白根郵便電信局の局長が、相沢仲治である。相沢仲治は、先にも触れた、石山と夜学で机を並べて「独学」の苦労を共有した幼馴染《おさななじみ》の相沢成治の父であるとともに、川瀬が経営に参与した白根銀行の発起人の一人でもあった。相沢仲治は、郵便局長を務めるだけでなく、その前職として、町村制が一八八八年に政府によって施行されたことを機に成立した白根町において、初代町長にも就任していた（白根市教育委員会編：636）。当時の『新潟県所得納税名鑑』（一八九四年）でも白根町で二番目の高額納税者として相沢仲治の名が確認でき、当時の白根町で政治と経済、両面に顔が利く相沢仲治は、町きっての有力者であったといえよう。

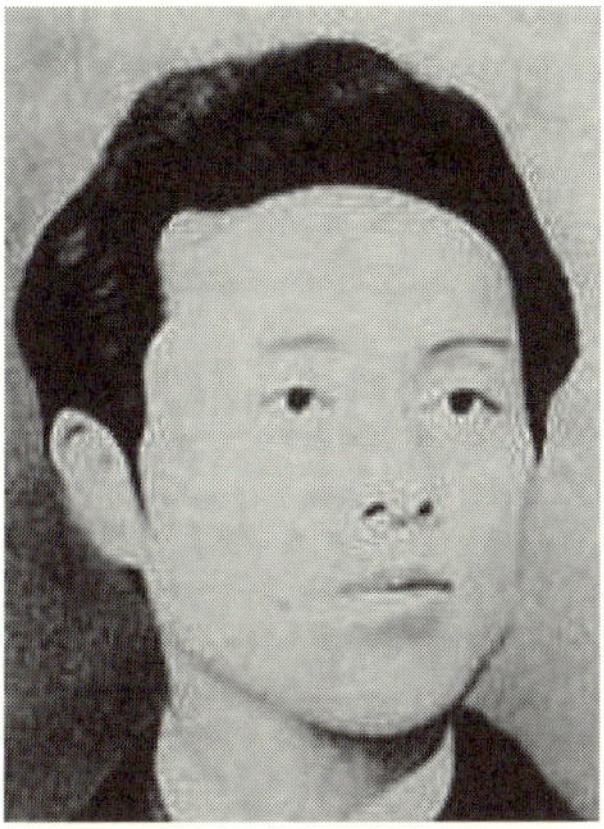
図1-9　相沢仲治（『白根市史 巻七（通史）』）

　相沢は先述の哲学館に対しても「館友」として寄付を行っており（哲学館：14）、おそらく木下牛太郎の寄付を募る要請に応じたものと推測される。さらに福沢諭吉が一八八〇年に創設した交詢社《こうじゅんしゃ》にも一八八三年に加入しており（『交詢雑誌』一八八三年九月一五日号：19）、相沢仲治と慶應義塾との関係性は定かではないが、のちに石山が人的ネットワークの基盤とする交詢社にも関与するなど、中央のアカデミズムや財界とも通じていた。

伯父と相沢仲治の勧めによって、石山は電信技手になるべく新潟市中心部にあった「電気通信伝習所」へ入学している。当時、三等郵便局として扱われた地方郵便局で電信を扱う係となったのが電気通信技術員であるが、電気通信伝習所はその養成所であった。石山の回想によると、「伝習期間は六ケ月、三十名位の生徒だつたが成績の優秀な五名は五ケ月で卒業した」というが、「僕は五ケ月卒業者を除いた残留組中二番で十六才の暮卒業し、白根局に月給六円で勤務することになつた」（『逓信協会雑誌』一九三四年六月号：80）。電気通信伝習所では、のちにダイヤモンド社へ入社し、石山に継いで二代目の社長となる阿部留太とも出会っている。伝習所においては、阿部は成績優秀による早期卒業組で、当時より石山は一目置いていたようである（79）。

メディア議員となる親友の素封家《そほうか》

「若し、私の町に、電信の取扱を設置されなかったならば、私は、小さな町に、小さな家内工業を営む身で、一生を終ったであろう。電信技手になったことは、私の境遇をガラリと変えた。これは、確かに、私の幸運であった。」（石山㊾：34）

電信技手としての郵便局への就職は、石山のライフコースにとって大きな転機となったわけだが、郵便や電信も情報伝達の媒介という点でいうまでもなくメディアであり、石山のメディア経験はすでにこの段階から始まっていた。

とはいえ、そこでの人間関係が大きく変わったわけではなかった。「私が、電信掛の講習を受けて帰ると、局長の長男も、講習を受けに行って電信技手となり、二人で交互で、その局の電信を、受持っていたのであった」（石山㊻：240）と石山自身述べるように、白根郵便局で同僚となったのは幼馴染の相沢成治であった。石山によると「局長が、自分の長男を電信技手にしたのは、郵便局事務の一切をおぼえさせ、やがて我が子に局長を継がせる意向であった」ということだが（石山㊾：36）、実際その後、第三代局長（一八九六年から一九〇二年まで）の相沢仲治の後を続いて息子の成治が第四代局長（一九〇二年から一九一四年まで）を務めている（新潟県中蒲原郡編：67）。

尋常小学校時代から机を並べた相沢成治は、石山にとって無二の親友であった。石山が自らの来歴を語るとき、相沢成治の存在は欠かせぬものとなっていた。

「私は、郷里に一人の親友を持つて居る。此の親友は、私が常に敬意を払つて居る一人である。彼は私の親友であると同時に、又私の主人であり、恩人でもあるのだ。」（石山⑮：156）

図 1-10　相沢成治（『白根市立白根小学校創立百周年記念誌』）

石山と職場でも同僚となったのち、父から局長の座を譲り受けた相沢成治だが、その後、町会議員、県会議員として政界に転じる。県会議員を五期務め、政友会新潟県支部の常任幹事などを歴任した相沢は、「県会に於ける闘将」と評されるなど（渡辺 1935：150）、県政においては一定の影響力を有す存在であった。旬刊新潟社編『躍進新潟の全貌』（一九三七年）においても「県政友会の大立者」や「統領の士」として大々的にかつ詳細に紹介されている。

「県政友会の大立者として故山際敬雄氏の衣鉢《いはつ》を継ぐ統領の士として将来を期待されてゐる氏は、中蒲原郡白根町素封家の出身、白根町長、白根郵便局長を勤めて功績あり、大正八年以来県会議員として県政に貢献議場に於ける獅子吼《ししく》は敵味方共鳴りを静めてその整然たる論旨を傾聴したものだ。今春の代議士戦に潔《いさぎ》よく県会議員を辞し背水の陣を敷へたが同派よりの出陣多数で遂に不幸敗退したが其の進退は各方面から嘆賞されてゐる。県政友会支部の常任幹事として政務調査会長として強烈な実力ある活動家で県下の諸問題は氏の手にかゝらぬものはないと云はれてゐる。同郷のダイヤモンド社長石山賢吉氏と昵懇《じっこん》で理化学研究所工場の白根町誘致に協力又天然ガスの豊富を宣伝して工場誘致に努める等郷里に尽す処多大である。精悍《せいかん》無比、剛毅決断の士であるが一面情に脆《もろ》く任侠の念に厚く己を空《むな》しふして人に尽す情誼《じょうぎ》の人で一党の統領たる風格を多分に持つてゐる。寛量胆又太く智謀《ちぼう》深く縦横の策略は既に定評あるもの、民政の佐藤芳男氏と共に憲政擁護、政党復活の立役者である。趣味は将棋、囲碁で将棋は実力三段と称され実戦にかけては県下素人棋客中の強豪である」（89f）

相沢成治と石山との「昵懇」は広く知られるところで、一九三〇年代以降に石山が手掛けた白根町への工場誘致にも、地元の有力者である相沢は寄与していた。

「素封家の出身」で県会議員としての知名度と地元政財界への影響力をもつ相沢は、第一九回衆議院議員選挙（一九三六年）、さらに翼賛選挙となった第二一回衆議院議員選挙（一九四二年）と二度出馬している。いずれも落選となったが、国政議員を目指していた。

とりわけ新潟二区より立憲政友会の推薦を受け立候補した一九三六年の衆院選においては、石山も地元での応援演説を行う予定だった。だが、直前で体調を崩した石山は応援を断念せざるをえなかった。石山自身、『友を語る』（一九三八年）に寄せた文章で「自分が応援に行つて居たならば……とも思はれる。さう思ふと、その落選は、自分の責任であるやうに感じて、今でも気になる」(425) と述べるなど、相沢の敵討ちは石山を政界入りへと導く一つの布石となる。

同時に相沢成治はメディア経営者としての顔も持っていた。『日本新聞年鑑 昭和六年版』によると、『新潟時事新聞』の経営者として相沢成治が記載されている。社長の田邊熊一《くまいち》は、白根町からほど近い西蒲原郡巻町《まきまち》出身の政治家で、県会議員を経て、一九〇八年の衆議院議員選挙に当選以降、政友会所属の国政議員として通算九期務めた政治家である。一九三〇年代において県会議員として活動しながら国政進出の機会をうかがいながら、その傍《かたわ》らで地元新聞社を経営する相沢成治もまさしくメディア議員であった。

趣味の面でも石山と共通しており、在県著名人の将棋愛好家として「中蒲原郡白根町、政治家、実力三段と称され、囲碁も又巧みなる由」と紹介されている（吉岡：90）。

さらに石山と相沢家との関係は深く、当時の相沢家は三男二女で、相沢成治の実弟である相沢周介も、一九一三年の『ダイヤモンド』創刊時に石山を手伝い、以後一九四三年に病に倒れ没するまで、記者として石山とダイヤモンド社を支えた。相沢の存在は『財界二千五百人集』（一九三四年）にも取り上げられるほどであった。

「明治十八年十月二十日を以て生れ後分家す夙《つと》に日本中学校を経て明治四十一年日本大学法科を卒業して操觚《そうこ》界へ投じ曾て法律評論の創立に参画して錚々《そうそう》の名声を博せしが大正二年石山賢吉と共に経済雑誌ダイヤモンド社を創立して其副社長となり孜々《しし》営々《えいえい》社業の興隆に努めて大いに功あり克《よ》く同誌をして今日の勢威を張らしむるに至る性寡黙《かもく》にして頭脳周密帷幕《いばく》の人として夙に其名を知らる趣味は登山弓道将棋等を好み家宗として真宗を奉ず」（387）

一八八五年生まれの相沢周介は、地元の名望家となった兄の成治とは対照的に、地元を離れ上京し、日本大学法科を卒業後、『法律評論』の編集を手伝うなど雑誌記者となった（石山④：13）。後の章で触れるように、石山が慶應義塾商業学校で野依秀市とともに創刊した『実業之世界』にも、初期のころから手伝っていたようだ。野依が綴った『野依式処世法』（一九〇九年）や、同校の校長で同誌の世話人でもあった桑原虎治《とらじ》「発刊当時の実業之世界」（『実業之世界』一九一三年五月一日号）の記事内でも、『実業之世界』記者として相沢周介の名前が確認できる。上京後の石山にとっては「女房役」（『新潟県年鑑 昭和九年度版』：14）となった。

相沢周介が亡くなった際には『ダイヤモンド』（一九四三年四月一日号）で「相沢周介君を悼む」との追悼文を石山は綴っている。石山は「相沢君は、社中第一の名文家であつた。社を代表する文章になると相沢君から執筆して貰ふのであつた」(35)と、『ダイヤモンド』の誌面上で中心的な役割を担ったと強調している。同時に創刊当初には、「初刊第一号の編輯を終ると、相沢君は直ぐ国へ帰つた。そして千余円の大金を懐にして、東京へ出て来た。その為めに私達は政府へ保証金を納める事も出来、社屋を設ける事も出来た」(35)と回想しているように、素封家であった相沢家を背景に資金面でも石山を支えた。

茶屋遊びに興じた「不良青年」

一六歳で白根郵便局の電信技手となった石山だが、その業務自体は単調だった。当時は二四時間勤務で、翌日が休暇という働き方だったが、地方の郵便局で扱う量は限られていた。「一日に電報が発着合計二三十本しかないのだから、丸で遊んで居るようなもの」であり、「実に退屈で堪らない。放縦《ほうじゅう》な私に取つては、それは一種の苦行であつた」という(石山⑨:40)。勤務中に散歩へ出かけ電報を遅延させ、また机上の整理が「大嫌ひ」で「逓信公報をすつぽらかして」電報料金の変更を把握せずにいたことなど、「要するに、郵便局員としての、私は極めて不良な成績であつた」(41)と石山は回想している。

そんな退屈な仕事から気を紛らわすように、石山は茶屋遊びへ興じるようになる。石山のみならず「この町の青年は、早熟で、十七~八歳になると、茶屋遊びをする。酒を飲んで歌い、ドンチャン遊びをするのである」(石山㊿:35)。石山も義理の兄の文蔵を「お師匠さん」とし、文蔵に連れられて茶屋遊びへ通い始めた。とはいえ石山の場合は、給料の大半を伯父に預けて貯金し、わずかな小遣いのなか

図 1-11　昭和初期の仙南小路（『新津・白根（写真集ふるさとの百年）』）

で「到底、自分の金では遊べない」ため、文蔵に払ってもらっていたという。そのため「私の遊びは、微々たるもので、お茶屋の香を、かいだ程度のものであった」（53）と石山は述べる。

しかしこの茶屋遊びが原因で、石山は白根郵便局からの転勤を余儀なくされる。茶屋遊びが伯父の川瀬善一郎に知れ、石山は「勘当」されてしまう。

「ある日、私が郵便局の勤務を終わって、伯父の家に帰ると、伯父が破れ鐘のような声を出して、わが子の文蔵をどなりつけている。室外で、そのどなり声の内容をきくと、それは、私に対して伯父が怒っているのであった。「いそうろうオジのくせに、仙南小路へ行くなんて、けしからん。勘当する。」というのであった。」（石山56：71f）

仙南小路は、当時白根町桜町にあった花街である。最盛期には五〇人ほど芸者衆がおり、旅亭が軒を連ね、芝居小屋などもあったという（新潟日報事業社出版部編 1985：120）。

「伯父の家からパージを食った」石山は、郵便局の二階に当面の間、寝泊まりするようになる。電信業務の宿直で「どうせ、一日おきには、郵便局に泊まる」ため、石山は「たいしてこたえなかった」として、夜には茶屋遊びを続けた（石山㊳：53）。家を追われた当初、石山は「東京へ逃げて行き、苦学しようと考えた」という（石山㊻：72）。そこで局長に「伯父の勘当が許された」と嘘をついて、貯金を引き出していた。だが上京のまえに「ひと遊び」してからという形で、何日も茶屋遊びを続けるうちに、上京の資金に充てるはずの貯金もとうとうすべて使い果してしまう。「その顚末が、伯父にも、局長にも知れた」ことで、「伯父と局長と相談の上、加茂郵便局へ転勤」を命じられたのであった（石山㊳：54）。

転勤について石山は、局長であった相沢仲治から「忌避」されたとも後年語っている。「局長が私を忌避した最大理由は、私の不良が、自分の長男に伝染することを恐れたためであった」として、次期局長となる予定の息子・相沢成治から茶屋遊びをする石山を離そうとしたというのである（石山㊻：240）。この一件を機に伯父や局長からの見る目も変わり、石山自身も「伯父は、私を不良青年と見ている。不良と断定するのは酷だが、若干、それらしいところはあった」と述懐している（石山㊳：54）。

一代で『ダイヤモンド』を築いた出版人としての石山は、実直や堅実な人物として形容されるが、青年期の人物像とは大きな乖離《かいり》があった点は興味深い。「不良青年」の烙印を押され、職場も追われる要因となった茶屋遊びであるが、その経験はのちに記者となった際に石山自身も予期せぬ形で活かされることとなる。

独学の矜持《きょうじ》と学歴の驕《おご》り

郵便局員時代の石山は、茶屋遊びだけにのめり込んでいたわけではなかった。石山にとって「閑散な職務」でもあった電信業務の傍らで、読書を行うようになる。
「電信技術は耳が少し悪かつたので、印字器ではあつたが受ける方がうまくいかなかつた。然し一日十通位だから上手も下手もないのだが、僕の最大の欠点は極めてルーズな点だつた。几帳面《きちょうめん》なことや、物の整理など不得手でどうしても出来なかつた。だから幾度か譴責《けんせき》を受けたが、一方雑誌や本を買つてよく勉強した。」(『逓信協会雑誌』一九三四年六月号：80)
郵便局での業務が性に合わず、しかも時間を持て余していたなかで、石山は「勤務の余暇」を読書や勉強に費やしたと繰り返し語っている。
「私は、白根局時代には、勤務の余暇に勉強して、将来、何かになりたいという気概をいくぶん持っていた。加茂郵便局へ移ってからは、スッカリ凡化してしまった。勤務の余暇は、大方遊んだ。若干、読書はした。八犬伝などは、この郵便局勤務中に読んだ。
昔、文章を志す者は、日本外史、十八史略、八犬伝、三国志などを読んだものだ。私は、日本外史や十八史略は、白根で学んだ。八犬伝や三国志も読みたいと思っていた。加茂郵便局に蔵書があって、八犬伝を読むことができた。」(石山㊱：78)
郵便局時代の石山は、立身出世の気概をもとに古典の読書に励んでいたという。頼山陽《らいさんよう》『日本外史』や曾先之『十八史略』などの歴史書の古典を挙げている点は、夜学で「読むべき本」を選んでいたという恩師の木下牛太郎の影響を受けたものとも考えられる。「文章を志す者」が読んだ書物を石山も手に取ってはいたが、一方で「私は、そのとき、まだ文章を書くことを職業にしようとは思わなかった」とも述べている（石山㊻：80）。

「町一番といわれる賢明の人であった」局長から命じられた加茂郵便局への転勤は、「不覚であった」と回想するように、少なからず石山にとって挫折を味わうものであった（石山㊻：76f）。そのため、「大方は遊んだ」というように一時はその意欲を見失いかけ、茶屋遊びにふけっていた時期もあったようである。ただ、それでも加茂郵便局の蔵書で見つけた『八犬伝』を読むなど、「何かになりたいという気概」は保ち続けていた。また古典の読書だけでなく、数学についても小学校時代から引き続き一人で勉強していたと綴っている（石山⑳：23）。

尋常小学校時代から郵便局員となっても継続して取り組んできたこの「独学」の記憶が後年、石山にとっての自負へとつながる。石山自身は「独学」（『毎日新聞』一九五七年一一月一四日夕刊）と題して、独学の記憶を進学できなかった自らの境遇と交えて回想している。

「私は尋常小学校四年の課程を終えたのち、二―三年補習科で勉強しただけで、すぐ講習所に入り、数え年十七才の初めから、いなかの郵便局で電信係を勤めた。その当時、何よりもうらやましいのは、同じ年ごろの青年の中学服姿であった。かぶった帽子に、中学校の「中」の字がついている。それが、私には王冠よりも、美しくいかめしく見えたのであった。「ああ私も中学に行きたい」と思って、身の薄幸をかこつ。」

若くして郵便局員として働くようになった石山にとって、同世代の中学生は何よりも羨《うらや》ましくみえたようだ。ただでさえ仕事に馴染めず、その傍らで一人勉学に勤《いそ》しんでいた石山青年にとって「私も中学に行きたい」という思いは尚更であっただろう。とはいえ、当時の旧制中学の進学率は、石山が郵便局で働き始めた一九〇〇年時点で八・六％しかなかった（文部省調査局編：39）。義務教育の修業年限が尋常小学校の四年だった当時、高等科よりさらに上の段階にある旧制中学への進学は狭きエリートコースであった。

正系の学歴ルートを外れた石山にとって、独学の矜持は進学できなかったコンプレックスの裏返しでもあった。

「尋常小学校卒業後補習科に入り、電信技手の講習を受けさせてくれたことでも、私としては、非常に有難いことであった。そのうえの望みは、もってのほかであると、承知はしているが、それは理論上の屈服である。感情からすれば、この身の薄幸をかこち、中学校へ行って勉強する友達の青年がうらやましいのであった。しかし、今日になってみると、薄幸がかえって幸福であったような気がする。私は、いなかの郵便局の電信係を五年勤めたのち、この職業に見切りをつけて上京し、慶應義塾の商業学校を卒業したのち、好きな道へ行って雑誌記者になった。だが、資格の不十分を十分知っていた。そこで、名刺の肩書は、世間をはばかって雑誌記者とせず、何何雑誌編集員としたくらいであった。みずから資格の不十分を知っていたから、怠らず、独学的の勉強をした。それにむくいられてどうやら一人前の記者になることができた。順当に学校を出ていたら、今日まで成りえなかったかもしれない。順当の経路をたどる人には油断があるから……。」（『毎日新聞』一九五七年一一月一四日夕刊）

中学へ行けなかったコンプレックスこそが、その後の石山のアイデンティティにもなった。学歴を持たない負い目を抱き、「自らの資格の不十分さ」と謙遜しながらも、石山は独学であるがゆえに「一人前の記者になることができた」と説く。得られなかった学歴に代わるものを記者という仕事のなかに見出そうとしたともいえる。独学の矜持は、学歴批判にもつながっていった。

石山は自らの矜持を一般化させ、学歴に対する独学の優位性を繰り返し主張した。後にダイヤモンド社から『経済マガジン』を創刊した際に、石山は「随想記」（『経済マガジン』一九三八年五月号）においても次のように述べている。

「何処の会社でも、新しい人を採用する時、学校の成績に重きを置く。私は、これほど間違つた人物の鑑識法はないと、かね〳〵思つて居る。理窟で固まつたお役所は、学校の優等生がよからう。然し、理窟よりも、実際の成績で行く会社事業は、学校の成績よりも努力の人がよい。学校の成績がよい人は、臆病で勇気を欠く。会社の成績は遥《はる》かに悪い。論より証拠、その会社の重役なり、高級社員なりを見て御覧なさい。試験係が理想として居る学校の優等生は、殆ど一人も居ないではないか……。年々、学校を卒業する青年は、数知れぬほどある。その大部分は、非優等生である。是等の非優等生は、間違つた試験係の為めに、どれほど失望させられる事か。

本誌は、多数青年の為めに、試験係の迷夢を破りたい。それには、百の理窟をいふよりも、一つの実物を見せた方が有力であるから、学校の落第生であつて、社会の優等生である人物を、紹介する事にした。」（96f）

就職人事を例に、「学校の優等生」は「社会の優等生」にあらずと説く石山の論調には、高学歴者に対する偏《かたよ》った見方が含まれていよう。とはいえ、ここには石山の学歴に対するコンプレックスと、学歴優位とする社会の価値観を転倒させようとする立場が見て取れる。

先の『毎日新聞』のコラムとは別に、芦田均らと刊行していた同人誌『東京だより』（一九五八年九月号）でも、「独学」と同名のテーマで再び論じている。「青年が、学校に行けて、学歴を身につけることが出来れば、これに優る幸福はない。だが、境遇によつてそれが出来ない人が、多数いる。でも、悲しむに及ばない。私は、青年時代に、それを非常に悲んだ」（60）と苦学生に共感するように語る。「それから五十余年を経過して、今日に至つた。その間の体験からいうと、無学歴、必ずしも悲しむに足らず、という感想を持つようになつた」（同）として、石山の体験に即して「無学歴」の正当性を説く。このとき石山は三年前の一九五五年に「菊池寛賞」を受賞し、『ダイヤモンド』を一代で築いた経済記者および出版人としての評価を確かなものとしていた。「学歴のある人は、油断がある。学歴のない者は、その身の及ばざるを知つて、社会に出て、仕事をしながら、勉強をする。それで、どうにか、学校を卒業した位の学問を身に付

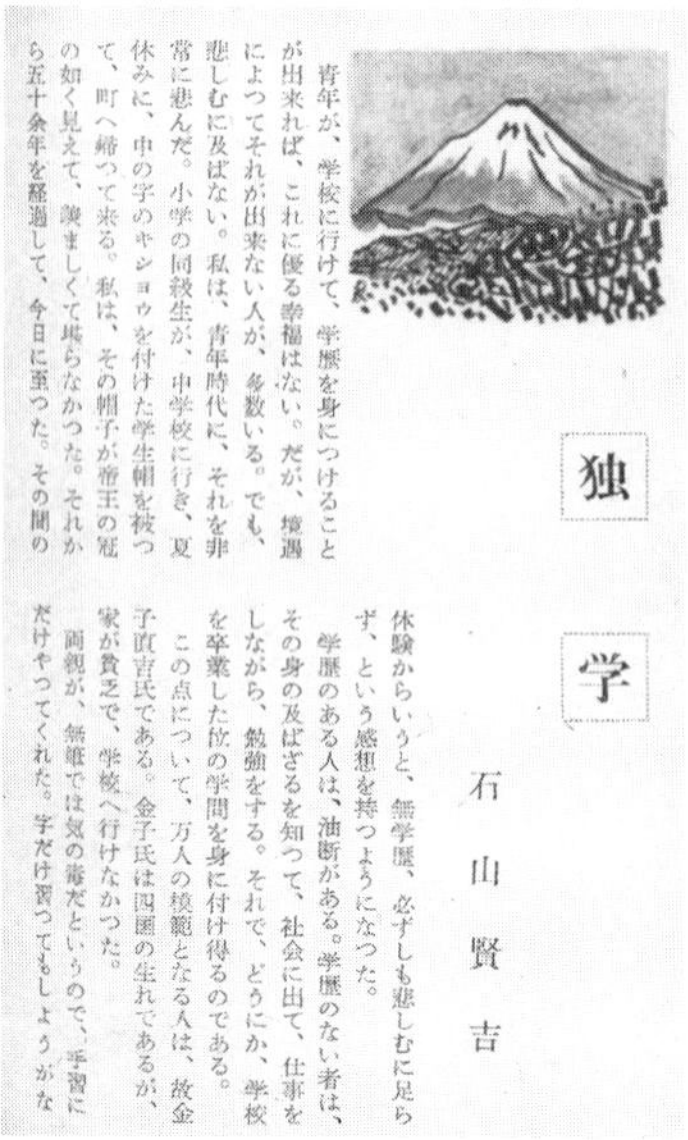
独学

石山賢吉

青年が、学校に行けて、学歴を身につけることが出来れば、これに優る幸福はない。だが、境遇によつてそれが出来ない人が、多数いる。でも、悲しむに及ばない。私は、青年時代に、それを非常に悲んだ。小学の同級生が、中学校に行き、夏休みに、中の字のキショウを付けた学生帽を被つて、町へ帰つて来る。私は、その帽子が帝王の冠の如く見えて、羨ましくて堪らなかつた。それから五十余年を経過して、今日に至つた。その間の体験からいうと、無学歴、必ずしも悲しむに足らず、という感想を持つようになつた。

学歴のある人は、油断がある。学歴のない者は、その身の及ばざるを知つて、社会に出て、仕事をしながら、勉強をする。それで、どうにか、学校を卒業した位の学問を身に付け得るのである。

この点について、万人の模範となる人は、故金子直吉氏である。金子氏は四国の生れであるが、家が貧乏で、学校へ行けなかつた。

両親が、無理では気の毒だというので、手習にだけやつてくれた。字だけ習つてもしようがな

図 1-12　石山賢吉「独学」『東京だより』（1958 年 9 月号）

け得るのである」とし、自らの雑誌記者としての立身出世も独学の賜物であることを強調した（60）。

「無学歴の身で、最も文学の要る経済評論記者に成り得たのは、独学のためである。私は、雑誌記者をしながら勉強をした。雑誌記者は仕事をしながら勉強が出来る。雑誌記者の職場は、一種の学校である。私は、幸運の職場を得た。」（61）

進学の道を断たれ、就職せざるを得なかった石山にとって、尋常小学校から郵便局時代での独学は、その後の石山の拠り所となった。

「石山家を興《おこ》せ」

三年余り勤めた白根郵便局を追われた石山は、白根町から南東に一〇キロほど離れた加茂町の郵便局へと転じた。ただ加茂郵便局での待遇は、白根郵便局よりも厳しいものであった。

「月給は一文も上らなかった。来る時十円、それからも十円。白根郵便局勤務の際は、絶えず月給が上った。当初六円、それから累進して十円になった。加茂町は、いくら経っても不昇給。田舎郵便局の事務員は、この辺りが頂上らしく、この上の昇給は駄目らしい。この事が、又、私の境遇を変化させた。」（石山㊻：241）

加茂郵便局での事務員生活は、「この辺りが頂上」というように、石山の目にはうだつの上がらぬ状況に映った。それは、単に給料の額というよりも、立身出世の面においてであった。「私は、月給が上らないのが不平ではなかった。毎日、同じ仕事をし、月給だけ上に行くのは、不自然である。不昇給は、当然だと思った」（石山㊸：38）とも述べている。石山自身、加茂郵便局そのものは「住みよい局であった」とも振り返っている（石山㊻：78）。そんななかで、石山に上京を決心させたのは母の一言であった。「だが、時々、伯父の許《もと》にいる母が訪ねて来て、「お前も程よいところで一家を持ち、石山家を興せ」という。そうなると、どうにもならない。如何に物価の安い当時でも、月収十円では、家は持てなかった。さりながら、母のいうことも一理ある。私は、思案の末、東京へ行って、勉強をし、身を立てようと決心した。」（石山㊸：38）

こうして母の言葉をきっかけに、石山は二年間勤めた加茂郵便局を辞め、新潟の地を後にした。石山にとって立身出世を目指した上京は、うだつの上がらぬ現在の境遇から抜け出すためのものでもあった。上京については『現状打開』が全部の目的であった」とし、「こんな生活をして居て、自分の前途は、一体、どうなるだらう」と将来への不安を覚えていたという。「斯《こ》う考へた時、私は、自己不安に堪へられなかつた。その結果、出京を決意したのであつた」（石山⑳：49）。それゆえに石山自身は、何か具体的な進路を考えていたわけではなかった。「私の出京は、動機不善であつた。無謀の出京は、半ば以上、それに原因して居る」とも述べている（同）。

石山が上京を決心した背景には、母からの言葉に加えて、先行して上京した郵便局時代の同僚たちに感化された部分もあった。「そんな訳で僕も東京への憧れと青雲の志だけは絶えず胸底に蔵してゐた。其処へ同期生の澤巳三尾君が上京して早稲田に学んでゐるとの手紙が来て文通する」と石山自身が回想するように、文通相手となった同期生の存在が石山の上京を後押しした（『逓信協会雑誌』一九三四年六月号：79）。文通相手として石山が名前を挙げている澤巳三尾については、吉田甚蔵『各種実業学校教示──青年之成功』（一九〇五年）に、日本鉄道会社で「早稲田大学出身者の勢力」として同社主事のその名前が確認できる。

故郷を発つこととなった石山だが、白根での体験とそこで築いた交流は、その後の実業界、さらには政界への呼び水となる。石山本人すら当時はまったく意識していなかったであろうが。

第二章

記者としての下積み

——原石「石山素投」の発掘

大記者か小記者か

實業の世界記者　石山賢吉君

何處の新聞社でも花のやうな美文を作る人は少くない、警を摑むやうな議論をやる記者も亦乏しくはないが、獨り明確なる數理の立場から、精嚴なる統計に徹して、微に渉り細に通じ、周到緻密麻姑痒を掻く的の議論をなし得るものは五指を屈するに足らぬのである、實業の世界が魔王の如く獅子の如く實業界を荒れ廻つて、擬投會社や擬似銀行を恐怖戰慄せしめてゐるのは、決して單に煽情的な議論からではない、其の計算報告や、營業振りに嚴密精到なる批評眼を下して猛烈峻酷なる攻擊を浴せかけたからである、而して此の會社の決算報告に向ひ、鼎の如き眼光を放つて、其の缺陷を抉發し其の不正を曝露せしめたるものは、實に實業の世界編輯局の一員たる石山賢吉君である

石山賢吉君

石山氏は越後國白根町の人で、小學校を卒業して郵便局の事務員となり、二十二歳の時電信の技術を習得し、東京に來つて日本法律學校に入り、後轉じて慶應義塾夜學校に學び、三十九年に卒業したのであるが、在學中から三田商業界を野依秀一氏等と編輯し、三田商業界が改題して實業の世界となつても矢張り引續いて其の編輯員となつてゐる、經歷は斯の如く歷史は如斯、決して人に誇稱し世の讃美を買ふに足らぬのであるが、其の統計的知識と數理的頭腦は、近時新聞雜誌記者中出色のものである

氏は少年時代から斯學に大なる趣味を有し、小學時代から夜學に珠算を習ひに行つたり又獨りでスミスの大代數學を研究してゐたといふ、雜誌記者となつても則に統計學といふものを專心に研究したといふでもないが實事實物に就いて統計的研鑽を積み、數理的考究を極めて、殆ど獨力獨學で會社の決算報告などを自由自在に批評する頭腦を養成したのである

實業の世界が過去一年に於てあらゆる擬擬會社、擬擬銀行と奮戰健鬪の勇悍なる武者振りをかへず職へば必ず勝ち、攻むれば必ず取り、波多野承五郎を面縛して陣頭に哀を乞はしめ、中山佐市をして素車白馬降旗を樹つるの醜態を演ぜしめ急飆疾風、猛進に大濤を捲くが如く、實業界を征服し威風凜々たるは其の野依大將軍の采配振りの宜しきに協へるは勿論のことだが帷幄に參して細心精緻の計劃を運らし、周到詳密の調査をなしたる同社の大塚雅氏氏と而して我が石山賢吉氏とを數へねばならぬ

氏が年齒而立に達せず、其の貧弱なる經歷を以てして、寶田石油、京濱電車、玉川電氣、共同火災、東京信託の諸會社を評論して、其の營業組織の缺陷を抉發し其の會計帳簿の不正を曝露せしめ、倒壞瀕身、殆んど起つ能はざらしめたるは如何に石山氏が明晰なる頭腦と快利なる手腕を有つてをることか譯るではないか

新聞でも雜誌でも統計のことなどを詳細に書いても、讀者は之れを雲煙過眼視しに、熱心に讀んでくれるものではない、而し此の椽の下の力持ちがドノ位雜誌の勢力を重からしめるか譯らぬ、石山賢吉君の如きは確に隱れたる俊才として世間に推稱すべき人物である

「大記者か小記者か　実業の世界記者 石山賢吉君」
（『サンデー』1910年6月12日号）

「過去を顧《かえりみ》ると、私の二十才代には、一生の中に、最も屈折が多かつた。
一　五年勤めた郵便局をやめ、志を立て丶決然、上京したのは、二十才代であつた。
二　生活に追われ、職を選ぶ暇がなく、不良青年の群れに入つたのも、二十才代であつた。
三　外界の事情や、心情の変化によつて、勤め先を幾度も変えたのも二十才代であつた。」（石山賢吉「私の二十才代」『二十代』：60）

無謀な上京の末に行きついた訪問記者

「石山家を再興せよ」という母の言葉に促され、一九〇三年に上京する石山だが、記者となったのは偶然の成り行きであった。そもそも上京に際しても、確固たる心当たりがあったわけではなく、向こう見ずな要素が大きかった。その上京が「無謀」であったことを石山は後年、強調している。

「私は、二十二歳の時、東京へ出て来た。何のあてもなく、唯、どうにかなるだらうといふ、ボンヤリした希望をもつて……。今から考へれば、大胆極まる行為であつた。いや、そういふよりも、無謀といふ方が適切であつた。

西も東も分らぬ、田舎育ちの青年が、無一物で、漫然、東京へ出て来た処で、どうにもなる訳がない。それを敢行したのだから、その行為は、正しく無謀であつたのだ。」（石山⑳：48）

一応、東京で「たよる親友」は存在した。その親友とは、丸山謹二のことである。白根からほど近い升潟《ますがた》村出身の丸山は、「豪農の何男」で白根町の親戚の医者のところで食客をしていた。石山が白根郵便局で勤め始めた頃に、丸山と知り合い親しくなったという。三歳上の丸山とは「兄弟以上の親しい間柄となった」と語っている（石山㊿：38）。石山が加茂郵便局への転勤を命じられた頃に、丸山は勉学のために先に上京していた。

石山の上京に際しては、「石山家を興せ」という母の言葉がきっかけとなったわけだが、東京へとい ざなったのは丸山の存在も大きかった。丸山が、一時白根町へ帰り、加茂郵便局の石山へ訪ねた際には、「私は、飛びあがるばかりに喜んだ」と述べている（同：39）。

図2-1　上京した頃の石山賢吉（『百年紀を越えて』）

「別れる時、彼は私に、「東京へ来い」といった。私は「いずれ行く」といって堅い握手をして別れた。これが、私の決心を助けた。」（石山(53)：39）

しかしいざ東京の地を踏んだ石山だったが、連絡手段の乏しかった当時、丸山は「宿所《しゅくしょ》不明」であった。そのため「一応、親せきをたよるつもり」だったというが、ただその親戚も遠縁で、「たよって厄介になるほどの間柄ではなかったが、それより外に方法がなかった」（同：40f）ために、まずはその親戚が住む東京日本橋の白銀町《しろがねちょう》を目指した。その際、義理の兄であった文蔵に手紙を書いてもらい、それを土産として持参している。

実際に訪れてみると、目的であった親戚の家はなく、病気ですでに店を閉め、青山の寺へ隠居していることを知る。そこで滞在していた折、丸山と再会する。「田舎から出て来た青年が、目的もいわずに、病人のある家に宿泊し、ただ、ごろごろしている」ことで、親戚から「迷惑の顔」をされていることを察知した石山は、すぐに親戚の家から引き払い、丸山の案内で神田へ下宿することとなる（同：43）。

丸山から話を聞くと、丸山は勉学のために上京したはずが、遊郭遊びに夢中となり、それが丸山の実家にも知れて学費を断たれたという。丸山は下宿代も滞っているなかで、「月給を得られさえすれば」と働き口を探した（同：48）。下宿代の前払いで上京資金をほとんど使ってしまった石山も同様で、結果的に丸山に誘われ、二人で「芸者評判録発行所」という「珍妙」な出版社で働くこととなった。無謀な上京の末に、偶然にもたどり着いたのが記者の職であった。

「不良時代」を活かした記者の原点

石山の記者としてのキャリアは、「芸者評判録発行所」という小さな出版社から始まったが、「不良青年団」というように、いわくつきの会社であったことを石山は苦々しく綴っている（石山⑳：81）。石山によると、『人事興信録』に関わっていた編集者が、その経験をもとに「うまい金儲けがあるから、出資せよ」と浅草で湯屋を営む主人を口説いて、東京の芸者を紹介する『芸者評判録』を発行しようと始めたものだった（石山㊻：250f）。勤務しているのは石山と丸山を含めて五名の小規模な出版社であった。

石山の自伝では『芸者評判録』と記しているが、『東京芸妓評判録』（一九〇四年）のことを指すと考えられる。同書の出資者は「浅草七軒町の湯屋」だったという石山の記述（石山㊻：250f）も、『東京芸妓評判録』の奥付に記載されている発行者・岩波伊三郎の住所および出版社の所在地（浅草七軒町）と符合する。岩波伊三郎については、『東京紳士録』（一九一二年）において浅草区七軒町の欄に「湯屋業」と記載されている（56）。『人事興信録　第五版』（一九一八年）によると「文久三年六月」生まれで「八洲銀行専務取締役」とあるが、『日本紳士録　第二五版』（一九二〇年）では「八洲銀行取締役、浴場」と記載されており、「湯屋」であったことは確かである。また所在地についても「神田の事務所」と石山は述べているが（『逓信協会雑誌』一九三四年六月号：81）、東洋廣進所も「東京市神田和泉町」に社を構えていた。

石山がまず担当したのは、芸者の戸籍写しであった。丸山とともに区役所へ行き、戸籍台帳から新橋、赤坂、日本橋の芸者についての戸籍を写す作業を行った。この仕事は「一人前やれた」が、次に担当した芸者屋の訪問は、「田舎出の青年である私の、やり得るところでない」とし、石山は助手を務めた（石山㊸：48）。

石山が助手として付いたのは、出資した湯屋の主人であった。というのも、湯屋の主人は芸者屋訪問に興味を持っており、芸者屋の訪問においては「資本家自身が一役買って、おれも出掛けると」自ら訪問記者を務めた（同：50）。ただ石山いわく湯屋の主人は「下町風の人で、芸者屋訪問には適しているが、無筆のかなしさ、一人で芸者屋訪問は出来ない」ということで、石山が助手として付き添ったのである（同）。

「芸者屋訪問は、芸者評判録の予約をさせるのが、主目的であるが、それ以外に、評判録を書く材料を得なければならぬ。経歴はどう、芸の特長は何ときいて、それを筆記して帰るのである。資本家湯屋にはその筆記が出来ない。その役を、私が仰せつかったのである。」（同）

訪問時には、湯屋の主人から「学生ハダの荒々しい態度」ではなく、「口の利き振り」など先方を喜ばせるための接し方を教えられたという。上司である湯屋の主人からの「教訓」であるため、表面上はかしこまって聞いていたというが、内心では「芸者屋訪問を熟達するために、東京へ出て来たのではない。訪問の呼吸など、おぼえる必要はない」と当時は思っていた（同：51）。

だが一方で、石山にとって訪問記者というある種いかがわしい仕事自体がその後のキャリアにもつながっていった面もある。「最初の訪問記者は、後ちに経済記者となるに就て、非常に役立つた。どういふ点が役立つたかといふと、その修業で、私は要領を摑《つか》むのを覚えたことである」（石山⑳：3）というように、芸者屋への訪問記者経験は、経済雑誌の記者として財界人へ話を聞きに行く際に、「訪問の呼吸」としてまさに役立ったのである。

「本を読むと、経済の事は、六《む》つかしく書いてある。理解が容易でない。処が、財界の有力者を訪問して、その話を聴くと、六つかしいことを、訳もなく話す。要領を摑む事のうまさに感心させられて了《しま》つた。

私はそれを筆記して居るうちに、自然にその呼吸を覚えた。そして、それが、後ちに経済記者となつて、経済記事を書く場合に、非常に役立つたのである。

だが、私は、間もなく訪問記者が厭やになつた。訪問記者は、人の話を聴いてそれを取次ぐだけである。その間に多少の知識を得られぬ事もないが、知れたものだ。これでは、何年経つても、たいした記者になれない。自分で独立して何か書くようにならなければならぬと考へた。」（石山⑳：3f）

芸者屋への訪問に一ヶ月ほど付き添った後、石山は内勤として記事の執筆にあたる。石山にとっては

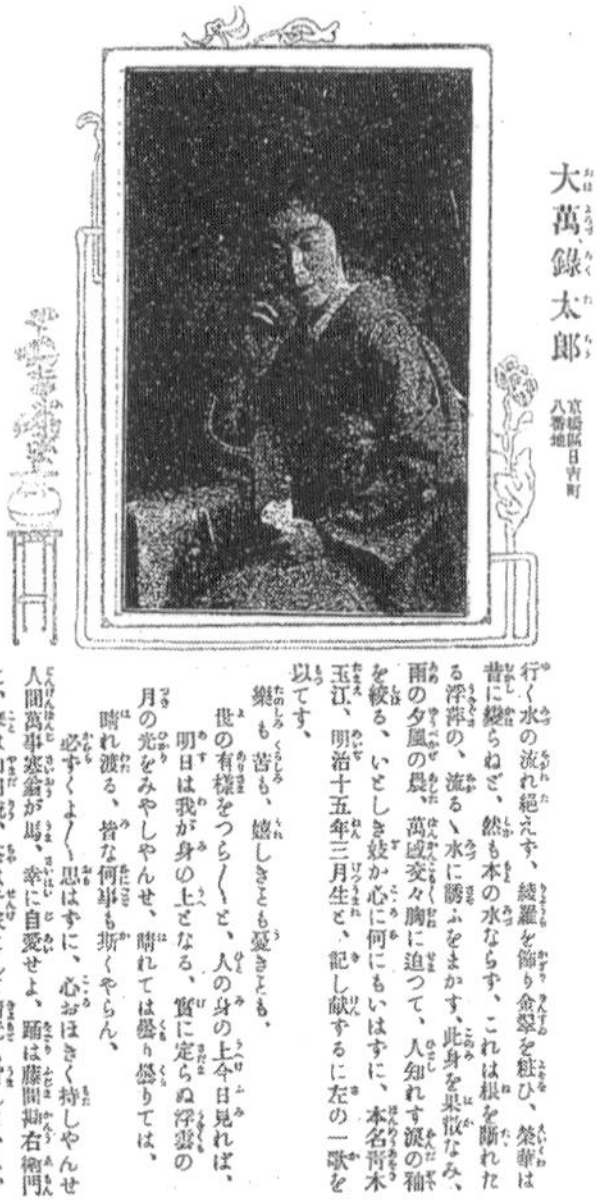
大萬録太郎　京橋區日吉町八番地

行く水の流れ絶えず、綾羅を飾り金翠を粧ひ、榮華は昔に變らねど、然も本の水ならず、これは根を斷れたる浮萍の、流るゝ水に誘ふをまかす、此身を果敢なみ、雨の夕風の晨、萬感交々胸に迫つて、人知れず涙の袖を絞る、いとしき妓か心に何にもいはずに、本名青木玉江、明治十五年三月生と、記し献するに左の一歌を以てす、

樂も、苦も、嬉しきとも憂きとも、
世の有樣をつら〳〵と、人の身の上今日見れば、
明日は我が身の上となる、實に定らぬ浮雲の
月の光をみやしやんせ、晴れては曇り曇りては、
晴れ渡る、皆な何事も斯くやらん、
必ずくよ〳〵思はずに、心おほきく持しやんせ
人間萬事塞翁が馬、幸に自愛せよ、踊は藤間勘右衛門に、琴は山田流、茶は千家にして清元も旨しといふ、

図2-2　石山の記述と思われる箇所（『東京芸妓評判録 上編』：105）

初めての記者経験となるが、評判記の執筆にあたって端唄《はうた》を挿入する工夫について印象的に綴っている。

「芸者の写真が集まり、芸者からの聞き書きも、ある程度そろったので、芸者の評判記を書くことになった。評判記を書くために、『都《みやこ》新聞』の記者をしている宇高鷗波という男が、内職に来た。書いたのを読むと、飾り気のない筆で、サラサラと書いてある。それならば、私にも書けるような気がして、二～三人書いて見た。そうしたら、うまいとほめられた。その一文に、私は、端唄の文句を入れた。その端唄の文句は、今でもおぼえている。

楽しみも、苦しみも、
うれしきことも、うきことも、
世のありさまをつらつらと、
人の身の上今日見れば、
あすは我が身の上となる。
実《げ》に定めなき浮雲の…

といった大津絵の文句を書き入れたのである。それは、烏森《からすもり》あたりの芸者であったようである。私が書いたのを芸者に見せたら、たいそう喜んだということで、私の文章がほめられ、内勤に引上げられたのである。

田舎の茶屋遊びにおぼえた端唄の文句が、役に立ったのである。」（石山㊾：55f）

地元の新潟白根町で「不良」の烙印を押される要因にもなった茶屋遊びの経験が、思わぬ形で活きた。実際、『東京芸妓評判録』には、石山が担当したと思われる箇所が確認できる（同：105）。同書に記載されている端唄の詞は、右で触れた石山が回想する端唄の内容ともおおよそ符合する。確認できる範囲では、これは石山が記者として綴った文章のなかで最も古いものといえる。

「ゴロツキ書生」のなかで芽生えた向学心

とはいえ当時の石山にとって、この怪しげな出版社は、決して居心地の良いものではなかった。訪問記者の助手の際、湯屋の主人が訪問できないときは、「湯屋の二号」が代役をすることもあり、石山はその際も助手として付いた。石山自身、「そこまで人間の相場が下落したのを、私は、悲しまずにおられなかった」と回想している（石山㊾：50）。

内勤となってからも、全く仕事をせず吉原ばかりへ行く所長の姿や、その他にも広告料という名目で出資者である湯屋の主人から詐取していく広告勧誘員を目にしている。「彼ばかりでなく、ここへ寄って来る者は、全部、不良であった」（同：59）とし、彼らが自慢げに語る「手柄話」が「道徳をはき違えた不正」ばかりであることに石山は辟易《へきえき》とするなかで、「ここの本体は詐欺師の集団で、不良青年の群れである」と悟った（同：57）。

「私は過去を清算して、リッパな人物になるつもりで、東京へ出て来た。しかるに、その第一の勤め先が、芸者評判録発行所であることを、伯父が知ったならば、伯父はどれほど立腹することか。腐りはてた野郎とガイタンするであろう」（同：54）

伯父から烙印を押された「不良青年」からの汚名返上を目指して上京したはずが、石山が身を置いた環境は汚名返上を果たせる場所とはとても思えなかった。

そんな折、日本大学の学生募集についての広告を新聞で目にし、日本大学への進学を志す。日本大学は当時より学生募集の広告を新聞上へ定期的に掲載していた。旧制中学を出ていない石山は「正科でなくて、別科」への入学試験を受験し、合格する（石山⑳：71）。別の自伝では「専門部」とも述べており、日本大学専門部へ入ったものと考えられる。

日本大学は、日本法律学校として一八八九年に創設され、一九〇三年に日本大学へと改称された。その名の通り、法律を専門とする日本大学の専門部へ入学することになった石山だが、法律を学ぶきっかけは、郵便局時代の同僚にあった。白根郵便局で同僚だった皆川富次は、電信係の石山に対して、為替

日本大學々生募集
規則書ハ申込次第送付す
●大學豫科（第二期）入學試驗本月二十六日午前九時ヨリ施行す●中學校卒業生ハ無試驗入學を許す●在學生ハ徴兵猶豫の特典あり
●高等師範部 中學校、師範學校卒業生のみ無試驗にて入學を許す●高等師範部生徒ハ大學部生徒若くハ專門部生徒を兼ぬることを得然るときハ卒業後無試驗檢定にて修身科及法制經濟科の中等教員たる資格と判檢事受驗資格とを兼有す
●專門部 法律科普通入學試驗本月二十六日午後三時ヨリ特別入學試驗（徴兵猶豫の特典あり）同日午前九時ヨリ二年三年編入試驗同二十七日午前九時ヨリ執行す●授業ハ毎日大學豫科を除く外凡て午後四時以後に始む
●專門部高等專攻科 本大學專門部法律科及他の司法省指定法律學校外國大學卒業生ハ無試驗にて入學を許す●該科卒業生にハ日本法律學士の稱號を認許す
司法大臣指定 文部大臣認定
私立 日本大學
神田區三崎町三丁目一（電話本局二四〇九番）

図 2–3 「日本大学学生募集」（『読売新聞』1903 年 9 月 21 日朝刊）

係を担当していた。皆川は石山にとって職場での議論相手であった。

「彼は、真面目であつた。そして、よく勉強をした。彼の勉強は、講義録であつた。早稲田から法律の講義録を取り、それを読んで勉強するのであつた。田舎の郵便局は、講義録勉強をするには、お誂《あつら》へ向に出来て居る。為替といつても、一日僅かな客しか来ない。然も、時間中は、ジッとその席に構へて居なければならぬ。読書には誠に都合がよい。彼は、講義録勉強に依つてメキ〳〵男を上げた。彼と私達とは、よく議論をする。私達の方は仲間が二、三人居た。いづれも彼より五つ六つ歳下であるが、議論は、私達の方が勝つのであつた。処が段々勝てなくなつた。彼は、時々、私達が想像もつかぬ気の利いた事を云ふ。講義録勉強の賜物である。私は、それを強く感じた。矢張り本を読まねば駄目だと感じた。私は、それから二、三年の後ち、東京へ出た。そして、日本大学の別科へ入学した。彼の法律勉強を真似たのである。私は、間もなく、慶應義塾の商業学校へ転校したが、発憤して上京し、日本大学へ行つたのは、彼の講義録勉強に刺戟されたのである」（石山㉟：391f）

大学講義録で独学する皆川の姿に感化されたことが、石山にとって上京し法律を学ぶ要因の一つとなった。皆川は実際に弁護士となり、後年、台湾で石山と再会した様子が『紀行 満洲・台湾・海南島』（一九四二年）に記されている。

合格を郷里にいる義理の兄へ伝えると、郵便局時代の茶屋遊びによる伯父の勘当も解かれ、学費を仕送りしてもらえることになった。それを機に、石山は芸者評判録発行所を退社している。

今井株式商店代表社員
丸山孫藏氏
東京市牛込區中町三四
（明治四年生）

三田の一破寺に寓居して老子、荘子、韓非子等の東洋哲學並に佛典を研究して迷へるが如く悟れるが如く半仙半俗の境に在りたるもの、一朝大悟徹底して俗中の俗たる相場社會に飛入り一攫千金を夢みんとするもの蓋し義塾出身者中の異色と謂ふ可きか。

氏は越後國西蒲原郡升潟村の生れにして稍長じて縣立中學に在りしが、軍人たらん事を欲し密かに郷里を脱して東京に出でしも、止み難き家事上の都合にて歸國し再擧上京して士官學校に入らんとせしが體格の爲めに目的を果たさず、又農科大學に入らんとせしも志を得ず爰に於て意を決して義塾に入り明治二十七年業を卒る、一度商業會議所の書記となり轉じて時事新報記者となり其流暢なる筆を以て專ら政治經濟上の蘊蓄を吐露す、三十四年一月より株式業に關係し現に合資會社今井株式商店の出資者の一人にして業務擔當社員たり。

図 2-4　丸山孫蔵（『慶應義塾出身名流列伝』）

ただし、いざ入学すると、同居していた丸山が肺炎を患ってしまう。石山は丸山に付き添い、ほとんど大学へは行かなかったという。そうした状況を、丸山を看病するなかで出会った丸山の兄・孫蔵に話す。すると丸山孫蔵は石山に法律ではなく経済を学ぶように進言したという。

「弁護士も悪くないが、社会に認められて相当繁昌するようになるには、容易でない。恐らく不能であらう。――判事、検事になるといふ手もあるが、そんなのになつた処で詰らない。実業でなければ、いかん。それには慶應義塾がよい。だが、君は中学を出て居らんから、正科へは入学が出来ない。商業学校へ入り給へ。少し程度は低いが、それを補ふ為めに、昼英語を習ひに行き給へ。これからは、外国語を知らなくては、どうにもならん。神田あたりの英語学校へ通つたらよからう――」（石山⑳：90f）

丸山孫蔵は、慶應出身で石山の説明では「株屋となり、兜町《かぶとちょう》に大きな株式店を、共同経営にしているのであった」（石山(53)：70）。石山在籍時の『実業之世界』が編纂する『慶應義塾出身名流列伝』（一九〇九年）でも丸山孫蔵は、「一朝大悟徹底して俗中の俗たる相場社会に飛入り一攫《いっかく》千金を夢みんとするもの、蓋《けだ》し義塾出身者中の異色と謂《い》ふ可きか」と紹介されている（619）。丸山は地元新潟の旧制中学を卒業後、軍人を目指して上京するも、体格によって士官学校入学が叶わず、一転して慶應義塾に入学する。「沈思黙想常に入禅の趣《おもむき》あり」と評されるように（620）、丸山は軍人肌で武術を好む一方で、軍人の道を断たれてからは哲学に興味を抱き、漢書や仏書のみならず、J・S・ミルの『自由論』を愛読書とした。慶應卒業後は、商業会議所の書記や『時事新報』記者を経て、一九〇一年より株式業へ転じ、合資会社今井株式商店の出身者の一人にして代表社員となった。

つむじ曲がりの石山といえども、実業界で活躍する株屋の助言は「筋が通つて居る」とし、一目置く存在であった。「私は深い考へがあつて、日本大学へ入学したのでないから、この忠告に心を動かされ」（石山⑳：91）、石山は慶應義塾商業学校へ転校し、日中は神田の正則《せいそく》英語学校へ通うようになる。

野依秀市との邂逅《かいこう》

石山が入学した慶應義塾商業学校は、一八九一年に開設された夜学校である。当時、慶應義塾の塾長であった小幡篤次郎が、「昼間商業の実務に従事し、勉学の余暇なき実業家の子弟のために、夜学を利用して商業教育を授けん」とする目的で創立された（桑原：1）。

当時、遊学者向けの手引書（三好仲雄編『東京就学案内』一九〇一年）でも、慶應義塾商業学校について、「商家の子弟若しくは諸学校の生徒にして余暇商業学の端緒を修めんとする者に夜間に於て期学を簡易適切に教授す」（114）と紹介されている。修業年限は二年で、簿記や算術、英語、経済、商法などが学科として置かれていた。

一九〇四年二月に慶應義塾商業学校へ入学する石山だが、折しも石橋湛山も同年に早稲田大学文学科へと進学している。石橋の場合は旧制一高の受験に失敗し、早稲田大学高等予科編入を経ての進級であったが、哲学や倫理学に接した正規の大学生と、実用的な商業に関する知識を学ぶ夜学生とのコントラストは、その後の大所高所から経済を論じる『東洋経済』と、投資家向けに企業批評を行う『ダイヤモンド』との対比にも現れることになる。

慶應義塾商業学校時代、石山にとって大きな転機となったのは、野依秀市と出会ったことである。のちに「言論ギャング」としてメディア業界でその名をとどろかす野依との邂逅こそが、石山の経済記者としての道を開いた。

石山は卒業を半年後に控えた一九〇五年秋、野依の呼びかけで同級生の保田将一、高田武とともに『三田商業界』を創刊する。校友会機関誌としての発行に対し、当初「夜学生は雑誌なんか発行するのが目的ではあるまい」と学校当局からの反対もあったが、同校の教員だった桑原虎治を名目上の会長に据え「三田商業研究会」を設立することで、野依は創刊に踏み切った。

無名の学生雑誌にもかかわらず、有名企業から広告料を獲得した野依が雑誌経営の実権を握るなか、石山は原稿執筆と編集を主として担当した。野依は後年、『実業之世界』（一九三九年九月号）において石山との共同作業の様子を「名コンビ」であったと回想している。

「私は平生に倍した努力で、一方に広告を取りに行き、一方に名士の話を聞いて来た。そしてその話を又うつしにして石山君に書いて貰ひ、また時には石山君も自分で執筆する。石山君は頭がいい

し筆も立つ。私はまた人の話を聞いて来て話すのがうまい。石山、野依の所謂《いわゆる》「名コンビ」で編輯した。」（58）

石山と野依は、雑誌制作に没頭するなかで寝食を共にする間柄となった。野依は当初、創刊当時の同人であった保田の下宿に高田とともに三人で同居していたが、やがて保田、高田と決別し、二人は『三田商業界』から去っている。その後、野依は同誌の発行所を桑原の自宅としていたこともあり、桑原の

図 2-5　野依秀市「石山賢吉君はナゼ日本一となった」『実業之世界』（1964 年 10 月号）

家の近くに下宿を借りて、卒業して間もない石山と共同生活を始めている。上京以来、石山の生活は常に困窮しており、商業学校時代も神田の英語学校へ通う電車賃を惜しんで歩いて通学するほどの苦学生であった。こうして石山は慶應義塾商業学校を卒業後もそのまま『三田商業界』の編集を続けた。

石山は、一九〇六年二月に首席として卒業していた。卒業式では、卒業生四八名の総代として答辞を行ったことが『慶應義塾学報』（一九〇六年三月号）に記されている。とはいえ、石山自身は首席だったことについて周囲が「低級」であり、「一番で卒業しても、少しも誇りを感じなかった」という。だが一方で、首席であるがゆえに、「私の成績を、回りの人が評価してくれて、いいところに就職できるのではないか」と内心では期待していた。し

かし「だれが世話するとも、だれが雇うともいわないままに月日を過ごした」結果、「最後に残ったのが、『三田商業界』の編集の仕事であつた」（石山㊱：138f）。同校の性質上、すでに周囲は職に就いている学生が多かったこともあり、いくら首席といっても、職を持たない苦学生にとっての現実的な進路が学生雑誌編集の継続であった。

石山素投の誕生

野依と『三田商業界』および『実業之世界』については、佐藤卓己『負け組のメディア史――天下無敵野依秀市伝』（二〇二一年）に詳しい。一八八五年に大分県中津町で生まれた野依は、酒におぼれ家庭内暴力をふるう父から離れ、地元の名士であった伯父のもとで高等小学校に通う。立身出世のため上京するもビールの配達夫としての労働と学業の両立に苦しみ、学資を得るべくして帰郷するなど、紆余曲折を経て、一九〇三年、三度目の上京でようやく書生奉公先を見つけ、慶應義塾商業学校に通う夜学生となった。家庭環境や苦学生としての野依の境遇は石山と重なる点も大きく、「無学」を誇る者同士で共感するところもあったのだろう。同書の知見を踏まえながら、ここでは石山の視点から『三田商業界』と『実業之世界』についてみていきたい。

『三田商業界』の創刊号と第二号は所蔵が確認できないが、創刊号に掲載された「発刊の辞」は石山が自ら記したものだと回想している。

「私は、苦心して発刊の辞を書いた。文意は〝戦いは終わった（日露戦争を意味する）。だが、それは、力の戦争が終わったので、これから、経済戦が展開される。銃を持った兵士が帰還する日は、ソロバンを手にした商戦隊が出発する日である。今後は、経済雑誌が大いに必要である〟というようなものであった。」（石山㊺：136ff）

算盤《そろばん》は、その後『ダイヤモンド』創刊時の象徴的アイテムとなり、経済雑誌『ダイヤモンド』は日露戦争から一〇年後の第一次大戦を梃子《てこ》として発展した。ただし、この発刊の辞をめぐっては、野依は「あれは私の口述を石山君が文章にしたまでのことだ」と反論している（野依 1966：7）。どちらかの記憶違いというよりは、両者の合作であったのだろう。

「読者忘るゝ勿《なか》れ幾多の商業雑誌中青年に依り成るもの本誌あるのみを」と掲げた同誌において、石山は第三号（一九〇六年三月号）より「石山素投」という名で「各銀行会社商店の勘定科目と帳簿の組織」を計四回にわたって連載している。「素投」とは石（ストーン）をもじった号であるが、各回では千代田生命保険相互会社（第三号）、三越呉服店（第四号）、東京瓦斯《ガス》株式会社（第六号）、北海道炭鉱鉄道会社（第一〇号）を題材とし、『三田商業界』初期の段階ですでに企業批評に関するテーマを扱っていた。

野依は、『三田商業界』が軌道に乗りかけた時期に、石山が「神経素弱のやうになつて、たうとう故郷の越後に帰つてしまつた」と回想している。野依は誌上の次号予告に石山の名で「ヘコタレの記」と出し、石山を呼び戻そうとするほど、「此時は流石に剛情我慢の私も心細かつた」と述べるなど、石山の存在を頼りにしていた（『実業之世界』一九三九年九月号：58）。実際、当時の『三田商業界』（一九〇六年六月号）の次号予告には石山素投「ヘコタレの記」が記され、翌月号（一九〇六年七月号）には実際記事として掲載されている。石山不在の間に、『経済特報』主筆であった北山米吉を記者として招くなど、徐々に人員を増やしていった。郷里から戻ってきた石山も、随筆や時事評論、編集後記などを執筆するなど、同誌の主要記者としての役割を担う。

『三田商業界』の看板コンテンツは、何よりも野依が取ってくる名士談話であった。初期の『三田商業界』には、当時塾長であった鎌田栄吉や北海道炭鉱鉄道会社幹事の福沢桃介《ももすけ》、鐘紡《かねぼう》紡績会社総支配人の武藤山治《さんじ》といった慶應関係者のみならず、後藤新平や大隈重信、渋沢栄一など政財界の錚々たる顔触れが誌面に登場している。石山自身も『三田商業界』の「原稿は、大部分名士の談話筆記であった」とし、野依に連れられ談話筆記に行ったことを振り返っている（石山㊻：275）。名士訪問時における野依の手腕に石山は舌を巻いた。

「誰に会っても、臆さず話す。滔々《とうとう》として弁ずる。しかも、無遠慮にものを言う。それであって、先方の感情を害さない。一言で云えば、交際上手の男である。」（石山㊻：275）

石山は野依について「演説が好きで、クラス会になると、すぐ演壇に上がって、演説する。この演説好きがこうじて、『三田商業界』を創刊したのであった」とも評している（石山㊽：140）。当時、青年たちの間では弁論が一種のブームとなっており、各学校では雄弁会の活動が盛んであった。演説好きでその延長に『三田商業界』があるという野依に対して、石山の自己評価は低い。雄弁研究会編『式辞と演説』（一九五二年）に寄せた序文のなかで、「演説がうまいために、大臣になつた人が幾人もある。学校で、雄弁会に出た人は、後日必ず出世する」としながら、「私も、演説を一寸やるが、下手でお話にならない」と述べている（1f）。

兎と亀

野依は石山の一年下の後輩であったが、「野依式」とも自称した雑誌経営者としての剛腕ぶりは、石山にある種のコンプレックスを抱かせるものであった。『実業之世界』が創刊三〇周年を迎えた際に、石山は「「三田商業界」から「実業之世界」と改題の頃・若かりし野依君と私」（『実業之世界』一九三七年五月号）と題する回想録を寄せて、『三田商業界』に携わっていた当時を振り返っている。

「私などは、まア野依君の助手位なもの。助手を以て甘んずるわけではなく、二クラスも下なのだから、心の中では「何の野依が」といふ調子だつたが、実力の相違で実地に働いて見ると、対世間的活動では全くの段違ひ。野依君が名士を訪問する時は一緒について行つて、談話を筆記する。野依君が速記者を連れて行つて取つて来たものは、文章に直す――それ位がこちらの仕事だつた。」（89f）

石山からみれば、助手としての扱いは、芸者評判録発行所での芸者訪問のときから変わらないものであった。芸者から財界人へと訪問先に変化はあったが、構図だけみれば、湯屋の主人が野依に置き換わっただけであるともいえる。それゆえに石山は内心では「何の野依が」と感じながらも、野依の圧倒的な手腕を前に、自らは助手の位置づけにあった状況に複雑な思いを抱いていた。

石山の没後、野依は『石山賢吉と野依秀市』（一九六六年）において、石山が刊行した自伝『回顧七十年』（一九五八年）および『雑誌経営五十年』（一九六三年）での野依に関する箇所を、先に触れた「発刊の辞」をどちらか記したかのように逐一訂正している。

だがその一方で、野依と石山の見解が一致するのは、『三田商業界』における石山の立場であった。野依は『実業之世界』および自著で何度も同誌の創刊時について武勇伝のように語っているが、野依も石山が「責任の地位に立つことを好まなかった」と述べている（『実業之世界』一九六四年一〇月号：22）。臆することなく自己宣伝に猛進する野依に対して、石山はあくまで助手として一歩引いた位置に身を置き、絶えず謙遜する素振りを見せていた。むしろ野依と接するなかでそうした態度をより強固にしていった面もあろう。

石山は当初、記者として働きながら、記者を名乗るのも憚《はば》かったとして、編集員という名刺を持ち歩いていた。「乙種商業学校位を出た者が、記者と自称するのは、僭越《せんえつ》と心得たからであった」という（石山㊻：277）。「日本の電力王」と呼ばれた慶應を代表する財界人・福沢桃介の名刺を活用し、政財界の名士訪問へとこぎつけた野依とは対照的である。

「私は、会社評論に対しては、熟練工である。三十数年間、之に従事して来たのだから、熟練工である事には間違がない。悲い哉、私には学問がない。私は、勉強盛りの少青年時代を田舎の郵便局の電信係で過し、二十二歳で漸く東京へ出て乙種商業を卒業したゞけである。それ以外には、正規の学問をして居ない。商業学校卒業後、雑誌記者となり、或は新聞記者ともなり、若干、書籍を読んだが、到底正規の学問をした人には及ばない。私は、所詮、無学の記者たる事を免《まぬが》れないのであ

つた。」（石山㊱：2f）

石山が記者を名乗り始めるのは、商業学校時代の下宿先が同じで懇意となった山本実彦《さねひこ》の影響であった。山本が『やまと新聞』の記者と名刺を書いていたことで、石山も『三田商業界』の記者を名乗るようになった。山本はその後、一九一九年に改造社を創業し、戦前の出版界で一世を風靡《ふうび》した総合雑誌『改造』を創刊した出版人であるとともに、一九三〇年および一九四六年の衆院選に出馬・当選し、通算二期の議席を持ったメディア議員でもある（五味渕：172f）。

その後の石山にとって、『三田商業界』および『実業之世界』で目《ま》の当たりにした野依の姿が常に雑誌経営の基準となった。大物相手にたじろぐことなく対峙《たいじ》し、あらゆる手段で談話や広告を取ってくる野依と対比し、石山は自らを経営者として「不向き」であるという認識を持つようになる。とりわけ広告獲得の苦手意識は、後年ダイヤモンド社を設立した際にも別会社を起《た》ち上げて、自らは関与しないようにするほどであった。

だが、石山の謙遜は単に自分を卑下するだけでなく、野依との差異化の色合いを帯びていく。後年、石山はたびたび野依と石山自身の関係を兎と亀にたとえて評している。

「彼と私を比較すると、兎と亀に似ている。彼は常に兎の如く飛躍する。私は、いつも亀の如く歩いた。競争に

図2-6　兎と亀にたとえる野依と石山（『ダイヤモンド』1962年11月26日号）

はならない。だが、結局、亀の方が早くなる。彼に欠点がなかったならば……と惜まれるのである。当時、確かに野依君は、一面非凡な青年であった。その非凡な青年によって学生雑誌の三田商業界が、忽《たちま》ち一般雑誌に進化した。」（石山㊻：276）

兎の様に勇躍する野依に雑誌経営では適《かな》わない分、石山はその裏返しとして亀のように地道な記者としてのアイデンティティを確立していった。その後、ダイヤモンド社を一代で築き、経済雑誌界の雄となる過程で、兎に対しての優位性を示すこの亀としての自負はより明確なものとなっていった。人々の共感を集めるために自らを媒体とする野依の「メディア人間」としての振る舞いへのコンプレックスは、石山の「記者一筋」の拠り所にもなったのだ。石山の実直な人間像は、野依と出会い、対比するなかで創出されていったものともいえよう。

図 2-7　「実業之世界二十五周年と後援せられた人々」（『実業之世界』1932 年 5 月号）

興味深いのは、その後の『ダイヤモンド』と『実業之世界』における両者の扱いである。石山は独立して『ダイヤモンド』を創刊した後も、『実業之世界』にたびたび談話記事や論稿を寄せている。『実業之世界』創刊二五周年を記念した「現代暴露号」では、石山の寄稿「会社決算の内幕」を掲載し、「実業之世界廿五周年と後援せられた人々」として渋沢栄一や三宅雪嶺《せつれい》、武藤山治ら政財界の大物論客とともに石山を写真入りで紹介している。だが、反対に『ダイヤモンド』において野依の存在は希薄である。石山の自伝的連載記事での言及や『実業之世界』および同社刊行書物の広告などの掲載にとどまり、野依自身が『ダイヤモンド』の誌面上に登場することはついになかった。

『三田商業界』から『実業之世界』へ

『三田商業界』に話を戻すと、創刊翌年の一九〇七年に野依は自らが立ち上げた雑誌から一度去っている。同誌の一九〇七年二月号には、石山が編集後記において「野依商尊子は都合により本会と関係を断ち候」と記し(79)、誌面上でも「会告」として野依が「都合により辞職し本会と一切の関係を絶ち候」と大々的に掲載している(37)。

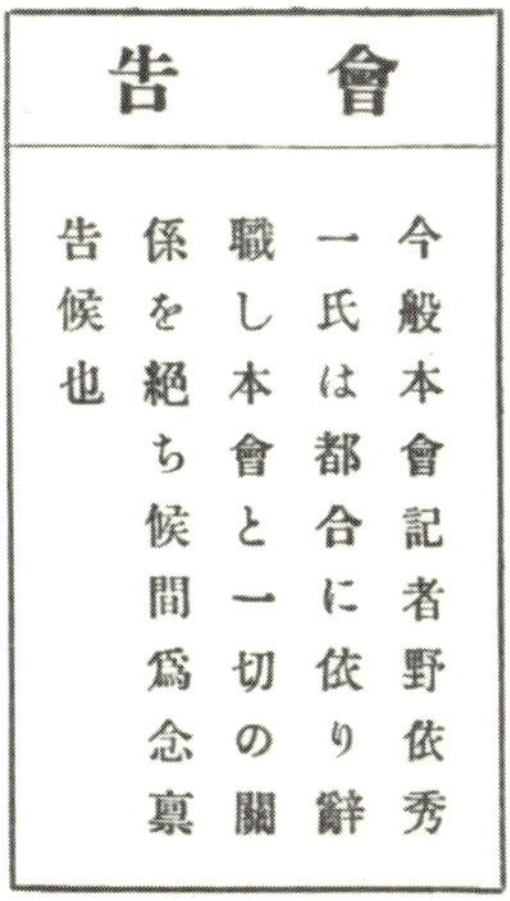
會告

今般本會記者野依秀一氏は都合に依り辭職し本會と一切の關係を絶ち候間爲念稟告候也

図 2-8　野依退社の会告（『三田商業界』1907 年 2 月号）

野依の『三田商業界』退社については、三田商業研究会の会長を名目上務めていた桑原虎治との対立であったと石山は綴っている。「桑原会長は、堅実の人であった。無軌道の野依君とは、絶えず、意見が衝突する。それが嵩じて、野依君は、遂に社を出て行ったのである」(石山㊻：277)。野依追放の背後には、野依を『三田商業界』から引き離すことで同誌の自然消滅を目論む慶應義塾大学教授の名取和作の思惑も働いていたと佐藤卓己『負け組のメディア史』では指摘されている（63f）。

いずれにしても『三田商業界』から去った野依は、『日本新聞』や『活動之日本』（隆文館）と行く先々で活躍し、石山の言葉を借りると「帝都の広告界を震撼《しんかん》させた」（『実業之世界』一九三七年五月号：91）。それに対して石山自身は「別に仕方がないので、一人居残つて「三田商業界」の編集をやっていたが、雑誌は一向に振はぬ」状態であった。野依から雑誌経営を引き継ぐ形となった石山だが、「性格的に広告が取れない」として、同じく慶應商業出身で『三田商業界』へと入った木内荒治が広告部門を担うことになった（石山㉝：243）。

その後、「財界世話人」として知られ、当時富士紡績の取締役専務を務めていた和田豊治《とよじ》の仲裁によって、野依が同誌に戻る。野依が復帰した『三田商業界』は、再始動を機に『実業之世界』へと改題を行っている。

「「改題之辞」は私が書いたかと思ふ。石山素投といふ名で、「三井、安田両行の営業振りを評す」といふやうなものも書いた。」（『実業之世界』一九三七年五月号：91）

「改題の辞」については、『三田商業界』の「創刊の辞」同様に、野依も自らが書いたと述べており、どちらが書いたのか正確なところは不明である。

その名の通り『実業之世界』という誌名は、当時の代表的な財界誌『実業之日本』を意識してのものであった。石山いわく当時「日の出の勢い」にあった同誌の「上をいくつもり」で、野依はその名を冠した（石山㉟：146）。とはいえ、『実業之日本』と『実業之世界』は、その名こそ似ているが、両誌の性格は正反対であった。大澤聡《さとし》が指摘するように、『実業之日本』が財界人を称賛したのに対して、『実業之世界』は野依のキャラクターを前面に財界人の暴露記事を販売戦略とするなど、対照的な性格を持つ経済雑誌である（大澤：216）。

当時の石山もその一翼を担った。石山が挙げている「三井安田両銀行の営業振を評す」は、『実業之世界』一九〇八年五月号に掲載され、その後も「大日本麦酒会社の決算報告を評す」（一九〇九年三月号）、「東京鉄道株式会社の決算報告を評す」（一九〇九年八月号）など決算報告書に注目した企業批評を担当したほか、『実業之世界』一九一〇年一月号の「壹億の国財を有する日本橋頑固商人啓発論」のように実名、顔写真入りの記事も掲載された。自らは広告取りを苦手とした石山だが、「利き目のある広告と利き目のない広告」（『実業之世界』一九一〇年六月一日号）のように広告批評も行っている。「本誌に現はれたる広告の意匠《いしょう》を評す」というように、同誌に掲載された広告のデザイン自体を題材とした奇抜な企画であるが、その効果を論じた同記事は、自己宣伝を特徴とした『実業之世界』ならではの広告論ともいえる。

「広告は商店の生命であつて、実に広告の生命は意匠にある。其処で、本号から本誌に現

壹億の國財を有する日本橋頑固商人啓發論

『實業之世界』記者　石山賢吉

△事業の衝に當る者のみを批難するは誤れり

從來實業家といへば、概して著名な銀行員とか、會社員とか、若しくは三井、三菱、住友、安田、藤田、古河、大倉などいふ大資本家のみを指すかのやうに思はれて居た。けれども好く考へて見ると、實業家といへば、農工商何れも皆之に屬す可きもので、特に著名な銀行、會社の重役のみに限らるゝといふ理由は少しも無いのである。

石山記者

其處で、實を云へば本誌の如きも從來は、重なる銀行會社の重役若しくは社會の表面に立つて事業の衝に當つて居る富豪のみに評論の筆を向けて、日本橋の新川、新堀、富澤町、堀留、田所町、小網町、伊勢町、馬喰町邊に蟄居して十年一日の如く舊式の習慣、舊式の制度を墨守して居る問屋商人の存在を忘れて居た傾向がある。實際、社會の表面に立つて事業をして居るものは批難され易い、又批難さる可き點も多からうが、又一面に於いては幾分社會公共の利福をなして居る。然るに、只、金を溜る事ばかり考へて少しも社會に顔を出さないで居る日本橋の頑固商人は何うであるか。社會に對して何等の積極的經營もしない代りには、新聞雜誌の記者から批評さる可き機會も無いであらうが、それでは社會に對する彼等の義務が濟むまい。記者が從來、社會の表面に出て事業をする實業家のみを批難して之等の頑固商人を忘れて居たのは正に大なる片手落の處置であつた。記者は將來大に之等の隱れて何事をも爲さゞる實業家に注目する。爾うして新年劈頭先づ茲に彼等に對して一路の警戒を與へんと欲するものである。

△個人の爲めのみを思ふて國家を念とせざる日本橋の商人

図 2-9　石山賢吉「壹億の国財を有する日本橋頑固商人啓発論」（『実業之世界』1910 年 1 月号）

はれたる広告の意匠に就て批評を試みる事にした。お客様に対し聊《いささ》か敬意を失する嫌ひあるが、記者の遠慮なき批評は其意匠に就て苦心を費さるゝ各広告主の聞かんと欲せらるゝ処であらうと思ふからである。」(72)

石山の広告批評はその後、初期『ダイヤモンド』の誌面にも引き継がれていく。雑誌経営に欠かせない広告獲得そのものは不得手だった石山だが、記者として広告批評の視座を『実業之世界』において見出した。

私生活においても『実業之世界』に在籍していた一九〇九年一二月、二七歳の石山は同郷出身の山田ハマと結婚している。結婚式は桑原家の座敷で、桑原が石山の親代わりとして付き添い、野依一人に見守られての「日本一簡素な形式」であった(石山㊿:344)。野依や桑原との関係の深さをうかがわせる結婚式であった。

会社評論の原点

『実業之世界』へと改題後、野依と同誌が展開したのが喧嘩ジャーナリズムであった(佐藤 2021:78)。ここでいう喧嘩ジャーナリズムとは、野依自身が起こした騒動をスキャンダラスな暴露記事として誌面のネタにしていくものである。それゆえに、「言論ギャング」の異名で呼ばれるようにもなる。

野依の交詢社への入会却下問題を発端とし、一九〇九年七月号より『実業之世界』では、野依の交詢社入会に反対した三井銀行理事・波多野承五郎への攻撃記事を連載した。石山が一九二〇年代より政財界とのつながりの基盤としたのも、福沢諭吉が設立し慶應出身者が多く占める交詢社であった。独立独歩の野依とは対照的に、石山は慶應義塾商業学校同窓会の幹事を務めるなど、慶應閥でのネットワークを形成していった。

ただ、そんな石山も当時は、「実業之世界時代には、私は悪口記者であった」（石山㊻：13）と自認しているように、「亡滅に瀕《ひん》しつゝある購買組合共栄社の内幕——小人の典型波多野承五郎氏の愚を晒《わら》ふ」（『実業之世界』一九〇九年九月号）、「波多野承五郎君に与へて滅亡に瀕せる購買組合共栄社の経営法を教ふ」（『実業之世界』一九〇九年一〇月一日号）を記すなど、野依が仕掛けた攻撃キャンペーンに「悪口記者」の一人として加勢していた。『実業之世界』はその後、攻撃の矛先を波多野が属する財閥・三井家にも向けようとしたが、一〇カ月後の一九一〇年五月一日号で「波多野承五郎を釈放す——三井八郎右衛門氏の代理朝吹英二氏の仲裁」と掲載し、波多野並びに三井家との休戦を宣言している。

続けざまに『実業之世界』は、一九一〇年二月一五日号より東京府農工銀行への糾弾キャンペーンを展開した。この間に両者の仲裁に入った大隈重信とも絶縁している。大隈は『三田商業界』時代に名士談義の大物論客であり、『実業之世界』へと改題後も改題一周年記念イベントでは大隈邸宅の庭園で実施するなど、野依が雑誌の影響力を高めるために最大限、その権勢を利用してきた人物でもあったが、恩人であるはずの大隈との絶縁自体も記事のネタとして誌面に活用した。

野依式の喧嘩ジャーナリズムが最高潮に達したのが、東京電燈会社への攻撃企画である。一九一〇年、『実業之世界』は東京電燈会社に対する電灯量の三割値下げ要求を誌面上で大々的に主張した。野依が誌上で展開したこの過激なキャンペーンにおいては、石山も重要な役割を担うことになった。

「それは、その時の私に対しては無鉄砲な注文であつた。私は、東京電燈に就て何も知らない。その上、会社を調査する方法も知らない。その私に、突然、東電の攻撃記事を書けと云ふのだから、随分無鉄砲な注文であつた訳だ。これは、私が辞退するのが当然であつたのだ。

処が、その頃の私達は、万事無鉄砲づくめであつた。やれない事を、どうにかして、やつて退《の》けるのであつた。そこで、私は、東電の攻撃記事を、兎《と》に角《かく》引受けた。」（石山⑳：5f）

石山が述べるようにこの企画は、演繹的に行われたものであった。「東京の電燈量は高い。之を値下げせよ」という野依の直観的主張が先に合って、石山の任務は野依が立てた「三割値下げ」という結論に見合う材料を探し出すことであった。

「雑誌記者、新聞記者をして居るうちに、私は何時《いつ》とはなしに会社評論の専門記者となつた。動機は、実業之世界社が、東京電燈会社攻撃といふのをやり出した事にある。「東京の電燈料は高い。之を値下げせよ」といふのが実業之世界社の主張であつた。

実業之世界社が、電燈量を高いと感じたのは、直感であつた。直感では、値下げ要求の記事にならない。それに理論附けなければならぬ。その理論付ける役を、私が仰せ付かつたのであつた。」

（石山㊱：3）

東京電燈の値下げを主張する「理論附け」の役を引き受けたものの、経済記者としてのキャリアはまだ浅い石山にとって容易なものではなく、その作業は難航した。「空しく一年を経過した」ため、「実業之世界社の計画も亦《また》その実行を延期するの余儀なきに至つた」なかで、活路を見出したのは同業他社の記事であった。

「或日、私は、東洋経済新報を読んだ。そうしたら、その中に、水力電気に対し、簡単な評が書いてあつた。それを読んで、私は、水力電気に対する評の仕方を少しばかり知つた。

そこで、更《あらた》めて、東京電燈会社の決算報告を見た。東京電燈は、水力電気を以て、電灯事業を経営をして居る会社だから、水力電気に対する評の仕方を知れば、同社の決算報告から何か得られるだらうと思ひ、更めて、決算報告を見たのであつた、そうしたら、財産目録の中に、煙突といふ資産があるのに、私の視線が止つた。」（石山㊱：4）

『東洋経済』から示唆を得た石山の見立ては次のようなものであった。石山によると当時の東京電燈は水力発電を主としているが、「その会社の財産に、煙突があるのは、何故か」（同）という点に注目したという。煙突は火力発電のものであり、石山が財産名録を見てみると他にも火力発電用の設備が資産として記されていることに気づいた。「水力が出来上つても、火力設備をその儘《ママ》してあれば、資本の二重負担である。斯かる設備は永遠に遺《のこ》すべきでない。償却すべきである」という材料を得たのであった（同：5）。加えて石山は、同社の決算報告書を読み込むなかで、公共事業であるはずの東京電燈が一割二分の「高率配当」を行っていたことも発見した。値下げを要求する二つの論拠を石山は、決算報告のなかに見出したのであった。

石山の発見に、野依は「飛びあがらんばかりに喜んだ」という（石山㊻：153）。こうして『実業之世界』はいよいよ一九一〇年五月一日号より東京電燈への攻撃企画を実行に移した。石山の回想によると、当時主筆格となっていた白柳秀湖《しらやなぎしゅうこ》による電灯量三割値下げを掲げた総論を皮切りに、石山が担当した論拠の提示は第二段の各論として掲載された。

『実業之世界』時代、文章表現に長《た》けていなかったという石山は、記事の執筆を白柳に頼むこともあったという。自らの知名度を高めるための自己宣伝を行動指針とした野依は、堂々と代筆を公言し正当化した（佐藤 2021：15）。そんな野依が率いる『実業之世界』では、石山もまた当時は文章表現に難があったとし、「能文家」の白柳にしばしば代筆を依頼していたという。石山が担当した東京電燈記事のタイトルに「資本論」と名付けたのも白柳の考案であった（石山52：86）。

だが、東京電燈記事の本文については石山が調べ上げた数字に基づくものであり、「代筆ではうまく行かない」ため、石山が自ら書き通したという。石山が苦心したのは、野依が掲げた「電燈料金の三割値下げ要求に数字を合わせることであった」。先にも触れたように値下げ要求は野依の主張が先行したものであり、しかもこの三割という値自体も算定された根拠などがあったわけではなく、「一割ではケチくさい。二割もはんぱだ。三割がよかろう」という野依の「調子」によって付けられたものであった（石山56：157）。加えて表現においても会計学の専門用語に通じておらず、どのような表現を使用するか思案した結果、東京電燈が所有する遊休資産を「働かない資本」と評するなど、試行錯誤しながら連載記事を執筆した。

白柳が考案した「資本論」というタイトルや、石山による「働かない資本」という表現は、実際『実業之世界』一九一〇年八月一日号掲載の「燈火に呪はれたる東京市（社説其七）資本論――三割減要求の根本的理由は茲《ここ》に在り」においても確認できる。あえて専門用語を用いず、素人でも理解できる言葉で表現したことなども功を奏し、石山の担当した東京電燈記事の「ひじょうに大きな反響がまき起こった」と回想している（石山(56)：157f）。

東京電燈への攻撃は、その後「最後通牒の意味」で、一九一〇年九月一五日号に「最後の手段を決行するに先ちて東京電燈株式会社重役並に大株主諸氏に与ふるの書」と題した公開状を掲載し、翌一〇月一日号で「電燈記事一回中止に就いて読者諸君に告ぐ」として直接東京電燈会社へ送付し返答を待つ旨を伝えている。

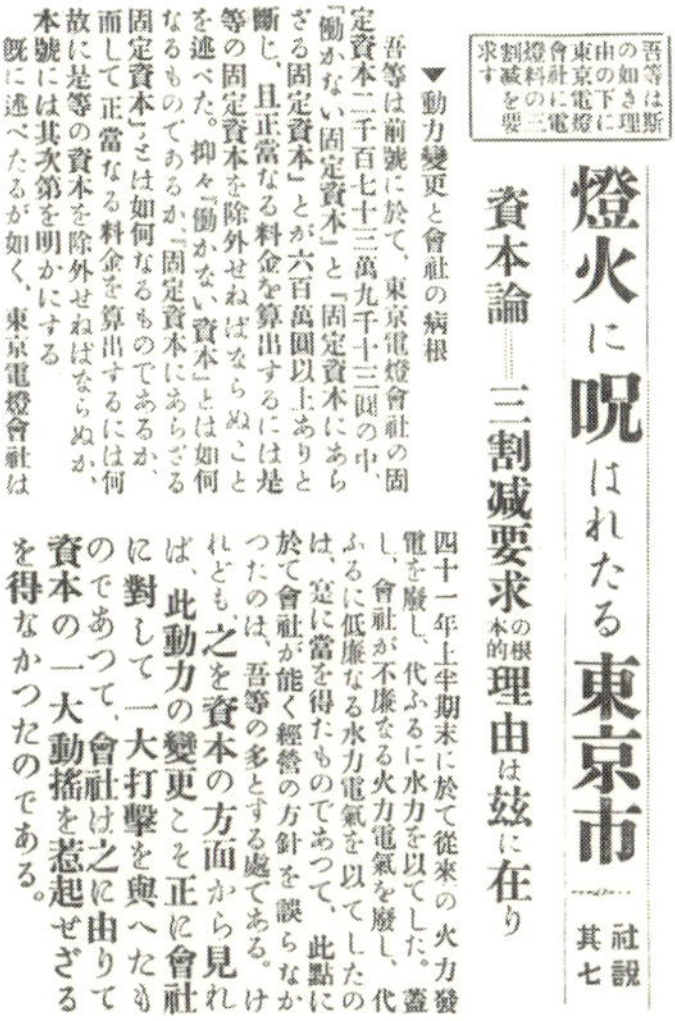
社説其七

燈火に呪はれたる東京市

資本論――三割減要求の根本的理由は茲に在り

吾等は斷の如き理由の下に東京電燈會社に電燈料の三割減を要求す

四十一年上半期末に於て従来の火力發電を廢し、代ふるに水力を以てした。蓋し、會社が不廉なる火力電氣を廢し、代ふるに低廉なる水力電氣を以てしたのは、定に當を得たものであつて、此點に於て會社が能く經營の方針を誤らなかつたのは、吾等の多とする處てある。けれども、之を資本の方面から見れば、此動力の變更こそ正に會社に對して一大打撃を與へたものであつて、會社は之に由りて資本の一大動搖を惹起せざるを得なかつたのである。

▼動力變更と會社の病根

吾等は前號に於て、東京電燈會社の固定資本二千百七十三萬九千十三圓の中、「働かない固定資本」と「固定資本にあらざる固定資本」とが六百萬圓以上ありと斷じ、且正當なる料金を算出するには是等の固定資本を除外せねばならぬことを述べた。抑々「働かない資本」とは如何なるものであるか、「固定資本にあらざる固定資本」とは如何なるものであるか、而して正當なる料金を算出するには何故に是等の資本を除外せねばならぬか、本號には其次第を明かにする

既に述べたるが如く、東京電燈會社は

図 2-10　石山が担当したとされる記事（『実業之世界』1910 年 8 月 1 日号）

事態が急転したのは、一九一〇年九月三〇日であった。野依が脅迫文と出刃包丁を当時の東京電燈会社社長・佐竹作太郎らに送り付け、恐喝罪及脅迫罪未遂で『実業之世界』は家宅捜索を受け、野依も逮捕・拘留されたのである。いかに「発奮闘力」を自己定義する「野依式」といえども、肝心の主が不在のなかでは連載継続は不可能であった（『実業之世界』一九一〇年一〇月一五日号：3）。

東京電燈事件は「言論ギャング」として野依の

名を一躍、世に知らしめた一件だったが、石山にとっても自らの『ダイヤモンド』で最大の特徴としていく会社評論の起点となった。

「無鉄砲な野依君の命令からであつた。然し、私は、その命令の為めに、大変仕合せをした。といふのは、私は、東電調査のことから『決算報告の見方』を覚えたからである。野依君の命令がなければ、私は『決算報告の見方』を覚えずに了つたかも知れない。私は、野依君に感謝しなければならぬ。

勿論、その時、覚えた『決算報告の見方』は、ホンの一部分であつた。然し、それが手掛りとなつて、私は段々『決算報告の見方』を研究し、遂に之を専門にする記者になつた。」（石山⑳：17）

東京電燈攻撃をはじめとする『実業之世界』の大企業・財閥攻撃キャンペーンは、石山にとっては「会社評論の仕方と、決算報告の見方をおぼえた」きっかけになった（石山㊻：20）。企業批評を得意とした『ダイヤモンド』の原点は、野依の企画したこのキャンペーンにこそあったのである。

野依との決別

実は『実業之世界』で東京電燈への攻撃キャンペーンが展開されていた最中の一九一〇年六月に、石山は同社を去っている。石山は野依と袂《たもと》を分かった経緯に関して具体的に語っていないが、後年、『実業之世界』（一九三七年六月号）での「野依君と私」と題した回想文のなかで、退社の背景として野依との価値観の相違を挙げた。

「非常な勢ひで一年間位の発展といふものは素晴らしいものがありました。一年半ばかり経ちますと、私と野依君はマルキリ正反対の性格でありまして、若しおとぎ話で譬へれば、私は亀のやうにノソノソ歩いてゐると、野依君は兎のやうにドン〳〵飛んで歩く。斯う云つた性格の違ひはよく調和するものでありますが、私も亦片意地のところがあつて、野依君とは遂に意見の一致を見る能はずして一年半ばかりで「実業之世界社」を退社致しました。」(84)

ここでも兎と亀のたとえが用いていいるが、野依との比較のなかで石山の鬱積《うっせき》したコンプレックスは沸点に達し、とうとう耐えきれないものとなっていたようである。野依が展開する喧嘩ジャーナリズムが奏功し、学生雑誌から一般経済誌へと飛躍を遂げていった『実業之世界』は従業員も増やし規模を拡大していた。「野依雑誌」として名実ともに野依の影響力が増すなかで、石山は窓際へと追いやられていくように感じていた。

「ところで、この社には桑島勇君（潮華）が入社する。白柳秀湖君も入社する。桑島君が主筆、白柳君が編集長といふことで、私は依然たる下ツ端の記者、言はゞ遊軍といつたやうな役柄だつた。もとより力で争つたわけではないが、力量が違ふのだからどうにも仕方がない。お恥しい次第だつた。」（『実業之世界』一九三七年五月号：90）

二人で寝食を共にしながら作り上げた雑誌であったが、雑誌の拡張とともに筆が立つ記者が入るなかで石山は居場所を失い、「下っ端の記者」や「遊軍」として劣等感を深めていった。『三田商業界』創業時から顧問を務めてきた桑原虎治も、『実業之世界』へと改題した一年後の一九〇九年に同社を去っている。

石山にとって、不満の種となったのは野依のワンマン経営であった。とりわけ人事の面における野依の独断専行に石山は閉口していたようである。退社から一〇年後、東電事件の刑期を終えた野依の出所記念号となった『実業之世界』（一九二〇年一〇月号）において石山は、「最も野依君を知つて居る友人の一人」として野依への苦言を述べながら、同社在籍時の不満を述べている。

「過去に於ける野依君は徹頭徹尾専制独裁家であつた。嘗《かつ》て野依君と共に仕事をして居つた時代は、野依君を尋ねて来た者で少し偉さうな事や気に合ふ様な事を言ふと、「よし入れてやらう」といふ調子で、自分等の知らぬ間に見知らぬ人間が入社してゐると言ふ様な事が屢々《しばしば》あつた。斯く専制であつたが為めに社員は何れも不安の念を抱いて居つた。社員が不安を抱いて仕事に従事しては成績が挙がる筈がない。」（141）

その場の雰囲気で人を入れる野依の「専制」ぶりに加えて、石山は自己宣伝を前面に掲げた「野依式」にも疑問を持っていたようだ。

「夫《そ》れから、雑誌は一の商品であるから、内容の精選や体裁を飾ることを閑却《かんきゃく》してはならぬ。野依式の雑誌を作る事が必ずしも悪るいとは言はぬが、下らぬ事を永永と書く事は雑誌として余り結構な事ではない。之と同時に余りに自分の事を書き過ぎる。夫も一通りは書いても差支《さしつかえ》ないし、相当の興味を惹くものであらうが、以前の様に旅館の女中に祝儀を遣つて持てた事まで書く様では、鼻についてならぬ。如何なる美味も毎日食膳に上せては飽きると同様であるから、少しは慎む可きで

あらう。」（同）

メディア人間として臆面なく自らのゴシップをも記事のネタとする野依の手法に対して、石山は「下らぬ事」であり、かつ「自分の事を書き過ぎる」として批判している。ただ石山自身もこの後、『ダイヤモンド』において自伝的連載をたびたび掲載し、さらに書籍化して出版するなど、石山の出版事業には少なからず野依式の影響を受けた要素がみられる。野依の存在は、石山にとっての参照項であり続けたといえよう。

ただし『実業之世界』退社自体は野依との「喧嘩」による「私情」であり、「私情のために、連載記事を中絶させるのは、面白くなく感じた」として、石山は退社後も義理堅く東京電燈記事は担当した（石山㊻：20）。

その後、野依が出刃包丁事件により拘引《こういん》された際も、新聞記事で事態を知った石山は「実業之世界社に駆けつけ、どうにか、あと始末をつけたのであった」と語っている（石山(56)：174）。実際、事件発生直後、『東京朝日新聞』（一九一〇年一〇月三日朝刊）に掲載された「野依秀一拘引始末」では、『実業之世界』を代表して石山が東電攻撃キャンペーンの弁明を行っていた。

「昨夜同社社友の一人なる石山賢吉氏は記者に語つて曰《いわ》く野依が若し

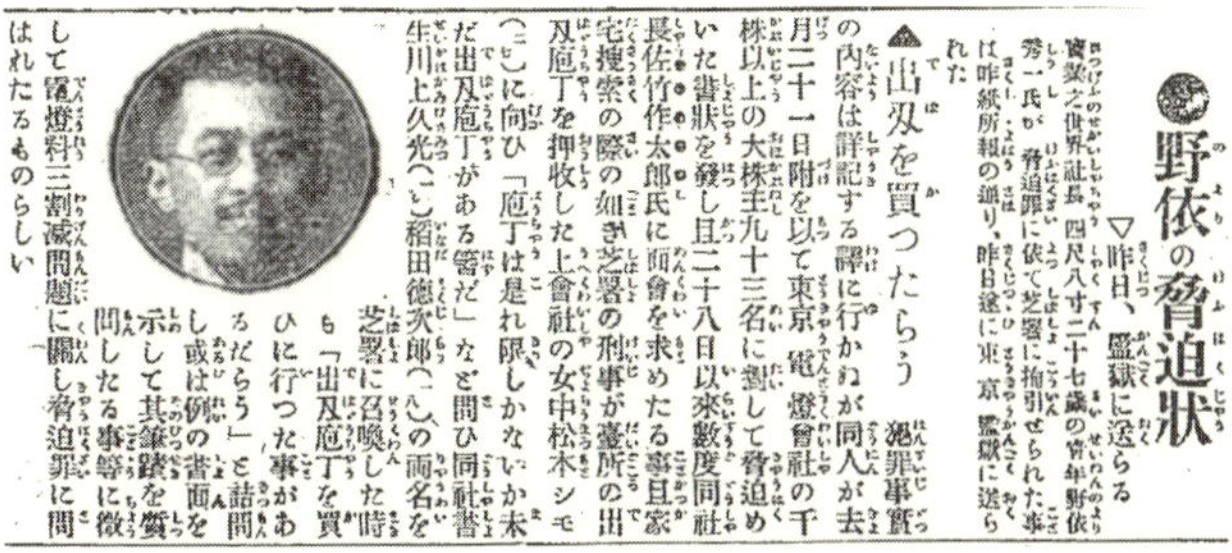

野依の脅迫状

▽昨日、監獄に送らる

實業之世界社長　四尺八寸二十七歳の青年野依秀一氏が　脅迫罪に依て芝署に拘引せられた事は昨紙所報の通り、昨日遂に東京　監獄に送られた

△出刄を買つたらう

犯罪事實の内容は詳記する譯に行かねが同人が去月二十一日附を以て東京電燈會社の千株以上の大株主九十三名に對して脅迫めいた書状を發し且二十八日以來數度同社長佐竹作太郎氏に面會を求めたる事且家宅捜索の際の如き芝署の刑事が臺所の出刄庖丁を押收した上會社の女中松木シモ（二七）に向ひ「庖丁は是れ限しかないか未だ出刄庖丁がある筈だ」など問ひ同社書生川上久光（一七）稲田徳次郎（一八）の兩名を芝署に召喚した時も「出刄庖丁を買ひに行つた事があるだらう」と詰問し或は例の書面を示して其筆蹟を質問したる事等に徴して電燈料三割減問題に關し脅迫罪に問はれたるものらしい

図 2-11　野依の拘引を伝える記事（『読売新聞』1910 年 10 月 2 日朝刊）

不幸にして留置され今後数ヵ月同社にあらざるも何等社務に影響を受けざるべし。予が見たる野依の胸裏は東電会社が推定せる程まだ腐敗し居らず仮に野依に野心ありて今日まで電燈会社を攻撃したるものとせば既に五月号発行の当時平和の局を結ぶべき機会ありしなり。是までに各方面の同情者より金は尠《すくな》からず貰ひ居れるも金銭の為めに曲筆したること無きは社中の堅く信じて疑はざる処なり云々」

顔となる野依不在のなかで、石山は『実業之世界』の広報的役割を担った。さらに広告取りは大の苦手意識を持つ石山だったが、『実業之世界』が窮地に陥《おちい》るなかで、資金援助を取り付けることで同社を支えていた。『昭和新聞名家録』（一九三〇年）では、その時の様子が美談として紹介されている。

「且つて君が野依秀市君と共に雑誌実業之世界を経営してゐた当時、野依君は獄にあり、君は一人経営を続けてゐた折、京都日出新聞社長後川君を訪ねた。後川君は実業の世界も亦存在の理由ありと做し石山君に対し数千金を援助した。其の後又両人が出会つた時後川君は金一封を出して君に贈つたが、石山君曰く『理由なき金は』――とあつて手にだにしなかつた。その清廉を後川君は今だに推賞してゐる。」(35)

石山が野依の留守を預かっていた様子は誌面からもうかがえる。『実業之世界』一九一〇年一二月一日号には、「『実業之世界』記者」の肩書のまま石山の記事（「瀕死の日醬を惨殺したる原田二郎」）も掲載され、野依不在のなかで石山は自ら「悪口記者」として『実業之世界』の喧嘩ジャーナリズムを存続させようとした。同号の「編輯便」では「曩《さ》きに儁秀なる頭脳と、鋭利なる文章とを以て、諸会社銀行の解剖批評を試み、不正なる営業者を震駭《しんがい》したる石山素投氏再び本誌の人となれり」と、石山の復帰が伝えられている（48）。

その後も継続的に石山はいくつかの記事を担当しているが、特に『実業之世界』一九一一年四月一日号および四月一五日号には、「決算報告の鑑別と予の経験」を二回にわたって掲載するなど、『ダイヤモンド』の原点となる記事も執筆した。さらに『実業之世界』一九一一年の正月号では木内荒治と並び、石山が新年の挨拶を「実業之世界社を代表して」行っている。

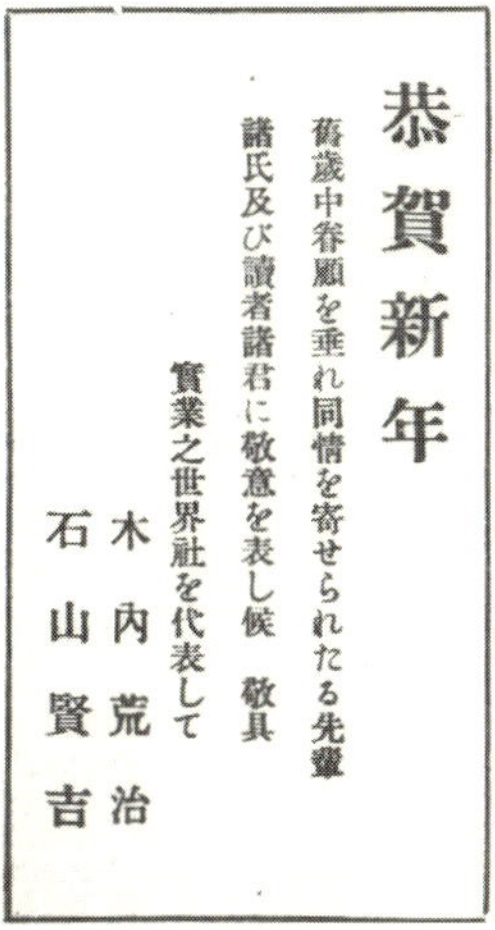
恭賀新年
舊歳中眷顧を垂れ同情を寄せられたる先輩諸氏及び讀者諸君に敬意を表し候　敬具
實業之世界社を代表して
木内荒治
石山賢吉

図 2-12 「実業之世界社を代表して」の新年の挨拶（『実業之世界』1911 年 1 月 1 日号）

野依が一九一一年三月に保釈される前後に、石山も再び『実業之世界』を去った。とはいえ、野依の保釈後に展開された新渡戸《にとべ》稲造《いなぞう》糾弾キャンペーンに際しても、『実業之日本』に掲載された新渡戸の記事について野依を批判したものではないかと石山が野依へ伝えたことが発端とされ（佐藤 2021：94）、退社後も野依との関わりは続いていた。東電恐喝事件で実刑判決を受けた野依が一九一二年一二月に入獄することになった際にも、『実業之世界』の記者や、堺利彦や荒畑寒村、大杉栄ら野依と交流のあった社会主義者とともに、石山は野依の入獄を見送っている。その後も「素投」あるいは実名で『実業之世界』にも寄稿するなど、『実業之世界』との関係は一九一三年の『ダイヤモンド』創刊以降も続いた。

「それから野依君に筆禍事件が起り、その留守中、私が『実業之世界』へ戻つて、同社を経営し野依君が保釈で出て来ると、私は再び同社を去つて、日本新聞に入つた。私と野依君とが、一つ所を交互に出たり入つたりしたのであつた。
然し、私は、それが最後で、それ以後は『実業之世界』へ帰らなかつた。野依君も『実業之世界』と改題してからは、其処を本拠にして動かなかつた。」（石山⑳：21）

出版業界を転々として

「実業之世界社を退いた白柳秀湖石山賢吉二氏はサンデーへ入社した」。『萬朝報《よろずちょうほう》』一九一〇年六月一六日の「文界短信」では、石山と白柳の実業之世界社退社が報じられている。『実業之世界』を支えた主力記者二人の退社については、同誌の読者にとっても少なからず衝撃だったようである。『実業之世界』（一九一〇年七月一五日号）の読者欄では、「白柳、石山二氏の退社理由を聞きたし」として両者の退社理由を問うている。

「野依社長足下、余は千葉萬朝報文界短信に実業之世界社を退いた白柳秀湖、石山賢吉の二氏はサンデーへ入社した、との記事を読み、不思議の感を抱いた。白柳、石山の二君は、共に本誌有数の記者なのに、如何なる事情で袂を聯ねて退社せられたかと、余は本誌の為に惜むと共に、これには何か深い事情がありはしないかと考へた。常に清廉潔白を自負せられる社長足下、願はくば本誌上に於て其事情を明かにせられん事を望む。」（78）

「本誌有数の記者」の退社を訝《いぶか》しむ読者の声に対して、普段は饒舌《じょうぜつ》の野依も実に歯切れの悪い返答をしている。

「尤《もっと》もなる御質問である、こんな場合普通の人なら我不徳の致す所とかなんとか云ふのだらうが、然し我輩は爾は云はん、両君が辞されたのは各理由が異つて居る。その内容を発表する事は出来ないが、兎に角我輩は両君に対しては、尠くとも世間普通よりより以上の待遇をして居たが、不義理もせぬ、不徳義もせぬ、我輩は出来る丈《だ》けの事はして居たと、斯れ丈けお答へして置く。」（同）

白柳秀湖は、早稲田大学哲学科出身のプロレタリア作家で、隆文館にて『新声』の編集に携わるなかで、野依と意気投合した。その後、白柳は軍隊に入営し、除隊後に『実業之世界』へ復帰した野依から誘われる形で同社へ入り、先にも触れたように東京電燈キャンペーンでも石山らとともに攻撃記事の執筆を担当した。

興味深いのは、白柳の立ち位置である。佐藤周平『相当なもの――人物月旦』（一九三五年）では、「大隈が嫌ひで三田の塾祖福澤諭吉が大好き」で、さらに「彼は某財界人の玄関番をしてをり、そこから通学してゐたが、その頃から平民社の幸徳秋水、堺利彦、木下尚江《なおえ》等の錚々たる社会主義者に伍して早くから秀才を以て知られてゐた」（824）と評されている。

野依は東京電燈会社での入獄を機に幸徳秋水ら社会主義者との知己を得ていた。石山もまた大杉栄や荒畑寒村ら社会主義者とも関係を築いていくが、石山にとって白柳は野依とともに社会主義者との交流の媒介者にもなった。

社会主義者と『サンデー』の関わりについては、黒岩比佐子『パンとペン――社会主義者・堺利彦と

「売文社」の闘い』(二〇一三年)に詳しい。幸徳秋水らが処刑された一九一〇年の大逆事件によって、社会主義が冬の時代を迎えるなかで、堺利彦が設立したのが売文社である。社会主義者たちが糊口《ここう》を凌《しの》ぐために文字通り「売文」せざるを得ない切実な状況を、同社はあえてあけすけに「ペンを以てパンを求むる」と掲げた。売文社が得意先としたのが『実業之世界』であり、『サンデー』であった。

石山が白柳とともに身を置くことになった『サンデー』は、森山守次と倉辻明義によって一九〇八年に創刊された週刊誌である。同誌は日本初の週刊誌とされ、明治期における政界の黒幕といわれた杉山茂丸が編集監督を務めていた。

『サンデー』創刊の経緯に関しては、栄元『租借地大連における日本語新聞の事業活動』(二〇二一年)にて詳述されている。博文館の雑誌『太陽』の通信記者だった森山は、一九〇三年に新声社と雑誌『新声』を譲り受けるも、すぐに隆文館へ譲渡している。その後、森山は一九〇七年に創刊された『満洲日日新聞』の社長業を務める。当時の満洲は、日露戦争後のポーツマス条約によって日本がロシアから得た南満洲鉄道の敷設権に基づいて、一九〇六年に南満洲鉄道株式会社が初代総裁・後藤新平のもとで創設されたばかりであった。文化事業やメディア政策にも関心を持っていた後藤の要請によって創刊された同紙は、日本語新聞として満洲で大きな影響力を誇っていた。後藤新平の参謀役でもあった杉山から支援を受ける形で、森山は太平洋通信社を設立し、同社から刊行された『サンデー』は当初、『満洲日日新聞』の内地への「宣伝橋頭堡《きょうとうほ》」としての役割を担っていたと栄は指摘する(18)。森山と白柳との直接的な接点は『新声』にあったと考えられるが、『実業之世界』(一九〇九年六月号)では杉山を「政治界に於ける高等幇間《ほうかん》」の一人として取り上げている。

白柳秀湖の三男・白柳夏男『戦争と父と子』（一九七一年）によると、白柳秀湖の妻の記憶では「野依さんと喧嘩して石山賢吉さんと二人でとび出した」(79)という。『実業之世界』を飛び出した石山と白柳が次の職場とした『サンデー』の特徴について、白柳夏男は次のように述べている。


「『サンデー』は、今日全盛期を迎えた週刊誌の草分けで、桂侯を論じた堂々の政治論があるかと思うと、新橋芸者のうわさ話があり、角力や歌舞伎の記事に続いて財閥の暗黒面をあばいた文章がある。小説があり、随筆があり、学校評論があり、自然主義文学者の蠣殻町《かきがらちょう》通いをスッパ抜いた記事もあるというシロモノであった。こういう雑誌の編輯を受け持つことで、秀湖の間口は一そう広くなったといえるであろう。」(80)

図 2–13　白柳秀湖（白柳夏男『戦争と父と子』）

当初『満洲日日新聞』の内地宣伝という性格を持っていた『サンデー』だが、石山と白柳が加わった頃には、社内にプロレタリア作家や社会主義者も多く出入りし、誌面の雰囲気も様変わりしていたようだ。雑多な週刊誌『サンデー』に身を置くなかで、「間口」を広げたのは白柳だけでなく、石山も同じであった。

『サンデー』に記者として在籍していた安成二郎は、同社の副社長であった宮田暢との関係で入社していたが、石山や白柳の『サンデー』入社も宮田の存在が関係するように述べている。「森山氏が満洲に行くとき、雑誌「サンデー」は宮田氏の友人の石山賢吉、白柳秀湖の両氏が引きつぎ、しばらく発行がつづけられた。石山君が赤坂山王下で経済雑誌「ダイヤモンド」を創刊し、白柳君が退いて町の歴史学者になつたのは、その後である」（『政界往来』一九五六年二月号：16）。安成は、兄の安成貞雄とともに『実業之世界』にも身を置いた作家であり、兄の安成貞雄は初期の『ダイヤモンド』にも寄稿するなど石山と深い関係を築いた。

石山が『サンデー』へと籍を移す予兆は、同誌の誌面にもみられた。『萬朝報』に入社が報じられる直前に、『サンデー』（一九一〇年六月一二日号）には「大記者か小記者か　実業の世界記者石山賢吉君」と題して、石山に関する記事が掲載された。野依への注目が出版界で集まるなかで、あくまで『実業之世界』の一記者に過ぎなかった石山を取り上げた記事は珍しい。

「何処の新聞社でも花のやうな美文を作る人は少くない。雲を摑むような議論をやる記者も亦乏しくはないが、独《ひと》り明確なる数理の立場から、精厳なる統計に徴《ちょう》して、微に渉《わた》り細に通じ、周到緻密麻姑《まこ》痒《かゆき》を搔《か》く的の議論をなし得るものは五指を屈するに足らぬのである。実業の世界が魔王の如く獅子の如く実業界を荒れ廻つて、襤褸会社や襤褸銀行を恐怖戦慄せしめてゐるのは、決して単に煽情的な議論からではない。其の計算報告や、営業振りに厳密精到なる批評眼を下して猛烈峻酷《しゅんこく》なる攻撃を浴せかけたから《ママ》ある。而《しか》して此の会社の決算報告に向ひ梟《ふくろう》の如き眼光を放つて、其の欠陥を扞発《かんぱつ》し其の不正を曝露せしめたるものは、実に実業の世界編輯局の一員たる石山賢吉君である」（7）

『実業之世界』が展開する一連の「猛烈峻酷なる攻撃」を「数理の立場」による「厳密精到たる批評眼」で支えていると褒《ほ》め称えている。石山あっての『実業之世界』といわんばかりで幾分持ち上げすぎにもみえるが、掲載時点ですでに『サンデー』入社が決まっていたとすれば、引き抜いた新戦力を紹介かつ称賛する自己宣伝記事である。あるいはこの記事の存在が石山の『サンデー』入りを後押しした可能性もある。いずれにせよ『実業之世界』で野依の後塵《こうじん》を拝し、劣等感に苛《さいな》まれていた石山にとってはこれ以上ない評価であっただろう。

「新聞でも雑誌でも統計のことなどを詳細に書いても、読者は之れを雲煙過眼視《うんえんかがんし》しに、熱心に読んでくれるものではない。而し此の縁の下の力持ちがドノ位雑誌の勢力を重からしめるか訳らぬ。石山賢吉君の如きは確に隠れたる俊才として世間に推称すべき人物である」（同ただし『サンデー』において、石山が担当した記事で確認できるのは、「約束を蹂躙《じゅうりん》する松屋呉服店」（一九一〇年七月三一日号）のみである。結局、石山は先述した野依による脅迫事件で『実業之世界』へと一時的に戻ることになり、『サンデー』との関係も切れてしまったようだ。

日本新聞社（伊藤欽亮）等での人的ネットワーク

石山は、その後『日本新聞』の経済担当記者となった。同紙は、一八八九年に創刊され、陸羯南《くがかつなん》を社長兼主筆として発展した日刊新聞『日本』を源流としており、陸が退いた後に同社の経営に当たったのが伊藤欽亮である。

慶應義塾で福沢諭吉の門下生だった伊藤は卒業後、『時事新報』の営業局長を務める。その後、一転して日本銀行へ入り、文書局長となるも当時副総裁だった高橋是清《これきよ》と衝突し、退職する。そこで『日本新聞』の経営に乗り出した（池田 1949：207f）。

図 2-14　伊藤欽亮（『伊藤欽亮論集 下巻』）

先に触れたように伊藤が経営権を握った『日本新聞』には、一時『三田商業界』を追われた野依も一九〇六年の末から約半年間ほど在籍しており、石山の入社も伊藤との関係が大きいものと推察される。伊藤について、石山自身は経済記者としての恩師であったと回想している。

「在社中、特に、私は、色々の経済問題を教えて貰ったので、日本新聞社を出ても、蔭ながら、先生を尊敬している。先生は、国民経済の蘊蓄が深い。其の上、観察が鋭敏で、態度が立派だ。常に国務大臣の見識を以て、堂々論陣を張っている。経済論客としては、当代一流である。」（石山㊻：66）

『日本新聞』で二年ほど伊藤のもとで経済記者としての薫陶を受けた石山は、一九一三年の『ダイヤモンド』創刊後も伊藤を「先生」と呼び師事していた。『日本新聞』が一九一四年に社屋の火事により休刊に追い込まれ、自宅に引籠っていたという伊藤を担ぎ、『ダイヤモンド』の表紙に「伊藤欽亮監修」

の語を冠したほどであった。野依が三宅雪嶺を後ろ盾としたように、石山は伊藤欽亮を『ダイヤモンド』の指南役に据えたのである。伊藤が一九二八年に死去した際には死に際まで付き添い、ダイヤモンド社から石山の編纂で上下巻の『伊藤欽亮論集』を刊行し、「臨終まで」として病床の様子を石山自身も綴っている。

当時『日本新聞』に在籍していた早川茂一は、上司として若き石山と接していた様子を『ダイヤモンド社二十五年史』にて回顧している。

「世界大戦が勃発する少し前の事と思ひます。当時の新聞『日本』が三十間堀の角に在つた頃であります。学校出たての石山君が和服の書生姿で、経済記者として入社して来られた。当時私の方は、既に相当一人前の経済記者になり済まして居つた訳でありますから、新進の同君に対し、ニュースの集め方とか、書方に就いては相談対手ともなり、御指導も致したと云ふ訳で、互に机を並べて仕事をして居つたのであります。処が、同君としては新聞の雑報記者としての生活が余り気乗りがしなかつたか、他に考へがあつてか、正確な記憶は無いが、多分二年と経たなかつたと思ひます。」(83f)

伊藤や早川の指導を受けながら経済記者としての研鑽を積んだ石山だったが、二年足らずで『日本新聞』を後にしている。

その後、石山は『毎夕新聞』へと籍を移している。『毎夕新聞』への入社のきっかけも白柳の存在が大きかった。当時『毎夕新聞』で編集長格になっていた白柳から勧誘を受け、待遇も魅力的だったこと

図 2-15　小野瀬不二人（『新聞総覧 大正 4 年』日本電報通信社）

から入社を決めたという。

「毎夕新聞は、いいかげんな新聞社であったが、月給を七〇円出すという。日本新聞より二〇円多い。そこで、私は、その勧誘に応じた。」（石山㊻：175）

しかし石山が『毎夕新聞』へと入社した直後、新たに編集局長として招聘《しょうへい》された小野瀬不二人《おのせふじと》と対立する。対立の理由については具体的に語っていないが、石山の「つむじ曲がり」な気性に由来するものであったと回想している。

「私は此の人が何となく気に食はなかつた。そこで事毎に反抗した。小野瀬氏が私に辛く当つた訳ではないのだから、今から考へると、甚だ済まない事をした訳だ。その為に、私は、到頭「毎夕新聞」を抛《ほう》り出されたのである。」（石山㉘：7）

小野瀬は『最新実際新聞学』（一九一五年）を刊行するなど、新聞業界の現場で働きながら、同時にアメリカの実学的な新聞学を紹介する理論家としての顔も持ち合わせていた。そんな学者肌の上司に、石山の「無学者」としてのコンプレックスがくすぐられたのかもしれない。いずれにせよ、小野瀬に反抗を繰り返した石山は、半年足らずで『毎夕新聞』から諭旨退職を言い渡された。

苦学生から経済記者となった石山だが、行く先々で対立をし、新聞雑誌業界を転々とした。『経済マガジン』（一九三八年五月号）にて当時を振り返って次のように述べている。

「私にも、議論の癖がある。少し位でない、大にある。私は、議論をするのをよい事と考へて居た時代があつた。それは、勿論、若い時である。人が何かいふと直ぐ反駁《はんばく》をする。そして、互ひに顔を赤らめ合ふ場合がある。互ひなら未だいゝが、自分だけプン〳〵怒る事がよくあるのだ。そこで、自然、友人間に、『石山は、怒りぽい男だ』といふ事になつた。

然し、私は、正論を主張するのに、何の不都合がある—と、心にたのんで居た。処が、ある時、例に依つてポン〳〵やると、某先輩が、『それは君の悪い癖だ』と、しみ〴〵忠告して呉れた。私は、その忠告に感動した。その先輩は、徹頭徹尾、私を思ひ、私を引立てゝ呉れる人である。それがそういふ忠告をして呉れるからには、私の議論癖は、よく〳〵のものに相違ない。爾来屹度《じらいきっと》慎まうと堅く決心した。これは、三十歳の時である。」（115）

「つむじ曲がり」で「議論癖」のあった若き石山は、経済記者としてのキャリアを積みながら衝突を繰り返した。野依との対比で自らを亀にたとえた石山だが、亀は亀でもカミツキガメのようにあらゆるものに噛みついて議論する姿から、「石山は怒りっぽい」と周囲から短気にみられ、誰かのもとで雇われ記者として働くのは石山の性分に合わなかった。そんな石山に残された道は自ら雑誌を発行することであった。

第三章

雑誌経営の出発
——素投（ストーン）からダイヤモンドへ

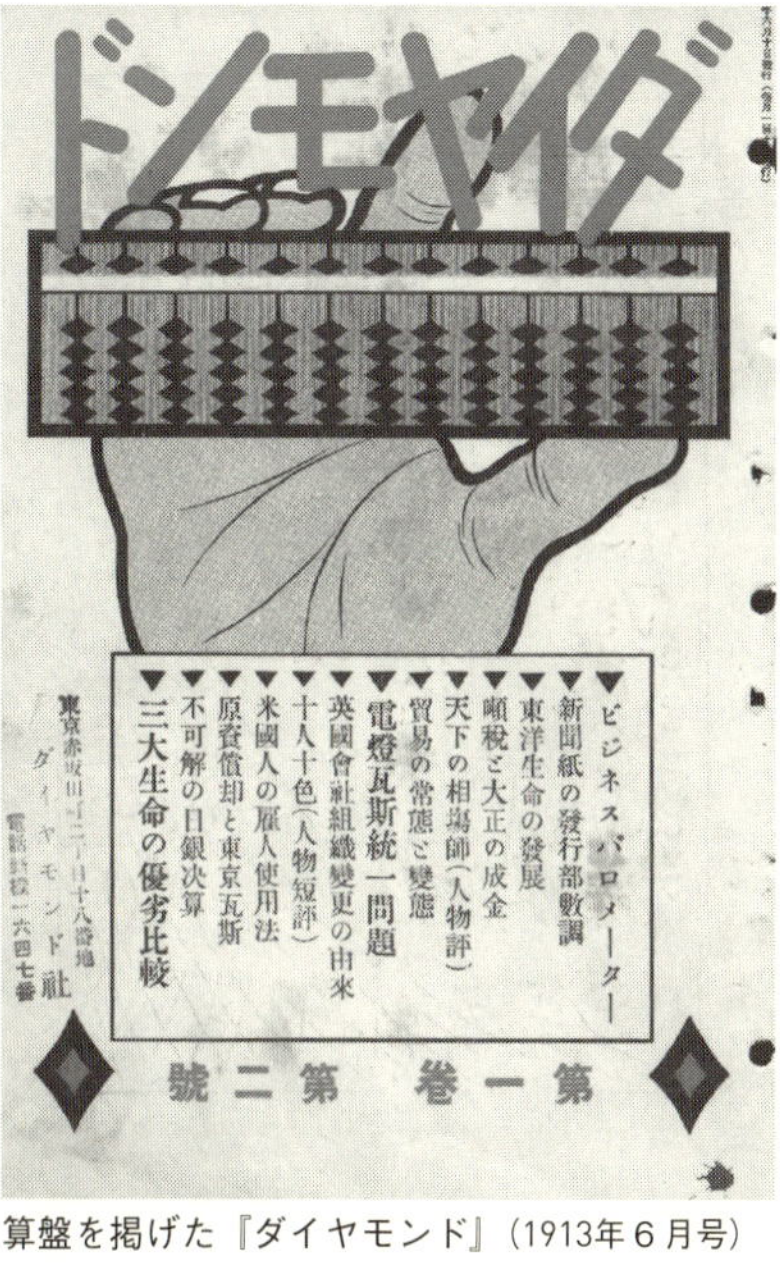

算盤を掲げた『ダイヤモンド』（1913年６月号）

「成功すると、先見の明があつたということになるが、私が雑誌をはじめたのは先見も何もない。ただ、「日本新聞」に入つて月給五十円貰つていた。それから「毎夕新聞」という妙な新聞に買われて月給が七十円になつた。ところがそこの編集長の言うことをきかないものだから、諭示退職ということになつた。それからあちこち口を求めたが、二十円上つたのが祟《たた》つて口がない。（笑）前の月給ならどこでも使つてくれるが、毎夕で七十円貰つたから、この二十円が祟つてあつちこつちに口をかけても断わられる。それは、人間というのは一遍月給が上ると、自ら下げるということはなかなか出来ないもんである。万策尽きてと言うと誇大であるけれども、なんともかんとも仕方がなくて、まア、雑誌でもはじめようというのがあの雑誌であつて、私にとつては先見の明はない。」（「わが事業と人生」『先見経済』一九五六年二月一五日号：4）

記者の口が見つからず雑誌経営者へ

石山賢吉は、記者職を転々とした後、一九一三年に『ダイヤモンド』を創刊する。記者になったのと同様に、今日まで続く経済雑誌の創刊もまた偶発的なものであった。

『毎夕新聞』を退社させられた石山は当時、次の職場を探していた。まず石山が目を付けたのは「株式界の雑誌」を名乗る『投資』であった。同誌は、谷商店という株式仲買店が広告用に発行していた雑誌であった。とはいえ「こゝの若主人は洋行帰りの新智識であつた処から、広告雑誌に不似合な内容のある雑誌であつた」と石山は評価していた（石山④：10）。石山は『毎夕新聞』で会社の決算評を担当していたときから、株式関連の豊富な資料を有する同社の調査部へ決算報告書を見せてもらい、石山自身も決算報告の見方に関する記事を同誌にも寄稿していた。

「私は、暇さへあれば、谷商店の調査部へ行き、決算報告の書き抜きをした。その為めに、私の『決算報告の見方』に対する研究は、可なり進んだ。同商店の調査部は、一時、私の研究室になつた訳である。」（石山⑳：22）

谷商店へ足しげく通うなかで「若主人と懇意になり、編輯者とは友達になつた」縁で、石山は記者としての入社を希望したが、経営上の理由で採用は見送られてしまった（石山④：10）。とはいえ、石山が同誌との関係のなかで、株主を対象とする専門誌を発行するための着想を得た。『ダイヤモンド』創刊以降も谷林小兵衛商店の広告が掲載されており、その後も良好な関係が続いていたことがうかがえる。

さらに『実業之世界』時代に同僚だった松下傳吉、北山米吉、若宮卯之助《ゆうのすけ》らを頼って、石山は彼らが

図3–1　『投資』1914年9月10日号

運営していた週刊誌『東京タイムス』の記者にも申し込んでいる。石山が同誌の実権を握っていたという池田藤四郎へ一味に加えてもらえないかと頼みに行くと、「それよりも、君は君として別に雑誌をやつてみてはどうか」と諭されたという。『実業之世界』や『日本新聞』で石山の先輩記者あるいは上司でもあった池田は、石山の「つむじ曲がり」で対立を繰り返す「性癖を知つて居るから、体《てい》よく断つて」、いっそ自ら雑誌を発行してはどうかと水を差し向けたのであった（石山④：11）。

縁故を頼り、記者の働き口を探した石山だったが、いずれも空振りに終わる。だが結果的にその空振りが石山へ記者から雑誌経営者への展開を促した。

「小さくても権威がある」

石山の雑誌創刊は、経済記者の先輩であった池田藤四郎からの提案をきっかけとしたものであったが、『ダイヤモンド』という誌名の名付け親もまた池田であった。

当時の池田藤四郎は、F・テイラーの科学的経営法を紹介した『実業之世界』の社友として知られ、「エフイシエンシー（効率）」を掲げたエフイシエンシー協会を自ら設立するなど、経営方面に精通したジャーナリストであった。伊藤欽亮が社長となり、石山が記者として在籍していた一九一一年時点の『日本新聞』では、池田は同社の支配人を務めていた（『新聞総覧』大正二年：103）。一九二〇年代には実業之世界社が『野依雑誌』を創刊し、『実業之世界』本体が一時経営方面に特化した際には編集責任者にもなるなど、野依の仕事仲間としての印象が強い（佐藤2021：186）。その一方で、一九二六年には池田自身が『エフイシエンシー雑誌』を創刊し、その印刷をダイヤモンド社が請け負うなど、石山のダイヤモンド社とも関係性を深めていった。

「内容は勿論、科学的経営法の通俗化だが、無味乾燥な専門事項に深入りせず、誰が読んでも面白い記事や物語りを満載する積りだ。ダイヤモンド社長の石山賢吉君は、他人の原稿を読むのが大嫌ひな事で有名な人物だが、エフイシエンシー雑誌創刊号の拙稿ばかりは残念ながら一気に読み下したそうだ。あまりに面白いんでネ。尤も斯ういふ雑誌をはじめる気になつたのも、ダイヤモンドの石山君や皆川省三君に切りと勧告されたからさ。印刷はダイヤモンド社で全部引き受ける。」（『実業の世界』一九二六年二月号：32）

池田から新雑誌の創刊を提案された石山だが、その約一〇年後には今度は石山が池田の雑誌刊行を促している。池田について、石山は「英語が達者で、読書力が強く、毎月必ず二三十冊の外国雑誌と書籍を読む。それで、外国の事となると、殆ど知らない事のないほど博識であつた。経済は勿論、政治でも、文学でも医学でも、何でも知つて居るのであつた」と回想しており、石山にとっても一目置く先輩であった（『経済マガジン』一九三七年一二月号：136）。

そんな池田は、石山へ雑誌創刊を勧めた際に、「小さくても権威がある」という意味で『ダイヤモンド』という誌名も提案した。実際、『ダイヤモンド』創刊号（一九一三年五月号）の巻頭に据えられた「本誌の主義」の末文にも「本誌の名前をダイヤモンドと付けたのは、小さくとも相当の権威を持たせたいからであります。少なくとも我社同人の有する何物かは確にダイヤモンド以上の権威を以て望む事を茲に声明して置きます」とある。一九三八年に刊行された『ダイヤモンド社二十五年史』には、誌名の由来について「石山賢吉氏の名にあやかつて『ダイヤモンド』と故池田藤四郎氏が命名された」という証言も記されている（88）。「素投（ストーン）」とそれまで名乗っていた石山に対して、池田は「ダイヤモンド」へと磨かれるよう期待したのである。

その社史においても、池田は社名の名付け親として顔写真入りで大きく取り上げられるなど、ダイヤモンド社にとっては重要な存在であった。池田は一九二九年に五八歳で亡くなるが、『商店界』（一九三〇年二月号）に綴られた佐々木十九による追悼文では、石山やその周囲における池田の影響力がうかがえる。

「堺利彦、荒畑寒村、大杉栄、高畠素之《たかばたけもとゆき》等左傾派の諸星も池田氏の知識を借用にお百度参りをしたものだ。ダイヤモンドの石山賢吉氏の今日の成功の素は池田氏に依つて築かれたものであり、野依秀一の傍若無人《ぼうじゃくぶじん》振りは池田氏にその種を供給されたものだ。」（32）

石山が『日本新聞』時代に社主の伊藤欽亮とともに、営業面を担っていた池田もまた石山にとって師事を仰ぐ存在となっていた。「ダイヤモンドの石山賢吉君を始めとして北山、皆川、阿部の諸君若しくは荒畑寒村君などは何《いず》れも日本新聞に池田氏に使はれて居た」(32)というように、石山のみならず、のちにダイヤモンド社へ入る記者や編集者たちもまた池田のもとで働いていた者が多くいた。後でも触れるように、実は社会主義者として高名な荒畑寒村も一九五〇年代にはダイヤモンド社の社友となっている。

『ダイヤモンド』発刊にあたっての趣意書もまた「大体の趣意は池田藤四郎氏から教へて貰ったのだ」という（『ダイヤモンド社二十五年史』：126）。石山の回想によれば、「偶然の動機から始めたものであるから文意の記憶はない」といいつつも、おおよその内容としては趣意書にも池田が提案した誌名の意味が記載されていたようだ。

図 3–2　池田藤四郎（『ダイヤモンド社二十五年史』）

「お前も、雑誌刊行かと、お叱りもあろうが、大工に年期を入れた小僧は、成長すれば大工になる。それの如く、雑誌社で成長した私は、矢張り雑誌を始めるより外ない。小さくても光る雑誌を発行する。何卒御後援ください」（石山㊻：9）

雑誌記者としてキャリアを積んできた石山は、この池田の提案した『ダイヤモンド』を創刊するしかいよいよ残された道はないと感じていた。

財界人からの支援

池田から勧められた雑誌刊行に、当初こそ石山は雑誌経営に対し自信が得られず乗気ではなかったというが、他に勤め口もないため、いよいよ石山は創刊を検討しはじめる。そこで重要な基盤となったのが、財界人とのつながりであった。

『ダイヤモンド』の刊行にあたって石山は、松永安左ヱ門、福沢桃介、小林一三《いちぞう》ら大物実業家の援助を受けていた。慶應閥の松永と福沢は『三田商業界』における名士談話の常連であり、小林とも石山が『実業之世界』の記者時代に野依から紹介されて知り合っている。いずれもそれまでの経済記者としてのキャリアのなかで培《つちか》った人的ネットワークであった。

雑誌刊行の決意を固めたのも、日本橋で毛織物商を営んでいた米倉嘉兵衛からの後押しが大きかったと回想している。『実業之世界』の誌面にも登場し、小林とも懇意であった米倉から「いつまでも同じことを繰り返していてもしようがない。度胸で決めるほかない」と諭され、石山は「これで、私の腹がきまった」という（石山㊻：⑥）。米倉はさらに発刊準備金として三〇円を援助し、趣意書を配布するための郵便代などに充てられた。

松永安左ヱ門からも記者の口を失ったなかで見舞金五〇円をもらい「大いに助かった」と石山は述べている（同：④）。松永は「ダイヤモンド創業当時の尽力者」として二五周年社史でも紹介されており、松永自身はダイヤモンド社の発展には石山が築いた財界人との関係が大きかったと述べている。

「兎に角、ダイヤモンドは常に友誼《ゆうぎ》に厚い。古い交りを重んじる。例へば福沢桃介さんの如き、可なり性癖のある人であり、又、死んだ武藤さんの如きでも、可なり激しい人であつたに拘《かかわ》らず、能く是等の人と付き合つて、武藤君の時事新報も相当世話された。それから福沢さんの家へも、殆ど外の人は寄り付かぬのに、石山君は忙しいのに、時々行つて、どんな話だか知らぬが、慰めて呉れる。」（石山皆男編：73）

石山の通い詰めの甲斐《かい》あってか、福沢桃介からも金銭的援助や助言などを頻繁に受けていた。親戚や友人でもなく、「強いて繋がりを云えば、慶應義塾の商業学校を卒業したというだけ」の関わりで面倒をみてくれる福沢に対して、石山は「世にある人で、福沢氏ほど、私を引き立てゝくれた人はない」と語る程であった（石山㊻：12）。石山が雑誌刊行の相談を福沢に持ちかけると、「悪口を書かなければ売れんし、書けば憎くまれる。君のような、おとなしい人のやる事ぢやない」と福沢は反対し、計画中だった生命保険会社の事業へと勧誘している（石山④：22）。すでに趣意書を発行し、雑誌刊行の決意をしていたために石山は福沢の誘いを辞退したが、福沢は「少しも厭な顔をせず、其次ぎに訪問した時は、前の話などケロリと忘れたような顔をして大に尽力して呉れた」という（同：23）。福沢はその後も誌面内外で石山と『ダイヤモンド』に寄与し、石山自身が「弊社の発展には氏に負ふ所が少くない」と述べるほどであった（同）。

図 3-3　福沢桃介（『財界人物我観』）

このように石山が回想する創刊当時のエピソードには、常に大物実業家が登場している。『ダイヤモンド』創刊時に石山を手伝った佐藤武雄がその刊行について、「一切は石山氏の縁故関係依存」と述べるほどであった（石山皆男編：93）。「凡そ、雑誌の刊行ほど、手軽にやれるものはない。趣意書を刷る印刷代があれば、それで、雑誌を始め得るのである」と語る石山だが（石山㊻：7）、『ダイヤモンド』創刊のいきさつにおいては創刊の提案から決断、そして実現にいたるまでそのすべてのプロセスで実業家が関与していたのであった。

広告術への着目

雑誌の発行にあたって、石山がまず行ったのが共に働く社友を探すことであった。石山の誘いに応じたのは、郷里白根町で親友だった相沢成治の弟・周介と、『毎夕新聞』の部下だった佐藤武雄であった。相沢周介については第一章でも触れたように、白根町の名望家であった相沢家の次男で、上京し日本大学を卒業後、『実業之世界』などで記者として働きながら弁護士を目指していた。石山の誘いにも司法試験に合格するまでの間のみという条件で応じている。条件とは裏腹に、その後、相沢はダイヤモンド社で終生、石山を支え続けることになる。

相沢とともに創刊を手伝った佐藤武雄は当時、『毎夕新聞』の経済部記者だったが、「その頃の毎夕内の空気に妙に嫌気が差して居た」ため、「実際的な経済雑誌をやるから君も来ないか」という石山の誘いに、「一議に及ばず承諾して、その儘、石山氏と雑誌経営に当ること丶なつた次第だ」と佐藤は回想している（石山皆男編：92）。ただし佐藤の名は創刊から約一年後の『ダイヤモンド』一九一四年一〇月号を最後に誌面から消え、同社を去っている。もともと中国の大連にいた佐藤は、退社後に再び満洲に渡り、満洲弘報協会に勤めた。

同志も見つかった石山は八丁堀にあった一室の貸間に社を構え、一九一三年五月一〇日に『ダイヤモンド』創刊号を発行した。趣意書と創刊号の発行もまた縁故によるものであった。『実業之世界』在籍時に知り合った萩原勝太郎が博文館印刷所に営業部長として在籍しており、その伝手《つて》から発行された創刊号は、一〇〇〇部をすべて見本として知人へ無料配布した。無料配布としたのには、雑誌刊行に伴う保証金の問題が関わっていた。

「正式にやれば、政府へ保証金を納めて、それから後ちに雑誌を発行すべきものであるが、私は三田商業界や実業之世界の経験で、此点は少々横着を極め得る事を知つて居た。保証金の納入が遅れると、警視庁へ呼び出して叱られるが、其時恐入つて保証金を納めれば、それで済む事を知つて居たので、先づ初号を発行し、それから後ちに、保証金を納めることにしたのである。」（石山④：26f）

当時の新聞紙法では、新聞のみならず、時事的な話題を扱う場合は定期刊行物もその対象として一定の保証金を納める必要があった。とはいえ石山が述べるように、『三田商業界』時代に一度当局に呼び出されたことのある経験から、事後的に処理するという「横着を極め得る」対応が可能であることを把握していた。資金繰りに苦労していた石山にとっては、そうせざるをえない面もあっただろう。保証金自体は創刊号を発行した後、相沢周介が地元白根町へ帰省し、素封家であった相沢家を説き伏せ「千何百円と云ふ大金を懐《ふところ》にして、引返へして来た」ことによって賄《まかな》われた（同：27）。

誌面作りにおいて石山は会社評論の執筆と名士訪問を担当し、相沢が名士訪問などの文章化を担い、佐藤が広告取りを行った。

創刊号の広告としては、先述した谷商店の他に、『日本新聞』や池田藤四郎の著書『無益の手数を省く秘訣』、実業之世界社の『三井と三菱』など、石山と関係のある企業のものが中心に掲載された。同書は、『実業之世界』時代に石山と白柳秀湖が担当したもので、一九一三年に野依の二度目の「入獄記念」として刊行された（佐藤 2021：86）。序文では「僕が材料の蒐集を仰せ付かり秀湖が執筆する事となつた」として、「石山素投」の名で石山自身も「僕の調査癖を利用するに秀湖の才筆を以てし、読者をアツト云はせん魂胆《こんたん》であつたのである」と執筆の経緯を綴っている。

『ダイヤモンド』創刊号では石山も苦手意識を持つ広告取りを行っている。広告に関する回想で石山が強調しているのは、三越と白木屋であった。両者とも通常、雑誌の創刊号には広告を出さない方針を取っていたというが、三越には『実業之世界』時代から石山と知り合いだった重役がおり、石山の名詞を持っていた佐藤が難なく広告掲載の承諾を得ている。一方で白木屋から広告を得るのには苦戦したと石山は述べている。佐藤だけではうまく行かず、石山自らが交渉に出向いて、説得のうえでようやく許可を得たという。「私が広告を取ったのは、これがはじめてで、また終わりでもあった」と石山自身記している（石山㊻：13）。交渉相手となった元白木屋管理部長・高野復一も、その経緯を『ダイヤモンド社二十五年史』に綴っている。石山とは『実業之世界』に在籍時から面識があった高野は、その縁故から白木屋が広告掲載に至ったと回想している。

「雑誌の創刊号には、広告を出さないと云ふのが、当時の大商店の採つた仕来《しきた》りであつた。これは見識を示すのか、広告の効果から考へたのか、今思へば議論の余地はあらう。が兎も角、事実はソウであつたのである。従つて、若し創刊号から三越だの白木屋だのゝ広告が出れば、その雑誌の信用に重きを加へたもので、白木屋では創刊号から広告を出したのは、此のダイヤモンド唯一つであつた。」(71)

ここでもまた『実業之世界』時代に築いた縁故が生きたわけである。ただ実際に創刊号の誌面を見てみると、たしかに裏表紙に三越呉服店の広告が掲載されている一方で、創刊号では白木屋の広告は確認できない。『ダイヤモンド』に白木屋の広告が登場するのは第三号（一九一三年七月号）からである。むしろ創刊号で興味深いのは、「白木屋呉服店監理部長」の肩書で高野自身が記した「チラシ其他の広告的印刷物」という記事が掲載されている点だ。白木屋の名を背負って高野が語る広告論が、広告そのものとして石山と高野の間で記憶されたのかもしれない。

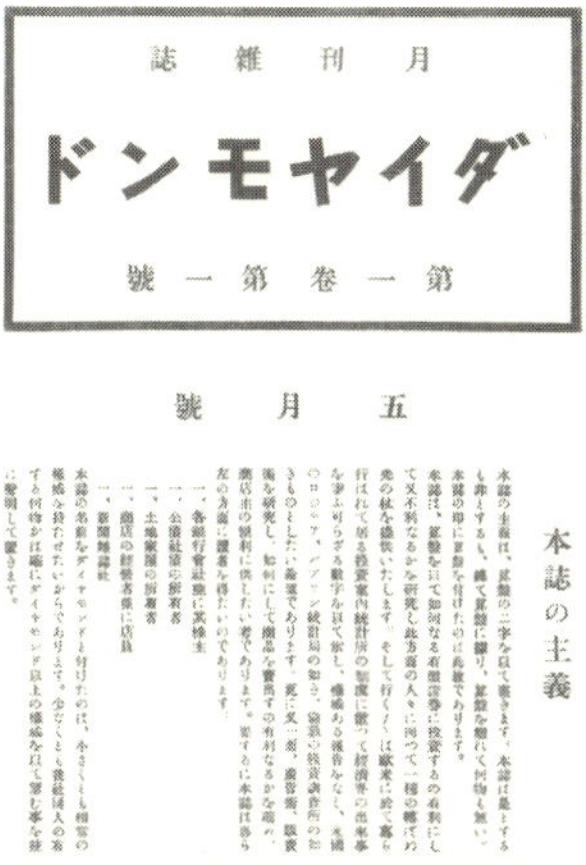

図 3–4 『ダイヤモンド』創刊号における巻頭言（1913 年 5 月号）

創刊当初における『ダイヤモンド』の特色として、株

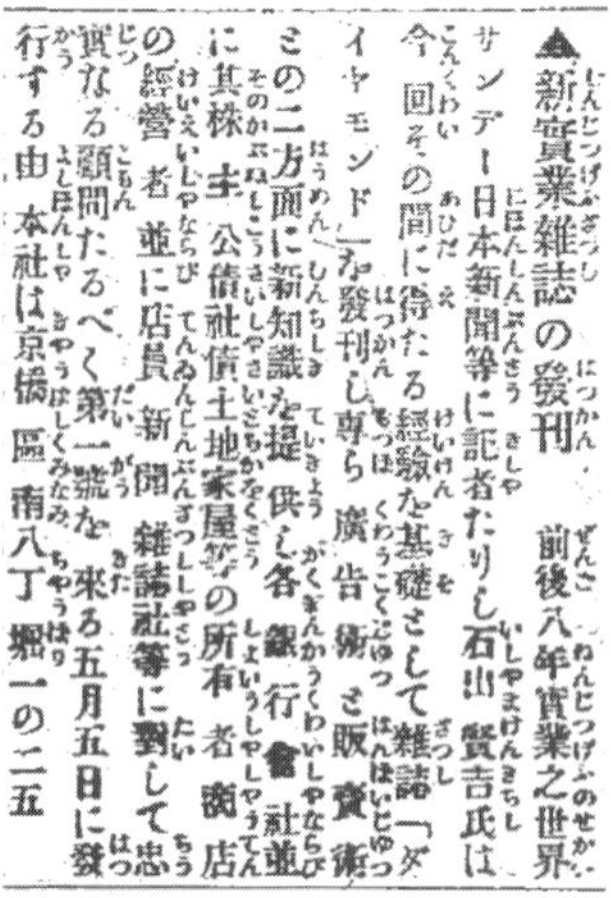
▲新實業雜誌《しんじつげふざつし》の發刊《はつかん》　前後《ぜんご》八年《ねん》實業之世界《じつげふのせかい》サンデー日本新聞《にほんしんぶん》等《とう》に記者《きしや》たりし石山賢吉氏《いしやまけんきちし》は今回《こんくわい》その間《あひだ》に得《え》たる經驗《けいけん》を基《き》礎として雜誌《ざつし》「ダイヤモンド」を發刊《はつかん》し專《もつぱ》ら廣告術《くわうこくじゆつ》と販賣術《はんばいじゆつ》との二方面《はうめん》に新知識《しんちしき》を提供《ていきよう》し各銀行會社《かくぎんかうくわいしや》並《ならび》に其株主《そのかぶぬし》公債社債土地家屋等《こうさいしやさいとちかをくとう》の所有者《しよいうしや》商店《しやうてん》の經營者《けいえいしや》並《ならび》に店員《てんゐん》新聞雜誌社等《しんぶんざつししやとう》に對《たい》して忠實《ちうじつ》なる顧問《こもん》たるべく第《だい》一號《がう》を來《きた》る五月五日に發《はつ》行《かう》する由《よし》本社は京橋區南八丁堀《きやうはしくみなみはつちやうぼり》一の二五

図 3–5　『ダイヤモンド』創刊を伝える記事（『読売新聞』1913 年 4 月 11 日朝刊）

式会社の動向だけでなく、広告分析にも誌面を割いていた点が挙げられる。「本誌の主義は、算盤の二字を以て尽きます」と掲げた創刊号の巻頭言では、「算盤を以て如何なる有価証券に投資するの有利にして又不利なるかを研究し此方《この》面の人々に向つて一種の転ばぬ先の杖を提供いたします」としながら、「更に又一面、広告術、販売術を研究し、如何にして商品を売出すの有利なるかを確め、商店主の便利に供したい考でありますす」と強調している(1)。広告論に重きを置くことは、『ダイヤモンド』が想定していた対象読者から見て取れ、「各銀行会社並に其株主」、「公債社債の所有者」、「土地家屋の所有者」、「商店の経営者並に店員」と合わせて「新聞雑誌社」が挙げられていた。

『ダイヤモンド』創刊を紹介する新聞記事においても広告術の面が強調されている。『読売新聞』（一九一三年四月一一日朝刊）では、「新実業雑誌の発刊」として『ダイヤモンド』の創刊予告が報じられた。

「前後八年実業之世界サンデー日本新聞等に記者たりし石山賢吉氏は今回その間に得たる経験を基礎として雑誌「ダイヤモンド」を発刊し専ら広告術と販売術との二方面に新知識を提供し各銀行会社並に其株主公債社債土地家屋等の所有者商店の経営者並に店員新聞雑誌社等に対して忠実なる顧問たるべく第一号を来る五月五日に発行する」

趣意書が配布された段階で掲載された記事であるが、経済動向よりもむしろ「専ら広告術と販売術との二方面」を扱う雑誌であるかのように伝えられている。

実際の誌面上でも、創刊号では先に触れた白木屋の高野による広告論のほかに、阪本三郎「印刷術と広告術」、無記名での「米国新聞の広告料」および「広告術としての児童博覧会」といったように広告を扱った記事が複数掲載されていた。『実業之世界』時代から広告意匠の効果に着目していた石山の関心が、初期の『ダイヤモンド』の誌面構成にも反映されていた。

古巣『実業之世界』の影響

『ダイヤモンド』創刊号の誌面には、松永安左ヱ門「九州人と投資の変化」のほか、慶應商業時代以来恩師であった桑原虎治「大阪の八木與三郎氏」や、古河鉱業の鈴木恒三郎「工業経営上の新智識」などが掲載され、続く第二号でも、池田藤四郎「小舟町の米倉氏」、福沢桃介「ビジネスバロメーターズ」などが並んでいる。その顔触れは石山と関係の深い実業家であり、『三田商業界』および『実業之世界』に身を置くなかで名士訪問を通して培ったコネクションを新たな雑誌でも活用した。

会社評論として創刊号で石山自身が担当した記事は、「日本郵船会社増資考」である。当時パナマ運河などの新航路開通工事が進められるなか、増資の噂《うわさ》によって株価が高騰していた日本郵船会社に焦点を当てた記事である。続く第二号となった『ダイヤモンド』一九一三年六月号でも巻頭に日本郵船株式会社の決算報告を掲載するなど、石山は日本郵船会社をはじめとして海運業に注目していた。

郵船會社の脱税行爲を指摘す

石山素投

▲營業費か積立金か

▲遠洋航海補助法との關係

図 3-6 「郵船会社の脱税行為を指摘す」（『実業之世界』1913 年 3 月 15 日号）

▲取 消▼

本誌前々號所載拙筆『郵船會社の脱税行爲を指摘す』の一文は相違の廉がありますから取消します。小生は專ら決算の方式より解釋して會社の支出勘定中『船舶保險積立金』『船舶大修繕積立金』に脱税行爲あるものと思惟し、右の一文を執筆致した處、是より先き、所轄税務署に於ても右の二科目は全然營業費とするの不當なるを認め毎期の積立金中より實際の支拂額を引去りたる剰餘金に對し既に課税して居るさうでありますから右の一文を取消すと同時に小生の調査の足らなかつた粗忽の罪を謝します。

（石山素投）

図 3-7 石山自身による「取消」（『実業之世界』1913 年 4 月 15 日号）

伏線となったのは『実業之世界』（一九一三年三月一五日号）に掲載された「郵船会社の脱税行為を指摘す」である。『ダイヤモンド』創刊のわずか二カ月前に、石山は古巣となった同誌で郵船会社の決算報告から「脱税行為」を指摘する記事を寄稿していた。だが、実際には脱税は行われておらず、その翌月の『実業之世界』（一九一三年四月一五日号）にて、同記事には「調査の足らなかつた粗忽《そこつ》の罪」があるとして、誌面にて石山自身が「取消」を表明するなど、いわくつきの記事となった。同号では「観察を誤れる新聞記者」という題で、石山が『実業之世界』（一九一三年二月一五日号）で担当した「会社を誤る株主」が取り上げられ、「石山某」と名指しで批判されている。

『ダイヤモンド』創刊号で改めて郵船会社を取り上げたのは、時事的な話題性とともに、石山自身にとっても『実業之世界』で被った汚名返上を意味したはずである。自らの雑誌においても実名ではなく、「石山素投」の号を使ったのは『実業之世界』時代からの延長戦であったことをうかがわせる。ほかにも『ダイヤモンド』創刊号では、「東京電燈株売る可きか」を担当するなど、『実業之世界』時代から扱ってきた企業を中心に取り上げていた。

このように初期の『ダイヤモンド』の誌面に、『実業之世界』から引き継いだ点を見つけるのは容易《たやす》い。一方で、古巣『実業之世界』もまた『ダイヤモンド』の創刊を歓迎した。『実業之世界』（一九一三年六月一五日号）は、「吾等の友人、松下傳吉君が創刊せる『ナショナル』、石山賢吉君が創刊せる『ダイヤモンド』を雑誌界の双璧として江湖《こうこ》に薦むを喜ぶ」として、後述する『ナショナル』とともに野依学校出身者たちが手掛ける新雑誌の創刊を大きく紹介している。『ダイヤモンド』については「小型雑誌の模範」にして、「記事は、十分にコンデンスされ、結晶され、一点の無駄もない」と、本来の喧嘩ジャーナリズムは影を潜《ひそ》めるような手放しでの絶賛であった。

「鋭利な解剖、正確なる計算、此の二つに基いて、投資事業一切の指導に当らんとする目的の、十分貫徹せらるべき証拠が第一号に明《あきらか》に現はれて居る。郵船会社増資考、保険株価格論、電燈株売るべきか等は石山君の有する特色を十分発揮したものである。短い人物評等には実に気の利いたものがある。真に小さくとも堅くして光るダイヤモンドである。」（61）

保証金を支払い晴れて『ダイヤモンド』が正式な定期刊行物となった第二号以降、社屋を八丁堀の貸席から赤坂田町の一軒家に移転し、『実業之世界』時代の知り合いでもあった澤村幹三をはじめとして続々と社員を招き入れるなど、ダイヤモンド社は出版社としての態勢を次第に整えていった。とはいえまだ寄り合い所帯の感も強く、澤村自身はわずか半年足らずで「新事業を目論んで、其方面に活躍する為めに」退社している（『ダイヤモンド』一九一三年一〇月号：64）。また資金難のため印刷所を転々とするなど、創刊からおよそ一年間は自転車操業のような雑誌刊行が続いた。その苦境に石山自身も一時は「三号雑誌に終る可き運命」を覚悟するほどであった（石山④：45）。

社会主義者との縁故と因縁

「読めば金の儲かる雑誌」（一九一三年七月号）や「投資家の雑誌」（一九一三年九月号）と表紙に掲げた初期の誌面のなかで、目を引くのは第三号（一九一三年七月号）に掲載された安成貞雄「資本家なき工場」である。南ドイツにあるカール・ツァイス工場を例に、資本家不在の工場における職工の待遇改善を紹介した記事であり、投資家を対象とした『ダイヤモンド』とは馴染まないような論調にもみえる。

もともと安成は、早稲田大学在学中に白柳秀湖とトルストイ研究会の機関誌を発行するなど、学生時代より社会主義に傾倒し、一九一二年に創刊された『近代思想』の編集にも参与するなど、堺利彦と懇意で売文社にも出入りしていた。一方で『新声』で野依と出会い、『実業之世界』にも身を置き、一時は編集長にもなっている（佐藤 2021：128f）。『実業之世界』ではテイラーの「科学的管理法」を池田藤四郎とともに日本で紹介するなど、社会主義者でありながら経営学にも精通した異色の評論家であった。一方で自ら「高等幇間」を名乗り「与太《よた》大王」とも評された安成は、一九二四年にコカイン中毒によって亡くなっている。そんな大正期のアナーキストらしい破天荒《はてんこう》な人物と石山が交流を持ったきっかけは、やはり『実業之世界』時代であった。

「堺枯川《こせん》（利彦――引用者）、荒畑寒村、白柳秀湖、安成貞雄、山口孤剣《こけん》などいう社会主義者と私は、懇意であつた。これは、私が、実業之世界社に勤務していたことがあつたためである。

しかし、私は、社会主義は大きらいである。不合理なものと考えていた。そこで、これ等の人達と交じわる際は、「主義のことは、いいつこなし。私的交際だけしよう」と、断わつた。」（『ダイヤモンド』一九五六年一月五日号：145）

社会主義者との関係において「私的交際だけしよう」と述べていた石山だが、初期の『ダイヤモンド』には彼らとの交流の痕跡がにじみ出ていた。創刊時に社員であった佐藤武雄は、『ダイヤモンド』の形式は当時の社会主義者たちから影響を受けたものであったと証言している。

「こうして第一号の印刷部数は一千部、体裁は菊版の六十四頁、三段組総六号といふ、その頃の堅い雑誌としては、誰が見ても一寸新味があつたやうだつた。これは石山氏が、荒畑寒村や大杉栄等一聯の同志がやつて来た何とかいふ、同じく菊版型の雑誌で、六号と五号とをチヤンポンに組み込んで居たのに範を取つた訳だつた。出来栄えは先づ無難の方。」（石山皆男編：93）

『ダイヤモンド』創刊にあたって石山が「範を取つた」雑誌として触れられているのは、荒畑寒村や大杉栄によって一九一二年に創刊された『近代思想』のことであろう。『近代思想』の創刊にあたっては、野依が広告料をカンパするなど、『実業之世界』とも縁のある雑誌であったが、石山も資金的援助を行っていたようで、荒畑は「『ダイヤモンド』の石山賢吉君や『実業の世界』の野依秀市君も、広告費や購読料で援助してくれた」と述べている（荒畑：237）。『近代思想』の援助者であった石山は、自らの雑誌においても『近代思想』を範としたのであった。

社会主義者との関係のなかで、とりわけ石山自身が気にかけていたのは大杉栄であり、「私は、大杉君とは別懇の間柄であった」と語る程であった（石山㊸：345）。大杉栄には、寺内正毅《まさたけ》内閣で内務大臣を務めていた後藤新平に対して、自らは社会主義者として監視対象の身でありながら、その監視元の親玉へゆすりに行ったという逸話がある。石山はそんな大杉に対して「私は、講談や、芝居で見る英傑に目のあたり接するような気がして一種妙な快感に打たれた」と述べている（同：348）。石山が大杉に惚れたのも主義主張というよりは、自らの仇敵であるはずの内務大臣すら説き伏せてしまう大杉の大胆かつ強《したた》かな態度にあった。

「私は、あの人が好きだった。竹を割ったような気性に、何ともいえぬ魅力があった。私は、大杉君と親しく交わった。だが、主義は互に相入れぬ間柄である。「主義のことは話しっこなし。それ以外の方面で付き合おう」と約束をして交際した。」（同：345）

実際、大杉が尾行の刑事を巻くためにダイヤモンド社を訪れ、石山はかくまっていた。さらに石山自身もたびたび大杉から金を無心され、手元にあったわずかな資金から援助していた。婦人運動家として戦後初の女性議員にもなる奥むめおも、当時大杉との交流のなかで「大杉さんに連れられて石山賢吉さんをたずねた記憶がある」と述べている（日本経済新聞社編：208）。

その後、甘粕《あまかす》事件として知られるように、一九二三年の関東大震災の際に、大杉は憲兵隊の甘粕正彦らに殺害される。「大杉君に対しては好感情しかなかった」という石山にとってこの事件は「大きなショック」であり、「なんどもいえぬさびしい気持になった」と述べている（石山㊱：234）。石山と社会主義者との浅からぬ関係性を踏まえると、『ダイヤモンド』に安成の記事が載るのも、まさに「主義」は置いたものとすればうなずける。

ただしその後、安成とは因縁が生まれることとなる。きっかけは新渡戸稲造の評価をめぐる論争だった。当時『実業之世界』においては、一九一二年に野依が仕掛けた『実業之日本』および同社顧問の新渡戸稲造に対する攻撃が、一九一五年安成によって引き継がれる形で継続された（佐藤2021：129）。『実業之世界』（一九一五年八月一五日号）で掲載された「其著『武士道』より見たる新渡戸稲造博士の無智と無識」に対して、『ダイヤモンド』（一九一五年九月号）の「十人十色」欄にて「実業之世界誌上に安成貞雄といふ早稲田出のナマ書生が此学者先生に下らぬケチをつけて他愛もない焼餅を焼いて居る」と記したことで安成貞雄との論争が勃発した（103）。

もっとも同欄では、前号（一九一五年八月号）より『実業之日本』と増田義一に対する批判をしており、その点だけみれば、野依や安成の意見とも沿うものであった。ただ彼らがその矛先を新渡戸にも向けたのとは反対に、あくまで「新渡戸は増田義一の喰ひものにはなつて居るが、彼自身は決して喰はせものぢやない」というのが「十人十色」欄での言い分であった（103）。

「処が新渡戸を売物にして居る増田と来ては、全く以て鼻もちならぬ代物《しろもの》で、義一くらゐ世間を愚弄《ろう》して居るものも珍らしいと言はねばならぬ。彼はボロ会社や泡沫事業を盛んに誉めたてゝ、田舎の人々に血の出るやうな金銭を吐き出させ、人に依りては彼に対する恨みを子孫に言ひ伝へたとまで言はれて居るが、御自分だけは人格だとか徳義だとかシヤラ臭い事をペラ〳〵と講釈三昧《ざんまい》に好い心もちとなつて居ながら、ソツト裏口から凄い金儲に余念なく（中略）増田が実業之日本の誌上で吹きたてた成功成功又成功の夢物語は、随分多数の亡者連を一文なしにして了《しま》つたさうだが、当の本人だけはチヤアンと貯め込んで今ぢや落着き払つたものだ」（103f）

「十人十色」欄は無記名であり、石山が綴ったものかは判別できないが、安成への攻撃も含め、まるで『実業之世界』における野依式の喧嘩ジャーナリズムを髣髴《ほうふつ》とさせる攻撃的な書き振りである。安成も『ダイヤモンド』とは思えぬその筆致に驚いたようで、実業之世界社が当時創刊した『世の中』にて「石山君、君はどう思ふ」と題した記事を執筆し、ダイヤモンド社にも送っている。『ダイヤモンド』（一九一五年一〇月号）では、その応答として安成が記した全文を紹介しながら一つ一つの文言に応答している。「石山君、僕は随分君の世話にも成つた代りには、君の人物をも知つて居る積りである」と語る安成は、「あの文章も君の筆ではないと思ふ」とし、「あの文章の趣旨は、『ダイヤモンド』平生の主義主張と全く相反して居る様に思はれる」と疑義を呈したが、安成に対して同欄では攻撃的な物言いで激しく反論している。

「ダイヤモンドの表紙に包まれて居る文章は特に署名したものを除き、一切合財、編輯者の責任であり、経営者の同意であることは申迄もない。『石山君、君はどう思ふ』と云ふ題までチヤントつ いて居る。経営者であり、編輯者である処の石山に向つてダイヤモンドの記事をどう思ふかなどは、随分、人を小馬鹿にしたものだ。どう思ふもこう思ふもあるものか、ダイヤモンドの看板がブラ下つて居る以上、物の突留めどころは聞くに及ばぬことだ、愁じ楽屋内を知つたか振りで居ると、又野良犬に噛みつかれるぞ。十人十色欄と云ふのは材料を集めるもの、文章を書くもの一々皆異なつて居るのだ。」（107）

「十人十色」欄で掲載された安成への批判は、誰が書いたのかは問題ではなく、『ダイヤモンド』に掲載されている以上はそれが雑誌社としての総意であり、石山の責任と同意でもあるとする返答であった。その後、この論争自体は沈静化したものの、内輪揉めの様子までをも記事のネタにする「野依式」が初期の『ダイヤモンド』には垣間《かいま》見える。

創刊間もない頃の『ダイヤモンド』の誌面には、『実業之世界』や社会主義者との関係性が如実にあらわれていた。それは石山の築いてきた人的ネットワークの大部分が、『三田商業界』および『実業之世界』時代に野依を介して形成されたものであるからだろう。

算盤主義としての企業批評

石山が古巣でのネットワークを駆使したように、古巣である雑誌社もまた新雑誌を創刊した石山の存在を記事のネタとして積極的に活用した。

『サンデー』（一九一五年七月四日号）は、本誌出身の記者による新雑誌の創刊を「筆の人口の人」と題して大きく取り上げている。「現今新聞雑誌界に幾多有為の新人物あれども、経済雑誌『ダイヤモンド』

実業之世界社
野依秀一著
最新刊
愚人の力
愚人の力如何に根強きかを知れ！

ダイヤモンド
経済雑誌（六月號）主幹 石山賢吉
◎砂糖會社の解剖
◎異彩を放てる窯業の實質
◎東京市營電車の局面展開策
◎固定資産償却方法の得失考（石山賢吉）
◎株主は利益の多さを望み配當の多きを望むべからず
◎明治成金史
ダイヤモンド社

図 3–8　野依の著書と並ぶ『ダイヤモンド』広告（『サンデー』1915 年 6 月 20 日号）

筆の人口の人　石山賢吉君

図 3–9　「筆の人口の人　石山賢吉君」（『サンデー』1915 年 7 月 4 日号）

に主幹たる石山賢吉君のあるは確かに操觚界の一異彩なり」と評したうえで、石山の経歴を詳細に伝え『ダイヤモンド』を紹介した。

「経済雑誌『ダイヤモンド』の雑誌界に一頭地を抽《ぬき》んづる。これ石山君の計算批評家として一種独得の見識を有するがためなり。世の多くの経済記者なるもの石山君の前に立たば恐らく顔色無けん。君今年三十四歳、大に成すべきはその将来にあるべく、吾人の観る所を以てすれば、現代の経済論客として権威あるもの、右には本多精一君あり、左には石山賢吉君あるのみなり。

野依の門に在りたる者、一人として雑誌を起さゞるなし。其数人者中、石山君最も成功を得、これ君が堅行着実なるによる」(5)

石山が五年前に『実業之世界』から『サンデー』へと引き抜いた際の持ち上げ方と酷似しているが、ここで挙げられている本多精一は『東京日日新聞』および博文館の経済誌『地球』の主筆を経て、当時『財政経済時報』を創刊した経済雑誌記者である（杉原：6）。石山については「野依の門に在りたる者」というように、野依学校出身であることが強調されている。『ダイヤモンド』の広告が実業之世界社刊行の野依の著書と並列されるなど、石山の『ダイヤモンド』は野依の

『実業之世界』との近接性が連想される形で紹介されていた。

もっとも石山自身は野依式喧嘩ジャーナリズムからの脱却を模索していた。後年、佐藤正忠『一流人のことば』（一九六三年）において石山自身は、『ダイヤモンド』の創刊によって『実業之世界』時代の「悪口記者」からの転身を試みたと語っている。

「私は野依君と一しょに経済雑誌をやって、人の悪口ばかり書いてきたが、『ダイヤモンド』を創刊するころから悟るところあって、人のよい所を紹介しようと考えるようになり、この考えは今日まで終始一貫してきました。同じ人物論を書くにしても、けなすより、長所を伸ばすように書いた方がよいではないですか」(31)

先に触れた安成との論争のように、初期の『ダイヤモンド』には『実業之世界』の喧嘩ジャーナリズム的要素を内包していた。その一方で、記事の大部分を占めたのは企業批評や投資術および実業家の人物論に関する内容であった。

野依式からの脱却を図るために、石山が強調したのが「算盤」であった。『ダイヤモンド』は、計算に基づいた誌面構成を示すために、「算盤」を象徴的アイテムとして表紙にも掲げている。第三号（一九一三年七月号）では、巻頭の「本誌の主義」にも「算盤の前に情実なく権勢なし。本誌は此算盤を以て経済界の内幕を解剖し、評論し、如何なる事業に投資するの有利にして又不利なるかを研究するを主眼とす」(1)と書き加えられた。『ダイヤモンド』のあらゆる評論は、具体的な数字の計算に基づいたものであることを石山は訴えたのであった。第三号で修正された「本誌の主義」の続きには、「悪口記者」だった自らの反省を示唆するような文言も添えられている。

「世には知りて言はざる者あり。知らずして宜い加減の説を為す者あり。知りて言はざるは或は情実権勢に制せらる為なるべく、何等益する所なし。知らずして宜い加減の説を為す者に至ては、徒《いたずら》に世を惑わすに過ぎず。知りて憚らず、言ふて誤らざるもの、本誌に於て独り自ら之を能くせりとは言はず。窃《ひそ》かに之を期し、顧みて自負に背かざる事を多少の誇となし居るのみ。」（同）

「知らずして宜い加減の説を為す者」は、先に触れたように『実業之世界』で担当記事の「取消」を余儀なくされた石山自らに対する戒めでもあった。「知りて憚らず」を『実業之世界』から受け継いだ姿勢とすれば、「言ふて誤らざる」こそ『ダイヤモンド』において「算盤」を掲げた石山の本懐《ほんかい》であったといえよう。石山はそれまでのキャリアで積んだ経験を批判的に継承しながら『ダイヤモンド』を磨いていった。

『実業之世界』との差別化を強調するために掲げられた、計算に基づく企業批評という『ダイヤモンド』の特色は、石山が新聞記者時代に得た着想でもあった。後年、『新経済』（一九五九年五月号）での対談記事で、石山は『ダイヤモンド』創刊時に新聞の経済記事を意識していたと回想している。

「経済記事は、人が読むことを好まぬものだ。一般には、面白くないものだ。それなのに、なぜ新聞社が経済記事を掲載しているかというと、読む層の範囲は狭いけれども、株式をやっている人だけは読む。

そこで、自分でダイヤモンドを初めてからも、株式をやる人の必要な経済記事、会社の報道とか評論を主体におき、一般経済は、会社に関係したものだけをやる、という読者中心に雑誌を作った。その着眼が他の経済誌と違ったんだね。」(53)

石山が雑誌のみならず、『日本新聞』や『毎夕新聞』などの新聞社にも在籍したことは第二章で触れたが、担当していた経済記事がほとんど読まれないことに「私はそれを非常に馬鹿々々しく思ひました」とも述べている（『ダイヤモンド』一九四二年三月一一日号：81）。新聞記者として株価欄や経済記事を担当した経験から石山は、新聞では大半の人が読み飛ばす「経済記事」をあえて前面に掲げることによって、「投資家のための雑誌」として経済雑誌の新機軸を打ち出したのであった。

広範な一般大衆を読者とする新聞に対して、雑誌は特定の層を読者としてターゲットにする。『ダイヤモンド』が行った投資家という特定の読者層を意識した雑誌作りは、セグメント化という雑誌というメディアの特徴にも適っていた。企業分析に特化した誌面構成もまた、結果的に一般経済をメインに扱う『東洋経済』などの競合他誌との棲《す》み分けにもなった。

初の単著『決算報告の見方』

投資家に特化した石山の算盤主義が一つの形として結実したのが、『決算報告の見方』である。一九一五年にダイヤモンド社より刊行された同書は、石山にとって初めての著書であり、ダイヤモンド社としても自社で手掛けた初の単行本であったこともあり、刊行前から「銀行会社の解剖刀」、「日本に初めての著書」と大々的に宣伝された。その広告内で、石山自身も宣伝文句を綴っている。

「僕は今年で丁度十年間新聞雑誌記者をして居ります。一昨年『ダイヤモンド』を創刊致しましてからは勿論ですけれど、他社に使はれて居ります時でも僕の仕事は主に銀行会社の評論でありました処から、此十年の記者生活に依つて一つの副産物を得ました。それは決算報告の見方を知つた事です。決算報告の見方は一度雑誌に掲げたけれど、それは唯一端で、今回は更めて書き直したものを纏めて出版する次第ですが、抽象的の議論は実際上の参考になりませぬから、雑誌に書いた時よりも一層実際に重きを置き、一々本物の決算報告を例証して執筆して居ります。元々、僕の研究が不充分なのですから、到底完全と云ふ訳には参りませぬけれど、僕が十年を費して得た知識と経験とは悉《ことごと》く此本に書き現はす事を期して居ます」(『ダイヤモンド』一九一五年六月号)

石山がそれまでの記者生活で得た会社分析法を抽出したという同書は、当時から一定の反響があり、『東京朝日新聞』(一九一五年一一月四日朝刊)の「出版界」欄でも「「会社の良否を判断する方法」と「決算報告の正不正を鑑別する方法」の二篇に分ち、著者の自得の方法をば例を挙げて解説せしはさすがに他の平易に企及《ききゅう》すべからざるものあり。此の種の最初のものとして権威ある述作なり」と紹介された。

その後も版を重ね、企業家のみならず経済記者にも会社分析の教科書として長く読まれ、石山が晩年に菊池寛賞を受賞した理由の一つとしても同書の存在が挙げられている。小汀利得は、石山の追悼文「石山賢吉君を送る」(『朝日新聞』一九六四年七月二五日朝刊)においても同書の存在に言及している。

「石山君には雑誌ダイヤモンドに毎号載せた大量の記事の外に多くの著書があるが、その中でもなかんずく最も社会を益したものは「決算報告の見方」である。これはベスト・アンド・ロングセスト・セラーであって、ぼくはそれの十何版目かを読み、またいまぼくの書庫に現存しているのが百十九版とおぼえているが、この本が経済記者はもとより経済界の志あるものに教えたところは多大であった。」

同書は、もともと『ダイヤモンド』一九一四年五月号から同年一二月号まで連載された同名タイトルの連載記事を書籍化したものである。社史も『ダイヤモンド』での連載を初出として紹介されているが、第二章で触れたように石山の決算報告書に注目した企業批評は『実業之世界』時代から行っており、すでに決算報告書の見方そのものを論じた「決算報告の鑑別と予の経験」（『実業之世界』一九一一年四月一日号および同年四月一五日号）も記していた。

決算報告書に着目した契機が『実業之世界』時代の東京電燈会社攻撃キャンペーンにあることは第二章でも述べたが、調査の過程で古川鉱業の鈴木恒三郎に企業分析の方法として決算報告書に焦点を当てるように教わったことが直接的なきっかけであった。

「当時、私は、二十八九歳、記者には四―五年の経験をしたが、会社の見方に対しては、何の知識もなかつた。私は、会社の見方に知識のある人を求め、その人の教へを乞ふ事にした。当時、古河鉱業に鈴木恒三郎氏が居り、氏がアメリカで、会社の決算報告を鑑別する方法を研究して来たと聞いた。

氏を訪問して、会社の見方に対して教を乞ふた。そうしたら、氏が、二つの公式のやうなものを教へて呉れた。それは、会社の金融状態と株主払込金の行方を知る方法であつた。私が、後年、会

社評論の専門記者となった場合には、その方法は大いに役立つたが、電灯料金の鑑別には、用をなさなかつた。」（石山㊱：3f）

鈴木は、当時古川鉱業が開設した日光電気精銅所の所長を務めるなど現場での実務に携わりながら、海外洋行の経験があり、欧米の会社経営論や株式市場の動向にも通じた。そんな鈴木を慶應義塾出身の縁もあって、石山は師の一人として仰いでいた。東京電力会長を務めた菅《すが》禮之助は、鈴木について「恒さんはまた科学的経営法の元祖でもあったし、考課状の見方を一般に教えた元祖ともいつてよいでしょう。元祖屋だつた。「ダイヤモンド」の石山賢吉君の先生だつた」（野依 1956：160）と述べている。実際、『ダイヤモンド』の創刊号に「工場経営上の新智識」、続く第二号に「近時英国に於いて合名会社を変じて株式会社と為すの風を生じたる由来」、さらに第四号にも「日本で注目されぬ投資方法」と常連論客として初期の『ダイヤモンド』に登場した。鈴木は自らも一九一六年にダイヤモンド社より『工場管理実学』を刊行しているが、石山は鈴木について「学者と実際家との両方面の素質を備へたる人也」と述べている（『ダイヤモンド』一九一六年三月号）。『決算報告の見方』の刊行にあたっては、「鈴木恒三郎氏からもらった金を基金にして」と石山が回想するように、鈴木からの資金的援助も受けていた（石山(53)：301）。

図 3–10　鈴木恒三郎（『労働問題と温情主義』1915 年）

鈴木の教えと資金が基盤となった『決算報告の見方』にも、鈴木が綴った序文が巻頭に添えられている。鈴木は「石山君は元来数字に明るく、且《か》つ好んで他人の為さゞる決算報告の研究を以て唯一の天職と為せり」とし、「殊に最も愉快とする所は、欧米に於ける此種の著書に何等の智慧《ちえ》を借らず、徹頭徹尾、君独特の鑑識眼を以て本書を創作したる事是れなり」と、石山が抱く独学への自負に沿うような言葉を送った。

独学という点でいえば、石山が掲げた算盤主義とでもいうべき計算に基づいた批評方法は、石山が尋常小学校時代から独学で身に付けてきた数学的思考を用いた視座でもあった。後年、『新経済』（一九五九年五月号）での対談記事で、石山は「幸い、私は会社分析についての素質があつた、というのは、会社を分析するのは、ちょうど代数の因数分析と同じわけだ」と回顧している。

「結果を知つて、原因を探究する。私は昔の商業学校しか出ていないが、いささか数学をたしなんだ。昔の中学程度の代数は、独学でやつた。そういう基礎ができていたんだね。それに、商業学校でボ記をやつた。この二つを結びつけて、自己流で決算報告書を分析する方法を案出したわけだ。最初はおそまつだつたが、他にやり手がないから目立つたわけだね。そして、だんだん熟練してきたですよ。」(53)

鈴木から着想を得た決算報告書の分析を独学で発展させた成果が『決算報告の見方』に結実したわけだが、「結果を知つて、原因を探究する」という言葉は、野依の思い付きを数字で裏付けていった『実業之世界』時代の石山の姿を想起させる。

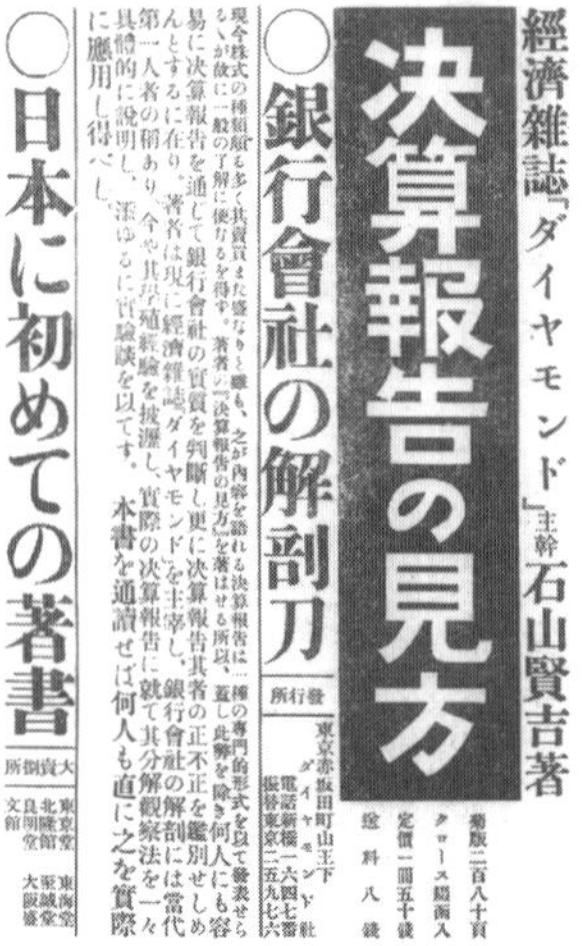

図 3-11　『決算報告の見方』広告（『実業之世界』1915 年 10 月 15 日号）

同書の序文には、鈴木のほかに、福沢桃介、池田成彬といった慶應閥の財界人が名を連ねた。石山が『実業之世界』時代に紡いだ人的交流をもとに生み出された著作ゆえに、『実業之世界』（一九一五年一〇月一五日号）でも同書は大々的に紹介されている。

「本書は本社に在つて会社評論の筆を執つて居つた石山賢吉君の近著である。石山君は其の姓の如く堅実で、其の名の如く賢明である。君の評論亦堅実賢明を以て推重《すいちょう》されて居る。此の「決算報告の見方」は大概一度は「ダイヤモンド」誌上に掲げられたものであるが、斯う一編に纏めて見れば又格別の価値がある。紡績会社、電気会社、砂糖会社乃至《ないし》銀行等、所有会社の実力実績が縦横に解剖され批判されて、此一書あれば決算報告を手にした株主又該《がい》会社の研究者は手に取る如く会社の実際を知る事が出来。第一編は第一の着眼点から始まつて正味財産の見方、固定資本の見方、流動資産の見方、利益金の関係、不動資産の見方借入金の見方等を説き、第二編に於て決算報告の正不正鑑別法を詳述してある。本書は好い加減な翻訳書などゝは違ひ、著者が独力苦心の結果に成つたもので、我国最初の研究とも云ふべく、そこに本書の実用的な価値がある。」（108）

石山が自社出身者ということもあって、『実業之世界』にとっては競合相手であるはずの『ダイヤモンド』の刊行物を「独力苦心の結果」や「我国最初の研究」、「実用的な価値」と、これ以上ないほどの言葉で高く評価している。石山のこれまでの縁故関係を最大限に発揮して創刊された『ダイヤモンド』は、創刊後も同業他社との相互的な宣伝によって影響力を拡張していった。

決算報告の「滑稽」

「堅実賢明」な評論と称された石山の企業批評だが、石山にとっては純粋な理念のみに基づくものではなかった。『決算報告の見方』は、先に触れたように『ダイヤモンド』一九一四年七月号からの同名タイトルの連載記事をもとにするわけだが、連載開始間もない時期に、石山は「決算報告の滑稽」と題した記事を『ナショナル』（一九一四年八月号）に寄せている。

『ダイヤモンド』創刊の翌月にあたる一九一三年六月に創刊された『ナショナル』は、『実業之世界』時代の同僚だった松下傳吉が立ちあげた経済誌である。松下が主幹を務め、北山米吉が編集長、若宮卯之助が主筆と、石山が記者職を申し込んだ『東京タイムス』と同じ体制で運営された。政治・経済に関する読み物中心で、一九一六年一月号まで刊行が確認できる。「純米国式の大雑誌」を掲げた同誌は、創刊の時期が近かったこともあり『ダイヤモンド』創刊号で石山自身が『ナショナル』創刊についての紹介を行っている。

「私と一処に実業之世界に居た松下傳吉君と北山米吉君とがこんど東京魁《さきがけ》新聞から離れて若宮卯之助君と三人で雑誌「ナシヨナル」を発刊する事となつた。孰《いず》れも雑誌の経営に多年の経験を積ん

図 3–12 『ナショナル』の広告（『ダイヤモンド』1913 年 7 月号）

で居り、現に魁新聞では編輯法の奇抜な事や、写真版に斬新な意匠を凝した事で大分世間の評判に為つた。こんどの雑誌は菊二倍の百二十頁で全部舶来の最上等紙を用ゐて純米国式の編輯をするそうだ。魁新聞を発行して日本一安い雑誌を作つた諸君はこんどは反対に日本一の高い雑誌を作るのだといふ。面白い。この十日に初号が出るさうだ」(11)

『ダイヤモンド』の誌面では石山による紹介とともに『ナショナル』についての広告も掲載されるなど、ここでも縁故による相互補助的な関係性が見受けられる。

『実業之世界』時代からの勝手知ったる関係性ゆえに、北山から提示された「決算報告の滑稽」というお題に対して乗りかかるような形で、石山は諧謔《かいぎゃく》的に自らの企業分析について記している。

「北山君。君は僕に面白い課題をして呉れた。『決算報告の滑稽』とは、皮肉で、面白い。決算報告は無味乾燥の数字を並べてあるだけだ、之に滑稽のある可き筈《はず》がないと思ふのは素人考だ。話せない。決算報告は会社事業の縮図である。真面目も不真面目も皆な此中に現はて居る。随《したが》つて無味乾燥の数字も、噛み締めて見ると、無限の興趣が湧いて来る。

北山君。君も実業之世界に僕と机を並べて居た頃は、会社攻撃に片棒を担いだ男だ。今はナショナルで積極主義で納つて居ても、あの時のツムジ曲りが失せないから、僕に『決算報告の滑稽』など云ふ皮肉な課題をするのだらうが、先づ第一に、右監査を遂げ、正確を保証候也と、極印を打つて発表した決算報告からアラをほじくり出され、僕等の様な名も知れない青年の筆先に懸つて堂々たる会社が、四苦八苦の苦しみをする事からして滑稽ぢやないか。僕は不正の決算報告を見る度に、監査役の顔が見たくなつて堪らない。奴等は一体ドンナ顔をして居るんだらうか、正確でもない決算報告を正確と保証してケロリとして居る其顔が見たくて堪らない。之が即ち真面目の滑稽といふのだらうが、落語家の小さんという趣がある。三枚目がなければ芝居が面白くならない様に決算報告も監査役と云ふヒヤウキン者が居並んで居ないと賑かにならない。」（同：12）

算盤を掲げ、計算に基づいた会社評論の背後には、「無味乾燥の数字」から一見何の問題もないように振る舞っている企業の「アラ」を暴く「滑稽」があると石山はいう。大企業の監査役の困惑する様を見てみたいという「無限の興趣」はともすれば悪趣味でもあるが、「名も知れない青年の筆先」によって「堂々たる企業」が右往左往する構図は、まさに野依が得意とした「大物食い」の喧嘩ジャーナリズムである。そこには、石山の示唆するように『実業之世界』時代からの「会社攻撃」の態度が息づいていた。

大戦景気と誌面改革

「日本一の高い雑誌」を掲げた『ナショナル』が短命に終わったのに対して、一時は「三号雑誌」を危《き》惧《ぐ》された『ダイヤモンド』は徐々に軌道に乗っていった。創刊翌年の一九一四年に第一次世界大戦が勃

図3-13　蛎殻町に移転した新社屋（『ダイヤモンド社二十五年史』）

発し、それを契機とする日本市場でも大戦景気に沸くなかで、投資家に対象を据えた株式雑誌は適合したのである。石山自身も「欧州戦争の好影響を受けて、我経済界が動き出したので、それに連れて、我々の雑誌も殖に出して来たのである」と回想している（石山④：82）。より具体的には「大正四年の下半期は雑誌の売行が増加した上、『決算報告の見方』の出版が当つたりなどして、懐具合は幾らか楽になつて居た」という（同：112f）。

実際、一九一五年に本誌『ダイヤモンド』と並行して、速報性を重視した週二回発行の『ダイヤモンド通信』を創刊している。さらに一九一六年には、社屋も赤坂山王下から金融街・兜町近くの日本橋蛎殻町へと移転を果たしている。

『ダイヤモンド』の好調は、誌面の変化からも顕著に見て取れる。一九一七年新年号より誌面改革のうえ、月二回発行となった。前年の一九一六年一二月号の「社告」では、月二回発行の趣旨が述べられている。

「欧州大戦勃発以来、我経済界の有《あら》ゆる方面に急激の変化を遂げ、殊に証券市場の如きは刻々変動して止《や》まざる有様に候。斯る時期に際し従来の如き月刊にては、到底敏活を期すべきにあらず、能《よ》く変化に応じて事情を尽し真相を究めんとせば、尠くも週刊乃至旬刊に非れば困難に有之、本社亦之事を念と致居候処、今や準備漸く成り、先づ其第一着手として、月二回発行に改めし次第に候。勿論之を以て満足する者には無之、追ては旬刊となし週刊となす計画なる事を茲に予告致置候。」(74)

同号の「編輯余録」でも「経済雑誌本来の使命として、月一回発行は如何にも不便を感ずること少なからず、今や漸く素志の一端に達するを得て、中心の欣快《きんかい》禁じ難く候」(104)として、月刊から旬刊、週刊への転換が経済雑誌の宿願であるとしている。月二回発行に併せて、石山はイギリスの経済雑誌『エコノミスト』を参考に、それまでの菊判から二倍の大きさに体裁面でも改良を試みている。ただし菊二倍判への大型化は読者の不評を買い、結果的に四六判で落ち着いた。

大戦景気による『ダイヤモンド』の発展は、数字の面からも顕著に表れていた。社告には、発行部数の推移についても記されている。『ダイヤモンド』創刊当時はわずか二〇〇〇部から三〇〇〇部で、その後の二年間も四五〇〇部程度と苦戦が続いた。一九一五年下半期以来、「株式の大奔騰《ほんとう》を見るに至り」、「此の時代より本誌の真価は漸く世人の注目する所」となったことで、発行部数も五〇〇〇部から一〇〇〇〇部ずつ伸びていき、「毎号売切れの盛況」であったという。特に一九一六年五月号、七月号、一一月号は、それぞれ一〇〇〇部ないし二〇〇〇部の増刷も行っている。月二回発行へと至る段階で、すでに発行部数は一万を超え、一九一七年一月号は一万五〇〇〇部以上を発行する予定までになっていた。

経済雑誌の代表的存在である『東洋経済』が、『ダイヤモンド』創刊前の一九〇七年の段階で平均四七〇〇部であったことを踏まえると（東洋経済新報社：154）、発行部数の面では『東洋経済』と肩を並べる存在になっていた。すでに旬刊化していた『東洋経済』もまた大戦景気による販売部数の増加によって、一九一九年には週刊化に踏み切っている。『東京毎日新聞』の記者を経て、一九一二年に『東洋経済』の記者となった石橋湛山が頭角を現していったのもこの時期である。

一方の『ダイヤモンド』は月二回発行としてからわずか二年後の一九一九年四月に旬刊を実現したが、週刊化を達成したのは戦後の一九五五年まで待たねばならなかった。ただし、速報性を重視した『ダイヤモンド通信』を発行していたことで週刊化を急ぐ必要はなかったともいえる。

『ダイヤモンド』と『東洋経済』のみならず、大正時代の経済雑誌界全体にとって大戦景気はまさしく上げ潮となった。『実業之世界』や『実業之世界』などの既存誌に加え、先に触れた『ナショナル』や『財政経済時報』のような新興勢力も現れるなど、投資熱のなかで市場動向を占う経済雑誌は活況を呈した。一九二二年には『エコノミスト』も創刊され、今日に至る経済誌は大正時代を一つの起点とした。

誌面改革として『ダイヤモンド』本誌も、内容および体裁においてさまざまな試行錯誤を行っている。前章で触れた、石山が『日本新聞』時代に師事した伊藤欽亮を顧問に迎えたのも、この時期であった。月二回発行となってから半年後の『ダイヤモンド』一九一七年六月一五日号より「伊藤欽亮監修」を表紙に掲げ、伊藤の論説が掲載されるようになった。同号の「編輯余録」でも相沢を迎えた経緯が詳述されている。

「今回伊藤欽亮氏を煩はして本誌の監修を乞ひ、本号より誌上に之を公にするに至りしに就て、前

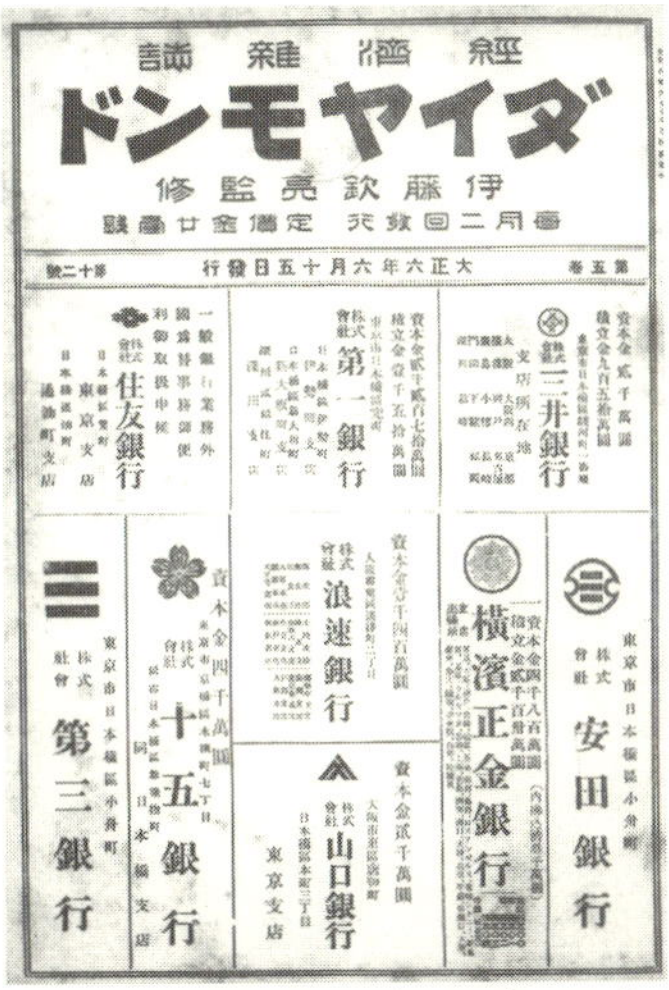

図3–14　「伊藤欽亮監修」が掲げられた『ダイヤモンド』（1917年6月15日号）

後の事情を一言申上候。我等が氏の数を仰ぐは敢て今日に始まりしに非ず、夙に其高風を慕ふて師事すること久しく、特に主幹石山君は曾て日本新聞に在りて親しく氏の下に薫陶を受けたることあり、然るに偶偶《たまたま》一昨年の夏、氏病後の閑に乗じ、本誌の編輯に指導の手を染められしが、果てはモドカシとして後自ら筆を執て我編輯を助けらるゝに至り候。爾来足懸け三年の間、社説に論説に会社評に時事談に将た市場の細事に至るまで氏の筆跡は毎号の本誌上到る処に現はれざるなき事を茲に告白至置候。

此事実は夙に我一部読者の認知せられたる処、今や一歩を進めて此事実を事実にし、誌上に氏の署名を乞ふて益々其指導を仰ぎ、併せて一層執筆の労を煩はさんとする次第に候。素と後進を誘導せんとする親切の余に出づる者、氏に於ては或は一種の道楽ならんやも知るべからざるも本社は之を機として更に本誌一段の改良に尽瘁《じんすい》し、以て読者平生の高顧に答へん事を期し居り申候。」(51)

『ダイヤモンド』において伊藤は社説を担当するなど、まさに雑誌の指南役を務めた。伊藤自身が『ダイヤモンド』の誌面に登場したのは、一九一五年五月号の「我が経済発展の第一要義」であり、同号では「伊藤欽亮氏の新事業」を伝える記事も掲載されるなど、伊藤の存在は一九一五年時点から誌面上に浮上していた。一九一四年に『日本新聞』を社屋の火災で休刊に追い込まれ、半ば廃業状態にあった伊藤に対し、かつての弟子である石山が手を差し伸べた形でもあった。山崎安雄『筆者と出版社 第二』（一九五五年）によると、「大正四年の八月号から伊藤さんの執筆になる社説が、巻頭を飾ることになったのである。それと期を同じうして「ダイヤモンド」は、欧州戦争の好影響をうけてぐんぐんのびて行った」（161）。伊藤はその後も『ダイヤモンド』の主要論客として寄稿をし、一九二八年に伊藤が亡くなるまで監修役を担った。伊藤に経済記者としての薫陶を受けたという石山は、晩年まで伊藤の存在を後ろ盾とした。

装飾としての広告

「伊藤欽亮監修」が刻まれた『ダイヤモンド』の表紙で、むしろ目に付くのは誌面を覆いつくす銀行広告である。『ダイヤモンド』は誌面改革のなかで、一九一七年二月一日号より表紙の全面に銀行広告を掲載するようになる。以降、太平洋戦争開戦の時期にあたる『ダイヤモンド』一九四一年一二月二一日号まで、表紙のスタイルは継続された。表紙の全面に広告が掲載される雑誌は異例で、後年の戦時体制下において石山自身も「この表紙の広告が、戦争になって、情報局にいる軍人さんの目に触れた。「表紙にまで広告を取る慾張った雑誌社がある。悪資本主義の標本だ」と、やられたのである」と回想している（石山㊻：183）。

興味深いのは、当初掲載された銀行広告のうち、一部は『ダイヤモンド』が無断で掲載したものが含まれていた点である。

「実を云へば、其三号とて、掲げた広告が全部取れたのではなかつた。中には、一つ二つ無断掲載のものもあつた。此分は、無論、料金を貰ひに行かなかつた。然し、出された銀行の方では、いづれ料金を貰ひに来るものと思ひ、不都合を責めて来た。私は其時正直に白状した。『如何にも仰しやる通り、あの広告は無断掲載だから、不都合と云はれるのは御尤もです。然し、私達は、あなたの銀行を広告する為めに、あの広告を出したのではありません。私の雑誌の装飾にあの広告を借用したのです。いけなければ、次号から撤退いたします。差支へなかつたら。其儘にして置かせて頂きたい。料金は決して頂戴に出ません。』と、やつた。そしたら、先方でも、無理に取れとは云はなかつた。」（石山④：146f）

通常、広告はその掲載料を広告主が支払うことで掲載されるものであり、雑誌の顔となる表紙に広告を掲載する場合は最も高額となる事が当然のはずだが、石山は表紙に名だたる銀行からの広告を掲げることで、『ダイヤモンド』に箔《はく》を付けようとしたのであった。こうして一部、無料での広告掲載を行っていた銀行も、妥協し広告を『ダイヤモンド』へ払うようになったという。

同時期に石山は社内において広告取りの部門を廃止している。元来、広告取りに苦手意識を抱き、毛嫌いしていた石山は、「人事問題を主として惹起《じゃっき》すのは、広告取である。いつそ、こんな者を置かない事にしようと」述べている（同：67）。

もちろん雑誌経営において広告料収入は、最たる収入源であって排除することは現実的ではない。石山自身も「雑誌の売上益だけでは、社の維持が出来ないから、不本意ながら、矢張り広告は取らねばならぬ」(同：71)と述べている。そこで見出したのが、直接的な営業活動ではなく、先の銀行広告のように間接的に引き出す広告取りの方策であった。

ただし、そこで得られた広告料は少額で、本文広告よりも表紙に掲載された広告の方が安いこともあったという。それゆえに、別組織ながらダイヤモンド社の広告を専門に扱う告天社を設けて、広告部門を切り離している。「ダイヤモンド社広告一手扱、告天社・富永良太郎」として誌面上にその名が登場するのは、まさに誌面改革を行った一九一七年一月号からであった(35)。富永は伊藤欽亮時代の『日本新聞』で広告部長を務め、『日本新聞』の廃業後に告天社を創立している。告天社という社名も伊藤が名付けたもので、『ダイヤモンド』広告を扱うようになったのも伊藤の口利きによるものだった(石山皆男編：52)。

『ダイヤモンド』は誌面改革と事業拡大を行っていったが、その理由として石山は「会計の独立」を挙げている。

「今の世には、新聞雑誌が数限りなくある。然し、そのうちに、言論の独立を保つて居るのは、どれだけあるか。彼等は、表面、不羈《ふき》独立であるかの如く装つて居る。然し、一度勝手元へ廻つて見ると表裏の差の著しきに驚かざるを得ない。それと云ふのは、畢竟《ひっきょう》、会計が確《しっか》りして居ないからだ。収支が合はないから、無理な援助を求める。それが腐れ縁となつて、独立の筆が振へなくなる。是が今の新聞雑誌の実情である。実に情けない次第だが、事実だから是非もない。我々も、過去三年間、収支の合はないのに苦んだ。然し、其の収支不足は、至つて僅少であつた為め、我々を理解して呉れる先輩の援助で足りた。我々は、他の援助を得ながらも、言論の独立を傷けずにやつて来たのであつた。然し、斯う云ふことは、何時迄も続くものでない。又、続けるべきものでもない。私は一意専心、会計の独立を心掛けた。幸ひに、欧州戦争が起つて、其機運が廻つて来た。私は、此機運に乗じ、予ねての宿志を達する為めに、ダイヤモンド通信を計画したのであつた。」（石山④：115f）

決算報告に着目してきた石山ゆえの「会計」への強調とも解釈することはできるが、一方で「会計の独立」と「言論の独立」を連関させる石山の雑誌経営論は、必ずしも石山独自のものとは言い切れない。石山が言及している「独立不羈」は、福沢諭吉が『時事新報』創刊時に掲げた標語であるが、石山の雑誌経営論は、福沢の門下生でもあった『大阪毎日新聞』社長本山彦一が唱えた新聞商品論にも通じるものがある。『ダイヤモンド』が誌面改革を試みた当時、折しも新聞界では、一九一八年の白虹《はっこう》事件によって「不偏不党」を綱領として掲げられるようになった。米騒動を契機として勃発した『大阪朝日新聞』の筆禍事件は、「多事争論」の政論新聞から、「不偏不党」の報道新聞へと至る決定打となり、日本の新聞界は大きな転換点を迎えていた（有山：355）。ジャーナリズムにおける金科玉条の理念と掲げられる「不偏不党」は、読者の思想信条を問わないという点で営業面においても機能し、大衆紙にとって更なる読者拡大の道を開き、『大阪朝日新聞』や『大阪毎日新聞』は一九二四年には揃って一〇〇万部を達成している。「新聞紙は一種の商品なり」と提起した本山の新聞商品論は、新聞営業化の権化ともいうべき発言であるが、こうした文脈のもとで唱えられたものであった。

新聞商品論を主張した一九二二年、本山は新聞発行の傍らで経済雑誌『エコノミスト』を創刊している。本山の新聞雑誌経営と相似するように、石山もまた雑誌運営の傍らで、一九一八年に『ダイヤモンド通信』から『ダイヤモンド日報』へと改め、速報性を重視した日刊の経済情報紙を手掛けるようになる。表紙に広告を掲載する『ダイヤモンド』の誌面改革も、雑誌というよりは新聞的な形式であった。『ダイヤモンド』創刊前には自らも新聞社に身を置き、新聞社の経営についても『ダイヤモンド』で取り上げるなど、新聞界の動向について石山も意識していた。雑誌経営においても、雑誌商品論としての誌面改革を断行し、新聞的要素を雑誌経営に反映していった。

新聞業界への進出と挫折

大戦景気によって高まる投資熱に応えた『ダイヤモンド』が軌道に乗り、経済雑誌界で確固たる地位を築いていった。雑誌刊行が安定するなかで、石山は他分野にも手を伸ばし始める。

石山が手始めに行ったのが、新聞業界への進出であった。石山は、一九一九年に名古屋の地元紙『名古屋日報』の経営権を取得し、名古屋で最初の夕刊紙とした。『ダイヤモンド社二十五年史』にも、「我社が傍系事業に手を染めた初まりは日刊新聞たる名古屋日報の経営である」と明記されている(16)。『ダイヤモンド』に新聞的要素を取り入れていった誌面改革について先に触れたが、石山は実際に新聞経営に乗り出したのである。

『官報』（一九二〇年三月五日）において、名古屋日報社が一九一九年一一月に設立され、取締役として手島益雄とともに石山、そしてダイヤモンド社から皆川省三の名が記載されている。『名古屋新聞』や『芸備日日新聞』などで長年記者を務めた手島は、石山が同紙の経営に携わるようになった経緯について、『新聞記者の三十三年』（一九三三年）のなかで詳細に綴っている。その背景には、福沢桃介の存在があったようである。

「名古屋の新聞で一つ売物があるが買はないかと云ふ相談を受けたのであります。それは「名古屋日報」と云ふ新聞でありまして、名古屋五大新聞の一に数へらるゝ新聞でありますが、それを東京の保険会社が買収して居つたのでありまして、其の保険会社は八千代生命保険会社でありましたが、それを手放すから一つ買はんかと云ふ交渉を受けたのであります。処が私には資本がありませぬから、福沢桃介氏に話しました処が、よし買はふと云ふことで福沢桃介氏は乗気になりましたので、其処で私は福沢氏が買ふと云ふことを秘密にしまして、名古屋に乗込んで或る金主が出来たからして私が買ふと云ふので其の新聞社を現金数百万円出して買取りました。さうして社長兼主筆となりまして其の新聞社に乗込んだのであります。勿論、「名古屋新聞」は同時に辞めたのでありましたが、此の新聞は福沢氏が経営しようと云ふ新聞でありまして私は唯仮りに其の地位に立つたのであつて、福沢氏がどう云ふ計画をして居るかよく分らなかつたのでありますが、結局、其の当時五万円程の株式会社にしまして、福沢氏が主なる株主となりまして、さうして「ダイヤモンド」の社長の石山賢吉氏に之を経営をさうとしたのでありました。私は勿論最初から其の新聞をやらうと云ふ考へもなく、僅か二ケ月ばかり其処の社長となつて経営に当つただけで、後は石山君に引続いで私は再び東京に帰ることになりました。」(31f)

株主となった福沢から託される形で経営者の座に就いた石山だが、石山は『ダイヤモンド』の主幹と務めているため、石山の代理で皆川省三が専務として、藤井尚治が編集長として名古屋へ送られている。皆川は『ダイヤモンド』創刊翌年の一九一四年にダイヤモンド社へ入社し、先に触れた誌面改革時には台湾取材を担当し、その後も営業部長を務めるなど同社の主力として石山を支えてきた。藤井もまた『富山新報』で主筆を担当した経験を買われ、編集長に抜擢《ばってき》された。

当時の『ダイヤモンド』(一九一九年一一月一一日号)における「編輯余録」では、『名古屋日報』の買収と石山が経営を兼ねる旨とともに、「一大改革を行はん意気込」が伝えられている。

「新聞紙の改革は難中の難事、之が達成には相当年月を要すべきが、同人何れも若手揃にて鼻息なかく〵当り難く、行く〳〵更に有為の士を招聘して中京の天地を掻き回さんずる抱負、一同相励まして勉強罷在候」(52)

だが結果的に『名古屋日報』の経営は挫折している。『官報』(一九二〇年五月二七日)でも石山と皆川が取締役を一九二〇年一月に辞任した旨が記載されている。『名古屋日報』内部での対立がその原因だったようで、『ダイヤモンド二十五年史』においても「ところが、遂に名古屋側と意見合はず翌九年一月八日石山社長来名して退社の挨拶を為し、経営わづか三ケ月にして東京に引揚げてしまつた」(16)

と説明されている。『ダイヤモンド』（一九二〇年一月二一日号）の「編輯余録」では、「予《か》ねて本欄に御披露せし弊社と名古屋日報との関係は其後事情ありて分離し爾今《じこん》全然関係なき事と相成候、茲に謹告仕候」（50）として、同紙との絶縁が伝えられた。

『内外通信』では主筆も務めた手島は、『名古屋日報』のみならず、新聞業界における記者の政治家への転身に就いても論じている。

「新聞記者の前途と云ふものに余程注意しなくてはなりませぬ。新聞記者からして代議士になる者が近来頗《すこぶ》る多い、今日の代議士は新聞記者と弁護士と此の両方よりなつて居る者が非常に多いからして、新聞記者になりさへすれば直ぐ代議士になれると云ふ風に考へて居る人もあるかも知れませんが、それは中々難しいのでありまして、新聞記者の中にも色々の種類があつて、所謂、政治記者、それから経済記者、三面記者と斯う云ふ風に分れて居りますが、政治記者の中でも政友会へ行く記者と民政党へ行く記者とは自ら分れて居ります。代議士になつた多くの記者は此の政党の倶楽部《クラブ》に出入した新聞記者が主に代議士になるのであります。それは政治家と非常に懇意になりまして、政治家の援助を得、党の援助を得てさうして代議士になるのでありますが、

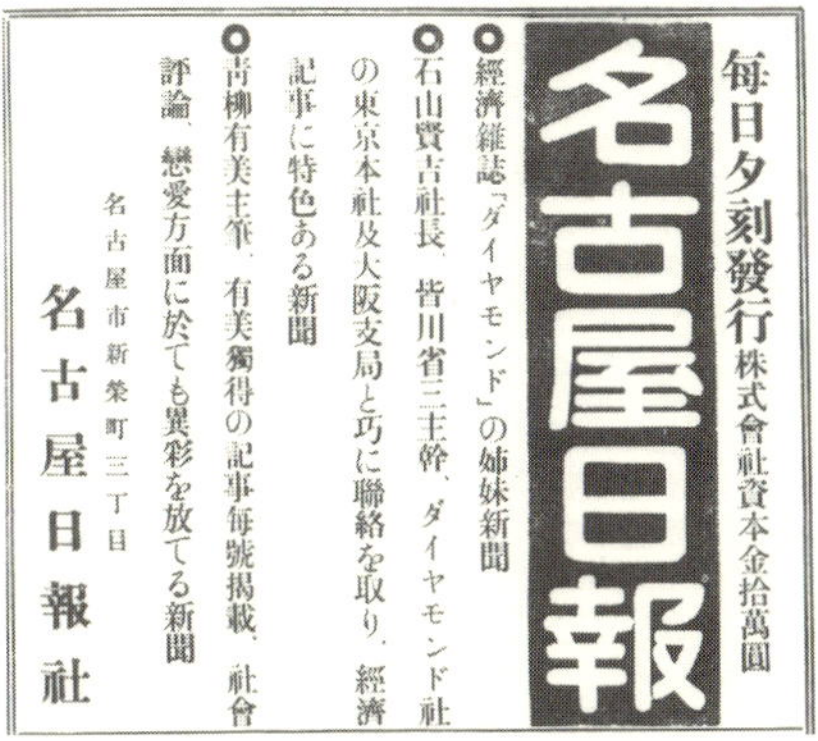
毎日夕刻發行　株式會社資本金拾萬圓
名古屋日報
○經濟雜誌「ダイヤモンド」の姉妹新聞
○石山賢吉社長、皆川省三主幹、ダイヤモンド社の東京本社及大阪支局と巧に聯絡を取り、經濟記事に特色ある新聞
○青柳有美主筆、有美獨得の記事毎號掲載、社會評論、戀愛方面に於ても異彩を放てる新聞
名古屋市新榮町三丁目
名古屋日報社
図 3-15　『名古屋日報』広告（『ダイヤモンド』1919 年 12 月 1 日号）

其処迄行くには十四五年位の月日が経たねば容易に到達しないのであります。」（手島：33）

メディア議員の台頭を示唆する手島の論述である。記者が代議士になるには「十四五年位の月日が経たねば」と手島は語るが、石山が政治家となったのは上京し記者生活を始めて三〇年以上もあとになってからのことであった。

経済出版王国への野望

『名古屋日報』の挫折を経て、石山が次に手を出したのは婦人雑誌であった。一九二〇年八月より神長《かな》倉真民《くらまたみ》が発行していた『婦人家庭』の経営を引き受けている。『名古屋日報』へと派遣した藤井ら「名古屋組」がそのまま戦線を移動する形で、同誌の編集に当たり、石山自身も「婦人の出来る利殖法」を寄稿している。

石山が婦人雑誌経営に乗り出した背景には、大正時代の雑誌界の状況があろう。当時の雑誌界を牽引《けんいん》したのがまさに婦人雑誌であった。永嶺重敏『雑誌と読者の近代』（一九九七年）によると、それまで都市中間層の女性を主要な読者としてきた婦人雑誌は、大正期の中頃にかけて女工・女中などのより階層的に低く若い女性の間にも普及していった。当時、中央公論社による婦人向けオピニオン誌『婦人公論』が創刊され、他方で『主婦之友』、『婦人倶楽部』など婦人雑誌の大衆化を象徴する有力誌も相次いで登場するなど、婦人雑誌界は急速に拡大していく。とりわけ石山にとっては、同業他社である実業之日本社によって一九〇六年に創刊された『婦人世界』という成功例が存在した。『日本少年』『少女の友』『幼年の友』と合わせて「実業之日本社発行五大雑誌」と喧伝《けんでん》し、対象年齢や性別に応じてセグメント化していく雑誌刊行の展開は、一九二五年に『キング』を創刊した講談社にも継承される（佐藤 2020：35）。ただしダイヤモンド社における婦人雑誌は、「誠に線香花火の様なことであつた」と『ダイヤモンド社二十五年史』でも記されているように（17）、結果的に一年足らずで廃刊となっている。とはいえ、投資家以外にも読者を拡張しようとする石山の野望は、その後一九三〇年代後半における『経済マガジン』創刊にもつながる伏線となる。

図 3-16 『家庭婦人』広告（『ダイヤモンド』1920 年 8 月 1 日号）

新聞や婦人雑誌への拡張こそ失敗に終わったものの、『ダイヤモンド』本誌は好調を維持した。社屋として、一九一六年に移転した蛎殻町の借家も「狭隘《きょうあい》になった」として、蛎殻町への移転からわずか二年後の一九一八年一〇月に、内幸町の土地二〇〇坪を購入し、そのうちの半分に新社屋を建築した。石山は同地で一九二三年の関東大震災も経験するが、震災に際しても新社屋は難を逃れている。その後も一九四五年の東京大空襲で焼け跡と化すまでは、たびたび増築を繰り返し規模を拡大させていった。石山に創刊を後押しした米倉嘉兵衛いわく「たいへんお粗末なもので、狭くて暗くてその上汚い」（石山皆男編：88）、そんな

図3-17　内幸町に新築された社屋（『ダイヤモンド二十五年史』）

借家の一室から始まった『ダイヤモンド』は、瞬く間に都心の一等地に居を構える一大出版社となろうとしていた。一九一三年の創刊当初は石山含めわずか三人だった社員も、内幸町の新社屋へと移転した約一年後の一九二〇年一月時点では四八名を数える大所帯となっていた（『ダイヤモンド』一九二〇年一月一日号：88）。

『ダイヤモンド』は創刊時、石山の知り合いを頼って博文館印刷所で印刷されている。その後『ダイヤモンド』は印刷所を転々としたが、一九一六年七月号より旬刊となる一九一九年三月一五日号までの間、再び博文館印刷所の名が奥付に記載された。もともと博文館印刷所は、創刊号のみ縁故によって受け持ってもらえたが、二号以降は部数の少なさを理由に断られている。創刊当初の『ダイヤモンド』は二〇〇〇部から三〇〇〇部程度の発行部数だったが、石山いわく「左様《さよう》な少い部数は、博文館印刷所では相手にしない」というのであった（石山④：25f）。そんな印刷所のもとで再び印刷されるようになったことは、名実ともに『ダイヤモンド』の好調ぶりを象徴するものであった。さらに石山は一九二四年、内幸町の新社屋の隣に印刷工場を建設し、とうとう自社印刷まで実現させている。

ダイヤモンド社がその後も事業展開を推し進めるなかで、やがて石山は政財界にも知られる存在となっていった。

第四章

政財界への上場
――「世話焼き」の多角経営

偉《い》大《だい》な素《しろ》人《うと》

ダイヤモンド社会長　石山賢吉《いしやまけんきち》氏

十二歳の時から駒を持ったというから、棋歴五十八年、この点では棋界の大長老土居八段を凌ぐものがある。大山九段は駒を持ってから十八、九年で九段になった。その率でゆくと、石山何十段が出来てもよさそうなものだが、決して石山四段にも三段にもならぬところが、素人の嬉しいところだ。

しかし、専門棋界を知り、専門棋士を識り、ほんとうの専門棋士の強さと、素人の弱さを識っている点では、当代石山さんの右に出る者はないかも知れない。将棋界の興隆発展に尽力した功労においても、有数の人である。

石山さんは五十有余年将棋に密着して、素人初段も貰っていないが（専門家の力を知っているので、免状なんか、阿呆らしくて貰えないのだろう）観戦記で名人になった。今の観戦記のスタイルは、三十年前に石山さんが読売新聞紙上で、始めて創始したものである。爾来今日まで時事新報に観戦記を書き続けているが、すこぶる好評で、この道の元老かつ花形というわけだ。

石山さんは越後の生れである。頼まれたら米搗きにでもという諺があるが、その故か事将棋に関する限り、何んでも万障繰つて世話してくれる。ひいきは木村名人で、自らは木村党総裁を以て任じている。又名人も非常に石山さんに敬意を表している。

将棋に関する著書も多く、不断の情熱を燃やし続けているところは、偉大なる素人というべきか。

将棋に興じる石山賢吉（『富士』1952年２月号）

「演劇・将棋　石山賢吉
大衆経済雑誌として、雑誌ジャーナリズムを闊歩する「ダイヤモンド」社長にして、名声を斯界に馳すること多年。隠然たる勢力を占めて我国経済界を指示する羅針盤の主たる一方、趣味生活に於ては真摯熱烈なる演劇の愛好者として、又その支援として本業と倶に令名を謳はれ、演劇に関聯して優艶《ゆうえん》なる日本舞踊をも仰讃して止まず、一面忙中の閑を偸んでは趣味の将棋に興じて、その技と識見に非凡の智を知らるゝ」（『趣味大観』一九三五年：445）

「太陽のない街」での世話焼き

一九二六年一月、共同印刷争議が発生した。大手印刷会社を舞台としたこの争議は、「わが国争議史上、その規模からいっても社会的影響からいっても、空前であり、特筆に値する」と評されるほどの大規模な労働運動であった（田中・鎌倉編：196）。

共同印刷争議は、プロレタリア作家の徳永直《すなお》による小説『太陽のない街』を通しても知られる。タイトルは東京小石川の工場に隣接した職工たちの住む「貧民屈トンネル長屋」を指すが、当事者としてこの争議に参加した徳永は、印刷労働者たちを取りまく劣悪な生活環境と労働運動の一部始終を描き出した。実際の争議から三年後の一九二九年にプロレタリア文芸誌『戦旗』で連載された同作品は、同じ時期に連載されていた小林多喜二『蟹工船』とともに話題作となり、海外でも翻訳出版されたほか、後年の一九五四年には山本薩夫監督によって映画化もなされている。

『太陽のない街』の第二部にあたる『失業都市東京』（一九三〇年）には、争議調停団の一人として「D経済新聞社の社長・石川氏」なる人物が登場する。

「大建築物ばかりの、この丸ノ内界わいが、あらゆる響きが、厚味を持つてゐた。重くて、こもつてゐた。はるかの下界で、自動車の警笛が、煙草のけむりのやうに、下からのぼつてきた。

背後のドアが、フイと開いた。

『やア、お早う』

調停者団の一人、このD経済新聞社の社長、石川氏が姿を現した。和服の懐手《ふところで》した、野人風の男

◇共同印刷争議調停者としての私の感想

感情的闘争より經濟的持久戰へ

ダイヤモンド社長　石山賢吉

図 4-1　石山賢吉「共同印刷争議調停者としての私の感想」（『実業之世界』1926 年 5 月号）

である。

『いまね、小林君から電話でね……』

　皆が振返つたとき、ドアの傍で立つたまま、石川氏は風邪をヒイた声で云つた。」(28)

　その名から推察される通り、石山賢吉がモデルである。「風邪をヒイた声」と石山の病弱だった部分も再現されている。

　戦前の出版印刷業界を揺るがす大争議において、その渦中に石山はいたのである。石山は実際の争議においても調停役として関与していた。後年「無類の世話焼き」とも呼ばれることになる石山だが（小汀利得「石山賢吉君を送る」『朝日新聞』一九六四年七月二五日朝刊）、本業の出版業とは別に、石山が初期に行った「世話焼き」の一つがこの共同印刷争議の調停であった。

　争議の発端は、一九二六年一月一一日に共同印刷が経営難を理由に、従業員二五二名に対して勤務日数の短縮を通知したことに起因する。会社側による操業短縮の発表に対して、組合はストライキに突入した。苛烈《かれつ》を極めた運動において、争議団は闘争姿勢を崩さず、企業側も譲らなかったことで、終結までに約二カ月間も要する長期戦に及んだ。石山は争議終結直後に『実業之世界』（一九二六年五月号）で

「共同印刷争議調停者としての私の感想」を寄稿しているが、同争議について「労資共に真剣なる、熱烈なる、近来稀《まれ》に見る深刻な争議であつた」と総括している（15）。

もともと共同印刷の社長・大橋光吉《こうきち》は、博文館の創業者・大橋佐平の婿養子として大橋家に入り、博文館の傘下の印刷会社であった精美堂の社長を務めていた。共同印刷は、争議発生する直前の一九二五年一二月に精美堂が博文館印刷所と合併して設立された印刷会社である。従業員約二三〇〇人となった同社は、日本最大の印刷会社となっていた。

当時、大正デモクラシーの潮流のなかで労働運動が活発となり、大戦景気後の長引く不況に喘《あえ》いでいた印刷業界でも労働争議が相次いでいた。『共同印刷90年史』（一九八七年）では、共同印刷の発足もまた「労働攻勢の波にさらされ」る形で行われたものであったと記されている（116）。共同印刷への合併二年前の一九二四年五月に、博文館印刷所で賃金引き上げを求めるストライキが起きていた。ストライキ自体はすぐに終結したものの、博文館の職工たちは労働組合「ＨＰクラブ」を結成し、共産党系の労働組合・日本労働組合評議会に加盟している。一方で精美堂でも一九二五年一一月に争議が発生し、会社側の妥協で一旦の解決を見たものの、労働組合の攻勢は続いていた。こうした事態を受けて、光吉と博文館の当主・大橋新太郎によって両者の合併が進められたのであった。

それゆえに、博文館の大橋コンツェルンという出版印刷界の大資本家による圧迫と、それに対して立ち上がった労働者たちという構図が際立つ形となった。「この争議は共同印刷という一私企業内に起きたものではあったが、その背景は一企業内の経営者対労働者間の経済闘争というにとどまらず、当時非合法であった共産党に指導された階級闘争的な色彩の強い、きわめて政治的なものであった。その意味で社会的な影響も大きかった」と、共同印刷側は振り返っている（共同印刷：134）。

共同印刷の社史で目を引くのは、争議が過熱化した要因として印刷工の学歴を挙げている点である。一九二九年時点における工場労働者の教育状況に触れながら、当時の印刷労働者が高い学歴水準にあったと指摘する。

「高等小学校卒業程度以上の学歴をもつ者も、どの学歴においても製版印刷製本業は最高率か高位にある。要するに印刷業に従事する工場労働者の学歴は、他の産業従事者に比べて最も高いクラスにあった。

この事実は労働者の権利意識の高まりと、けっして無関係ではない。印刷業労働者は活字を扱うため、一応の学歴が要求され、また活字を扱ううちに学歴以上の知識を身につけることもできたのである。」（132）

活版印刷に従事する職工たちは、業務の性質上、一定の学歴が求められるとともに、文選や植字といった業務を通して雑誌の誌面内容などに触れることができた。その過程で世の動向や新たな思想を知り、自らの置かれた位置を把握することで、労働運動の機運を高めていった面はたしかにあろう。

そうした彼らの境遇に共感し、争議を支えたのが、プロレタリア作家たちであった。大尾《おおび》侑子《ゆうこ》『地下出版のメディア史』（二〇一二年）が詳述しているように、共同印刷争議は労働者のための文芸・芸術・演劇を目指した「日本プロレタリア文芸連盟」などのプロレタリア芸術運動との接点が深く、争議団はプロレタリア作家たちからの資金的援助も受けていた。決して裕福ではないプロレタリア作家たちは「直筆原稿」の叩売りによって援助資金を捻出《ねんしゅつ》している。印刷工の存在は、作家にとって自分たちの表現を肉体労働によって活字へと具現化するものである。出版という営みのなかで見落とされがちだが不可欠な印刷労働者による訴えは、プロレタリア作家たちの共感を呼んだのであった（大尾：111）。

「日本の雑誌王」からの依頼

争議が始まって間もない時期、『ダイヤモンド』（一九二六年二月一一日号）には、大橋新太郎の談話が掲載されている。「近来、労働団体の勢力が強くなるにつれて、労働者の鼻息が殊の外荒くなつたのには今更ながら驚かれる」とし、「私の思ふ処を端的にいへば、かやうな労働者の増長は、社会の経済的発展を甚だしく阻害することである」と批判するなど、大橋は組合との対決姿勢を明確にした。

「斯くて会社側が最後の手段に出たのも、その罪は、もと〳〵労働者にあると云へる。一体、共同印刷の職工中には、評議会派が多数を占めてゐるから、比較的穏和な総同盟派などゝ違ひ、すこぶる過激の空気が漲つてをる。」(22)

こうした大橋の発言を踏まえ、石山も「会社側の腰が始めから終まで非常に頑強であつたことは、今回の争議に於ける一ツの著しい特徴である」と記している（『実業之世界』一九二六年五月号：15）。

争議に対する大橋の「頑強」な姿勢は、職工全二三〇〇人の解雇という形で示された。工場も閉鎖され、「共同印刷の争議険悪」（『東京朝日新聞』一九二六年一月二二日朝刊）、「共同印刷の争議と各種出版の遅刊」（『読売新聞』一九二六年一月二七日朝刊）などのように、その様子が新聞紙面上でも連日報じられるようになる。話題が大きくなるにつれて、大橋に対しては「大橋さんアンタも既に功成り名を遂げた。巨万の富を持つて死ねるものでない。少々従業員が無理を云つても承知してやつては何《ど》うですか」という批判もなされた（『事業之日本』一九二六年四月号：66）。

経営陣の強硬な態度に対し、労働者側も全国的な支援も受ける形で徹底抗戦の構えが取られた。過熱する争議団の抗議運動は警官隊との衝突で一部検挙者も出し、一方で新たな職工を募集するなど共同印刷側の切り崩しもあって、争議は泥沼の様相を呈した。

当時評議会の委員長を務めていた野田律太は、自伝『評議会闘争史』（一九三一年）にて、争議団の粘り強い抵抗を前に、経営陣は行き詰まり調停役を立てざるをえなくなったと記している。

「かくて弱り切つた会社はつひに尻尾《しっぽ》を巻いて、ダイヤモンド社々長石山賢吉氏、美術印刷専務皆川省三氏の二人に「調停運動」を依頼せざるを得ないまでになつたのであつた。」（294）

暗礁に乗り上げた争議の解決に向けて石山は、美術印刷の皆川省三とともに仲裁役を担うことになった。皆川は前章でも触れたように、同社の幹部として『名古屋日報』などの運営に携わっていた。美術印刷も石山により一九二四年に写真オフセット印刷会社として設立されたダイヤモンド社傘下の姉妹会社である。その意味で皆川は、実質的には石山の部下といえる立場にあった。

前章でも触れたように、石山と博文館印刷所とは『ダイヤモンド』の発行に関して浅からぬ関係にあったが、直接的には石山自身も「講談社の野間清治氏にたのまれて」と述べているように、野間からの依頼が調停役就任のきっかけであった（石山㊹：194）。

この争議に野間が関与していたのは、講談社の雑誌発行において共同印刷が主要な発注先であったためである。当時、講談社は発行部数百万部を記録した国民大衆雑誌『キング』を中心に「九大雑誌」の刊行を展開し、野間は「日本の雑誌王」と呼ばれるまでになっていたが、共同印刷では『キング』を除く講談社刊行雑誌の大部分を請け負っていた（講談社社史編纂委員会編：708）。そのため共同印刷争議によって工場が閉鎖されたことは、講談社にとっても雑誌発行が遅滞し、大きな損失を被《こうむ》ることにつながった。

共同印刷の社史においても「共同印刷の大きな得意先であった講談社社長野間清治より頼まれ、争議団からの依頼もあって仲裁役を引き受けたものである。講談社は石山が経営する美術印刷会社の大事な得意先という関係にあった」と記されている（共同印刷：140）。石山自身も共同印刷争議における野間との関係を野間左衛追悼録として刊行された『しのぶ草』（一九五七年）のなかで綴っている。

「共同印刷へは、野間氏は印刷の大注文をしている。ストライキのために、それが遅れるのだから、共同印刷のストライキは、野間氏の講談社に取って大問題であった。同時に、それが、私の社の問題でもあった。当時、私は、ダイヤモンド社の別動隊として美術印刷会社というのを経営していた。それは、オフセット印刷と称し、雑誌の表紙や口絵にする色物専門の印刷会社であった。

この印刷会社が、ほとんど全部の仕事を野間氏の講談社から貰っている。共同印刷のストライキで講談社の雑誌発行が停頓すれば美術印刷の仕事も停頓する。美術印刷の経営を担当していた皆川

図 4-2　野間清治（『講談社の歩んだ五十年——明治・大正編』）

省三君が野間氏の許に伺候《しこう》し、私も野間氏の所へ行き、見舞の言葉を述べた。席上、私に仲裁してくれということだったので引受けた」（14）

講談社の雑誌印刷を美術印刷で受注していた石山にとっても、また共同印刷争議は死活問題であった。「これが動機で、私は野間氏と懇親になった」（同：15）と回想しているが、見逃せないのは、石山が資本家側だけでなく、争議団からも推された点にある。「労働組合の幹部も、私に仲裁を頼むということであった」（同）と石山自身も述べている。そこには石山の特異な立ち位置が関わっていた。一方で経済雑誌界を牽引する存在となっていた『ダイヤモンド』の経営者でありながら、他方で多くの社会主義者との交流があったことから、経営陣と争議団の両者にとって一応「話ができる相手」としてみられていたのだろう。野間や争議団のほかにも、社会主義的な論調を特徴とした総合誌『改造』の山本実彦からも石山は調停役の依頼を受けていたとされる（『事業之日本』一九二六年四月号：66）。山本とは、第二章でも触れたように石山が下積み時代に同じ下宿で意気投合した旧友でもあった。こうして両者から請《こ》われる形で石山は調停役に就任した。

「駆引き」で担がれた仲裁役

だが、石山による一度目の調停は結果的に失敗に終わっている。石山と皆川は争議団との間で交渉を行い、争議中の日給を半額相当支給することや、工場の新規則に際して石山も参加のうえで作成することなどを取り決めた「覚書」を作成した。この覚書について、一度は争議団の大会でも満場一致で承認されたが、正式調印の直前に工場労働者の内部分裂と混乱によって承認は反故《ほご》となった。

野田によると、そこには企業側の工作も働いており、「協定は会社側によつて破棄されてしまつたのである。争議はこゝに逆転した。これでは必然の勢として闘争が白熱、激化せずにはゐないであらう」と綴っている（野田：297）

土壇場での交渉決裂は、石山もかなり堪《こた》えたようである。「無論、柄にないことで、美事に失敗した。そして手を引いてしまつた」と回想している（石山⑨：2）。その後、石山は争議団からの仲裁依頼を受けるも断り続けた。こうした石山の態度に対しては、『事業之日本』（一九二六年四月号）でも「調停者の「礼儀作法」に就て、石山賢吉君に問ふ」として「石山さんよ、貴君は喧嘩仲裁者のエテイケツトを知つてますか」と批判的に取り上げられたほどであった（66）。

それでも再び仲裁役を引き受けたのは、評議会中央委員長・野田律太の存在が大きかった。争議団を率いた野田からの依頼を承認する形で、石山は二度目の調停役を王子製紙の藤原銀次郎とともに担った。

慶應義塾出身で『松江日報』の記者、そして社長も務めた藤原は、当時王子製紙の専務として経営不振に陥っていた同社の再建に取り組んでいた。藤原にとって大橋新太郎は王子製紙を援助した恩人であ

図 4-3　藤原銀次郎（『工業日本精神』1937 年）

り、石山が記しているように、藤原は「大橋氏に敬意を払って、終生親交を続けた」関係にあった（石山(54)：193）。藤原の著書『欧米の製紙界』（一九二二年）にも、大橋は序文を寄せている。のちに藤原は王子製紙の社長に就任するだけでなく、慶應義塾大学工学部の前身となった藤原工業大学を設立し、戦時体制下の政界では商工大臣（米内内閣）、国務大臣（東条内閣）、軍需大臣（小磯内閣）と要職を歴任した。政財界で多大な影響力を持った「製紙王」藤原について、『模範工場見学記』（一九二四年）、『藤原銀次郎氏の足跡』（一九六〇年）など石山はダイヤモンド社で関連本を刊行している。

二度目の調停役について、石山いわく野田から依頼された際に、「野田君の話は、訥々《とつとつ》として居る。そして、態度もまづい。終始伏目勝ちで、はにかんだような形をして居る。所が、ポツ〳〵話をして居るうちに、私は其の野田君にスッカリ感動してしまつた」というのである（石山⑨：3）。とりわけ石山は、野田の人柄に魅了されたようで「野田君は率直で、駆引きがなく、不純なところは微塵《みじん》もない。私はそれに動かされたのである」と述べている（同：3f）。

ところがその野田の態度自体が実は「駆引き」であった。野田は石山が「藤原銀次郎とは非常に仲がよかつた」ことを踏まえ、「これを利用して私としては是非共かれを訪問してもう一度引つ張り出したら、と考へた」と述べている（野田：306）。「共同印刷の大橋新太郎氏が遠慮する人間は日本中で王子製紙の藤原銀次郎と渋沢栄一だけだ」（同：305）と耳にしていたこともあり、石山を担いで、藤原の秘書であった渡部道太郎を介して藤原へと働きかけようというのが野田の思惑であった。

「別に外の話があるわけもないから話題は直ぐ共印争議の解決方法に移り色々話してみると、石山氏は最初の決裂で余程気をクサラシてゐるやうであつたが、今一度起つ見込がないでもなかつた。争議団は持久戦に疲弊し、財政的には全く行詰つてゐた。で一日も早く有利に解決したいものと考へてゐる最高幹部団の意思を体して、私は奔走することにした。それには表面的には石山氏を再起するように、そして背後には渡部氏を通して藤原氏を動かすやうにしたかつた。」（同：306）

具体的には野田は石山に対し「あなたも苦労人ですがどうすれば争議団が得心するとお考へになりますか？」と問うたという。「「何万円出してくれ、」と切り出すよりか「どうしたもんだらう」と相談的に交渉する方が此場合いいと私は考へたのである」（同：306f）。野田の話しぶりは、石山の関心を引く術として、まさに意図的に行われた「駆引き」であり、野田の術中に石山はすっかりはまったわけである。

「私は、野田君と会つている中に、野田君の経歴を訊《き》いた。それに依ると、野田君も昔職工になつた。職工になつて、職工の生活をして見ると、此の階級が余りに虐《しいた》げられて居るので腹が立つ。そこで一転して労働者になつた。爾来、十幾年間専ら職工の為めに働いて居るといふのであつた。

私はその事を聞いて、自分を恥しく感じた。当時、私は四十三、四歳で、世の中に出てからザツト十七、八年になつて居た。その間、私も相当に働いた。然し、それは悉く自分の為めであつた。

人の為めに働いたことは、微塵もなかつた。」（石山⑨：5）

苦労人としての自負を持つ石山は、野田の生い立ちを自らと重ねる形でシンパシーを寄せた。「粗衣粗食に甘んじてゐる人だといふことが直ぐ分る。然し、精神は実に立派である」（同）と野田の清貧ぶりも相まって、「さうしたら急に野田君が尊い人のような気がして来て、私は再びストライキの仲裁に立つたのであつた」と述べている（石山⑨：8）。

「さう言はれゝばその通りである。資本家の方でも喧嘩の行き掛かり上、頑張つてはゐるものの、労働力を最後まで押し潰す気はない。さう思ふと、此の辺が潮時のような気がした。そこで、私は纏るものなら纏めてやつた方がよいのだから初志を翻して、もう一遍仲裁に立つた。」（同：4）

「この会見方法が成功した。石山氏はこの時乗気になつた」（野田：307）という野田の目論み通り、石山は藤原を説得し、交渉のテーブルにつかせている。「仲裁は、一度、物わかれとなったが、ふたたび、私が藤原さんを説いて、成立した」のであった（石山㊹：194）。

争議が勃発してから二カ月後の一九二六年三月一八日、石山と藤原の立ち会いのうえ、ダイヤモンド社および丸の内の工業倶楽部にて、大橋ら会社代表と野田ら争議団との間で交渉が行われた。交渉の末に両者が協定書と覚書に調印し、ようやく一応の解決をみたのである。『東京朝日新聞』（一九二六年三月一九日朝刊）では、「石山、藤原両氏の骨折りで双方の調印を終る」として、争議終結における石山と藤原の存在を強調している。そのなかで、石山自身の「今度の争議は双方共運命を賭して戦ふたのだから双方共傷つき近頃にない深刻なもので全く解決の予想もつかなかつた、がまア無事に済んでよかつた」という談話も掲載された。

ようやく解決した争議ではあったが、結果的には多くの印刷労働者がその職を失った。石山自身はその結末を先述の『実業之世界』一九二六年五月号に次のように綴っている。

「而して、職工一人当り百円の解雇手当を受けたが、これを第一回の和解条件に比すれば、約半分以下に切り下げられてゐる。然も罷業《ひぎょう》職工二千余人全員解雇といふ我国労働史上未曾有の失業者を出して解決したのである。

従つて結果の上から見れば、争議団の全敗と評されぬでもない。然しながらあの儘に争議が継続すれば、争議団は次第弱りに弱つて、遂には自然消滅とか、無条件復帰とか云ふ事になつたかも知れぬ。五十余日間悪戦苦闘し、よくあれ丈の結束を保ち、これ丈の条件で解決し得たのは、全く幹部諸君の献身的努力の結果と云はなければならぬ。

共同争議側にしても、目に見えて十三万円損してゐる。争議期間中は碌々《ろくろく》仕事をしなかつた。この損害が亦莫大である。然も争議の御陰で以て講談社はじめ幾多有力なる御得意を失つた。この損害は将来に亘る。観じ来れば、労資共に、容易ならぬ手傷を負つたのである。」（16f）

共同印刷の大争議
昨夜目出度く手打ち
石山、藤原両氏の骨折りで
双方の調印を終る

虚榮の女

図 4-4　争議終結を伝える記事（『東京朝日新聞』1926 年 3 月 19 日朝刊）

共同印刷も社史において「この争議を「勝ち負け」という単純な観点からのみみるならば、多数の解雇者を出したことで、争議団側の大敗であろう。しかし世間の注目を集めたこの大争議の影響は大きく、労使双方に貴重な教訓を残した」と総括している（共同印刷：140）。実際、共同印刷にとっても得意先であった講談社に対しては、先に触れたように九大雑誌のうち『キング』以外のものを共同印刷が受け持っていたが、争議の結果として『少女倶楽部』を除く雑誌は、その発注が戻ってくることはなかった（同：140f）。

両者ともに大きな損失と犠牲を払った争議ではあったものの、調停役として一応の幕引きへと導いたことで石山の存在は広く知られることとなった。一介の雑誌経営者に過ぎなかった石山だが、次第に出版界で知られる有力者へとその名声を高めていった。石山は出版事業で高めた影響力をもとに、「世話焼き」を通して政財界にも参入していく。

財界の大物を「友達」に

共同印刷争議の主要人物である大橋新太郎と藤原銀次郎、そして石山賢吉を結びつける接点の一つとなったのが、将棋である。大橋は実業界きっての将棋好きで、「将棋となると目のない人」とされた（新潟日報社編 1965：181）。

「東京における名士間で、談たまたま将棋に及べば必ず引き合いに出されぬことはないというほどである。毎日毎日を多忙に過ごす中を、たいていの日は午餐に日本倶楽部で十年一日のごとく居合わせた人を相手に将棋をいどみ、大急ぎで懐中から日記帳（それも博文館発行のポケット日記）を出し、それに書きこんである日程と懐中時計とをにらみ合わせ、数番指してコマを投げ、直ちに自動車を走らせて次の約束に行くのが常であった。」（同：180）

「八時間に百二十番も指す」（同）という逸話も残る大橋の将棋相手を務めたのが藤原であり、石山によると大橋は「実業団で洋行した時、特に旅行用の将棋盤を作り、藤原銀次郎氏を相手に、世界中指し廻つたものだ」という（石山⑥：369）。そして石山自身もまた、藤原を相手にしばしば将棋を指した。苫小牧に王子製紙の工場を持っていた藤原から一九二四年、北海道の産業観察へと誘われた際には、石山は「藤原氏と一緒であれば、好きな将棋が充分指せる。藤原氏の如き実業界の大家を友達呼ばはりをする事は失礼ではあるけれども、他の事は別にして、将棋に於てだけは、私は藤原氏と友達だ」と綴っている（石山②：3）。将棋を通して石山は財界の大家との関係を築いていった。

そもそも石山がいつ頃から将棋を愛好するようになったかは、幼馴染の相沢成治も「趣味は将棋、囲碁で、将棋は実力三段と称され実戦にかけては県下素人棋客中の強豪である」（旬刊新潟社編：90）ことを踏まえると、白根町にいた少年時代から将棋に触れていたようである。『富士』（一九五二年二月号）では、「腕自慢素人将棋指し告知板」として石山が取り上げられており、「十二歳の時から駒を持つた」と記されている（30）。

石山の趣味は将棋と演劇であったが、後年、石山自身は「将棋熱は、壮年期から旺盛になつた。そして、老年期に入つても衰えない。只、対局する時間がないのが残念である。熱は高いが、将棋の素質は極めて悪い。いくらやつても上達しない」と述べている（石山㊴：序）。

石山を中心に『ダイヤモンド』が創刊されて間もない頃から編集部では将棋が盛んに行われていたようで、編集後記では「此頃同人間に囲碁と将棋の熱が大分高まつて来た」と綴られている（一九一三年一〇月号：64）。大正末期、『ダイヤモンド』が軌道に乗ってからも社内の将棋熱は変わらなかったようで、石山自身も仕事が終わった途端、盤面に向かう編集部の様子を次のように述べていた。

「皆川君も吾輩も将棋が至つて好きである。否、皆川君と吾輩だけに限らない。我社には将棋天狗が大ぶ居る。先づ其筆頭が大阪支局の佐田君である。これが阪田八段から三段の免状を貰つて居る。若干おまけがあるにしても玄人《くろうと》の高段者をつかまへて香で一番願ひませんか、なんと云つて指せるのだから、素人としては水際立つた腕前としなければならぬ。続いて相澤老、安田老、濱口総務皆なナカ々々の強者《つわもの》ではあるが、未だ初段の免状を貰ふまでに達しない。殿様格に扱はれる手合は、大崎七段に二枚落ち、寺田五段に一丁半であるから、蓋し初段マイナス四五段と云ふ処であらう。何れも其技倆が伯仲して居るので、戦闘心が燃えて居る。敗ければ讐《かたき》が打ちたく勝てば又まかしてやりたいので、毎日其日の仕事を終つた四時頃になると、猛烈なる戦闘が開始される。」（「京浜電力を観る（二）」『ダイヤモンド』一九二二年一一月二一日号：35）

石山は、単なる愛好家の域をこえ、将棋界でも世話を焼くようになるのだが、石山が将棋界に関わるきっかけも、同社の佐田富三郎に由来する。『ダイヤモンド』創刊翌年の一九一四年四月に入社した佐田は、同年八月に開設された大阪出張所へ赴任し、一九一七年の大阪支局へと昇格した際には主任となった。石山とは「段違ひ」の棋力を持ち、「佐田君は其頃から将棋の格をなして居た」と、東京の本社勤務時代、佐田が石山の将棋相手を務めていた様子が『創刊苦心』（一九三〇年）にも綴られている(65)。

佐田を介して石山が将棋界へと関与していく過程は、講談社で『講談倶楽部』や『キング』の編集長を務めた萱原宏一《かやはらこういち》が「石山賢吉翁のこと」（『将棋世界』一九五〇年八月号）で詳しく紹介している。萱原は「大の石山さんびいき」であったという野間の意向で、石山へたびたび原稿依頼をしにいき、石山に気に入られたことでダイヤモンド社へ出入りするようになった。「私は雑誌記者として、野間清治氏菊池寛氏の如き大師匠に就き得たことを、終世の喜びとするものだが、翁も亦私の大師匠の一人なのである」と萱原自身が述べるまでの間柄となっていた（同：18）。

そんな萱原によると、石山が将棋界に関わるようになったのは「大正九年頃」であり、大阪へと移った佐田が本業の傍らで、関西随一の名棋士・坂田三吉と知己を得て、阪田の「お客弟子」となったことで、佐田を介して石山は多くの棋士と交流を築くことになった。とりわけ直接的な契機となったのは、一九二〇年一〇月に当時の名人・小野五平の九〇歳を祝賀して開催された将棋会であった。上野公園の常盤華壇で開催された同会は、「名士尠からず三百名以上に達し頗る盛況を極めた」（『東京朝日新聞』一九二〇年一〇月一一日朝刊）と報じられ、石山も参列していた。佐田も坂田に随伴する形で大阪から上京し、「将棋会の席上、佐田氏によつて、翁は坂田八段に引合わされたのである」（萱原：19）。石山はこの会をきっかけに、坂田の対局相手であった大崎熊雄とも知り合いになり、大崎の将棋道場がダイヤモン

図 4-5　大崎熊雄（『名人八段指将棋全集 第四巻（大崎熊雄集）』）

ド社の近くにあったことで互いに行き来するなかで親交を深め、一九二三年には石山が大崎の後援会を設立し、同会の世話人にもなっている。大崎が溝呂《みぞろ》木《ぎ》光治《みつはる》と創刊した将棋雑誌『新棋戦』もダイヤモンド社が発行を受け持っていた。溝呂木とはその後、石山は共著で『将棋此の一手』（一九三五年）も刊行し、溝呂木の愛弟子が病気のため棋士を断念した際にはダイヤモンド社へ招き入れている（『将棋世界』一九三七年一二月号：35）。大崎と溝呂木による協力のもとで石山は当時自ら将棋イベントも主宰しており、一九二六年五月には藤原をはじめ、北海道炭鉱鉄道の経営者であり政治家でもあった井上角五郎や、白木屋の石渡泰三郎など慶應出身の財界著名人を招いた「小将棋会」を催していた（『実業』一九二六年六月号：75）。博文館の大橋新太郎も「大橋八段の将棋会が催されると、必ず出席する」と石山は述べるなど（石山⑥：368）、大崎の将棋会が石山と大橋の接点の一つとなったと考えられる。

将棋界でも「頼めば米搗《こめつ》きにでも」

一八八四年生まれで石山と同年代の大崎熊雄は、日露戦争に従軍し、戦場での負傷によって右手の自由を失い将棋界入りした、異色の経歴を持つ棋士であった。石山が将棋界へと直接関与することとなったのも、大崎の八段昇段について後援会の世話人として働きかけたことからであった。

将棋界では当時、八段が段位としての最高位に位置付けられていたが、中島富治《とみじ》によると「大崎を八段にしたいと言う大崎会の希望に副つて石山賢吉氏が横車を押したもの」という（『将棋世界』一九五三年一〇月号：36）。中島は、当時土居市太郎八段の後援者として将棋界にも関与し内情に通じていた。石山が「横車を押した」といわれるほどに、大崎の八段昇格をめぐっては当時将棋界で紛糾した。名人の位が世襲制だった時代、八段は準名人ともされる地位にあり、当時の八段は関西の坂田三吉と、関東の土居市太郎の二人のみであった。後年、土居はこの昇段問題が「某有力者」から届いた招待状がきっかけであったと振り返る。

「大正十四年三月のある日、東京銀座の交詢社会員の某有力者から一通の正式の招待状が拙宅へ来た。内容は一コン差上げたいから上野精養軒へご足労願いたいとの文意である。

棋界は大分盛んにはなったが、まだまだ棋士の生活力は微々で、はずかしながら、精養軒のごとき高等料理店への出入りは縁が遠い。某有力者は大崎君の唯一の後援者であり、棋道熱心家だから筆者もたまには面会することもあるが親しく交際はしていなかった。

どのような意味のご馳走か、二、三の棋士に聞いたが要領を得ない。不審ながらも当日は意気揚々と出席してみると、関根名人を始め高段者十五、六名出席していた。主人側は交詢社の将棋部の幹部三、四名と記憶する。心にかかりながら早速ご馳走にあづかったが、西洋料理のことだから簡単に終った。

さて、ご馳走後、幹事のあいさつが大変だ。

今回わざわざご足労を願ったのは、わが大崎後援会は、大崎、金の両七段を八段に推選したいから、各位のご承諾を願いたいとのこと。」（土居：20）

名指しこそされていないものの、土居の説明から会合を主催した「某有力者」が石山であることは明らかである。「高級料理店」目的に参加したと率直に述べている土居も、「これには筆者も驚くと同時に不快に感じた」と吐露している。大崎の成績は、八段の昇段規定に達しておらず、かつ従来の「八段昇格は非常に厳格で」、土居自身も八段昇格時には「反対されて一時苦境に陥った」過去を持つがゆえであった。

「八段のごとき権威ある段位を、一部の素人棋客の推選で左右されるごときは棋界の不見識は申すまでもなく、段位そのものの権威を損ず、よろしく規定に基き専門家団体の一致推選が当然で、それでこそ、段位そのものに充分資格が具備する道理であろう。」（同：21）

当時の将棋界は、近代化の過渡期にあって、統括組織も乱立していた。大崎の東京将棋研究会、土居の東京将棋同盟社、関根金次郎名人の東京将棋倶楽部といった三派に分離していたなかで、石山は大崎を八段に昇格させるにあたって、関根門下の金易二郎《こんやすじろう》の昇段も提案していた。「金を道づれにした処が巧妙であつた」と土居の後援をしていた中島が述べるように（中島 1953：36）、関派の代表格も併せて昇段させることによって、東京将棋倶楽部の同意も取り付けようとしたのである。こうした魂胆が透けて見える昇段推薦に、土居自身は猛反発していた。

「大崎会が今回両君推薦の動機はなはだ不愉快でもあり、不純でもある。内容は大崎君だけの昇段を望むところであろうが、大崎君だけでは反対者が多く、東京将棋連盟通過は到底望めない。よって金君を道連れに誘ったので、そのみえすいた小策には驚きいった」（土居：21）。

結局、土居は『報知新聞』の副社長太田正孝から説得を受けて妥協し、昇段を認めている。土居が「大崎会の幹部」の一人であった安田與四郎とも「無二の親友」であった点も見逃せない。早稲田出身の安田は、『やまと新聞』の経済部長理事を務めた経験も持ち（サンデー社編：174）、経済理論に通じた新聞雑誌記者として、一九二三年にダイヤモンド社へ入社していた。石山によると、安田は社内でも石山や相沢と並ぶ将棋愛好家で、特に「専門棋士に友人が多く将棋界の為に相当尽した」と述べている（『ダイヤモンド』一九三九年九月二一日号：49）。同僚の力も借りて、石山は大崎の昇段を半年の一九二四年九月に実現している。

図 4-6　土居市太郎（『将棋大全集 第四』）

大崎昇段の伏線となったのは、一九二三年に開かれた『報知新聞』主催の三派合同棋戦であるが、この新聞棋戦もまた溝呂木によると「石山賢吉氏の提案に基いて」行われたものであった（石山⑩：377）。大崎の連勝によって「大崎氏に昇段問題が起る前提になり」、「将棋聯盟が出来る最初の機縁になつた」（377f）という。実際、一九二四年の大崎昇段に際して東京将棋連盟を設立し、各派の合同を促すためにそれぞれの代表棋士が八段に昇格した（山本 1980：260）。具体的には大崎と金の昇段後、木見《きみ》金治郎、花田長太郎も合わせて四人立て続けに八段棋士が誕生したのである。

だが一連の昇格は波紋を呼び、土居が「いささかの乱造のそしり免がれざるも」と回想するように当時、「八段乱造」として批判された（土居：23）。特に、こうした動きに反発したのは関西の坂田三吉であった。坂田の後援者たちは、当時世襲制だった名人の制度に背く形で一九二五年三月に坂田を「名人」に推薦し、坂田自身も「名人」を名乗ったことで一時将棋連盟と対立した。八段昇格問題の張本人でもある大崎熊雄は、石山が坂田に同情していた様子を回想している。

「当時私は坂田氏とは親しく又関根門下の金君の如きも相当深い交りがあつた。また聯盟の世話をしてゐる石山賢吉氏の如きも支社が大阪にある関係上、坂田氏との交りもあり、何れも氏の気持には同情しながら遂に問題が決裂したのは余りにも推薦者の言ひ分が筋の通らぬものであつたからである。」（『将棋月報』一九三六年八月：9）

その後、東京将棋連盟は、一九二七年に日本将棋連盟へと改称した。土居が会長となり、大崎は金とともに副会長となったが、石山も中島らとともに顧問の座に就いている（土居：23）。

顧問として、一九三〇年代には世襲制だった名人の位を実力制へと変革する際にも、石山は中島や菊池寛とともにその調整役を担っている（山本 1980：265）。実力制への転換に対する反発として、日本将棋連盟を脱退する棋士も出るなど再び騒動に発展するが、石山は藤原や菊池寛とともに相談役として対応に当たった（『政界往来』一九三六年一月号：185）。

将棋界での世話人としての石山について、講談社の萱原宏一は「翁は専門棋士ではないが、棋界に古い因縁交渉を持つており、棋界の大先達大恩人である。その意味で翁の如きは棋士以上の棋士とも言うべき存在」であったと振り返っている（萱原：18）。先に触れた『富士』（一九五二年二月）の「腕自慢素人将棋指し告知板」でも、「石山さんは越後の生れである。頼まれたら米搗きにでもという諺《ことわざ》があるが、その故か事将棋に関する限り、何んでも万障差繰《さしく》つて世話してくれる」ほど、「将棋界の興隆発展に尽力した功労」者として紹介されている（30）。

『ダイヤモンド』の「鉄仮面子」

石山は「将棋の事を書くのも好きだ。この方は、本物の将棋より幾分素質がよいようだ。観戦記なら三段をやる――などとよく冗談を云われる」とも述べている（石山㊴：序）。共同印刷争議に関わった一年後、石山は会社評論のみならず、将棋観戦記事も手掛けるようになっていた。

『読売新聞』（一九二七年一月一八日朝刊）には、「東西将棋八段優勝手合」が掲載されている。木村義雄と木見金治郎という当時の将棋界最高位にあたる八段を有する実力者同士の対局を、『読売新聞』は「東西八段争覇戦」として企画・主催し、「将棋界空前の壮挙たる」棋戦として紙面上で大々的に取り上げた。

そのなかで石山は鉄仮面子というペンネームで、この対局についての観戦記を以降一五回にわたって連載している。「菊池寛氏の観戦記は明日紙上より」との文言も見られるように、文芸界きっての将棋好きと知られる菊池寛も動員するなど、『読売新聞』にとっては一大イベントであった。

折しも将棋のメディアイベント化が始まった時期でもあった。ここでいうメディアイベントとは、明治末期以降の大衆化する新聞において採用された戦略である。高校野球などの各種スポーツ大会をはじめとして、自然に発生した出来事を報じるのではなく、メディア企業自体が人々の興味を惹くような出来事を企画し、自社独占ニュースとして報じた。先に触れた一九三〇年代の実力名人制への移行にあたっての将棋界の分裂騒動も『政界往来』（一九三六年一月号）で次のように評されたように、棋戦のあり方が新聞社の利害によって成り立つメディアイベント的な要素をいかに備えていたかが見て取れる。

「碁将棋がそのスポーツ的興味から、ジャーナリズムに踊る街頭の人気者として棋客もまた一つの花形だ。だからこの騒動もその楽屋裏を覗けば全くジャーナリズムの朝日、東日の二大勢力の競り合ひでしかない。動いた棋士も、このジャーナリズムといふ巨大な指し手に踊らされた盤上の桂馬、香車或ひは歩等々の駒に過ぎなかつた。東日・大毎の名人決定戦独占に対して立ち遅れた朝日の打つた芝居だとも云はれてゐる。」(185)

一九二〇年代当時、躍進する『朝日新聞』と『毎日新聞』の後塵を拝していた『読売新聞』は、新た

将棋界の争覇戦
東西八段大試合始まる
第一回木村木見兩八段が必死を期し
きのふ本社樓上に對局
對戰評釋 新鋭と老巧（一）
鐵假面子
菊池寛氏の観戦記は明日の紙上より

図 4-7 「鉄仮面子」としての将棋観戦記の寄稿（『読売新聞』1927年1月18日朝刊）

に社長へと就任した正力松太郎による紙面改革が行われた。学生野球に対抗して企画された「日米野球対抗戦」などのメディアイベントの一環として開始されたのが、新聞社主催の将棋大会としての「新聞棋戦」である。石山も「正力氏は、紙面の大衆化を志し、囲碁・将棋に力を入れた」（石山55：175）と述べている。執行治《しぎょうち》平《へい》が検証しているように、新聞社と提携して将棋界が展開していった当時の棋戦事業は、読者に参加感覚を抱かせる「メディアイベント」としての特徴を有していた（執行：172f）。観客の視点を意識した、いわば「観る将棋」の誕生である。先に触れた石山の提案によって一九二三年に行われた『報知新聞』での三派合同棋戦も将棋のメディアイベント化の一環として位置付けられる。

「観る将棋」としての新聞棋戦を報じるにあたって、各紙は有名文筆家の起用とともに、観戦記者の発掘も行った。『読売新聞』の菅谷北斗星や、『毎日新聞』の倉島竹二郎などの専門記者が登場するなかで、石山も将棋記者の草分け的存在として、新聞紙面に観戦記を担当した。『読売新聞』には、石山のみならず、相沢周介や安田與四郎といった『ダイヤモンド』の記者たちも将棋観戦記を寄稿していた（『朝日年鑑　昭和九年』：691）。石山とともに将棋界の顧問役を務めた中島富治は、『将棋日本』（一九三九年一月号）での回想記事「思ひ出」において、石山をはじめとしたダイヤモンド社関係者たちが観戦記者の草分け的存在であったと評している。

「このリーグ戦から近頃の観戦記がはじまつたと言つて差支へはあるまい。即ちダイヤモンド社の「三人衆」、石山賢吉、安田與四郎、相澤周介の三老が麗筆を競つてこの大棋戦を叙述し、錦上に花を添へたのであつた。再び之れに味を占めた読売が、之れを継続すべく名文の士を求めて得たのが今の北斗星菅谷要君である。菅谷君は当時大崎八段の助手として棋譜解説や棋書発刊を共にして居た棋界未知の人であつたが、大崎君の推挙に依り読売に入り今日あるのである。」(3)

将棋を愛好する雑誌経営者であれば、それこそ博文館の大橋新太郎のように他にもいたが、石山の場合、雑誌経営者でありながら同時に記者でもあり、それを自らのアイデンティティとした。将棋記者としても積極的に筆をふるい、その過程で観戦記のスタイルにも試行錯誤していたと石山はいう。

「私は、観戦記が、おもしろく読まれることに眼目をおいた。そこで将棋の解説ばかりを書かなかった。解説を半分、周囲の光景や挿話のようなものを半分書いた。それが大衆眼目の編集方針と一致し、内外ともに好評であった。」(石山㊻:176)

石山の観戦記は好評を博し、『毎夕新聞』時代に対立し、石山を諭旨退職した小野瀬不二人が奇しくも当時『読売新聞』の編集顧問を務めており、観戦記の礼に来たとも石山は述べている。実際、石山の観戦記は将棋界でも好評だったようで、『将棋日本』一九三七年一一月号では、『大阪毎日』に掲載された名人戦の観戦記について「流石に柔かい渋ひ筆、すら〳〵と書いて自然に最近の将棋の進歩を教ふるあたりは一寸真似手のないうまさである。忙しかろうが今一二局願ひたいものである」(33)、「観戦記は珍しや石山賢吉氏筆を執りその軽妙流文の名筆にこの豪華戦の花を添へ読者を堪能《たんのう》せしめた」(43)と絶賛されている。

とはいえ、観戦記において将棋の解説だけでなく、盤上の周囲に着目する視座は必ずしも石山独自のものとはいえない。『毎日新聞』の倉島竹二郎は、『三田文学』出身者として文学的表現による描写を特徴としたが、とりわけ盤面以外の要素として「将棋めし」に着眼した観戦記者として注目された（小笠原 2019：8）。「観る将棋」を受容する読者層の開拓とともに、観戦記スタイルの模索も行われていたのである。

観戦記者としての石山の特徴は「素人らしさ」を強調した点にあった。後年、将棋雑誌『将棋評論』（一九四七年五・六月号）に掲載された「観戦記者の点描」では、観戦記者・石山賢吉を批評している。

「石山さんは旦那である。経済出版界のオーソリテイーダイヤモンド社の社長で何不足ない御身分、失礼ながら原稿料などアテにされる方ではないが、そこが道楽、よくも毎日の紙面に穴をあけずセッスセと原稿を書いてゐる。

彼の狙ひは「素人らしさ」を標榜した点にある。素人らしいひたむきな盤上の詮索《せんさく》、わざと専門家に笑はれるような質問をするところに新らしさがある。北斗星が「私達」の複数に隠れ済して専門家らしい批評を書くのとは好個の対照だ。しかし、石さんの素人らしさも名人の講釈に食つてかゝり、それを材料にして毎日取組んでいるところは少しオクビを催す。観戦記でなくて講評記である。」(19)

石山が将棋記者としてデビューした「東西八段戦」にて、折しも対局者の一人であった棋士・木村義雄は、石山にとって終生の盟友となる。後述するように戦後、石山が国政選挙へ出馬した際には、石山の地元新潟へ応援演説に駆け付けるほどの間柄であった。木村は、家元制から実力制に改められた一九三七年に初めての名人となるほどのトップ棋士でありながら、一九二四年に『報知新聞』へ嘱託記者として入社し、一九四二年まで観戦記を担当している。棋士と記者の二足の草鞋《わらじ》を履いた、いわば「メディア棋士」であったが、話芸にも長け、『報知新聞』入社時には「将棋講演会」も催された。その弁論術でもって石山の選挙戦を支えることとなる。

「木村義雄君が、棋士として、当代随一の名手になつたのは、其の境遇に負ふ処が少くない。木村君は、私同様貧家に生れた。寧ろ其の程度は私よりひどかつたらしい」（石山⑫：14）と石山が評するように、石山が木村と意気投合したのもまた苦労人としてのシンパシーによる部分が少なくない。

武藤山治の聞き役

石山は一九三二年、『時事新報』の監査役に就任している。一九三二年というのは、武藤山治が『時事新報』の経営者となった時期である。

鐘紡を築いた慶應派閥の大物財界人として知られる武藤は、三期務めた衆議院議員を辞め、当時低迷していた『時事新報』の再建に乗り出していた。その意味で武藤もまたメディア議員といえる。ただメディア議員は一般的にメディア業界での経験をもとに政界へと進出するが、武藤の場合は順序が逆で議員を経て新聞経営者となった。

硬直した二大政党制を打破すべく武藤は第三党の必要性を訴え、自ら「実業同志会」（その後「国民同志会」へと改名）を組織し政界進出を図った。しかし国民からの十分な理解を得られなかったとして、政治家としての限界に直面した結果、直接的に国民を指導すべく新聞経営者へと転じたのであった。当時、『中央公論』（一九三二年三月号）に寄稿した「立候補を中止した私の心境」にて、「私は今や議会の戦場より一歩退きたりと雖《いえど》も、我国民に政治経済を最も理解し易き方法に依つて教へることに微力を注ぎ」（286）と武藤は綴っている。その後、『時事新報』社長の座に就いてからも、武藤は『通俗実経済の話』（一九三四年）において、「政治と経済と道徳とは互ひに因果関係を持つてゐる」として、「実業家の中には金儲けが吾々の本務である。政治などの如き損のゆく仕事に手出しするは、馬鹿の骨頂位に思つてゐる者が多いが、政治が悪くなると世の中の秩序が乱れて、いくら金を蓄めても何にもならない」（6）と語っている。

「金儲け」が本務である実務家にとっても政治の「仕事」は重要だとする武藤の主張は、実務家として自らの「金儲け」に余裕が出てくると政治経済の領域での「仕事」を行うようになる石山のその後を示唆していよう。『ダイヤモンド』（一九三三年二月一一日号）には「時事新報は立直るか」と題して、武藤の社長就任による『時事新報』の改革を肯定的に報じている。

図 4-8　武藤山治（『武藤山治全集 第一巻』）

「長らく営業不振に悩んでゐた時事新報は、昨年四月、曾て鐘紡の経営者として知られた武藤氏の出馬以来、社業伸張のため各方面に改革を行つてゐる。先づ第一に社内の人事整理を断行し、重役団の改造を行つた。その他編輯の改善、販売の改善等相当見るべきものがあり、甦生の意気が

窺はれる。」(89)

すでに『ダイヤモンド』(一九三二年一一月一日号)の「同人消息」欄で、石山の監査役就任は報じられており(217)、身内という立場であるがゆえの肯定的記事とも考えられる。石山自身も『サラリーマン』(一九三二年九月号)にて「新聞界の不動様・武藤山治氏の印象」を記すなど、『時事新報』入りする前後より武藤と『時事新報』の話題を積極的に扱っていた。

武藤は、石山とは『三田商業界』時代から二〇年以上の付き合いがあり、『ダイヤモンド』創刊後も初期から誌面にたびたび登場していた。とりわけ『ダイヤモンド』一九一九年八月一日号に寄稿した「吾国労働問題解決法」は、吉野作造が『中央公論』同年九月号にて「資本家の労働問題観」として取り上げて批判したことで、武藤も同年九月二一日号「吉野博士に答ふ」と応戦するなど、誌上論争に発展した。『軍人優遇論』(一九二〇年)、『政治一新論』(一九二一年)、『思ふまゝ』(一九三三年)といった武藤の著書三冊もダイヤモンド社より刊行されている。そのなかで『政治一新論』は、第三党の必要性を訴えた武藤の政策綱領ともいうべき著書であり、自らの政策理念を主張する際は同書に度々言及している。

武藤が『時事新報』の経営を担っていた時期に刊行された『思ふまゝ』も、『時事新報』での武藤の連載記事を書籍化したもので、『時事新報』の社長室における武藤の姿を扉写真に掲載するなど、武藤による『時事新報』の改革を強調している。

石山も武藤の経営手腕を繰り返し饒舌に語っている。「私は、武藤氏が時事新報の経営を引受けると、

図 4-9　『時事新報』時代の武藤山治（『思ふまゝ』1933 年）

氏に頼まれて手伝ひに行く事にした。手伝ひと云つても自分の雑誌を経営しての傍らだから、一週に一二度行く位の程度に過ぎなかつた」（石山⑨：88）として、石山は監査役として『時事新報』へと足を運んだ時の様子を謙遜も交えて述べていた。

「行つても別段仕事はない。武藤氏の話相手になるのが、仕事のやうなものであつた。武藤氏は、私が行くと、種々時事新報の改革談をする。私が、それを感服して聴く。武藤氏は益々弁ずる。私が益々感服する。武藤氏は、談じて倦くなきが如く、それが三十分も一時間も続くのであつた」（『経済マガジン』一九三八年三月号：133）

武藤の話相手を務めるうちに、石山自身はとうとう「耳学問」や「世間大学」と評すようになる。「私は最初、御言葉に従つて手伝ひに来ました。処が、近頃は手伝ひでなくて学問に来て居ます。あなたの時事新報の改革振りは、私に取つては活きた学校です」と述べるように、独学を信条とした石山にとって武藤の話は格好の教材だったようである（石山⑨：90）。

注目すべきは、石山が武藤に対して政治家および実務家、それぞれの側面から評していた点にある。『仕事の妙味』（一九三六年）において石山は「故武藤山治氏は、政治家としては落第であつた。然し、其の落第は、毫《ごう》も武藤氏の偉大さを傷けなかつた。それは、武藤氏が事業家として定評ある人であつたからである」(58f) としたうえで、石山の政治家論が提起される。

「武藤氏の如く、あれだけ事業に成功した人が、何故に政治家として失敗したか。後学の為め、是れは一応研究して見る必要があると思ふ。

武藤氏が政治家として不評判であつた原因を尋ねて見ると、曰く抱擁力が足りない。小さな事を矢《や》釜《かま》しく云ふ、大事小事の区別がない——と云ふような事が其の要点であつた。然し、斯う云ふような事は、事業経営には皆な大切な事である。

小さな事を矢釜しく云ふと云へば、如何にも其の人が度量の狭いように聞こへるが、事業家が小さな事を矢釜しく云ふのは、注意綿密の結果であつて、其処まで心を配ばらないと事業の成績が挙らないのである。」(59)

石山は、実業家には細部に目を配ることが求められるが、政治家に必要な要素はむしろ相反するものであると述べる。

「処《ところ》が、政治家になると、其の頭梁《とうりょう》株は大部分親分的である。随分ひどい人物でも其の傘下に集めて置く。そして、其の行動を咎めもせずに、云ふだけ金を呉れてやる。実に度量の広いものである。斯う云ふ人が事業をやれば、必ず失敗する。然し、政治家としては、赫々《かくかく》の名を馳せ、一党の総裁にも成り得る。武藤氏が政治家として失敗したのは、事業家たる武藤氏の名誉とすべき事であつた。」(66f)

石山が政治家として「失敗」した武藤を立てるために、実業家として性分を評価しようとしたようにも読める。武藤自身は実業家にとっての政治活動の重要性を主張していたが、石山が唱えた実務家と政治家の相反する性格は、その後実業家としては名声を得ながら政治家として挫折する石山自身の将来についての予言ともなった。

報知と時事の「交換台」

武藤時代の『時事新報』において、最も耳目を集めたのは「番町会を暴く」である。番町会と呼ばれた郷誠之助《ごうせいのすけ》を中心とした財界人グループの関係者たちが、政府高官に働きかけ、台湾銀行より帝人株を不正に取得しているのではないかと、贈収賄疑惑を告発する内容の連載記事であった。同連載は、一九三四年の帝人事件の発端ともなった。番町会の主要メンバーで、当時商工大臣を務めていた中島久万吉《くまきち》が追及を受け、大臣を辞任し、当時の斎藤内閣も退陣にまで追い込まれている。さらに贈収賄の疑いで中島をはじめ、政治家や財界人など一六名が逮捕・起訴されるなど、政財界を揺るがす一大疑獄事件へと発展した。その後の裁判では全員が無罪となり、帝人事件は司法ファッショによる政権転覆を狙った捏造《ねつぞう》であったという見解が現在では定説となっている。

「番町会を暴く」と武藤山治の関係については、白戸健一郎「普通選挙体制下のメディア政治家――政党政治と「世論」政治」に詳しい。白戸は、『時事新報』出身の議員が経済界とのつながりを持つことに着目し、「ジャーナリストとしての専門職業観を重視せず、実業家の経営感覚で新聞社を経営するとき、商業主義的色彩を強めるが、商業主義ゆえの客観性よりもセンセーショナリズムによる短期的な効果を求める」と指摘する（253）。その象徴的な事例こそ、武藤山治時代の『時事新報』において展開された「番町会を暴く」という疑獄告発キャンペーンであった。

同連載は『時事新報』の記者であった和田日出吉が担当したものであるが、「大森山人」の名で記され、当時その素性は明らかにされなかった。そのため、『時事新報』監査役の地位にあり、財界にも通じた石山が記しているのではないかと噂された。『文藝春秋』一九三四年三月号に掲載された「記者生活の危機」では、石山担当説を憶測として否定している。

「「番町会を暴く」の筆者大森山人とはダイヤモンドの石山賢吉氏、又は経済知識の後藤登喜男氏だらうとの臆説が信じられてゐるが、これは時事の記者諸君に対するぶじよくで、石山、後藤の諸氏を煩はさなくとも時事には人がゐる。殊に、あの問題は台銀の内部や旧鈴木系から、材料を撒布してゐるから、材料には困らない筈である。」（101）

石山自身、当時、番町会トップの郷誠之助から直々に会見を申し込まれている。「大森山人」を石山だと思い込んでいたという郷からの直談判であった。「書かれるのは、勿論、新聞社の自由だが、事実に誤解がないように……」という郷に対して、石山は自らが記事の担当ではないことを強調したという（石山⑳：46）。そうした経緯もあり、石山自身も「憶測」を気にかけていたようで、『ダイヤモンド』（一九三四年二月一一日号）にて、「謹告」を掲示してまで同連載との無関係を主張している。

「時事新報所載『番町会を暴く』の記事に対し、小生が干与し居るやの風説あり、それに就て懇切なる注意を寄せらるゝ向多々あるも、小生は該記事に就ては時事新報社と所見を異にし、執筆は勿論其の取材に就ても何等関係せず、此点時事新報社と小生とは全く別箇のものに付大方の諒承を得たし、茲に小生の立場を明かにし、注意を寄せられたる方々の御厚意を拝謝す。」(26)

「時事新報社と所見を異にし」という言葉通り、石山はその後の帝人事件をめぐる裁判においても、被告側の証人の一人として出廷している（河合：117）。郷誠之助は一九三八年に創刊二五周年を迎えた『ダイヤモンド』（一九三八年五月一日号）において小林一三とともに祝辞を寄せており、「石山賢吉君は、私とは多年親交の間柄である」と綴っている（92）。

「番町会を暴く」の連載中、武藤は一九三四年三月、鎌倉の自宅前で凶弾に倒れる。『ダイヤモンド』では「武藤山治氏を悼む」（一九三四年三月二一日号）、さらに石山による「武藤山治氏の思出」（一九三四年四月一日号・四月一一日号）が二週にわたって掲載され、武藤の訃報が大々的に報じられた。石山は

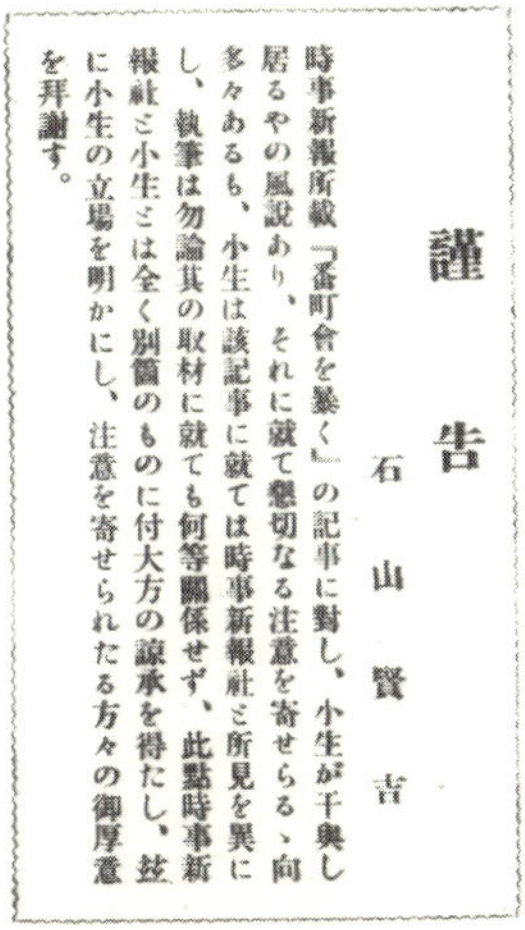
謹告

石山賢吉

時事新報所載「番町會を暴く」の記事に對し、小生が干與し居るやの風説あり、それに就て懇切なる注意を寄せらるゝ向多々あるも、小生は該記事に就ては時事新報社と所見を異にし、執筆は勿論其の取材に就ても何等關係せず、此點時事新報社と小生とは全く別箇のものに付大方の諒承を得たし、茲に小生の立場を明かにし、注意を寄せられたる方々の御厚意を拝謝す。

図 4-10 「番町会を暴く」とは無関係であることを示す「謹告」（『ダイヤモンド』1934 年 2 月 11 日号）

『文藝春秋』（一九三四年四月号）にも武藤の追悼文「財界人としての武藤山治氏」を寄せるなど、武藤と関係の深い人物と見られていた。

武藤が殺害された際に、白柳秀湖は鎌倉警察署から事情聴取を受けている。白柳によると警察は、「大森山人」が白柳ではないかと疑っていたという。白柳は「武藤山治氏の智恵袋で僕と同じ大井

武藤山治氏を悼む

図 4-11 「武藤山治氏を悼む」（『ダイヤモンド』1934 年 3 月 21 日号）

町に住んで居る旧友石山賢吉君も居る」と、石山を頼りにしようと考えていたと綴っている（白柳 1934：473）。「番町会を暴く」をめぐる騒動において、外部からは担当者ではないかと疑われ、身内からは証人として信頼されるなど、石山は武藤との密接な関係性ゆえに微妙な立場に置かれていた。

武藤との関係性は単に個人的な交流にとどまらず、その先に新聞との連携を取り付けることにもつながった。『時事新報』と『ダイヤモンド』の接点は、当時野間清治が社長に就任していた『報知新聞』も交えて出版界でも指摘されていた。

「時事の武藤、報知の野間両氏が会見したといふので東朝、東日は頭脳を痛んでゐるが、時事には新重役となつた石山賢吉氏、報知には広告部長皆川省三氏がある。石山、皆川両氏はダイヤモンド社の双璧、報知と時事はダイヤモンド社を交換台としてつながれてゐるとも言へやう。」（S・V・C「新聞紙匿名月評」『文藝春秋』一九三二年一一月号：147）

「交換台」というように、ダイヤモンド社は大手新聞社をつなぐハブとしての役割を担っていた。石山とともに名前が挙げられている皆川は、ここまでも触れてきたように『ダイヤモンド』創刊まもない一九一四年に入社した古参社員で、一時石山が買収した名古屋の夕刊紙の編集にも携わっていたが、実は一九三〇年に野間の秘書となった契機は、共同印刷争議であった。先述のように、野間が石山と皆川に調停役を依頼し、以降懇意の間柄となっていた。ダイヤモンド社の古参社員であった阿部留太は、皆川が「野間社長の懇望により、社長秘書を兼ねてブレーントラストとなつて活躍した」と述べている（『ダイヤモンド』一九四〇年一〇月一一日号：64）。野間の『報知新聞』買収と皆川の秘書就任については、当時の『印刷雑誌』（一九三〇年七月号）でも詳細に伝えられている。

「報知新聞は最近経営上に難関多く、従つて大隈社長退き、新たに財力豊かなる新社長を迎ふる事態となり、相談役三木善八氏と講談社長野間清治氏との間に折衝が行はれつゝあつたが、遂に本月初めに至りその実現を見た。即ち野間氏が社長に就任すると共に、同社の寺田義賢氏は副社長に赤石喜平氏は監査役に就任、尚ほダイヤモンド社の皆川省三氏は野間社長秘書として入社するに至つた。従つて報知の経営には多大の変化を見ることと予期されたが、果然《かぜん》先づ週刊附録としてグラビア画報を発行することとなり、その印刷は既に共同印刷に依託された。」（67）

武藤が『時事新報』の社長に就いた一九三二年には、皆川は『報知新聞』の広告部長に就任している（『日本新聞年鑑　昭和八年』：130）。講談社に在籍していた萱原宏一が、野間の指示により石山のもとへ盛んに原稿依頼で通うようになった時期とも重なり、共同印刷争議以来、野間と懇意になった石山は野間邸で将棋会を催している（野間左衛追悼録編纂会編：15）。石山にとって武藤、野間との交流は、『ダイヤモンド』にとっても『時事新報』および『報知新聞』といった有力新聞社との連携を意味するもので

図4–12　皆川省三（『出版年鑑 昭和一六年版』）

あった。

『報知新聞』と講談社の実務的な関係については、『実業之世界』（一九三五年三月号）での「太平洋横断飛行の失敗に猫ババをキメ込む 報知新聞の八面的解剖」においても取り上げられている。

「広告部は講談社との広告関係からも非常に重大なので、逸早く野間が手中に握り、子飼の秘書だつた皆川省三をまもなく広告部の部長の椅子につかせ、講談社の広告を臨機応変に、要領よくやらせる事になつたのだから、講談社の広告は相当有利になつた事はうなづける。」（58f）

野間が一九三八年に亡くなる間際に皆川も病気を理由に報知新聞を退き、ダイヤモンド社へ復帰しているが、皆川自身も一九四〇年にこの世を去った。『報知新聞』はその後、野間の後任となった頼母木《たのもぎ》桂吉《けいきち》が翌年の一九三九年に東京市長に選ばれたことで、三木武吉《ぶきち》が社長に就任している（赤上：231）。

実業界での監査役

『時事新報』の監査役に就任した同じ時期に、『官報』（一九三二年一二月九日）には、新たに設立された「東京宝塚劇場」の監査役として石山の名が記載されている。

東京宝塚劇場は、その名の通り関西で覇権を握っていた阪急グループの小林一三が設立した演劇・映画会社であり、その特色として「阪急宝塚の関東へ進出したもの」とみられていた（玉塚商店編：301）。

小林は一九二七年より東京電燈の副社長を務めており、すでに関東進出の足場を築いていた。その関係で取得した日比谷の土地に小林は一九三四年に東京宝塚劇場および日比谷映画劇場を建設している。『実業之世界』（一九三三年一二月号）では「新装なれる二大劇場」と取り上げられるなど、経済界でも宝塚の関東進出は大きな関心を集めていた。

石山にとって小林は、第二章でも触れたように『ダイヤモンド』創刊以来の援助者であった。『小林一三翁の追想』にて石山は「大阪へ行くと、誰よりも先に、私は、小林さんを訪ねた」として、「経済界や会社経営の話を聞き、かつ、大阪の名士に紹介して貰うのであった」と回想している（57f）。一九一八年におけるダイヤモンド社の内幸町への社屋移転も、小林の助言がきっかけであった。石山と小林との交流は、小林が一九五七年に死去するまで続き、全七巻にわたる『小林一三全集』もダイヤモンド社から刊行され、石山は自ら編集主任を務めた。一九三三年に東京宝塚劇場へ入社し、小林のもとでも働いた三神良三《みかみりょうぞう》によると、「石山は雑誌記者のなかでは一番小林に気に入られていた」という（伊藤：168）。

こうした関係性ゆえに、東京宝塚劇場における石山の監査役への就任も「小林氏の友人」によるものとみられていた（静木：26）。石山が演劇の愛好者であったことも幾分影響していただろう。石山自身、東京宝塚劇場の機関誌『東宝』においても演劇評を一九三五年から一九三六年にかけて定期的に寄稿している。

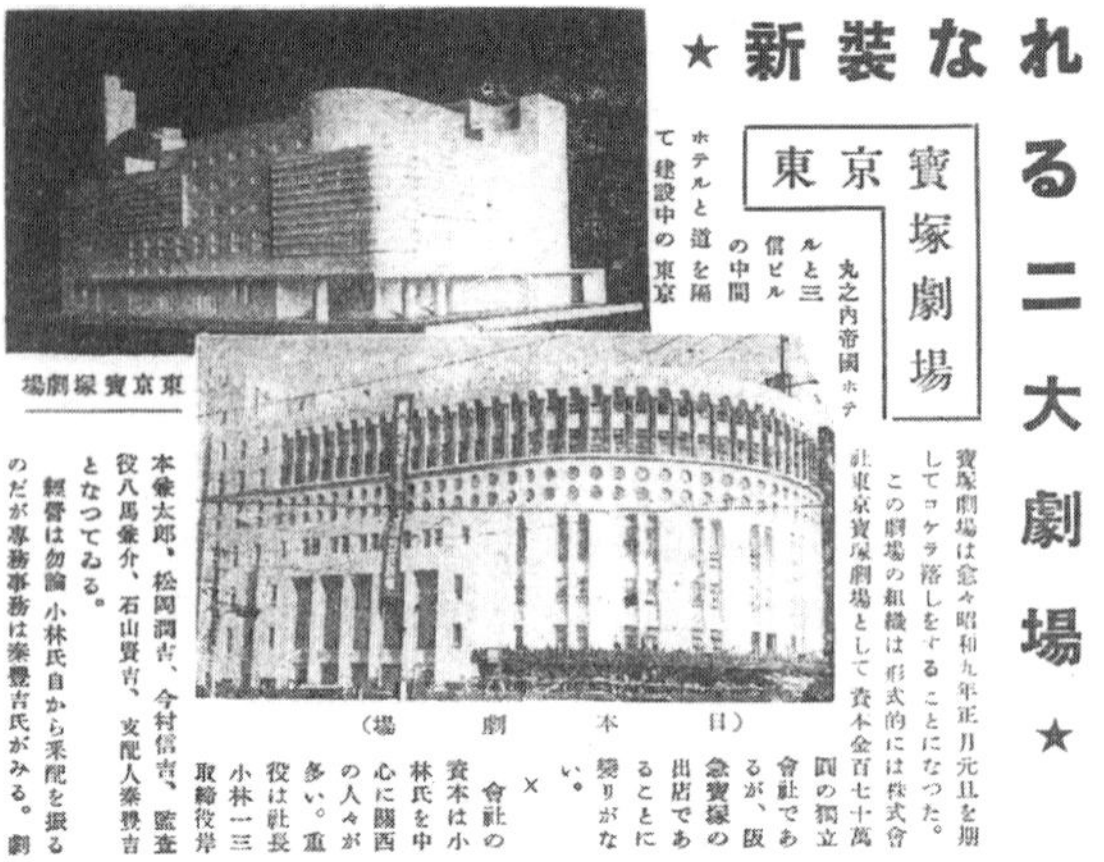

★新装なれる二大劇場★

東京寶塚劇場

丸之内帝國ホテルと三信ビルの中間

ホテルと道を隔て建設中の東京

寶塚劇場は愈々昭和九年正月元旦を期してコケラ落しをすることになつた。

この劇場の組織は形式的には株式會社東京寶塚劇場として資本金百七十萬圓の獨立會社であるが、阪急寶塚の出店であることに變りがない。

×

會社の資本は小林氏を中心に關西の人々が多い。重役は社長小林一三取締役岸本兼太郎、松岡潤吉、今村信吉、監査役八馬兼介、石山賢吉、支配人秦豐吉となつてゐる。

經營は勿論小林氏自から釆配を振るのだが專務事務は秦豐吉氏がみる。劇

（日本劇場）

東京寶塚劇場

図 4-13 「東京宝塚劇場 新装なれる二大劇場」（『実業之世界』1933 年 12 月号）

一方で小林は東京電燈副社長の就任後から『ダイヤモンド』でも、「独占は事実である」（一九二九年四月一五日臨時増刊号）、「産業調査協会設立に当つて」（一九三〇年一一月一日号）など誌面に登場するようになる。

特に東京宝塚劇場の設立時には、「私の画く大劇場街と国民劇の将来」（一九三四年二月二一日号）と題した座談会が掲載された。七頁にわたるこの座談会では、石山を筆頭にダイヤモンド社の記者が聞き手となり、小林の口から直に宝塚東京進出の意図が語られている。

関西に比して東京では「娯楽中心の場所は浅草しかない」という小林は、「而も此の浅草はどうかと言へば、余りに下等である。と言ふと語弊があるが少し低級過ぎて、相当の家庭の人、相当の教養のある人には浅草は食ひ足りない。そこで私は、東京の何処か適当の場所を選び、其処に一つ、比較的高尚な娯楽地帯を作るといふことは、之からの世の中では必要な事業ではないだらうか、それには何処がよからうかといふ事を、多年考へてゐたのです」と述べている（140）。当時の東京が「低級」だったかどうかは置くとして、大劇場建設の理念が『ダイヤモンド』の誌面を通して大々的に

宣伝された。

小林が石山に絶大な信頼を置いていたことを象徴する例として、『経済往来』主幹の下村亮一は石山が小林の金庫番を務めていたことを明かしている。

「昔、小林一三が面白いことをいっていた。「君、女にもてるような奴を社長にしては駄目だよ」とよくいうのである。その意味は、女にもてるようでは身がもてなくて、ついには会社をつぶしてしまう。芸者遊びが過ぎるということだろう。こんな人だからすべてに小林流というのがあった。たとえば、自分の会社の金庫の鍵か実印だかを、ダイヤモンド社長の石山賢吉さんにあずけていたが、彼が常にいっていた言葉は、「金庫をあずけられる資格があるのは、泥棒でも出来る男でなくては駄目なんだ」というのだ。つまり金庫破りも出来るような男でなければ、金庫を守ることが出来ないという意味であった。

だから、この人は自分の部下に大衆受けをするようなのを重要視しなかったのではないか。だがやったことは、すべて大衆向き第一で、デパートも、宝塚少女歌劇も、電車の経営も、いずれもいかに幅の広い大衆

座談會

私の畫く大劇場街と國民劇の將來

（一月三十日於交詢社）

小林一三
本社側　石山賢吉　外數名

寶塚は何故に東京に進出したか―どうして幾つもの大劇場を建てるか―資本主義變動への對應策如何―新時代の大衆は如何なる娯樂機關を必要とするや―大劇場主張の根據―將來の國民劇は？―歌舞伎劇は亡びるか―松竹との關係はどうなるか―現在の俳優乃至劇團の將來は如何。

記者　東京には相當多くの劇場があるのに、どうして又貴方が幾つも建てられたのですか。

小林　私が東京に來て感じた事は、東京に私共の考へて居るやうな明るい、清い、美しい娯樂境がない事です。東京で大衆の集まる處は御承知の通り淺草よりない。そこへ行くと、大阪では道頓堀、千日前、更にそれが南の方に延びて行つて樂天地がある。また郊外には、濱寺もあれば、私の方の寶塚もある。阪神沿線には甲子園があると云ふ風で、インテリなり、若い人なりの遊びに行く場所が、相當に充實してゐる。東京はそれに比較すると、もつと大きな都會であるに拘らず、僅に淺草を數ふるに過ぎない。尤も東京には、大阪の持たない、關西の持たない、大きな公園が幾つもある。上野公園にしても、山王公園にしても、また芝公園にしても、鬱蒼たる樹林を擁した、いゝ公園が各所に散在してゐる。しかし、大衆の娯樂といふ點から言へば、上野公園が不忍池を包容してゐる關係上、色々な博覽會をやるとか、美術館があるとかの爲に、稍々大衆の要求を滿たしてゐるだけで、娯樂中心の場所は淺草しかない。而も此の淺草はどうかと言へば、餘りに下等である。と言ふと語弊があるが少し低級過ぎて、相當の家庭の人相當の教養のある人には淺草は食ひ足りない。そこで私は、東京の何處か適當の場所を選び、其處に一つ、比較的高尚な娯樂地帶を作るといふことは、之からの世の中では必要な事業ではないだらうかそれには何處がよからうかといふ事を、多年考へてゐたのです。こ

図 4-14　「座談会 私の画く大劇場街と国民劇の将来」（『ダイヤモンド』1934 年 2 月 21 日号）

図 4-15　小林一三（『小林一三全集 第一巻』）

を動員するかにあった。」（『経済往来』一九八三年四月号：113）

石山が小林の金庫番を務めたエピソードについて、下村は、『経済往来』（一九八九年七月号）での萱原宏一と大草実との座談会でも語っており、下村は石山について「野依のところで育ったんですわね。だから、その時分の人に言わせると、金集めなどは石山さんの方がうまかったという。野依は単純だと。石山は知能犯でね。野依は強力犯《ごうりきはん》だというんだ」として、それゆえに「石山が東宝の重役になって、小林の判こを預かっていたんだもの」（237）と述べている。

事業と会社運営の矛盾は、石山とダイヤモンドにおいても当てはまろう。後述するように石山は投資情報を扱う雑誌を刊行しながら、部下には投資を禁じていた。そうした石山のスタンスも、大衆向きの事業を展開しながら「自分の部下に大衆受けするようなものを重要視しなかった」という小林から影響力を受けていた面もあるだろう。

交詢社ネットワーク

『ダイヤモンド』に掲載された小林一三との対談企画は、交詢社で行われたものである。小林との対談企画以降も、『ダイヤモンド』の座談会や対談企画の場として交詢社の会館が利用されているが、交詢社こそが石山の政財界でのネットワークの拠点となった。

交詢社は、福沢諭吉が「知識を交換し世務《せいむ》を諮詢《しじゅん》すること」を理念として掲げ、一八八〇年に設立された日本初の社交クラブである（交詢社編：3）。慶應出身者の実業家を中心に構成された同クラブは、第二章でも触れたように野依秀市が『実業之世界』時代に入会を拒まれた因縁の団体でもあるが、それから一六年後、一九二五年時点の社員名簿に石山の名が記載されている（556）。一九一四年版の社員名簿には名前が確認できないことから、その間に入会したものと推察される。慶應義塾商業出身で一応の塾関係者とはいえ、慶應閥のなかでは傍系の存在であったために卒業当初から入会できたわけではなく、

図 4-16　1929 年当時の交詢社新館（『交詢社百年史』）

『ダイヤモンド』が成功を収め、経済雑誌界の雄となったことで、はじめて入会を許されたのであろう。一九二二年には、特選により慶應義塾大学と同資格が与えられ、正式な塾員となっていた（石山㊾：362）。長らく銀座に会館を構えた交詢社は、創立五〇周年を翌年に控えた一九二九年には新館が落成しているが、石山は「新館事務委員」を務めるなど、同クラブのなかで石山の名が浮上し始める（交詢社編：334）。

当時の名簿には、『時事新報』社長の福沢捨次郎をはじめ、同編集次長の伊藤正徳《まさのり》や、同主筆の板倉卓造、『東京朝日新聞』記者の緒方竹虎、同取締役専務の下村宏、『大阪毎日新聞』社長の本山彦一ら、新聞・雑誌業界での著名人の名も見られる。高場裏二「裃《かみしも》をぬいだ名士連の横顔（交詢社のぞき）」（『人の噂』一九三〇年一二月号）は、実業家による社交クラブとして日本倶楽部と比較しながら、「大体、日本倶楽部が新聞雑誌関係者を敬遠する嫌ひがあるのに反して、交詢社の旗本が時事新報である丈けに言論文章の士が盛んに闊歩してゐる」としたうえで、石山についても取り上げている。

「雑誌関係は余りないが、増田義一氏の外にダイヤモンドの石山賢吉氏がある。石山氏は実業界へよく喰ひ込み、気受けも好いので、社から安田與四郎、相沢周介の両氏がメンバーになつてゐる。」（52f）

メディア関係者が闊歩していた交詢社で石山が「実業界へよく喰い込」むきっかけとしたのは、将棋であった。ダイヤモンド社の将棋愛好家であった安田や相沢も石山に伴う形で入会していた。「娯楽社交機関の一部」として交詢社内に創設された将棋部には、「柳沢保恵《やすとし》伯爵、大橋新太郎、藤原銀次郎氏等の同行者が相集い、其後石山賢吉、芦田均、三井高精《こうせい》、谷井一作、植原悦二郎、南條徳男《とくお》、佐々木茂索《もさく》、松田竹千代氏等政財界の名士があとに続き」と『交詢社百年史』でも紹介されている（472）。

石山にとって、大橋新太郎や藤原銀次郎との将棋を通した交流もまさに交詢社を舞台としたものであり、将棋部に名を連ねる芦田均や植原悦二郎は戦後における石山の政界進出にとっての原動力となった存在でもある。

石山の将棋界における世話役については先述したが、そもそも実業家の社交クラブと将棋界との接点を作ったのもまた石山であった。交詢社将棋部では、師範として「従来小野五平名人、大崎熊雄八段、溝呂木光治七段、建部《たけべ》和歌夫八段、木村義雄第十四世名人、関谷慎太郎六段等を順次師範に招聘して来た」とされている（同：472）。石山が世話役を務めた大崎の後援会も「交詢社の将棋連」によって組織されたものであった。石山自身も後年に、「交詢社将棋師範の大崎熊雄氏を激励し、段位を今一段登ばせ、七段を八段にしたいということからであつた」とその経緯を述べている（「巨人言行録」『ダイヤモンド』一九五三年四月五日号：128）。

『ダイヤモンド』本誌においても、石山が交詢社将棋部で中心的立場を担っていた時期に「交詢社の将棋の格式」（一九二六年四月一一日号）が取り上げられている。

「紳士の社交倶楽部として、歴史の古く、会員の多く、名士の儕々《せいせい》たる点に於ては、まづ以て交詢社を第一に推さねばならぬ。按ずるに、社交倶楽部とは、紳士の託児所のやうなものだ。原則として、米櫃《こめびつ》の屈託面なく、忙中閑、閑中閑、いづれは贅沢税づきのヒマ潰しを必要とするが紳士である。かうした倶楽部の娯楽として、必ずしも不善の営みを要とせず、骨牌賭博の西洋流より、日本流の碁将棋は、上品で無難である。」（46）

名士が集う社交場において、将棋は「上品で無難な娯楽」として親しまれたが、交詢社将棋部における石山の存在は際立っていたようである。先に紹介した高場の交詢社レポートでは、石山が将棋部の代表格として言及されている。

「ダイヤモンドの石山氏が、倶楽部切つての将棋の大家だ。素人二段の力はある。穏健着実、ぢつと考へ込んでは差すので粗相がない。雑誌の経営振りと同じだ。氏と差してゐると地味な編輯のダイヤモンドを読んでゐるやうだ、とは皆の評判。雑誌の成績、不成績もすぐ将棋の差し振りに反応する。将棋の油の乗る時が、雑誌も好調だと思へば間違ひない。」(55)

石山にとっての「将棋の油」は単に自社の経営状況を反映しただけではなく、名士とのコネクションを築くうえでの潤滑油ともなった。石山は共同印刷争議に関する相談も交詢社を利用していたが(『実業時代』一九二九年九月号：89)、その最中の一九二六年二月には石山の呼びかけで藤原銀次郎を主役とした将棋の会合が催されている。「交詢社棋士の間に、有段者推薦の運動が勃然《ぼつぜん》として興つた。時は昨年の秋である。第一に目標となつたのは、藤原銀次郎君だ」(『ダイヤモンド』一九二六年四月一一日号：46)として藤原の二段昇段を記念して開かれたものだが、争議の調停者となる二人が中心となって、交詢社で将棋関連のパーティーを開いていたのである。『実業』一九二六年三月号には、「将棋の理想　藤原昇段祝賀会」として会合が開かれた経緯が記されている。

「実業界にその人ありと知られた王子製紙社長藤原銀次郎氏は、以前は茶の湯に非常な趣味を有し、著述さへあるくらゐであるが、先年将棋の妙味を覚えてから熱烈な修業を積み、今回いよ〳〵二段に昇格することゝなり、二月一日午後五時より交詢社で昇段祝賀会が開かれた。集まるもの左記六十四名で、席上藤原さんの挨拶についで、津田興二、井上角五郎、堀井卯之助その他の諸氏から祝賀並に奨励の演説がおり、頗る盛会であつた。
藤原さんの腕前に対して、指南準名人大崎熊雄氏から、昨年から初段免許の話があつたが、藤原さんは二段ならばとあつてうけなかつた。それほど腕に自信をもつてゐた氏が、一躍二段となり実業界切つての腕前と裏書されたことは、定めし御満悦のことであらう。氏は将棋にも近代人的な進歩した意見をもつて居られるといふことだ。」(86)

共同争議は先に触れたように、争議団の説得で調停者となった石山が、大橋と昵懇の藤原を調停の場に引き出すことで一応の終結に至ったが、その背景にはこうした交詢社での将棋を通じた交流があったのである。先述したように石山は当時自ら将棋イベントも主宰しており、政財界でのネットワークを構築していった。その後も石山は交詢社将棋部で居合わせた財界人の姿を書き留めている。

「交詢社の将棋室へ行くと、毎夕必ず、藤原銀次郎氏の顔を見る。藤原氏は、将棋好きで有名だ。だが、健康を慮《おもんぱか》つて数年前にふツつり将棋をやめた。それからは曾つて、一度も、駒を手にした事がない。交詢社の将棋室通ひは、将棋を指す為めではない。人の差す将棋を見物する為めである。
それでも、氏の趣味心を或程度まで満足させ得るものと見えて、仲々根気がよい。大概、毎夕、その顔が見える。」(『経済マガジン』一九四二年九月号：74)

石山は藤原の将棋室通いを取り上げているが、毎夕、藤原の顔をみるということは、石山もまた毎夕、交詢社の将棋室通いをしていたということである。

もちろん石山は、将棋部だけのために交詢社を利用していただけでなく、本来的な財界人との会合の場としても活用していた。当時『ダイヤモンド』に在籍していた三鬼陽之助も、石山が交詢社において積極的に会合を行っていたと述べている。

「福沢氏とダイヤモンドの石山賢吉社長とは、格別親しかった。その証拠に、私が昭和八年一月までの在社中、交詢社で、石山社長は福沢氏と王子製紙社長の藤原銀次郎氏に謝意を表する会を催したりした。」（三鬼 1985：78）

交詢社における会合は、既知の間柄の交友を深めるだけでなく、石山にとって政財界の動向を知る手立てともなった。一九三一年における交詢社の忘年会では、当時総理に就任したばかりの犬養毅をはじめ大臣、政務次官などが参加していたため、石山によると「出席多数、前日に申込みを締切るといふ盛況であつた」という（石山⑨：105）。石山は、「政友会には交詢社員が多い。今度の内閣では、陸海軍大臣を除けば全部交詢社員、政務官も半数以上は交詢社員。それで今晩の客も多いのだ」（同：106）と綴っているが、交詢社に身を置くなかで、政府高官が集う会合に参列した。その過程で財界のみならず政界との距離も縮めていった。

交詢社において石山はその後、一九五二年から亡くなる一九六四年まで常議員も務めている。同時期の常議員には緒方竹虎や岸信介も名を連ね、常議員、理事などの会の要職を務めたなかにも福沢桃介、和田豊治、伊藤欽亮、藤原銀次郎、小林一三、松永安左ヱ門、芦田均など、石山と関係の深い人物の名も見られる。また武藤山治をはじめ、大河内正敏、中野正剛《せいごう》、渡辺銕蔵、有田八郎といった、石山にとって政界進出のキーパーソンとなる人物たちもまた交詢社の会員であった。その意味でも、交詢社で築いたネットワークは、石山にとって財界での事業展開、さらには政界への進出の基盤となるものであった。

高等幇間による人物評論

交詢社に出入りするようになった時期、石山は人物評論を手掛けるようになっていた。当時、石山は『ダイヤモンド』での連載をもとに『現代重役論』（一九二六年）、『財界人を語る』（一九三一年）、『先人に学ぶ』（一九三五年）と、財界人の人物評論に関する著作を次々と刊行している。さらに『文藝春秋』での「財界人事漫録」（一九三〇年三月号から同年一〇月号までの連載）、『中央公論』における「実業参謀本部論」（一九三〇年一一月号）、「資本家陣営闘士物語」（一九三一年五月号）など、総合雑誌でも財界人の人物評論を寄稿した。

人物評論の対象として石山が取り上げたのは、福沢桃介、武藤山治、小林一三、藤原銀次郎、野間清治、大橋新太郎など、本章のここまでに登場してきた財界人、出版人である。交詢社を通して財界人や政治家とのネットワークを築いていったが、同時にその交友関係を記事の題材にしていった。石山自身、『財界人を語る』の序文において「私の専門は会社評論である。私は、過去二十年間、会社の事ばかり書いて来た。処が、其副産物として、財界人の事も知るようになつた。そこで、或機会に、財界人の事を少しばかり書いて見た処、本業より旨いなんと云つて、おだてられた。本人スツカリ好い心持ちになって、それから色々書いた」と綴っている(1)。同書では、「名士と将棋」として交詢社での将棋交流の様子も綴られている。

石山の人物評論について、出久根達郎《でくねたつろう》は人間臭い筆致を評価している。石山の人物評論には、将棋観戦記と同じく「素人臭さ」を売りにした記述スタイルと共通するものがあった。

「筆者は商店員時代、むろん、将来は一人前のあきんどになるつもりだったから、そのための参考書をたくさん読んだ。商人の勉強は、早い話が、いかに儲けるか、である。金を儲けるヒントを学ぶ。石山賢吉の著書が、私の好みに適った。この人の書く財界人の成功譚が、一番面白かった。文章は粗いが、媚びたところが無く(財界人物伝はこれが多い)、いやみが無くて、エピソードが下世話である。高等ぶらないのが、いい。私は石山の本で、松下幸之助を知り、浅野総一郎や藤原銀次郎を知った。」(出久根:238)

石山は後年、渡部茂『一九五〇年代の人物風景 第三部』(一九五六年)に序文を寄せて、自らの人物評のスタンスについて述べているが、石山が模範としたのは福沢桃介であった。福沢による代表的な人物評論として『ダイヤモンド』で連載され、書籍化もされた『財界人物我観』(一九三〇年)を挙げながら、石山は「福澤さんのものには必ず女と、金の話が出て来る。読んで行くうちに、私の眼前へ浮び出るのは、描かれたその人よりも、描いた福沢さんの性格である」と評している。石山の人物評論における「エピソードの下世話さ」は、福沢から学んだものであった。

そのうえで石山は、「人の短所など見るに及ばない。知りたいのは、人の長所である。人の長所を知つて、それに学べば、千部万部の書籍を読破するに優る」として、「長所」を強調した人物評論のスタイルを採用しているとも述べている。それは『先人に学ぶ』（一九三五年）の書き出しに象徴される。

「人間は、生れ乍《なが》らにして、偉い人がないでもないが、大抵は、修養の力で、他の長所美点を採り、自らの短所欠点を補ひつゝ、その精進によつて、偉い人になるものだ。

私は、勿論、偉い人になつた訳ではない。偉い人になりたいと、今心掛けている最中である。それで、私は平素出来るだけ他の長所美点を学ばうとしてゐる。学んでもうまく実行が出来ないが、とにかく、その心掛でやつて居る。」(1)

石山は「人物評というものは、人を描くのでなく、自分を描くものだ」とも先述した渡部の評伝に寄せた序文のなかで語っている。「描くその人に、自分の個性が反射し、人を批評して、自分を描く結果となるのである」として、財界人との交流のなかで見聞きした話を自らの理念とする「修養」の視点から処世術として描いていった。

交詢社を拠点として政財界でのネットワークを拡大させ、そこでの交流を人物評論の題材として描いていった石山だが、そこにはかつての悪口記者の面影はなかった。『実業之世界』時代には攻撃記事を記して野依の喧嘩ジャーナリズムを支えたが、一九三〇年代になる頃までには、その角が取れ丸くなった著述スタイルから石山はむしろ「高等幇間」と呼ばれるほどになっていた。

「将棋では有段者の腕を持つて居り、交詢社あたりで財界の巨頭に伍して棋戦に耽りつゝ、しかも高等幇間ブリを発揮してゐるのである」というのは、大宅壮一編集『人物評論』（一九三三年一〇月号）での池袋散人「高等幇間石山賢吉」の一節である。武藤山治についての石山の人物評を挙げながら「あたかも高等幇間の人物評論を思はせるものがあるのではないか」としたうえで、露悪的に石山を評する。

「会社記事を書いて株式投資家の参考に供したり、株式雑誌の経営に当つている石山だが、石橋を叩いて渡る程堅実な男で、石山を一流の株式専門家と見立てゝ、素人の株式愛好家が「ひとつ株式を買つて、大儲けをしたいのだが――」と株式投資を相談しやうものなら「そんな不堅実なことはいけない。精々家業に努力するんだね」と、株式専門家にあるまじき処世論を平気で一席遣《や》つてのけるといふ自己矛盾を敢《あえ》てするのである。

尤も婦人雑誌か何かで「株をやるより天引貯金」なんて、全く判りのよい利殖法を公開する石山のことである。株式雑誌は喰ふために経営するので、その本心は貯金雑誌を経営したい所なのかも知れない。」(39f)

たしかに投資家を相手にした株式雑誌を本業としながら、自らは投資を否定し、「修養の力」を説いて財界人の処世術に学ぼうとする姿勢は、ともすれば自己矛盾にも見えよう。株式専門家の株式敬遠は、会社の場所にも見て取れる。内幸町に本社を新築した際に、石山は「兜町に近いと、株式相場の変動が手に取るように分つて便利だが、其反面には我々が相場臭くなる嫌ひがある。我々は相場をやつてはならぬ。之をやると、坊主がなまぐさ物を喰ふより悪い。我々は絶対に之をやらぬ事にして居る」と綴っており、金融街から物理的に遠ざけるほどダイヤモンド社の社内では投資をはっきりと禁じていた(石山④：155)。

「賢吉なんていふのは、石山には適はしからぬ名前で、爾後堅吉と改むるのが至当である。（だが株を買ふことは必ずしも不堅実なのではなく、少くとも賢術なのである。）尤も大正八九年の好況時代の潮に乗つて、株を買つたり、泡沫会社の創立を計画してゐたならば、或は現在のごときダイヤモンドや石山の社会的地位を築き上げることはできなかつたであらうと、石山のためにチヨツピリ弁じておく。」（『人物評論』一九三三年一〇月号：41f）

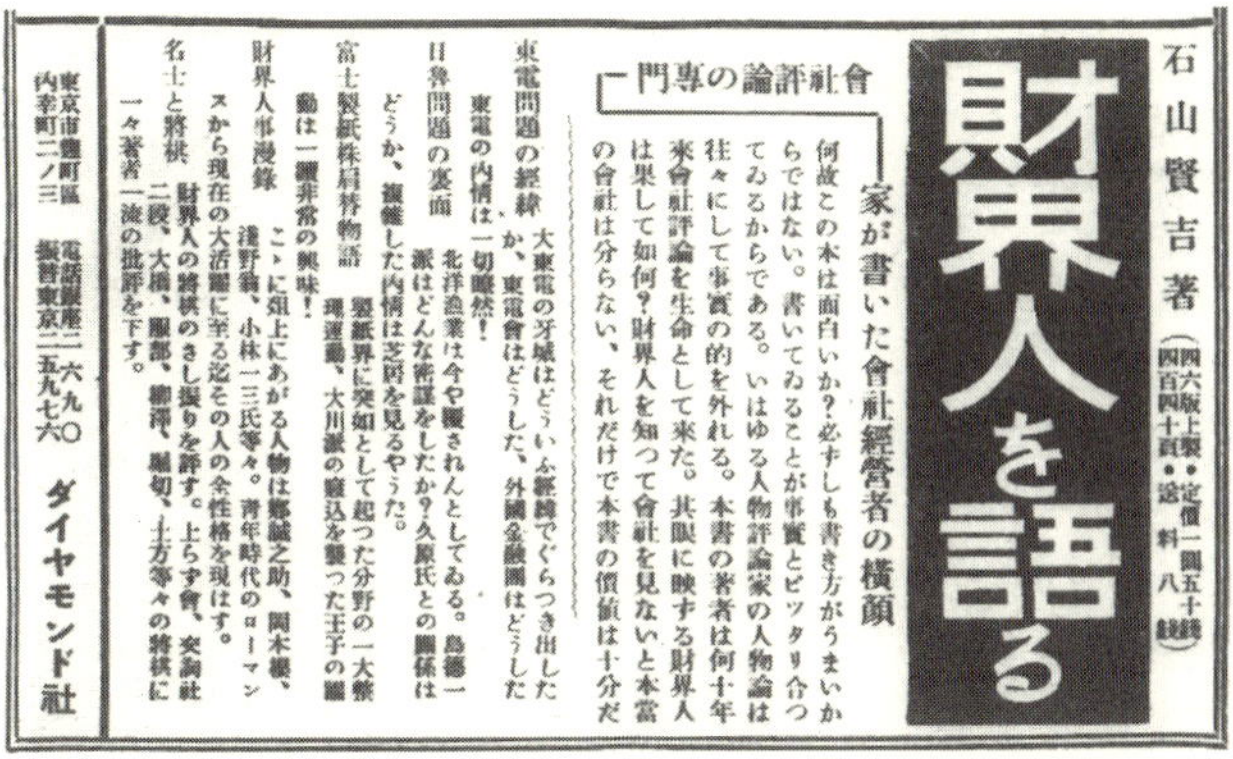

図 4-17　『財界人を語る』広告（『ダイヤモンド』1931 年 6 月 11 日号）

むしろ元来、自ら「素投」（ストーン）を名乗ってきた石山の経営が「堅い」のはある種当然なのかもしれないが、石山の仕事が企業分析から将棋観戦記、さらに人物評論へと拡張するなかで、石山自身は「高等幇間」と呼ばれるようになった。かつて算盤主義を掲げて数字による企業評論を軸とした『ダイヤモンド』のスタイルにも、石山自身は飽き足らないものに感じていたようだ。赤堀又次郎『読史随筆』（一九二八年）に寄せた序文では、「私の雑誌は、性質上数字に関した無趣味な記事ばかりであるから、その中に於て氏の文章を読むと、炎熱中に清冽なる炭酸を喫するの快味を覚える」と綴っている。

交詢社を基盤とした財界人との交流を材料にした石山の人物評論は、『ダイヤモンド』のみならず、その後刊行される『経済マガジン』でも主要なコンテンツとなった。「高等幇間」と揶揄《やゆ》されたのも、裏を返せば政財界において石山の存在が目に付くようになった証左ともいえる。

一九二〇年代から三〇年代にかけて好敵手たる石橋や野依の状況に目を移すと、『東洋経済』では石橋が小日本主義や金解禁論などでの主張で経済論者として一目置かれる存在となり、『実業之世界』の野依は政界に進出するとともに『帝都日日新聞』を発行するなど、雑誌以外にも「メディア人間」としての販路を拡張させていった。石橋が言論を、そして野依が喧嘩ジャーナリズムを武器とする一方で、石山が武器としたのは人的ネットワークであった。交詢社を中心とした財界人との交流によって、石山はその後、政財界に喰い込んでいくこととなる。

第五章

戦時期の政界進出

――市会議員となった「なんでも屋」

事業と人物（一）

ダイヤモンド社々長　石山賢吉

私の專門は會社を批評する事であります。會社を研究してゐる傍、人と云ふものも注意致しますので、多少人に就ても承知して居る次第であります。先刻私を御紹介になる際、お話になつた私の工場見學記であるとか、病氣の記事などは私の副業的隨筆であります。專門の會社の記事は大概名前を出さないで書いて居るものですから、却つて餘技の方がお目に留まり、餘技を本業より讃められるのでありますから、私に取つては光榮至極であります。今回の講演に付きましては、御指定の題が三つ四つありました。その內の「事業と人物」と云ふことに就てお話を致すことに致しました。併しこの講演會は二回あるさうでありますから、この次の廿五日のときには「最近の物價騰貴の原因」に就てお話したいと存じます。

石山賢吉氏

◇

近頃、この事業界の英雄と申しますか、事業を巧くやる人は、昔より變つて來たやうに思はれるのであります。事業界の偉人として定評ある人は、少しく以前に遡りますると、鐘淵紡績會社の經營者でありました武藤山治氏、王子製紙會社の經營者であります藤原銀次郎氏――斯う云つた人が過去に於

事業家を評す石山賢吉

（「事業と人物（一）」『銀行通信録』1937年４月号）

「私の専門は会社を批評する事であります。会社を研究している傍、人と云ふものも注意致しますので、多少人に就ても承知して居る次第であります。先刻私を御紹介になる際、お話になつた私の工場見学記であるとか、病気の記事などは私の副業的随筆であります。専門の会社の記事は大概名前を出さないで書いて居るものですから、却つて余技の方がお目に留まり、余技を本業より讃められるのでありますから、私に取つては光栄至極であります。」（石山賢吉「事業と人物（一）」『銀行通信録』一九三七年四月号：283）

永田鉄山との密会

「永田の前に永田なく、永田の後に永田なし」と呼ばれた陸軍きってのエリート軍人・永田鉄山と、石山は一九三四年に密会している。当時陸軍軍務局長を務め、統制派の中心にいた永田との面会を希望したのは、石山の側であった。交詢社のネットワークを基盤に政財界でも知られるようになった石山は、軍要人にも接触するなど自らも政治の領域へ積極的に関与していく。

星ヶ岡茶寮で行われた永田鉄山との密会については、永田鉄山刊行会編『秘録永田鉄山』（一九七二年）にて市川憲次が証言している。市川は、ダイヤモンド社の姉妹会社であった美術印刷専務を当時務め、他方で市川の叔母が永田の本家・守矢氏に嫁いでおり、永田とは親戚関係にあった。石山は市川のつてを頼りに永田との面会を実現させた。市川は一九三六年一一月に、ダイヤモンド社が美術印刷を吸収合併した際には、同社の取締役に就任するなど石山から信頼を置かれた存在でもあった（石山皆男編：290）。

石山自身は永田との接触については、当時においても、その後の自伝においても一切触れていない。というのも、この会談は市川によるとオフレコで行われたものであったという。

「ダイヤモンド社の創設者石山賢吉氏（既に数年前逝去されている）は、私の懇意にしていた人でありいろいろ事業の面でも協力者であった。日本が国際連盟を脱退し、世界の孤児となった頃、そして軍が日本の進路を指導する立場に立った頃（昭和九年頃）であったが、ある日、石山氏が私に永田軍務局長と一夕ゆっくり懇談がしたいので仲介の労をとってくれと依頼してきた。勿論私が親戚で親しい間柄であることを知っていたからである。

彼は時局重大の折柄、この世界の孤児となった日本を今後如何に導くかは、ある程度軍の方寸《ほうすん》にある、そしてその軍の実力者中の実力者永田鉄山の考え方を聞くことは、たとえ秘密事項で誌上に発表できなくても、経済雑誌の社長として編集者として、絶対に必要な事であったと思われる。」（永田鉄山刊行会編：105）

日本の大陸進出と国際社会からの孤立によって緊張した情勢のなかで、その見通しを石山は永田に尋ねようとしたのではないかと市川は述懐している。ただ市川の証言によると、会談の主導権を握ったのは永田に同伴してきた大佐であった。永田自身も「私は今日は刺身のツマであるからこの大佐に聞いてくれと先ず断った」としてほとんど発言しなかった。だが、会の終盤に永田がおもむろに石山へ問いかけた。「石山さん、あなたは経済界や政界の事情に詳しい方ですから、一つお伺いしたいことがあります、是非教えて頂きたい」として、永田は蔵相の候補を尋ねたという。

「実は軍はご存じの通り、日本の運命を背負っており今後軍備の飛躍的拡充を要請されている。しかしこの拡充のための予算は、なかなか政府が認めてくれない。私共は現段階における日本の立場とその立場を守る軍のぎりぎりの要請を述べてその実体が判ってくれる政界、財界の人を求めている。私共は何も軍の要請をうのみにするイエスマンを希望しているわけではない。私共の真の要請を受けとめてこれを咀嚼《そしゃく》し得る大蔵大臣によい人はいないものかと思っている。」（同：106）

永田は石山に「腹のすわった国士的な大蔵大臣」の推薦を求めたのであった。市川によると、石山は二人の名前を挙げたというが、その名は市川自身は記憶していないという。

同書の編者註では「昭和九年七月の岡田内閣に突如として、大蔵官僚の藤井真信氏が蔵相に就任したことなどと思い合わせると興味津々たるこの一夕であったと思われる」と記されている（107）。藤井の大蔵大臣就任に、この会談の影響があったかは定かではない。

この密談自体は早坂隆『永田鉄山――昭和陸軍「運命の男」』（二〇一五年）でも言及されているが、石山の視点から見ると注目すべきは、陸軍の中心的人物に自ら接触を試みるほど高まっていた石山の政治的関心である。石山の視野は、もはや株式市況や企業動向に収まらず、国際情勢や政局にも及ぶものとなっていた。

永田は会談の翌年にあたる一九三五年に、統制派と対立していた皇道派将校の相沢三郎によって斬殺されている。この相沢事件について、事件直後の『ダイヤモンド』（一九三五年八月二一日号）では「同人消息」欄で短く触れている。

「永田鉄山中将奇禍《きか》にかゝる。同中将は陸軍きつての偉材と評判の人だ。同氏の如き逸才を失つたことは非常時日本にとつて、大きな損失である。同氏には本誌も屢々御厄介になつた。茲に氏の不慮の死に対して、深厚なる弔意を表する。」（207）

図 5-1　永田鉄山（『秘録永田鉄山』）

同欄は石山の担当ではなく、石山自身は誌面において永田の死について言及していない。「同氏には本誌も屢々御厄介になつた」とのことだが、それまで『ダイヤモンド』本誌には永田自身が登場した形跡は確認できない。こうした密会のような誌面外での接触を指すと考えられる。

当時、政局への影響力を増していた軍中枢部との接触を希望するほど、石山は政治・経済への動向を気にかけていた。永田との会談は石山が単なる投資雑誌の一社長を越えて、政財界にも幅を利かせるようなメディア経営者となっていたことを象徴するものであった。石山の立場の変化は『皇国日本史』（一九三六年）での評価にも見て取れる。

「本邦に於ける経済誌として唯一的たる存在を示し、官民の財界指示に常に其の標準を以て目さるゝダイヤモンド誌は、今や世界的経済誌として其の権威を保持しつゝある。同誌が創刊された当時は斯業《しぎょう》に通有の経営難も常に往来したものであつた。然し此の間に処して石山社長の方針指示は常に宜しきを得たが、亦能く健闘もあつた。卓越せる言説、公正なる公私経済指数、記事の速報等悉くが、我各階級に関心を与え、従つて発行は日進月就を以て読者を拡張し、為に群小の斯業誌を圧倒して遂に今日の栄冠を得るに至つた。今日は素より思想的にも、経済的にも非常時局である。殊に我が経済界の一起一動は、及ぼすところ世界経済趨勢に微妙なる反響を与え、従つて起る趨向《すうこう》は実に大なる事になる。斯かる時、永き試練と、確乎たる指針的の同誌が其の趨向、指示を明確に世に与ふるならば、実に至宝的の存在たるは言ふ迄もない。斯かる重要なる同誌の経営者石山氏は、一方亦各種事業界にも進出し、随所に明快なる判断を以て関係事業を有利ならしめ、業況を好勢に転ぜしめてゐる。譬《たと》えにも操觚業者は無冠の帝王とも言ふが、果して今日幾人の、此の無冠の帝王が存在するであらうか、此の意味に於ける石山氏の存在は確かに数ふべき第一人者とも言ふべく、言行に、実際に人格に其の過程の確乎正明《せいめい》の全ては、数えざるべからざる人であらう。従つて我国に於ける文化の向上、と文献報国の功労者として、唯一人たるべきを思ふ」(99)

やや持ち上げすぎな部分もあるが、石山がもはや操觚業者としてのみならず、政財界に影響力を及ぼす実業家としての顔も持つようになったことがよく分かる紹介文である。「非常時局」と言及されているように石山が政財界で実際に事業を展開していった時期は、奇しくも日本がアジア太平洋戦争へと向かっていく戦争の時代でもあった。

地元への「一種の義務」

石山が政財界での名声を高めた一九三〇年代、それと比例するように地元新潟での存在感も増していった。一九三二年、石山は東京新潟県人会の理事に就任している。県人会の理事就任は石山が県出身の有力者となったことを意味するものでもあるが、石山が自ら手を挙げたわけではなく、同会から推されたものであった。『ダイヤモンド』一九三二年四月一一日号の「同人消息」では、「新潟県人会から、石山老を理事に推薦して来た」とある(97)。石山自身は「これまで自分の為めにばかり働いた身が、幾分でも人の為めにも働けるかと思つて、喜んで引受けた」と述べている(石山㉙：1)。

理事就任後は、地元新潟へと足を運ぶ様子が「同人消息」欄でたびたび伝えられ、石山自身もその報告記事を誌面に掲載している。『ダイヤモンド』一九三六年五月一一日号では、「新潟から佐渡へ」として県人会の世話役として佐渡での新潟県主催の職業紹介連合大会に出席した様子を綴っている。この新潟出張レポートは、翌号および翌々号と三回にわたる連載記事として掲載された。

同記事が掲載されていた一九三六年五月二一日号の「同人消息」では、「石山老、在京新潟県人会の理事長となつて、多忙の上の多忙。またその郷土の人絹工場を見に行くつて《ママ》来た」(191)と記されている。一九三六年には、石山は内山熊八郎の後任として新潟県人会の理事長に就任したのであった。『ダイヤモンド』(一九三六年六月一日号)の同欄では理事長就任後における石山の多忙さについて、石山が当時刊行した『仕事の妙味』とかけて紹介されている。

「ある人太鼓を叩いて曰く、老や曩日新潟県人会理事長に就任以来訪客殺到、老の居室は宛《えん》として新潟県人事相談所の観あり、而もこの繁忙裡にあつてこの好著を成す。これ仕事の妙味なるものにあらずして何ぞやと」(223)

新潟県人会の理事長となった石山は、来客対応に追われ、社長室も事務所と化したというが、その姿はさながら陳情に対応する政治家のようでもある。市会議員として石山が実際に政治家となるのは、それからおよそ一年後の一九三七年三月であった。

新潟県人会との関わりは当初こそ理事推薦を受けて始まったが、理事就任後は自ら新潟振興へと積極的に参画していった。石山自身も「私は、新潟県人会の理事長を引受けてから、新潟県人に会ふと、一種の義務を感ずる」(石山㉟:168)と述べるほど同会の活動にコミットし、戦後には会長の座にも二度就いている。

新潟振興に力を注ぐ石山の姿に対して、地元からも期待が寄せられてもいた。県内視察に際して歓迎を受けた様子を『ダイヤモンド』（一九三六年九月一日号）に「新潟県の新興工業」と題して綴っている。

「私は十二日の午後四時少し前に柏崎駅に着いた。夥《おびただ》しい出迎へである。西巻町村会長を始めとし、二宮商工会議所会頭以下柏崎町の名士十数名が、プラットホームにヅラリ居並んで居るのだ。宛然《えんぜん》大臣待遇である。私はヒドク恐縮した。それと云ふのも、最近、私達が組織した新潟県振興会に大なる期待が掛けられて居るからであらう。私は振興会の主唱者として多大の責任を感じた。」（140）

地元において「大臣待遇」を受けるほど期待されていたという石山だが、新潟県振興会とは当時石山が中心となって組織した経済団体である。石山は県人会の理事として新潟へ赴くなかで、地元の政財界との関係を深め、雪害に悩む新潟の振興を掲げる団体を結成することとなった。同会は、新潟県人会を基盤とし、地元および東京在住の新潟県出身者によって構成された。会長には、新潟県人会の会長を務めていた大倉喜七郎が兼任し、石山も理事に就いている。

晩年、石山が地元白根に凱旋《がいせん》旅行した際、会合のなかで当時を振り返る石山の言葉を、同行した尾形六郎兵衛が記録している。「自分の調査したところによると、新潟県は、全国的にみて、1・土地の広さは五番目、2・運輸の便は六番目、3・人口の数は七番目、4・資源は一一番目というのが、当時の経済的コンディションであった」と回想している（『ダイヤモンド』一九六三年七月一五日号：39）。『新潟県史資料編〈一六近代四〉政治編』（一九八五年）には、新潟振興会の設立趣意書の内容が掲載されているが、その書き出しは数字こそズレがあるものの、石山が述べた新潟県の「当時のコンディション」の項目内容と重なり、石山の問題意識が投影されたものと考えられる。

設立趣意書では「毎年本県ヲ襲フ豪雪ハアラユル方面ニ県民生活ノ根底ヲ脅シ多大ノ損害ヲ与ヘ居ル状況ナリ」(489)として新潟県における雪害の深刻さが強調されている。「斯ノ如ク県下ノ産業経済ハ我ガ新潟県ガ気候上甚ダ恵マレザル地理的位置ニ存スルコトト一般経済界ノ不況ノタメ寔《まこと》ニ前途ヲ憂慮サレツツアリ」としながらも、「地理的ニ不利ニシテ気候ニ於テ恵マレザル本県ト雖モ科学的知識ト協力一致ノ人ノ和ヲ以テ之に当ルニ於テハ転禍為福ハ未ダ必ズシモ不可能事ト称スベカラズ」(490)と、同会の結成理由を説いている。県史においては、具体的に新潟振興会が「水力開発・工場誘致・港湾拡張・雪害対策等を八大事業として掲げ、政府への陳情などを行って活動した」(30)と記されており、振興事業を行いながら、地方の窮状を中央へ訴えかける役割を果たしていたようである。

県人会や新潟振興会の活動を通して石山は新潟各地の会合にも参加するなど、新潟の政財界でも着実に顔を広げていった。

「東京新潟県人会の分会に刈羽会《かりわ》と云ふのがある。是れは、刈羽郡出身者を以て組織した会である。刈羽郡は柏崎町の所属――柏崎町の出身者を中心にした会である。此の会が毎年お盆に墓参に帰へる。本年も百人ばかりの連中が誘ひ合はせて墓参に帰へり、今夜、在県連と聯合して宴会を開くのだ。私は、刈羽会には直接関係はないが、八月一日二日に日比谷公会で「新潟県の夕」を催し、其の際柏崎の連中から、多大の犠牲を忍んで出演して貰つたから、そのお礼に参上しなければならぬ。

そこで上越方面の工場見学を機会に私も刈羽会へ参加した。」（『ダイヤモンド』一九三六年九月一一日号：136）

新潟県人会主催の「新潟県の夕」については、『ダイヤモンド』（一九三六年八月一日号）の同人消息欄でも「八月一日二日、日比谷公会堂で新潟県の夕が催されるので、この処理事長大多忙を極めてゐる」（191）と記される。『東京朝日新聞』（一九三六年八月二日新潟版）でも「都人士を唸らす大喝采の〃新潟県の夕〃」と報じられた。

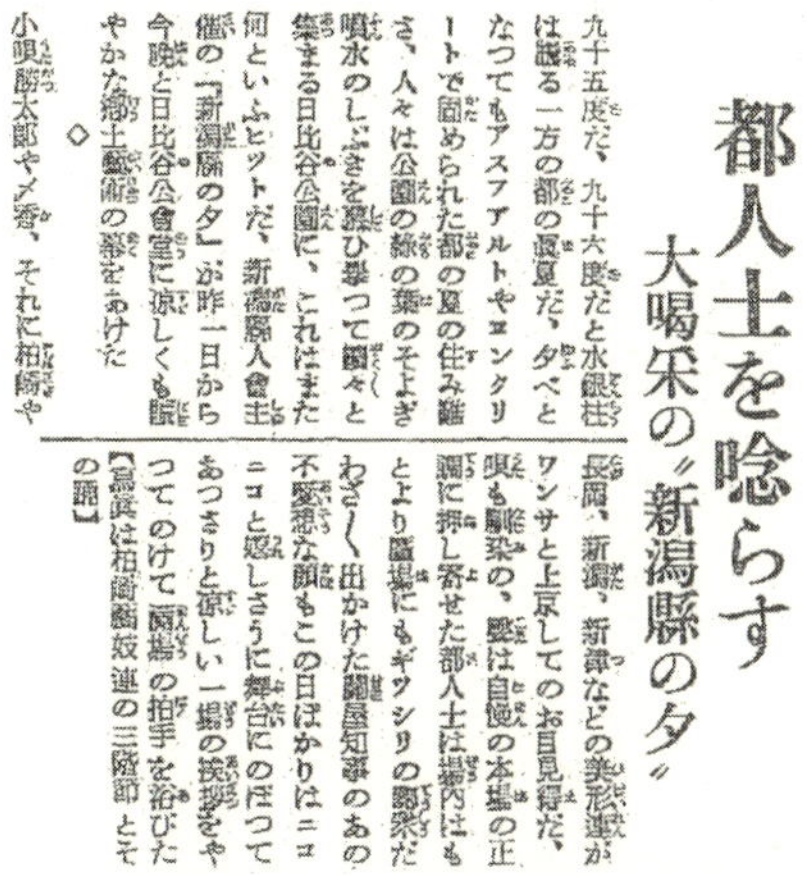
都人士を唸らす
大喝采の〃新潟縣の夕〃
九十五度だ、九十六度だと水銀柱は騰る一方の都の盛夏だ、夕べとなつてもアスファルトやコンクリートで固められた都の夏の住み難さ、人々は公園の緑の葉のそよぎ噴水のしぶきを飛び挙つて續々と集まる日比谷公園に、これはまた何といふヒットだ、新潟縣人會主催の「新潟縣の夕」が昨一日から今晩と日比谷公會堂に涼しくも賑やかな郷土藝術の幕をあけた
◇
小唄勝太郎やメ香、それに柏崎や長岡、新潟、新津などの美形連がワンサと上京してのお目見得だ、唄も馴染の、踊は自慢の本場の正調に押し寄せた都人士は場内はもとより廣場にもギツシリの[illegible]だ、わざく出かけた關屋知事のあの不愛想な顔もこの日ばかりはニコニコと嬉しさうに舞台にのぼつてあつさりと涼しい一場の挨拶をやつてのけて滿場の拍手を浴びたとさ
【寫眞は柏崎藝妓連の三階節の踊】

図 5–2 「新潟県の夕」を伝える新聞記事（『東京朝日新聞』1936 年 8 月 2 日朝刊新潟版）

石山が県人会の理事となって以降、新潟県関連の催しなどにも関わり、イベントの企画運営を通して地元の新潟でも人脈を拡張させていった。『ダイヤモンド』翌号（一九三六年八月一一日号）では、「石山老、咽喉の手術をしてから体の調子は寔に快く、この炎暑の中で、新潟県の夕にまで世話を焼いてゐるが、過日は政友会の政務調査会で、電力問題に関し、長講一席に及んだ」（191）と、いよいよ政界との接点も見せ始める。

白根と育ての家の衰退

義務感を抱くように石山が県人会の役職に従事したのは、故郷白根町の衰退を目にしたことと無関係ではない。

県人会の仕事で繰り返し地元を訪れるようになった石山は、寂れていく白根町の状況を記している。先述した『ダイヤモンド』における新潟視察記事のなかで言及し、『金と人間』（一九三五年）や『事業と其人の型』（一九三七年）として書籍化した。白根町に関する記述部分を抜粋した『白根町と燕町』（一九三五年）という非売品の地元用パンフレットも作成し、「我が町の御諒解を得る御便宜に」（22）と強調した。さらに「石山賢吉文集」の第二巻として刊行された『我が郷土』（一九四一年）では、それまで石山が綴った白根町や新潟に関する随筆を再録している。

石山は白根町について「年を経るに従つて段々衰へた。日本全体の傾向とは逆だつた。日本全体は、西洋の文明を輸入し、隆々として発展して行くのに、我が町は、それとは逆に衰亡に傾く一方であつたのである」として（石山㉙：3f）、故郷が凋落《ちょうらく》した要因を論じている。

「我が町の染物屋が全滅した真の原因は、機械作業の発達である。明治以来、世が進歩するに従つて、染物にも機械作業が応用されるやうになつた。そして、ドシ〳〵染物のコストが引下げられた。処が、我が町の染物屋には、それを応用する資力もなければ、知識もない。その為めに染物工業の進歩とは没交渉に、昔通りの家内工業をやつて居た。それで潰れたのである。」（同：6）

石山の実感の通り、『白根市史 巻七（通史）』においても、地元産業の染物業が昭和恐慌や一九三一年の「白根町大火」によって「壊滅的な打撃をうけ」大きく衰退したと綴られている（856）。

活気を失っていく白根町の姿を、石山は自らが育てられた川瀬家の「没落」に重ねて見ていた。第一章でも触れたように、幼い頃に父を失った石山は母方の伯父に当たる川瀬善一郎のもとで育てられる。

川瀬家も地場産業の染物屋を営んでいたが、石山が上京する頃にはすでに廃業しており、「小財産を持つて居た」ことから「遊んで居」たという（石山㉙：4f）。

その後、近隣の染物屋も全滅し、さらに河川舟運の時代は交通の要所として栄えた町自体も、新たに開設された北越鉄道のルートから外れたことで往時の活気を失っていた。一八九七年に新潟県南部の春日新田と針崎の間で開業した北越鉄道は、同年に柏崎、さらに一九〇四年には新潟まで延伸していた。石山が上京した翌年にあたる。

「私が志を立てゝ東京へ出る頃は、未だ附近一帯が紺屋であつたが、其後次第に潰れて、今は一軒もなくなつた。二十余年の歳月は、我が町の紺屋を全滅したのである。」（石山⑪：50f）

染物屋として栄えながら、機械や鉄道といった近代文明に取り残されていった川瀬家の動向は、白根町の盛衰を物語るように石山の目には映ったのである。川瀬家には、善一郎の息子で、石山より三歳年上の文蔵がいた。「居候おじ」として「兄の真似はさせられぬ」と言われたことに屈辱感を抱く石山だったが、文蔵に対しては実の兄のように接していた。後年には、「私は、文蔵の父に、文蔵の弟として、生れた年から育てられた。そこで、私は、文蔵を兄と呼んで居る。真実、兄のやうな気がして居る」と語っている（『経済マガジン』一九三八年九月号：180）。

扱いの差にコンプレックスを覚えていたが、むしろ時代の経過とともに、石山は川瀬家の境遇に同情していったようである。上京し出版業で名を成していった石山に対して、長男ゆえに地元に残り川瀬家の家業を継いだ文蔵の姿は、白根町と運命を共にしたように見えたのであった。「文蔵の家は、累代《るいだい》、時代の敗残者である。父善一郎も、時代の進化に圧迫されて死んだ。彼も亦、それと類を同じうしたのである」と石山は綴っている（『ダイヤモンド』一九五四年一二月二一日号：97）。

「工業、商業、二つながら同一運命に陥つたのだから、情けない。思へば気の毒な我が町である」（石山⑧：355）と語る石山は、県人会の理事として故郷に訪れるなかで、その振興策を練り始めていた。地元の関係者から町の発展策について相談されるようになり、石山自身も「相談されるまでもなく、私も、其の事に就て常々考へて居る」と記している（同：356）。県人会に関わるようになったことで、石山は地元振興へと本腰を入れることとなる。

故郷への工場誘致と斡旋

雪害に苦しむ地元の新潟県と、衰退著しい故郷の白根町への振興策として石山が手掛けたのは、工場誘致であった。石山自身も後年、新潟県振興会について「自分もこの仕事に相当の力をいたしたのであった。現在のことばでいうと、いわゆる工場誘致ということである」と回想している（『ダイヤモンド』一九六三年七月一五日号：39）。

一九三四年、理研電線株式会社の工場が石山の地元である新潟県白根町に建設された。石山は同社の監査役を務めているが、建設の経緯については『金と人間』に綴っている。

当時の白根町の町長が農村工業協会に町の発展策を相談しに行ったところ、協会を通して理化学研究所の所長であった大河内正敏を紹介されたという。農村工業論を唱えていた大河内は、白根町を視察し、環境面や地理的状況を踏まえ、「工業の適地と認め、工場の建設を承諾した」(357)という。大河内の決定に喜んだ石山と白根町も「大河内博士の工場建設に対して、極力便利を図り、且つそれに対して、応分の出資をする事にした」(359)として、白根町への工場誘致が実現した。

白根町の町長は当時、野澤吉太郎が務めていた。町の教育会長も兼任していた野澤の本業は白根銀行の重役である。第一章で触れた白根銀行が一九三六年、銀行合同政策のもとに第四銀行との合併を行った際の専務取締役として、『新潟県年鑑 昭和一〇年度版』の「名士展望」欄でも「信望の厚い人で町村長会に重きをなす」と紹介されている(27)。『明治・大正・昭和日本徳行録』(一九二九年)でも「白根銀行の頭取として将《は》た又《また》、新潟県下有数の資産家として、共に盛名を一身に集めてゐる人である」(1071)とも称された野澤は、白根汽船の取締役も兼ねるなど白根町随一の名士であった。町長として、一九三三年には白根町と市内を結ぶ新潟電鉄の開業を実現させ、石山が白根町衰退の要因とした交通網の立ち遅れを解消している。理研電線においても野澤は取締役に就いたが、『白根市史 巻七(通史)』では野澤と石山による積極的な工場誘致活動が記されている。

「大正一三年から昭和二十年まで二十二年間にわたって町長を務めた野沢吉太郎は、石山賢吉らとともに積極的に工場誘致運動を進めた。折から昭和八年に、燕—県庁前の電鉄が開通し、工場誘致にとってひとつの好材料もできた。

図5-3　野澤吉太郎(『白根市史 巻七(通史)』)

そして昭和九年、野沢町長たちの熱心な工場誘致運動が効を奏して、東京品川で細銅線などを製造していた理研電線工場の白根進出が決定。翌十年には白根工場ができ、正式に操業を始めた。同工場は白根に初めて設けられた近代的な工場であった。」（858）

野澤の前に町長を務めていたのが、石山の幼馴染、相沢成治であった。第一章で触れたように相沢は石山と尋常小学校時代に夜学校で机を並べた仲であったが、一九三〇年代になると地元の有力者となっていた。当時、相沢は町政から県政へと進出し、県会議員として政友会新潟県支部の常任幹事を務めたほか、白根町でも農会長および青年団長として白根町における重役も兼任していた。相沢は、こうした地元での影響力を基盤に国政進出を目指し、一九三六年の第一九回衆議院選挙に立憲政友会より新潟二区で出馬するも、落選している。

理研電線の工場が稼働し始めて間もない一九三五年一〇月には、白根町にはさらに理研紡績株式会社が設立されている。『官報』（一九三五年一二月二八日号）によると、相沢は石山とともに同社の監査役に就任しており、渡辺進次・池田原養編『昭和新潟人物誌』（一九三五年）では、石山とのタッグで工場誘致を行っていた様子が記されている。

「実行力強烈の活動家で、県内の諸問題で氏の手にかからぬものはないといはれる位である。殊に郷里白根郷には尽すところ多大で、最近では白根町の工場誘致に熱心を極め、理化学研究所工場の誘致に力を尽し、また同郷のダイヤモンド社長石山賢吉氏と昵懇で石山氏の力を藉《か》りて白根郷の豊富なる天然瓦斯を宣伝し、工場誘致に懸命の運動をしてゐる。その熱心実に驚くべきものがある。」

図 5-4　理研電線白根工場(『新津・白根(写真集ふるさとの百年)』)

(150)

石山による理研の工場誘致には、盟友を含め白根町の関係者が参画したが、特に目を引くのは、理研紡績の取締役の一人に、石山の義兄・川瀬文蔵が名を連ねている点にある。文蔵を理研の取締役へと推薦したのが、他でもない石山であった。「家業不振で長年不遇であったところ、戦前自分が理研電線をこの白根に誘致したときに、文蔵を推して取締役にしたのであった」と石山自身述べている(『ダイヤモンド』一九六三年七月一日号:51)。

とはいえ、文蔵もまた町の有力者の一人であった。文蔵について『官報』(一九一三年一〇月二九日)では大正殖産株式会社の監査の一人に名を連ね、『新潟県年鑑　昭和八年版』(一九三三年)によると一九三三年時点で町会議員を務めていた。『越佐名士録』(一九四二年)においても「夙に実業界に投じ、白根町に於て川瀬木箇製作工場を経営する外、諸事業に関係し、就中《なかんずく》理研紡織(株)取締役として経営に参画し貢献多大である」(485)と評されるなど、「家業不振で長年不遇」という石山の印象とは裏腹に、文蔵は実業家、町会議員として白根町では一定の地位にあったようである。

いずれにしても、石山は工場を誘致するだけでなく、その経営に地元の人間を参画させた。相沢も当時刊行された『ダイヤモンド社二十五年史』にて、石山を「氏はまた郷里に尽すことゝ、友情に厚いことで知られてゐる。自然に恵まれない雪の越後の振興と、郷里白根町の産業に非常な努力を尽されてゐる」(109) と綴っている。

理研コンツェルンと大河内正敏

石山と白根町の誘致に理研側が応じた背景には、大河内が掲げていた「科学主義工業」と「農村工業」といった方針が大きく関わっている。資本主義に対して智能主義の重要性を説く大河内は当時、理研の研究成果を自前で事業化する「科学主義工業」を提唱し、六三社もの関連企業を設立した(理化学研究所：24)。「理研コンツェルン」と呼ばれた理研産業グループの一環として、理研電線も設立されたのであった。『理研コンツエルン株式年鑑昭和一三年四月』(一九三八年)では、理研電線は「昭和九年の設立にかゝるから理研コンツエルンでは古い方である」(60) とされている。

科学主義工業を実践する場として、大河内が注目したのが農村である。当時、大河内は自ら『農村の工業』(一九三四年)を刊行し、「農村経済の立て直し、農村振興の一方法、として農村を工場化すべしとは、自分の年来の主張である」(3) と説いていた。大河内の掲げる農村工業は「今日の大工業組織の工場を、幾多の小工場に分解して地方に散在せしめ、更にその工場の作業の一部をその地方農村の家庭に、分散せしめようとするものである」(5) として、農村で生活する女性を職工として登用するように促した。

大河内による農村工業化計画と、白根町関係者による地元振興の思惑とが、利害の一致をみた結果、白根町への工場誘致が実現したのであった。石山は両者をつなぐコーディネーター的役割を果たした。

理研電線株式会社について、『電線時報』（一九九〇年四月号）の「わが町・わが村」では、「当社白根工場は、大河内博士の主唱する科学主義工業の実現と農村工業の振興という経営思想の下で、この地に設立された」(24)とされている。地元においては「理研電線は白根の工業界のリーダー的存在」と評されるほどであった（白根市教育委員会編：968）。

さらに石山は理研自動車改造株式会社の監査役も担当し、上越興業株式会社の取締役としても大河内とともに名を連ねた（『理研コンツェルン株式年鑑 昭和一三年四月』）。また石山は理研ピストンリング工場の柏崎への誘致も行うなど、故郷白根町以外にも新潟県全般における理研コンツェルンの展開を推し進めた。大河内の理念を具現化する参謀として石山は、新潟への理研の工場誘致を実現していったのである。

従来の資本主義工業と対比する形で、大河内は科学主義工業を打ち出したが、実際の運営上は必ずしも順風満帆というわけではなかった。むしろ農村への資本主義の浸食ではないかと見る向きもあった。林廣吉「議会における農業問題」『我観』（一九三六年二月号）では、白根工場における労働争議が取り上げられている。

「ところで最近、農村工業の元祖大河内正敏博士経営するところの理研電線白根工場（新潟県）では日給平均二十二三銭で、この低賃銀に堪り兼ねた女工が危くストライキをやらうとし、すつたもんだの揚句《あげく》、十銭値上で漸《ようや》くケリがついた事実がある」(115)

ストライキ自体は回避されたが、当時は批判的なまなざしも向けられていた。『政界往来』(一九三七年九月号)の稲村隆一「農村の破壊者」では、農村工業化への批判のやり玉として石山の工場誘致が挙げられている。「私は農村に住居してゐる関係上、眼のあたりにこれ等の結果を毎日目撃してゐるので、二、三の実例を挙げて、こゝに正体を暴露して見よう」として、同記事は農村における女工の「搾取」を批判した。

「第一が農村工業化運動の提唱者大河内正敏を社長とする理研ピストンリング柏崎工場である。これは新潟県出身者ダイヤモンド社長石山賢吉の誘致運動が効を奏して建設せられたものである。これが農村子女に与へた影響は、子女の健康の腐蝕と飢餓的賃銀を社会的に承認せしめたといふに止まつてゐる。」(89)

こうした批判の声をよそに、石山は白根町への工場誘致に邁進《まいしん》した。誘致活動のなかで石山は大河内との関係も深めていったが、その様子は『ダイヤモンド』の誌面にも見て取ることができる。大河内は、折しも白根町への理研電線の工場誘致が進められていた時期に、「日本は製鉄国たる素質を持つて居る」(一九三三年三月一一日号)、「科学と発明の齎《もた》らせる第二産業革命」(一九三三年一一月二一日号)などの記事を寄稿していた。その後も、理研紡績の開設直前に、「第二産業革命」(一九三五年五月一一日号)、「工業の発明化」(一九三五年五月二一日号)、「科学工業の芋蔓《いもづる》式経営法」(一九三五年六月一日号)として、科学主義工業や農村工業を宣伝するかのように『ダイヤモンド』には立て続けに大河内による寄稿が掲載された。『ダイヤモンド』における大河内の寄稿は、理研コンツェルンの広報的役割を担うとともに、石山にとっても白根への工場誘致を正当化する理論的根拠となったはずである。

理研の工場誘致を進めるなかで、石山は人物評論の題材としても大河内正敏を盛んに取り上げるようになる。『事業と其人の型』では「大河内式理研型」として大河内を絶賛した。

「大河内氏は、自身学者であつて、実際家であり、同時に、理化学研究所の所長であるだけに、氏の事業経営法は、最も進歩的であり、模範的である。其の式、其の型は、特筆大書して、一般に伝ふ可きものである」(82)

慶應幼稚舎出身の大河内は交詢社の会員でもあったが、大河内に対しては人物評論として取り上げるだけでなく、実際上においても「高等幇間」ぶりを発揮していたようである。石山は大河内のもとへ出入りするようになっていた。

一九三七年の理研新年会にも石山は参列しており、そこでの大河内の挨拶を石山は当時台頭していた「独裁体制」の指導者になぞらえて称賛した。「何と云ふ強い声明であらう。恐らく、ムッソリニー、ヒツトラーと雖も、これだけ強い声明はしないであらう。乍併《しかしながら》、此の強い声明も、大河内博士の口から聴くと、トゲ〳〵しく感じない。誠に尤もに感ずる。其処が博士の人徳である」と綴っている（同：91f）。

新年会の挨拶をめぐる大河内と石山の関係性については、後にリコーの社長となる市村清が自著『闘魂ひとすじに』（一九六四年）で取り上げている。市村は理研コンツェルンで要職を務めていた一九四二

図 5-5　大河内正敏（『大河内正敏、人とその事業』）

年、太平洋戦争が始まって間もない新年宴会で、大河内と対立して理研から独立した。この「新年宴会事件」のきっかけとなったのは石山であった。市村によると、「今後、理研傘下の事業はいっさい私の独裁でいく」（134）という大河内の訓示に噛みついた市村が、宴会の席上で大河内に詫びを入れようとした。

「そのとき、新潟の工場関係で平重役をしていた経済評論家の石山賢吉氏が、横から出てきて先生の前に坐った。

「今日はまことに名訓示でした。偉大な指導者を得た際には独裁にかぎります」

石山氏はそんなことをいって、酒を注いでいる。とたんに私は向かッ腹が立ってきた。

「石山先生、あなたはジャーナリストだと思っていたら、太鼓持ちもやられるんですか」

思わずそういってしまった。

「バカヤローッ」

一喝したのは、大河内先生だった。」（135f）

市村は「なあに、石山さんとこの雑誌は、いつも俺の悪口ばかりを書くから、逆に悪口を書かれたらどんな気持になるか、一度、味わせてやったまでのことだ」と語っており（『財界』一九六四年一月一日号：177）、幾分「悪口」として強調された面もあろう。とはいえ、「高等幇間」の面目躍如ともいえるエピソードである。

「ドライな仕事」の「ウエットな魅力」

石山は新潟市の中心部に日本軽金属の工場誘致も行っている。当時、東京電燈の社長を務めていた小林がアルミニウムに着目し、古河電工とともに一九三九年に日本軽金属を設立していた。「東電の社長・小林一三さんに頼んで、信濃川左岸の日本軽金属の工場の誘致に成功した」（『ダイヤモンド』一九六三年七月一五日号：39）と石山自身の言葉にもあるように、同社のアルミニウム製錬工場を新潟へ誘致しようと、石山は親交の深い小林へ働きかけたのであった。『日本軽金属二十年史』（一九五九年）には「雑誌『ダイヤモンド』の社長石山賢吉氏は、かねて当社用地のあっせんに尽力していたが、その出身地の新潟県に適当な土地があると知らせてきてくれた」（50）と記載されている。『新潟商工会議所八十年史』（一九七九年）でも、日本軽金属の工場誘致における石山の「尽力」が強調されている。

「航空機など、軍需用資材としてのアルミ確保のため、日本軽金属株式会社が国策会社として設立され、新潟にも進出した。その理由として、阿賀野川水系の豊富な電力があること、さらに広大な工業用地（信濃川沿岸の出来島《できじま》）が買収されたことなどが上げられる。同社は、ダイヤモンド社長石山賢吉の尽力などにより、十七年五月末、全設備を完成し、操業を開始した。」（92）

さらに石山は、東京合同タクシーや東京地下鉄道などで重役を務めた実業家の寺尾芳男とともに、新発田における日曹製鋼の工場誘致を手掛けていた。新発田出身の寺尾は戦後、岡田正平や田中角栄を支援し、新潟県における「政界の黒幕」ともいわれた。新潟日報社編『民選知事五代上巻――県政支配の構図』（一九七八年）における寺尾に関する記述のなかには「戦時中は、知己の石山賢吉（ダイヤモンド社長）ら郷党や政界のあっせんで新発田に日曹（現大平洋金属の前身）やその他の軍需工場の誘致に一役を買い」（13）という説明が見られる。新発田の工場誘致については、『図解にいがた歴史散歩 新発田・北蒲原2』（一九八五年）において、石山の具体的な関与が記されている。

「昭和八年（一九三三）から十四年にかけて、県内各地には大企業の進出が相次いだ。しかし新発田地方には目ぼしい工場としては大倉製糸工場があるだけで、産業不振が続いていた。農村依存の消費都市から脱脚しようと、町の人々は一体となって真剣に工場誘致に取り組んでいた。たまたま、十三年六月、在京北蒲原郡振興会発会式の際、ダイヤモンド社長石山賢吉が「日本曹達㈱が加治川上流に自家発電所建設を出願しているが、その認可があれば日曹工場の誘致があるいは可能となろう」と話した。それが契機で挙町一致の熱烈な誘致運動が展開され、難関の電力供給問題も解決し、用地は鴻沼《こうぬま》村を合併し、新発田町域の中で建設されることになった。」（119）

また長岡においても、石山は日本繊維工業の設立に関与していた。『長岡の歴史 第五巻』（一九七二年）によると、一九三七年「たまたま、全国紡績業界の面々が来岡したのを機会に、石山賢吉の斡旋で、大日本紡績常務取締役今村奇男《くすお》・南海電車社長寺田甚吉や大阪・名古屋の業者と地元長岡市によって資本金千二百万円の日本繊維工業株式会社が誕生」（469）し、石山も同社の相談役に就任している。長岡ではさらに、長岡の津上製作所の工場誘致にも関わっていた。

石山が手掛けた新潟への工場誘致は、白根町のみならず近隣地域も含めて、確認できるだけでも五カ所にも及ぶ。後年、石山自身は割に合わない仕事であったと振り返っている。

「工場誘致の運動を、県や市が中心になってやるときは、それぞれの運動費の出どころもあるが、ただ有力家だからとて、この運動をやるには、個人としての犠牲が大きいわりに、別に報いられるところがない。それでまったく容易なことではなく、ソロバンにはまったく引き合わないものであった。」（『ダイヤモンド』一九六三年七月一五日号：39）

実際、当時の地元紙においても、工場誘致に対して行政が消極的だった状況が伝えられていた。当時『新潟新聞』（一九三九年三月六日）では、「県市が工場誘致を口にしながら工場敷地を一寸も考へてゐないのは残念だ。新潟は工場地帯として絶好の条件にあるのだから今後電力と共にこの点を考へてもらひたい」（375）という石山の談話が紹介されている。

「県市が工場誘致を口にしながら」というのは、工場誘致を促進する条例を指すと考えられる。当時、新潟県は一九三四年に「工場課税特免条例」を制定し、新潟市も呼応する形で、同年「工場建設奨励規定」を制定していた。新潟市合併町村史編集室編『新潟市合併町村の歴史――基礎史料集七』（一九八四年）によると、「本県は電力・水資源が豊富で、労働力も当時不況であった農村から容易に得られたので、多くの軍需工場が一斉に進出してきた」（3）と記される。工場誘致の免税などを定めた県や市の条例制定に県会議員だった相沢成治がどこまで関与したかは定かではないが、石山による工場誘致の実現には、工場誘致の優遇措置を講じる行政の施策も追い風となったのは間違いない。
ただ興味深いのは、石山にとって工場誘致のモチベーションが、地元振興という崇高な理念だけではなかった点にある。「自分がさかんに本県に工場を誘致していた当時、その運動も熱心にやったが、じつは美人で鳴る新潟の女への魅力が、大きな誘因であった」と語っている（『ダイヤモンド』一九六三年七月一五日号：39）。石山にとって故郷を追われる要因となった芸者遊びが、故郷に関与することによって再燃したのであった。

「それまであまり仕事にばかり熱中し、無粋な生活をしていたためか、五十路（いそじ）の坂を越してから、女遊びに深い興味をおぼえた。工場誘致の運動や、その実現を図りながら、大いに遊ばせてもらった。工場誘致ということ自体は、ドライな仕事であっても、そのかげには新潟美人というウエットな魅力があったことを告白せずにいられない。」（同：40）

石山は一九三七年、新潟港の防波堤延長をめぐる問題に際しても、新潟県議の桑野確次が選出した調査会の特別委員の一人に選ばれている（新潟市政進展史編さん部 1968：153）。その後も一九四〇年の新潟港拡築運動に参与し、相沢成治をはじめ県会議員とともに中央の関係省庁への陳情活動も行っていた。

「新潟港拡築運動の最後の陳情をするため、県から安井知事、井上市長、白勢会頭、関屋県会議長、安倍市会議長、吉川同副議長および佐藤芳男、相沢成治氏と共に東京の小柳、松木、松井、加藤各代議士、長谷川貴族院議員、大倉男爵、芳沢鎌吉、石山賢吉、塚野俊郎の諸氏が県人会事務所に集合して対策を協議し、内務省に主力を注いで、明年度予算の獲得に陳情をした。」（同：351）

その動機はどうであれ、工場誘致や港湾拡張を実現していった石山は、故郷での地盤を着実に築き、その過程で政界とも接近していくこととなった。

「智能主義」を掲げた大衆経済雑誌

一九三〇年代後半、実業家としての活動が顕著になってきたが、石山は本業の出版業においても新たな領域を開拓する。政財界の人間に触れるなかで、石山の関心はもはや株式市況だけでなく、経済動向一般や政治情勢にも及ぶようになっていた。そうした関心の拡がりは、一九三七年における『経済マガジン』の創刊に具現化される。

『ダイヤモンド』では姉妹誌として、創刊予告が大々的になされた。『ダイヤモンド』一九三七年三月一一日号では、「画期的新雑誌創刊」として、「誰にも分る経済」や「面白くて為になる」といった謳い文句とともに宣伝された。『経済マガジン』が、「経済の知識を欲求する学生、サラリーマン」、「商売の繁昌を願ふ商人」を対象とした「通俗な経済雑誌」として企画されたことを強調している。「高等小学卒業以上の学力があれば、誰にでも分る通俗な経済雑誌」という言葉からも分かるように、慶應義塾商業時代の石山のような読者を想定していたようである。

石山肝いりの雑誌であったことは、創刊の経緯からもうかがえる。創刊が予告されたのは一九三七年三月であったが、創刊準備号を二度も制作している。石山の納得できるものになるまで試行錯誤を経たのちに、六月にようやく正式な刊行にこぎつけたのであった。

図 5-6　『経済マガジン』創刊広告（『ダイヤモンド』1937 年 3 月 11 日号）

『経済マガジン』創刊号（一九三七年六月号）の巻頭でも、石山自身による「発刊の辞」を掲げられている。石山は「ダイヤモンドは余りに専門的であるから、もっと解り易い、興味のある、一般的の経済雑誌を発刊する計画を致しました」(10) として創刊の狙いを述べた。

「私は、今より二十五年前に、ダイヤモンドを創刊いたしました。これは、「投資」の方面の記事を主にいたしました。其の後、一般経済記事も加へましたが、中心記事の「投資」が専門的である処から、凡《す》べての記述が専門的になつて、解り易い経済雑誌にはならないのであります。

そこで、ダイヤモンドはダイヤモンドとし、別に新雑誌の発刊を計画したのであります。」(11)

ダイヤモンド社としても、投資家とは異なる新たな読者層の開拓を目指して創刊されたのが、『経済マガジン』であった。

執筆者においても『ダイヤモンド』と比して、企業批評や業界分析の専門家よりは、むしろ論壇で活躍する評論家が積極的に起用された。創刊号には、「通俗経済雑誌」を名乗るだけあって著名な論者による政治経済評論が並んでいる。政治学者の蠟山政道《ろうやままさみち》「時局に対する私の見方」、自由主義を掲げた清沢洌《きよし》「近衛内閣の出現理由とその将来」、ジャーナリスト・大宅壮一「宗教企業のうらおもて」、『読売新聞』社長の正力松太郎「私が今日の読売を仕上げるまで」など、著者の顔ぶれからも、投資予測や企業分析が中心の『ダイヤモンド』とは趣向が異なることが見て取れる。

続く第二号（一九三七年七月号）にも、芦田均「スペイン革命の余燼」をはじめ、当時は法政大学にいた美濃部亮吉「産業五ヶ年計画と経済統制」、当時農水大臣を務めていた有馬頼寧《よりやす》「農村政策の転換」、経済評論家の小汀利得「馬場・賀屋・吉野を訊問する」などが並んでいる。

小林一三「我が半生を語る」（一九三八年一月号）や北昤吉「対支策の重心は中支に置け（現地江南を観て）」（一九三八年六月号）など、以降も経済論客や政財界の名士の寄稿が誌面の中心を飾ったが、その顔触れは交詢社や新潟県人会を中心に築いた石山の人的ネットワークを生かしたものでもあった。

創刊号の論客には、大河内正敏「科学は天然資源を生む」も含まれるが、『経済マガジン』が理念として掲げたのが「智能主義」である。創刊号では、石山による「発刊の辞」に続いて掲載されている「同人偶語」では、「智能主義」を強調している。

「我々の標語とする処は、智能主義といふことである。我国の如き資源の欠乏、資本の不足を或る程度まで救済し、解決するてだてがあるとすれば、それは人間の智能の外にはない」(13)

ここでいう「智能主義」は、他でもない大河内が科学主義工業との関連において説いた理念でもある。先にも触れたように、石山は地元新潟で理研コンツェルンの工場誘致を大河内とともに進めていたが、そうした人間関係に大きく影響を受ける形で『経済マガジン』も制作された。大河内正敏はその後も一九三八年九月号で「農村の女工は男工の二倍働く」を寄稿するなど、同誌においても農村工業化論を唱えた。第二号（一九三七年七月号）においても石山自身が「昭和五人男」と題し、大河内正敏をはじめ、日産社長として当時満洲にも進出していた鮎川義介《あゆかわよしすけ》や、武藤山治の後を継いで鐘紡の社長となった津田信吾ら財界人を「智能主義」の体現者として評する講演記録を掲載している。その後、鮎川義介「私の体験から気付いた日本の尊き資源」（一九三七年一〇月号）、津田信吾「戦時戦後の経営をどうする」（一九三八年二月号）といったように、石山が名前を挙げた面々も誌面に登場した。

図 5-7 『経済マガジン』創刊号（1937年 6 月号）

読者参加型企画と青年教育

大衆経済誌を標榜する『経済マガジン』では、読者に対して雑誌への愛着を喚起するような読者参加型企画も積極的に実施された。「世人の実利実益に資する特色ある記事」によって読者を獲得してきたことを強調し、「読者と共同して作る趣旨」から記事の投稿を読者へ募り、同時に「本誌を更に汎《ひろ》く押し拡めるため」として「読者倍加運動」への参加を誌面で呼びかけた（『経済マガジン』一九三八年一二月号：75）。さらに「愛読者に告ぐ！」（『経済マガジン』一九三九年二月号）のように、誌面上でも読者本位の姿勢がたびたび宣伝された。

「経済マガジンは現代人に必要な日常の知識を提供することを目標とする。従ってその記事は実際的であり知能的である。同時にそれは新知識である。最も力を注ぐ経済解説と実務知識と、人物紹介とである。本誌のあらゆる記事がこの目的に添ふ様に強化して行く。実務記事は直ちに日常の仕事に役立つ知識である。人物記事は社会の生きた手本としてその技倆や仕事を紹介するのである。かくして経済マガジンは日常知識の宝庫として、読者諸君の希望を充し得ることと丶信ずる」（118）

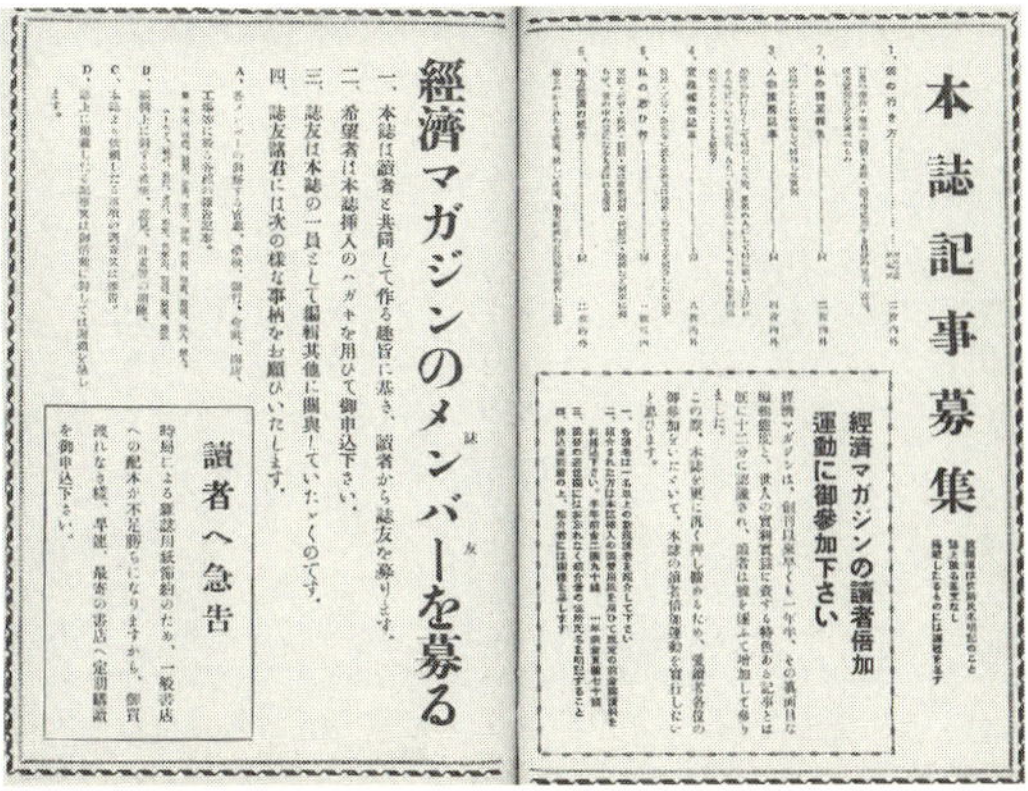
本誌記事募集

經濟マガジンの讀者倍加運動に御參加下さい

經濟マガジンは、創刊以來早くも一年半、その眞剣目な編輯態度と、世人の實利實益に資する特色ある記事とは既に十二分に認識され、讀者は號を逐ふて増加して參りました。

この際、本誌を更に汎く押し弘めるため、愛讀者各位の御參加をいただいて、本誌の讀者倍加運動を實行したいと思ひます。

經濟マガジンのメンバー《誌友》を募る

一、本誌は讀者と共同して作る趣旨に基き、讀者から誌友を募ります。
二、希望者は本誌挿入のハガキを用ひて御申込下さい。
三、誌友は本誌の一員として編輯其他に關與していたゞくのです。
四、誌友諸君には次の様な事柄をお願ひいたします。

讀者へ急告

時局による雜誌用紙節約のため、一般書店への配本が不足勝ちになりますから、御買洩れなき様、早速、最寄の書店へ定期購讀を御申込下さい。

図 5-8　読者参加型企画についての告示（『経済マガジン』1938 年 12 月号）

投資家向きに企業分析が中心とした『ダイヤモンド』本誌に対して、『経済マガジン』では実務記事や人物記事など「日常知識」が掲げられ、読者の参加を訴えた。「読者だより」（『経済マガジン』一九三八年一二月号）には、「新潟県白根町川瀬文蔵」の名前も見られる。石山にとっての義兄は、「マガジンよくなりました」としたうえで、「読書力の不足な私共に読ませるのが編輯人の手腕と考へます。七面倒臭い文句や文字は有難くありません。現実にはまつてゐる問題の解説記事を読者は望んで居ります」（188）と、身内の存在も読者募集のために活用した。

　読者参加型を重視した背景には、石山の抱く青年教育志向が関わっていた。一九三〇年代、石山は自らと同じような境遇のなかで立身出世を目指す青年の養成を目指すようになる。石山によって一九三四年よりダイヤモンド社に少年寮を設けた。蒲田区道塚町に寮を建築し、第一期生には六名が入所しているが、そのなかには石山の地元白根町出身者も含まれた（「同人消息」『ダイヤモンド』一九三四年四月二一日号：159）。寮生は年々増加し、一九三九年時点では寮生は六二名にまで達した。

図 5-9　ダイヤモンド社少年寮の教室（『ダイヤモンド社二十五年史』）

> 「工場の見習工、編集・営業の給仕或は助手たるべき少年を、最もよく育成し、社の発展を図ると共に、少年の向上を期する目的で、高等小学校卒業生を採用して勤務と生活を規律の許に行はせる。
> 　期間は五ヶ年、制服及び食住一切を給与し、年限に応じて一定の小遣を支給する。卒業後は一度退社とし、技能に応じ更めて採用するのである。」（石山皆男編：42）

　少年寮では、「出勤して一日働き、帰寮後教室に於て自習又は講義があるが、近頃は夜間中等学校や、青年学校に通学するものが多くなった」(43)と記されたように、慶應義塾商業に通った石山の青年時代を想起させるような生活を入所した少年たちは送っていたようである。寮内の教室には、石山の肖像写真と、石山が記したと思われる「誠実勤勉」の校訓が見られる。

少年寮の設置に呼応するように、『経済マガジン』創刊の前年となる一九三六年には、「学生の副読本」として『ダイヤモンドウイークリ』を創刊している。「実業学校や専門学校の学生に経済を解説することを目的」として刊行された同誌では、「中等実業学校の生徒に課外教材」として読まれ、全国の実業学校生徒から「我等の郷土産業」に関する懸賞募集を企画するなど、石山の新潟県人会での仕事とも連動するような雑誌となっていた（石山皆男編：27）。

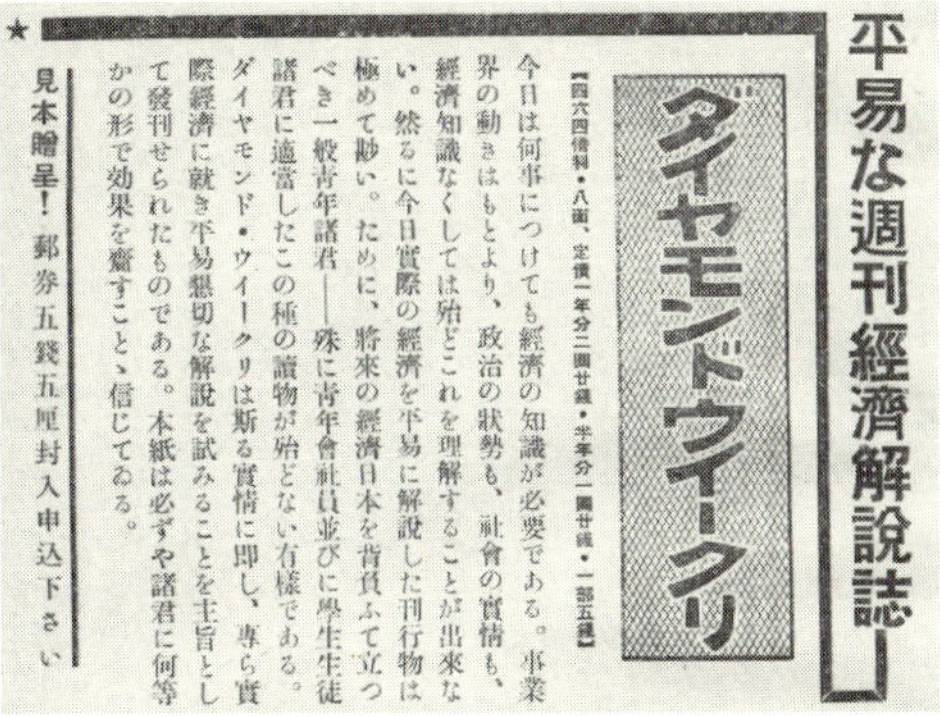

図 5-10　『ダイヤモンドウイークリ』の広告（『ダイヤモンド』1936 年 9 月 11 日号）

青年教育を主眼に置いた『ダイヤモンドウイークリ』は、『経済マガジン』の前身と位置付けられており、「ダイヤモンド・ウイークリの経験をもとに、これを更に拡充した経済大衆雑誌」(28)こそが『経済マガジン』であった。

石山自身も自らの青年時代を投影するように、『経済マガジン』において「学歴」よりも、「智能」を重視する態度を主張した。

「マガジンは新知識と新人物と経済界の動向を示す事が、主なる目的である。新人物は智能の優れた人、学校よりも社会で優等の成績を挙げた人、特殊技術を有する人を目標にして居る。」（「随想記」『経済マガジン』一九三八年六月号：87）

『経済マガジン』では、大河内が説く智能主義を、石山は独学に基づく修養主義という自らの信条に合わせて換骨奪胎《かんこつだったい》し、青年からさらに一般大衆へと読者層の拡大を図った。

自己宣伝としての随筆

『経済マガジン』においては、石山自身も「随想記」や時評、連載読み物など毎号複数の記事を担当したほか、社内における石山の様子を描いた「社長室の描写」欄も設けられ、自らの姿を誌面の前面に登場させた。

一九二〇年代、将棋観戦記を担当するようになった石山は「面白く読まれることに眼目」を置いた記述スタイルを志向するようになり、さらに人物評論に派生させていったが、『経済マガジン』では論述の対象を人物評論から処世術や成功譚にまで拡大させていった。

処世術としては、デール・カーネギーの著書の紹介と解説を『経済マガジン』一九三七年一二月号から断続的に連載している。一九三七年に創元社より翻訳版『人を動かす』が刊行されていたが、『経済マガジン』では「池田藤四郎二世」とも呼ばれた京谷大助が翻訳を担当し、石山はその内容に解説を加える形で掲載され、石山の著書『処世哲学』（一九三八年）として刊行された。

処世術に長けた財界人の成功譚を石山は『経済マガジン』で記していくが、そこで取り上げられた代表例こそ、理研の大河内正敏と講談社の野間清治であった。

石山にとって大河内が智能主義の提唱者であるならば、「智能の勇将」が野間であった。『経済マガジン』の創刊号では、「智能の勇将」として「雑誌王野間清治」が紹介されている（174）。野間に対しては、奇しくも野依秀市が『実業之世界』で糾弾キャンペーンを展開するなど執拗に攻撃していた（佐藤 2021：279f）。野依が「積悪の雑誌王」と非難した一方で、対照的に石山は野間について立身出世を実現した「雑誌王」として持ち上げた。

「東西雑誌王」という題で、アメリカの有名女性誌の編集長だったエドワード・ボックとともに、講談社を築いた野間について『経済マガジン』一九三八年一〇月号からその後、五回にもわたって、両者が「雑誌王」へと至る生い立ちを紹介している。

「東西雑誌王は、いづれも貧家に生れた。日本の雑誌王は、貧乏士族の小倅《こせがれ》、米国の雑誌王は、流浪者の次男である。互の出発点は似て居る。そして、大成功をした。これから見ると、貧乏人の子に生れるのも、悪くない。貧乏人の子に生れると、奮発心を起す。それが大成の因をなす。成功者は、大概、貧乏人の子である。大河内正敏博士の如く、名門に生れ、偉い人になつた者は少ない。」（178）

前章でも触れたように、石山は野間と共同印刷争議以来、将棋を指す間柄となり、さらに野間が経営する『報知新聞』にも部下の皆川省三を送り込むなど公私ともに関係を深めていた。『経済マガジン』

野間清治
東西雑誌王 (4)
石山賢吉
初期の青年時代

図 5-11　野間清治を取り上げた「東西雑誌王」の連載（『経済マガジン』1938 年 12 月号）

が採用した「面白く為になる」という宣伝文句も、元来講談社が掲げてきたものであり、野間の影響を石山が受けていたことの証左ともいえよう。折しも野間が一九三八年一〇月にこの世を去ったこともあり、石山は「私が雑誌を始めたのは、野間氏より早い。然し、事業の規模は、野間氏の十分の一にも当らない。野間氏は、雑誌事業に偉大の成功をした人である」といった内容を繰り返し綴っている（「随想記」『経済マガジン』一九三八年一一月号：87）。

野間の講談社における成功譚を紹介しながら、石山は「雑誌経営の体験を語る」（一九三八年一月号、同年二月号）、さらに「経済記者修業」（一九三八年六月号から八月号まで）といった自伝的記事を綴っている。石山自身の歩みが、野間の立身出世と重ね合わせるように『経済マガジン』では示されたのである。

とりわけ『経済マガジン』において石山の存在感を強調したのが、随想であった。毎号「随想記」が掲載され、時には石山自身の執筆姿も添えられている。

随筆そのものは、それまでも『ダイヤモンド』本誌や『文藝春秋』などで石山は断続的に記してきたが、『経済マガジン』では「随想記」として連載された。『経済マガジン』において毎号記された石山の随筆は、時事的な話題や身の回りの出来事に関する所感を述べた日記のような内容であった。とはいえ、それは個人的な記録としての日記ではなく、他者に読まれることを前提としたパフォーマティブな日記である。「日記は、付けない。日記を付けることは、昔から嫌いである」（石山㊾：293）と語る石山にとって、随想こそが日々の記録であり、同時に自らの活動や立場の宣伝でもあった。

「戦費怖るゝに足らず」

『経済マガジン』を創刊してから間もなく、一九三七年七月盧溝橋《ろこうきょう》事件を機に日中戦争が勃発した。読まれる日記としての「随想記」で、石山は日中戦争の動向と自らの心境を綴っている。一九三七年九月号では「北支事変が拡大して、いよ〳〵現実に非常時らしくなつて来た。非常時となれば、総ての見方を非常時らしくしなければならぬ」(90)としながら、日中戦争が及ぼす経済面での「期待」を記した。

「支那は、永年、弾圧政治下にあつて、毫も経済的の発展をして居ない。今回の事変で、弾圧政治が除かるれば、これから支那民族は自由の発展をする。そうす

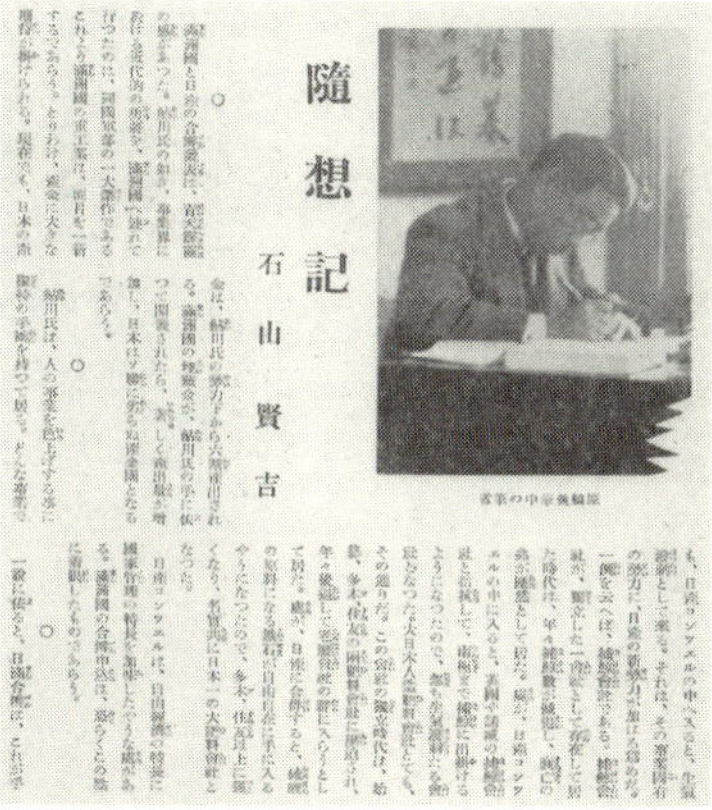
随想記
石山賢吉

図5-12　「随想記」（『経済マガジン』1937年12月号）

図5-13 「戦時経済座談会」（『経済マガジン』1937年10月号）

れば、日本の経済活動の範囲が広まる。そして、本当の日支親善が行はれ、東洋平和が確立する。此の喜びが相場に現はれない訳がない。私は、国威発揚相場が必ず現はれると思ふ。だから、此の際、慌てて持株を売る事は、禁物である。相場が悪くても辛抱して、国威発揚相場の到来を待つ可きである。」（同）

日中戦争に対する石山の問題意識も踏まえ、翌月号の『経済マガジン』一九三七年一〇月号では、「戦時経済座談会」が掲載されている。石山と旧知の関係にある小林一三と松永安左ヱ門をはじめ、内閣資源局長官の松井春生や政友会政務調査会長の大口喜六など政財界の有力者が参加した座談会となった。

特筆すべきは、投資家を対象とした従来の『ダイヤモンド』であれば、小林や松永などの財界の名士だけで企画されていただろう座談会が、『経済マガジン』においては松井や大口ら政界の関係者も加わっている点である。それは、市場動向のみならず、経済政策や政治情勢までも射程とするようになった石山自身が抱く問題関心の拡大を物語っている。

戦時経済座談会が掲載された同号の「随想記」（一九三七年一〇月号）では、石山は日中戦争の状況をかつての日清・日露戦争の記憶を想起しながら綴っている。「私は、日清戦争を知つて居る。私が大事件を体験したのは、これが最初である。それから、日露戦争が起り、欧洲戦争が起り、更に関東大震災を経て、今回又日支事変が起つた。人間も五十年生きると、どゑらい体験をするものである」(75)として、自らの記憶をたどりながら、日中戦争の「戦費」について言及した。

「日清戦争の際は、十二三歳の子供であつた。世の中の事は、一切解らない。只もう戦勝がうれしかつた。我町は、戦勝祝に山車《だし》など作つた事を記憶して居る。日露戦争の時は、東京に出て居た。

（中略）

欧洲戦争の時には、ダイヤモンドを発刊して居た。それに依つて、ダイヤモンドが雑誌らしい雑誌になつた位だから、その時の経済界の動きは、よく知つて居る。

今回は、資金逼迫《ひっぱく》の折柄に、事変が発生した。そこで、戦費をどうするかと云ふ事を、最初思ひ悩んだ。その結果、日清日露の両戦役を回顧した。そして豁然《かつぜん》悟る処があつた。その結果、『戦費怖るゝに足らず』の一文を草し、ダイヤモンド誌上に発表した。戦費を怖れて、反対の結論を得たのだから、面白い。」(同)

石山が挙げている「戦費怖るゝに足らず」は、『ダイヤモンド』一九三七年八月一一日号で掲載されている。タイトルは一九二九年にベストセラーとなった池崎忠孝『米国怖るゝに足らず』を想起させるものであるが、石山は「日清日露の両戦役と比較」という副題の通り、日清・日露戦争の「経験」を踏まえて、「北支事変が拡大して、事件費が二十億円や三十億円に達した処で、屁でもないのである」(12)と説いた。日清・日露戦争時の戦費をはじめ、株式相場や戦時公債、生産額など経済界の動向などを具

図 5-14 「戦費怖るゝに足らず」(『ダイヤモンド』1937年8月11日号)

体的な数字を挙げながら、「戦時には戦時特別の経済作用が起る」のであり「我が経済界には綽々《しゃくしゃく》たる余裕が存し、事変費が増高しても、毫も意とするに足らないのである」と、日中戦争を支持したのであった（石山⑰：30）。『実業之世界』に在籍した際の東京電燈攻撃キャンペーンのように、まず「支那を平定し、東洋平和の基礎を確立し、日本の宿志を達すれば」（同）という結論が先行し、それに見合う形で算盤を弾いたようにも読めるが、重要な点は石山が自らの時局論を雑誌というメディアを越えて宣伝しようとした点にある。

一九三七年八月に石山は、ダイヤモンド研究所を設立した。同研究所については、『ダイヤモンド社二十五年史』では「各種重要問題に関する適切なる調査をパンフレットに印刷し、各方面に配布する目的」(32)とされている。

石山による『戦費怖るゝに足らず』は、ダイヤモンド研究所よりパンフレット化された。同所からは『戦費怖るゝに足らず』以降も、石山自身による『こんな事では鉄価は下らぬ』、『戦時経済の超過と今後』のほか、小林一三『戦時国債発行解決案』、松永安左ヱ門『戦ひの目標と収局』などが発行されている。時局の動向について石山は『経済マガジン』の随筆で記した着想を、『ダイヤモンド』本誌の記事へと発展させ、さらにパンフレットとして発行したのである。

その後、太平洋戦争が開始された頃になると、『経済マガジン』は経済分野の大衆指導誌として目されるようにもなっていた。『雑誌年鑑 昭和一七年版』（一九四二年）では、『経済マガジン』の「時局的意義」が評されている。

「大衆経済雑誌（「経済マガジン」）の時局的意義は大きい。即ち、経済生活が私的生活を脱して公的となればなる程、国民の経済的視野は拡大されねばならない。把みにくい経済的視角を啓蒙的に国民に指示することは、焦眉の急である。判易く網羅的に眼を通じて、経済事情の解明に心を傾けるならば、此の種雑誌の将来は多幸であること疑ひない。」（25）

私経済の専門誌として出発した石山の雑誌経営だが、戦時体制が進行するなかで、『経済マガジン』の刊行を中心に、私経済から公経済、さらには政治分野へと読者への参加を促すようにもなっていた。

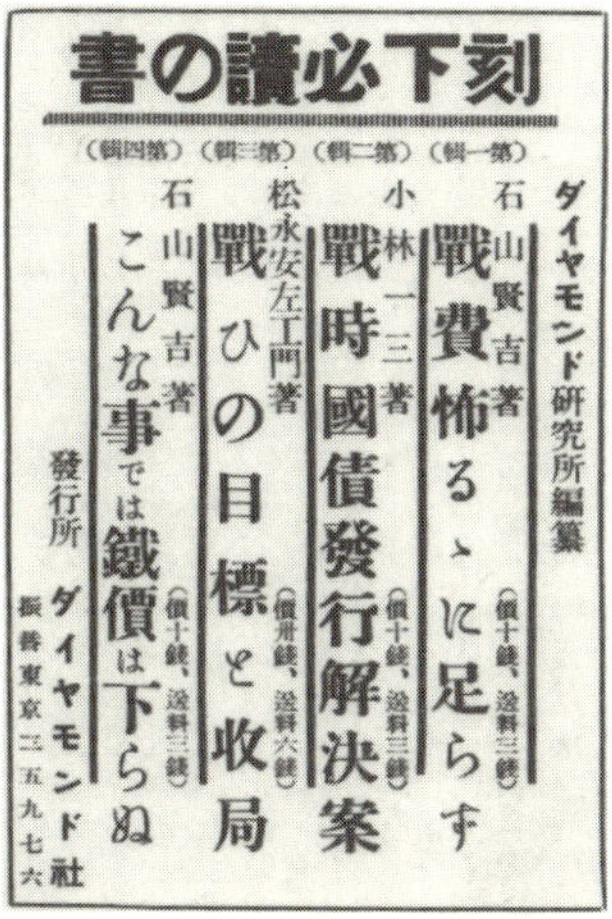

図5-15　ダイヤモンド研究所編纂パンフレット広告（『ダイヤモンド』1937年10月11日号）

市会議員への推挙

大衆経済誌『経済マガジン』が重要な意味を持つのは、石山にとってその刊行時期が政界参入の時期と重なるからである。投資家向けの専門誌に飽き足らず、一般経済誌の創刊による新たな読者の開拓は、経済誌を通した自らの大衆宣伝にもつながった。そして自己宣伝は、政界への進出にも生かされた。

『経済マガジン』の創刊が予告されて間もなく、本誌『ダイヤモンド』（一九三七年四月一日号）の「同人消息」には、石山の市会議員選挙当選が伝えられている。

「石山老は市政革新同盟から東京市議として立候補したが、取締規則が馬鹿にやかましいので、誌上にも御披露しなかつたが、幸に二千五百三十一票を獲得、第四位で当選した……品川区定員五名……もとより正銘疑ひなしの理想選挙で、演説会を十二回開いたゞけだつた。」（207）

表 5-1　1937 年東京市会議員選挙・品川区得票数

1 位（当選）	大橋清太郎（民政党）	4,171 票
2 位（当選）	石原永明（政友会）	3,195 票
3 位（当選）	松原伝吉（政友会）	2,915 票
4 位（当選）	石山賢吉（市政革新同盟）	2,531 票
5 位（当選）	西本啓（民政党）	2,040 票
6 位	森茂（政友会）	2,020 票
⋮	⋮	⋮

『読売新聞』1937 年 3 月 18 日夕刊より作成

石山は一九三七年三月に実施された東京市会選挙に、品川区から立候補した。石山にとっては、初めての選挙戦となったが、定員五名の品川区で第四位となり、当選を果たしている。

民政党と政友会が二名ずつ当選した品川区において、市政革新同盟から出馬した石山は、二大政党に割って入る存在となったわけだが、市会議員選挙への出馬について直接的な契機となったのは、東京市政革新同盟を率いる丸山鶴吉からの要請であった。

東京市政革新同盟は、丸山鶴吉を中心に一九三四年一月に結成した団体で、「腐敗堕落」した東京市政の「改革」を掲げていた。丸山鶴吉の自伝『七十年ところどころ』（一九五五年）によると、それまで区会議員を輩出していた同会だが、一九三七年の東京市会の総選挙では、「外部から如何ように痛烈に攻撃しても革新を叫び続けてもその効果は容易に挙がらない。是非この機会に革新同盟の運動に熱意を注いでいるような立派な人達を市会に送つて、市会と内外相呼応して革新の実を挙げるより外はない」（275）とし、市会へ打って出ることとなった。

そこで白羽の矢が立ったのが、有馬頼寧や菊池寛をはじめとした政財界での有力者であった。『東京朝日新聞』（一九三七年二月六日夕刊）では、「市会改選準備へ」として市政革新同盟での候補者の人選が進められている様子が伝えられているが、石山もその一人であった。

図 5-16　丸山鶴吉（『五十年ところどころ』）

「今度は新顔も大部現はれる予想で、市政革新同盟では御大《おんたい》の丸山鶴吉氏自ら出馬の決意を固め、一区一名を目標に目下革新的人物に自ら出馬を勧誘中である、その中には丸山氏の外、菊地慎三、菊池寛、小原直、有馬頼寧伯、石山賢吉、田澤義鋪《よしはる》氏等が挙げられてゐる」

しかし、丸山による候補者依頼は難航し、「たつた一回の会談で、「よろしい、出ましょう」と答えられた人に、菊池寛氏と、石山賢吉氏の両氏があつた丈けである」と回想している（丸山：276）。

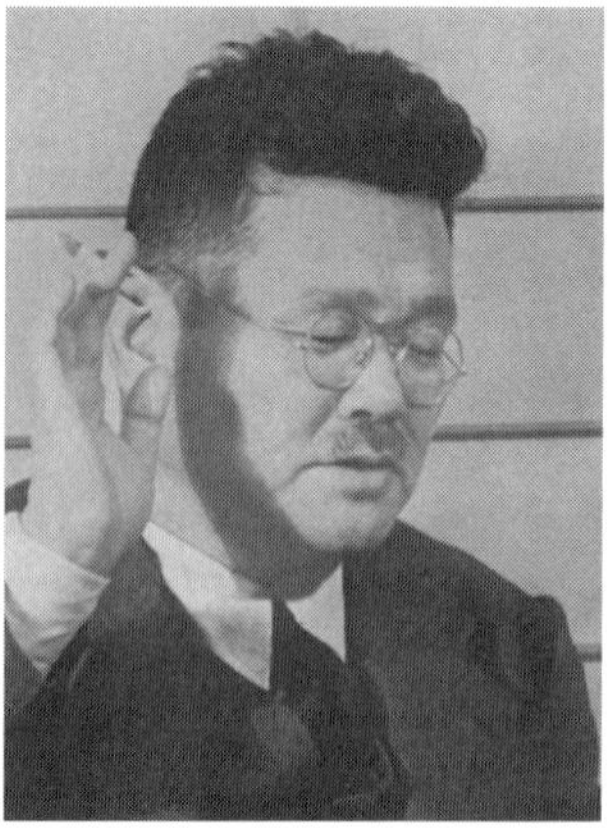

図 5-17　菊池寛（『菊池寛全集 第6巻』）

丸山がどのように出馬要請したのかについては、菊池寛が『文藝春秋』（一九三七年四月号）にて立候補にいたる心境も含めて詳細に記している。

「東京市政革新同盟の丸山鶴吉氏から勧誘されて、東京市の市会議員の候補になつてゐる。いつか衆議院議員の候補になつて、こり〲してゐるのだが、丸山さんが費用は全部此方で出す、ただ承諾さへしてくれゝばいゝと云つて、勧められるので、東京市民たる以上、承諾するのが、いゝのではないかと思つて、やつてゐるわけである。演説会には、素晴らしい景気で空前のレコードだが、当選するか何うかは、今全く分らない。落選しても笑はないで貰ひたい。東京市政に関する抱負などは何にもない。野心もない代り、悪心もない。当選しても後悔するのではないかと、今から心配してゐる。」（128f）

菊池は一九二八年の衆院選に社会民衆党から出馬したが、落選していた。その経験から当初は消極的だったが、「承諾さへしてくれればいい」という丸山の言葉に菊池は応じている。「東京市政に関する抱負などは何もない」と包み隠さず言い切ってしまう菊池にも驚かされるが、丸山としては菊池の知名度を取り込み、選挙戦に活かしたかったのだろう。実際、菊池は選挙戦において市政革新同盟の目玉候補として扱われ、豊島区でトップ当選を果たしている。

ちなみに同欄で菊池は、「雑誌「東宝」で、毎号石山賢吉氏に劇評をやらせてゐるが、あれは滅茶だ。新国劇の「表彰式前後」をケナしてゐる。あの芝居など、近来面白い芝居の一つだ。素人の劇評もなかくいいものだが、年に一度位で、沢山だ」（129）と、石山の演劇評を批判している。

丸山からの要請に応じてすんなりと出馬した石山と菊池は、互いに比較される存在でもあった。安藤良信『次に立つ我々』（一九三七年）では、「石山賢吉と菊池寛」について、「よく似た二人である。性格も、立場も、鼻いきの荒いことも、記者的要素も、経営の手腕も、実力にともなふ名声も、そして、親切に人の面倒をよくみる二人である」（92）とされている。たしかに演劇や将棋といった趣味も含めて共通点が多い両者であったが、石山は稀代の文芸家と肩を並べる存在としてみなされ、その名声を買われる形で市議選への出馬を要請されたのであった。

「推される」政治家の選挙戦

落選した経験から消極的だった菊池に対して、石山は丸山からの要請に積極的に応じている。この選挙戦において、丸山は「忘れることの出来ない」エピソードとして石山が自ら党の選挙活動を支援する姿について回想している。

「何としても選挙をやる以上は、立看板や、ポスターや、労務者の賃銀や初めから多少の費用を要することは当然であるが、同盟に何等の余裕はない。私は以前から懇親を重ねていた雄弁会講談社社長野間清治氏を訪ねて、私の今度の運動の概要を述べて財的援助を乞うた。私の熱心な主張を聴き終つた野間氏は「よく解りました」とその座を退いて軈《やが》て金二万円を包装して私に渡された。金額も何も知らないままで私は引き揚げたが、石山賢吉氏が自発的に数千円を寄附して呉れたりして大体これらの金で私はあの選挙の当初の費用を賄うことが出来た次第である。」（丸山：279）

石山は野間とともに、選挙費の援助を行うなど市政革新同盟にとってのパトロン的役割も兼ねた。本書の冒頭で紹介した選挙速報には目もくれず社長室に籠って執筆に勤しむ様子とは裏腹に、「自発的に数千円を寄附」するほど石山は選挙戦に協力的であった。

丸山もその後、恩返しするかのように、『経済マガジン』にて「北支行軍慰問の旅」（一九三七年一二月号）、「残された世界の宝庫」（一九三八年一一月号）、「邦人はブラジルの至宝」（一九三八年一二月号）を寄稿している。

石山にとって政界進出の伏線となったのは、市会議員選挙に立候補する二年前、『サラリーマン』（一九三五年八月号）に寄稿した「選挙粛正運動」である。そのなかで石山は選挙や政治家のあり方を論じている。

「近ごろ「選挙粛正」といふことがやかましくいはれる。まことに結構なことで、われわれも大いにその趣旨に賛同するし、ゼヒ望ましい。

代議士でも、府会議員でも、県会議員でも、市・町・村会議員でも、それらの選挙のやり方が一様に間違つてゐる。本来「人々」に推されるものでなければならないにもかゝはらず、反対に、「本人」から推してくれと「人々」に押しつけてゐる、これが間違つてゐる。

なるほど、一つの事業をやるに、或ひは一つの商品を販売するのについて、いろいろと奔走するのは分つてゐるが、代議士その他選ばれるべき筈のものがこれをやるのは本末を誤り、その本来の使命を穿きちがへてゐる。

人の信用があつまつてこその、代議士ではないか？　然るに人の「信望」をわれわれから掻きあつめるとは、何事か！

こゝに代議士を例にひいてみよう——かれは代議士に当選する、何回か日比谷の議政壇上に獅子吼し地位がのぼる。政党内の幹部になり、参与員になり、やがて大臣の栄誉あるイスをかちうる。とすれば代議士になるといふことは、とりもなほさず一つのレツキとした職業運動である。

この職業運動に国民のわれわれが提灯をもつといふことは、いくら考へても出てこぬ理窟ではないか。

こんどの選挙粛正運動ではゼヒ、かれらに本来の使命に立返つて、「人々」に推されるものに改めたい。自ら「名乗り」をあげ、猛運動をやり、演説会をひらいて泣き落しをやり、まるで保険会社の「外交員的」行為を絶対に禁じたい。私はかう考へてゐる。」(44)

石山は、選挙とは自分の存在を「人々に押し付けるもの」ではなく、「人々に推されるもの」であると説く。「外交員的行為」ともたとえているように、本職の出版業でも元来広告取りを敬遠していた石山の目には、「職業運動」として自らを押売りする政治家の姿もまた苦々しく映り、批判の対象ともなった。それゆえに人から信用を得て、「推される」存在こそが、石山にとっての政治家像であり、市政革新同盟から要請された東京市議選への出馬はまさに「推された」ものであった。

選挙戦において、自らがいかに「推される」存在であるかを演出する場が、応援演説であった。目を引くのは、選挙運動中の演説会で石山の応援演説に立った顔ぶれである。『ダイヤモンド』(一九三七年四月一日号)の「同人消息」では、石山を「推した」面々を誇らしげに挙げている。

「演説会は顔ぶれもよかつたが、毎回非常な盛会で、全くレコード破りだつた。他の候補者の時には二人三人といふ場所でも、百人以上の人数であつた。弁士は大口喜六、菊池寛、丸山鶴吉、芦田均、下位《しもい》春吉《はるきち》、益富政助《まさすけ》、中野正剛、吉岡彌生、牧野賤男《しずお》、下村宏、北昤吉、竹田敏彦、畑中蓼坡《りょうは》、市川壽美蔵といふ当代の人気者オンパレードだつた。」(207)

政財界や芸能界の著名人が並んでいるが、芦田均と中野正剛、下村宏とは交詢社で接点があり、北昤吉は同県人で、北の運営する『祖国』にも石山の名が新潟県人会関連でしばしば登場している。歌舞伎役者の市川壽美蔵、演出家で俳優の畑中蓼坡については、石山の演劇好きに由来するものであるが、石山自身も「その時、私は劇場や俳優団に関係があつた。応援演説はその関係からであつた」と述べている(石山㊴:41)。

交詢社や県人会、趣味を通じた人的ネットワークが応援演説の顔ぶれにも発揮されたわけだが、石山は出版界と財界での名声を活かして政界進出を図った。

その甲斐もあって当選を果たした石山だが、投票日翌日の『東京朝日新聞』一九三七年三月一八日朝刊には、開票結果を受けて、石山も含め市政革新同盟の当選者たちが明治神宮に出向く様子が伝えられている。

「当選率六割、十五人の立候で堂々九人迄当選――インテリ市民の輿望を担つて革新市政の舞台に躍り出た市政革新同盟の面々は十七日午後四時半明治神宮社務所に勢揃ひし、神前に戦捷奉告を行つた。同盟の御大格で今度は全市での最高点者丸山鶴吉氏をはじめ菊池寛、曽我祐邦《すけくに》、松野喜内《きない》、石山賢吉、道家《どうけ》斉一郎、近藤次繫《つぎしげ》の諸氏（宮尾舜治、大島正徳両氏は欠席）」

事前の予想を越えて九名もの当選者を出した市政革新同盟の躍進は、「インテリ市民」の期待を反映したものとされた。

選挙区の状況について、『品川区史（通史編下巻）』（一九七四年）では「品川においては無産派は乱立がたたって当選できず、代わって市政革新同盟の石山賢吉が、政友・民政の各二人とともに当選した」（703）という。品川区では、社会大衆党から二名、労農無産協議会から一名が立候補しており、無産政党が共倒れとなった状況は、石山にとって追い風となった。

品川區選出　革新同盟議員團員
石山賢吉
現住所　品川區大井鹿島町三一五九（電大森三〇七五）
本籍　麹町區内幸町二ノ三
出生地　新潟縣中蒲原郡白根町大字白根二三六番戸
生年月日　明治十五年一月二日
職業　雜誌社長

図 5-18　1937 年の市会議員選挙当選時の石山（『東京市会議員要覧 昭和 12 年 5 月（第 17 期選出）』）

「改革」の限界と成果

市政革新同盟の一員として市議会議員となった石山は、『経済マガジン』の「随想記」で、当事者として参与するようになった市政の状況を綴っている。

「市会へ出て見ての感じは、議論遊戯の弊である。議論遊戯の弊は合議制体から生れる。之に対して根本的の考へをしなければ、百の改革案を作つても駄目だ。無益の論争を押へ、市長の権限を広くするのが市政改革の根本策である。」(『経済マガジン』一九三七年七月号：81)

市議となって意気揚々と議会へ出席した石山は、「会議は踊る、されど進まず」の様相を呈した議会のあり方を批判している。とはいえ、市政革新同盟が掲げた「改革」は、石山が思い描いたようには運ばなかった。その要因は、市政革新同盟が抱える構造的な課題にあった。赤木須留喜『東京都政の研究――普選下の東京市政の構造』(一九七七年)では、市政革新同盟の課題を次のように指摘している。

「浄化といい改革といい、あるいは刷新といっても、要するに、それらの運動がいわゆる「識者の叫び」であり、「表面上層部」の運動にとどまるということは、逆にいえば、革新運動が自治体ぐるみのものではないことを証明している。運動の性格、とくに限界がここにある。住民の要求が各種広汎な市民運動にまで発展した場合にのみ、市政の体質改善の契機が与えられるのである。このことはいうまでもなく、自明の理であろう。」(211)

東京の「インテリ市民」を中心に支持された市政革新同盟だったが、そこで唱えられる改革案はあくまで「識者の叫び」であって、「表面上層部」のみの動きでしかなかった。議会では「革新同盟議員団」という名の会派で活動したが、あくまで少数政党に過ぎず、その影響力は限定的なものにとどまった。丸山鶴吉自身も、華やかだった選挙活動とは打って変わって、実際の市政活動においては党としての限界を感じていたようである。後年、丸山は自伝のなかで一定の成果を挙げたとしながらも、遅々として進まない「改革」を苦々しく回想している。

「革新同盟は市会内に九名の議員を送つたとはいえ、一六〇名中の九名に過ぎないので、充分にその威力を発揮することは出来ないが、予《か》ねて革新同盟で主張して目的を達せなかつた問題を次ぎから次ぎに取上げて強硬に要求したり、調査費の受領を拒絶したり、大名行列的視察旅行に一切参加しないことを声明したり、不要な宴会には断然不出席の声明を出し厳重にこれを実行するので、この革新同盟議員団は市会各派の鬼門となり、怪しい議案に対しては代表を立てて堂々と攻撃するので、全部の悪を一掃するだけの力はなかつたにしても、十の悪事を八に止め、八の悪事を五程度で止める役割は充分に果したと思う。」（丸山：284）

その一方で、石山個人としては、記者時代から電気事業の関心をもとに電気事業委員を担い、一定の影響力を見せていた。『市政週報』第六号（一九三九年五月）には電気事業委員として石山の名が記されているが、石山が特に関心を持った課題は交通インフラであった。石山自身も当選時の新聞へのインタビューで、「やりたい仕事は多数あるがそのなかでも市電問題だけは全力をあげてやる」（『読売新聞』一九三七年三月一七日号外）と述べていた。

「毎年一千万円の市電の損害は結局市民の負担なのだ。あの古くさい〝ボギー車〟でしかも均一値段だ。郊外電車やバス、地下鉄に喰はれるのは当り前の話ぢやないか。当局者が損失のくる原因も考へないで従業員の給料値下やなんかを持ち出すのは実に愚劣極まる話だ」

一九三〇年代当時、東京市電の利用者は大きく落ち込み、「赤字市電」と呼ばれるような経営不振に陥っていた（東京都交通局：294）。とりわけ関東大震災以降、自動車の利用が見直され、バスやタクシーが普及するとともに、郊外電鉄や地下鉄も含めて、東京市の交通は「事業競争」のような状態となり、市電は取り残されることとなった。

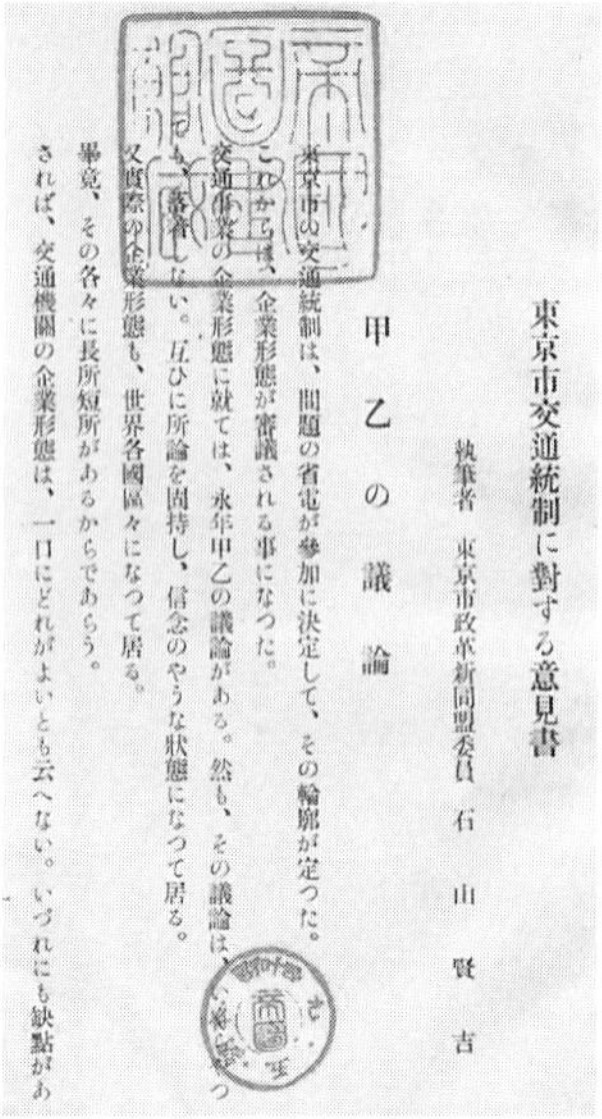
東京市交通統制に對する意見書
執筆者 東京市政革新同盟委員 石山賢吉
甲乙の議論
東京市の交通統制は、問題の省電が參加に決定して、その輪廓が定つた。
これからは、企業形態が審議される事になつた。
交通事業の企業形態に就ては、永年甲乙の議論がある。然も、その議論は、[illegible]
[illegible]も、[illegible]しない。互ひに所論を固持し、信念のやうな狀態になつて居る。
又實際の企業形態も、世界各國區々になつて居る。
畢竟、その各々に長所短所があるからであらう。
されば、交通機關の企業形態は、一口にどれがよいとも云へない。いづれにも缺點があ

図 5-19 『東京市交通統制に対する意見書 第一』（1939 年）

石山はこうした問題意識を、「東京市政革新同盟委員」の肩書で『東京市交通統制に対する意見書』（一九三九年）として実際に発表している。魚住弘久「戦時期「営団」の再検討──その虚像と実像」（二〇〇三年）によると、東京市における交通統制をめぐる交通事業調整委員会において、石山は運営会社の「公法人化」を提言していた。

本拠地ともいえる『ダイヤモンド』や『経済マガジン』でも石山は交通問題をしばしば取り上げている。石山は市会議員となって以来、「重囲の中に淋しく奮闘する東京市電」（『経済マガジン』一九三七年一二月号）、「公営か民営か、半公半官か」（『ダイヤモンド』一九三九年九月一日号）、「交通統制は公法人が最良」（『ダイヤモンド』一九三九年一一月二一日号）、「再び東京交通統制問題を論ず」（『ダイヤモンド』一九四〇年一月一日号）のように、東京市電の公法人化を誌面でも主張するなど、自らが掲げる政策を宣伝す

る媒体として活用した。

市会議員として石山が取り組んだ交通問題について、松尾繁弌『最終東京市会議員誌』（一九四三年）では「斯の如き複雑多岐なる問題の計画に至っては恐らく氏を措いて右に出づる者は無かつたものである」（131）とその対応を評価している。

「氏は任期中五年間電気委員長だつたので、交通上の二大問題に触れて第一は会社統制案問題に関する半官半民の所謂後藤案を排斥して公益法人たることを極力主張し、或いは又バス電車の買収問題に就ては極力適正価格を主張したが、前者は交通営団の設立によりて目的を達成したものゝ後者は遂に主張の全部は認められなかつたけれど、主務大臣裁定価格は会社側よりもヨリ近似したる価格の計算で市の評価格を有利たらしめたものである。」（130）

社長から会長へ

石山は県人会や市会議員として多忙に活動するなかで、本業の出版業においては、一九四〇年ダイヤモンド社の社長を辞している。

当時の石山は、県人会での仕事でしばしば地元へ戻ることが増え、さらに議員としても活動時間を取られることとなった。議員としての多忙ぶりは、市会議員となった当初の「随想記」でも記されている。石山は「市会議員になつての感想をきかれる。未だ成りたてのホヤ〳〵ではあるが、それであつて、強く感じる事は、時間が滅茶苦茶である事だ」とし、夜中まで時間拘束される市会の様子に「翌日、用のない人でなければ、市会議員は勤まらない。此の一事でも、議員の質が低下して行く事がわかる」と述べた（『経済マガジン』一九三七年八月号：66f）。

さらに石山のもとには、商工省からの講演依頼も届いていた。『経済マガジン』の「マガジン消息」（一九三九年一月号）では、「石山社長、寒風を衝《つ》いて、北海道に講演行脚《あんぎゃ》す。先きに山陽近畿の講演を終つて、息つく間もない「長編舌戦行」である。何れも、商工省の御用講演。老来愈々《いよいよ》健在なるを御披露までに――」（252）と、全国を行脚する様子が伝えられている。

こうしたなかで本職に時間を割けなくなったとして、石山は『ダイヤモンド』一九四〇年一月一日号において、自ら「社長更迭《こうてつ》の辞」を記し、社長交代の経緯を説明した。「今回、ダイヤモンド社に会長制を設け、それへ私が退き、阿部君が私に代はる事になつた。阿部君の現職は副社長であります。それが昇格して社長になるのであります」（154）として、阿部龍太が社長となり、石山自身は新たに設けた会長職に就いたのであった。

「私は、社長をやめてもダイヤモンド社の仕事はやめません。特に、原稿は引続き、同じ文量を書きます。私は毎朝宅で必ず原稿を書きます。それが習慣になつて居ます。旅行をした場合でも、時間さへあれば書きます。書かないと淋しく感ずるのであります。職場が変つても、この習慣は廃《すた》れません。」（154）

石山の社長辞任は、経営を社長職の者へ任せ、自らは記者への専念するために行われたものであった。「自分の造つた雑誌とは云ひながら、曠職《こうしょく》の謗《そしり》を免れません。そこで、以前から機会があつたら、経営の方は、誰かに代つて貰ひたいと思つて居たのです」として、石山はどこまでも経営と広告取りの苦手意識を強調する。

「ダイヤモンドは、私が創刊したものですから、仕方なく、経営もやつて参りましたが、特に、営業方面の下手さは我ながら呆れるのであります。ダイヤモンドの経営は二十七年になりますが、自ら進んで雑誌を一冊売り弘めた事がなく広告を一頁取つた事もないのであります。決して、之を自慢にして居る訳ではありません。性格的に出来ないのであります。唯、コツ〳〵と働き、良い雑誌を作る事のみ、心掛けて参りました。『桃李言はざれども、下自ら蹊《けい》を成す』といふのは、時代遅れの処世法であります。今日は政府すら宣伝省を設ける時代となつたのでありますから、雑誌も積極的に営業をしなければなりません。私は、それを承知しながら出来ないのであります。」(155)

石山に代わって社長の座に就いた阿部留太は、石山が郷里新潟で電信技手となるために通った養成学校時代の同期で、その後逓信省に勤めていたが、石山の誘いで一九一八年にダイヤモンド社に入社した。社長交代を伝えた翌号の『ダイヤモンド』(一九四〇年一月一一日号)では、石山は「阿部君と私」と題して、新社長を紹介しながら、自らの多忙ぶりを改めて記している。

「阿部君が発達するに従つて、私が楽になつた。その結果、私は、脇道の方へ手を出すやうになつた。その最も著しいのは、新潟県人会の理事長を引受けた事である。新潟県人会その物には、たいして時間は取られないが、その別動隊として、新潟県振興会といふものを組織した。その為めに、私はよく新潟県へ旅行する。それから市会議員になり、最近又生産拡充研究会に関係するやうにな

つた。それで、外部の仕事が殖えた。それだけ、阿部君の仕事が多くなつた。」（58）

とはいえ、あくまで肩書の変更に過ぎず、実質的な社の権限はそのまま石山が握り続けた。阿部も「就任の辞」において「石山社長は、これから取締役会長となつて総統帥に当る。毎日出社して、内外細大の統括に任ずることに変りない。私は単に伍長勤務となつたゞけである」（『ダイヤモンド』一九四〇年一月一日号：157）と述べている。『経済マガジン』の「社長室の描写」欄も、一九四〇年一月号より「会長室の描写」と改められたが、同欄を担当する石山の「専属給仕」は、「社長と会長とは、どういふ相違があるものか。私には分らない」（269）と記すなど、内部の者ですら社長室から会長室へと「イス」を替えただけのようにも見えていた。

図 5-20 「会長室の描写」（『経済マガジン』1940 年 1 月号）

「親しみ」の創出

石山が政財界での活動に注力する様子は、当時、業界内でも格好のネタともなった。『事業之日本』（一九三九年八月号）には武蔵次郎「ダイヤモンド社を裸にする」として、「「記者で生れて記者で死ぬ」と言ふ看板をブラ下げてゐる石山も客観的にみれば「何んでも屋」でしかない訳だ」（46）と石山の姿勢が批判されている。その批判の矛先は、石山が財界人との交流のなかで強調してきた「耳学問」という姿勢にも及んだ。「石橋湛山のようにともかく自分のイデオロギーで引つぐ《ママ》つて行くのと違ふから、人間が居る時だけの睨みは大した事はない」(50)として『東洋経済』の石橋湛山と比較しながら、「耳学問」を重んじるがゆえの石山の風見鶏的態度について問題視している。

「記者で生れ記者で終ると言ふ石山も客観的には記者ではない。しかも記者であらんとするところに矛盾があるのである。今日原稿を一ツ位書く事は何も記者でなくなつて《ママ》たつて事業家だつて結構やる事である。

耳学問の記者が、編輯長以上の権能をもつて編輯の中に勝手の事を言つてゐたと思ひたまへ。どんな新聞雑誌の記者だつて腐つてしまふだらうぢやないか。勿論石山の原稿はつまらんと言ふのぢやない。さすが老記者？　だけに味がある。だがすぐれたヂヤーナリストであると錯覚を起してはいけない。ヂヤーナリスト、ぢやない。マガヂンが専門家からもの笑ひされて来たのも、石山がヂヤーナリストでない立派な証拠である。」(51)

言論人の石橋に対して、石山は「記者一筋」を自称しながら、政財界の事業に手を出す「何んでも屋」ではないかとその矛盾を指摘する。石山が「ジャーナリスト」かどうかはさておき、石山の振る舞い自身がこうして取り上げられようになるのは、『経済マガジン』の刊行後、自らの存在を前面に登場させていったからである。その最たるものが「石山賢吉文集」であった。

自らの還暦を翌年に控えた一九四一年、石山にとって「多年の労作の集大成」として、ダイヤモンド

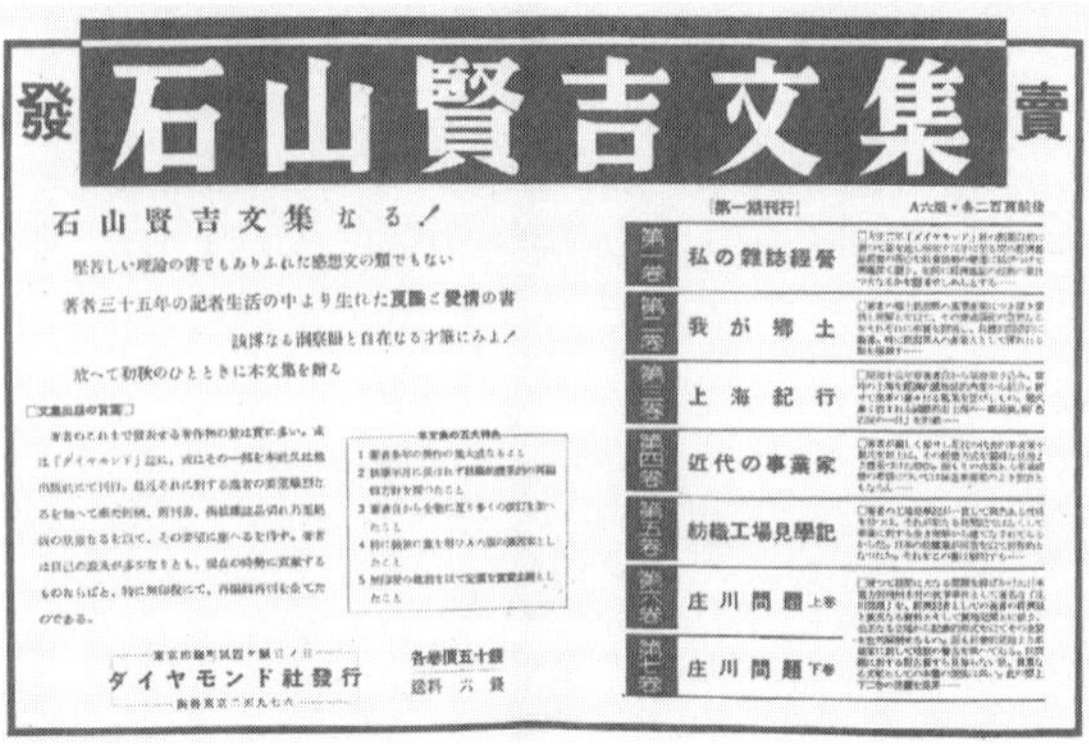

図 5-21　石山賢吉文集広告（『経済マガジン』1941 年 10 月号）

社より全七巻の「石山賢吉文集」が刊行された。『経済マガジン』や『ダイヤモンド』でも刊行に際して大々的な広告キャンペーンが展開された。「堅苦しい理論の書でもありふれた感想文の類でもない」（『経済マガジン』一九四一年一〇月号）、「三十五年の久しきに亘りペンに生き、臨床経済学者としての著者の真価」（『経済マガジン』一九四一年一一月号）のように、会長職就任前後より石山が説いてきた「記者一筋」のアイデンティティがここでも強調されている。第一巻となった『私の雑誌経営』（一九四一年）の序文で、石山自らも独学志向と修養主義的価値を改めて述べている。

> 「私は、記者になつてから、本年で、満三十五年になる。長い年月を無事に勤めて来たから、どうやら記者には及第した訳である。だが、私は、最初、記者に成りおほせる自信がなかつた。況《いわ》んや、雑誌の経営をや。それが、どうにかなつたのは、自ら足らざるを知つて、勉強した結果であるやうに思ふ。」（1）

同シリーズの特徴は、「無印税の建前を以て定価を実費主義としたこと」が打ち出した点にある（『経済マガジン』一九四一年一〇月号）。石山自身も、「印税なしの計算で、出版経済を立てたものである。それでも、私は自分の文集を出したいのであつた。自己陶酔には相違ないが、金銭慾の交つて居ない点を認めていたゞきたい」（石山㉘：2）と強調した。犠牲的出版には、石山への「親しみ」を創出する狙いがあったと広告でも明示されている。

「第一期刊行のそれを味読されるならば、著者をよく識る人は勿論一般読者に於ても必ずや大なる感興と共鳴を呼び、著者への親しみを加へると同時に、続刊への期待を寄せられるに相違ないと信じて疑はない。而も、著者の希望に依り無印税実質主義の自由分売制を採り、読者の容易に本書を手にし得るやう努めた。」（『経済マガジン』一九四一年一一月号）

財界や地元での活動を通して名声を得て、市会議員として政界にも進出した石山は、『経済マガジン』を通して自らのキャラクターを前面に登場させ、「書く」ことを通して自己宣伝を積極的に行っていった。

第六章

国政への挑戦

――「経済大臣」への野望と挫折

「街の経済学者」として紹介される石山賢吉（『アサヒグラフ』1949年4月13日号）

「社告
　今般、会長石山賢吉及び小林末次郎は、東洋経済の石橋湛山氏と同伴、満鮮の経済視察に赴くことゝなりました。四月廿九日東京発、約二ヶ月彼地を巡視する予定です。何卒関係諸賢の御指導と御援助を懇願致します。
　経済雑誌ダイヤモンド社」（『ダイヤモンド』一九四〇年五月一日号：55）

ライバル意識と満洲視察

一九四〇年、石山は満洲と朝鮮半島の視察へ赴いている。石山に視察を持ちかけたのは、『東洋経済新報』社主の石橋湛山であった。生い立ちや学歴など対照的ともいえる軌跡をたどりながら、両者の線が初めて交わったのが、この満洲視察であった。

経済雑誌界の二大巨頭が共に出向いた視察は、『ダイヤモンド』（一九四〇年五月一日号）でも社告を掲載するなど、大々的に取り上げられた。石山も視察の経過を連載し、『紀行　満洲・台湾・海南島』（一九四二年）にまとめている。

視察へ赴いたきっかけとして、石山は「日本に、電力と石炭問題が起り、それを研究したら、急に満洲が見たくなつた。その折柄に、「東洋経済」の石橋君に、満洲行を誘はれた」と綴っている（石山㉟：4）。ただし『ダイヤモンド』にとって最大のライバルでもあった『東洋経済』の社主からの誘いに、石山は内心複雑な思いも抱えていたようである。

「「東洋経済」と「ダイヤモンド」とは、俗にいふ商売敵の間柄である。だが、私は、出来るだけ商売敵的の事は避けて来た。記事でも、出版物でも、

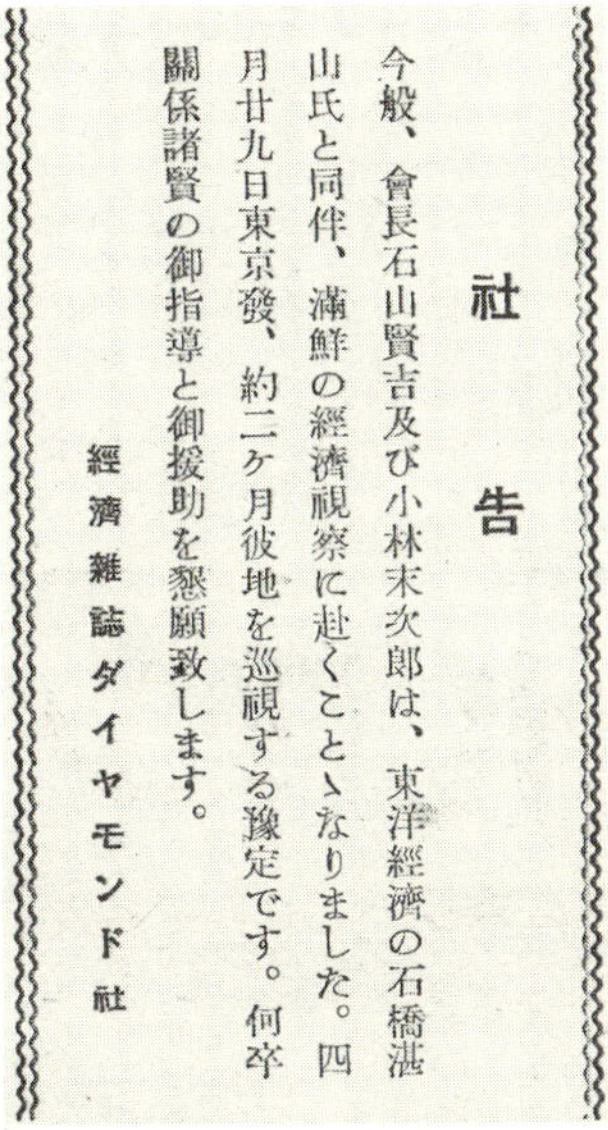

社告

今般、會長石山賢吉及び小林末次郎は、東洋經濟の石橋湛山氏と同伴、滿鮮の經濟視察に赴くことゝなりました。四月廿九日東京發、約二ケ月彼地を巡視する豫定です。何卒關係諸賢の御指導と御援助を懇願致します。

經濟雜誌ダイヤモンド社

図6-1　石橋湛山との満洲視察を伝える社告（『ダイヤモンド』1940年5月1日号）

各々、特色を持つて進む事とし、同じ事はやらない方針をとつて来た。でも、腹の底を打割つて見れば、何処かに、少しばかり、商売敵的意識が潜んで居ない事もない。考へて見れば、それは馬鹿々々しい事だ。特に、今日の時局に於て然りである。左様な感情は、一切、捨つ可きものだ。この思ひは、石橋君も同じであつたらしい。

今回、石橋君が私を満洲行に誘つたのは、正しくその証拠である。私が即座に応諾したのも、その証拠である。」(5f)

公経済と私経済の対極的な経済雑誌を運営してきた石橋と石山であったが、石山の方は「商売敵的意識」として対抗心を持っていたと吐露している。

石橋湛山については戦時期に「小日本主義」や国際協調路線を掲げ、軍部を批判した孤高の言論人としての印象が強い。しかし鈴村裕輔『政治家石橋湛山』でも指摘されるように、軍部の要請で大日本帝国の支配下にあった朝鮮や香港で経済雑誌を発行するなど、言論活動を続けるための方便だったとしても石橋が軍部に協力していた側面がある(42f)。石橋が石山を誘ったのも、こうした経緯からであると考えられる。

石山も『経済マガジン』で鮎川義介を人物評論の題材として積極的に取り上げるなど、視察以前より満洲国への関心を表明していた。石山は「随想記」(『経済マガジン』一九三七年一二月号)で、鮎川による日産コンツェルンの進出に対する期待感を記している。

「満洲国と日産の合弁発表は、青天霹靂の感があつた。鮎川氏の如き、事業界に於ける近代的の勇将を、満洲国へ連れて行つたのは、同国軍部の一大傑作である。これより満洲国の重工業は、面目を一新するであらう。とりわけ、産金に大きな期待が掛けられる。現在でも、日本の産金は、鮎川氏の勢力下から六割産出される。満洲国の埋蔵金が、鮎川氏の手に依つて開発されたら、著しく産出量が増加し、日本はソ聯に劣らぬ産金国となるであらう。」(72)

当時「満蒙は日本の生命線」といわれていたが、満洲に対する石山の関心も資源にあった。石山と石橋が共演したこの満洲視察は、ダイヤモンド社の社史『百年紀を越えて』や平山周吉『満洲国グランドホテル』でも取り上げられており、戦時期における経済記者・石山のハイライトともいえるものであった。そこにもう一つ付け加えるならば、石山の場合は、経済記者としてだけでなく、自らが手掛けていた地元新潟での工場誘致や港湾拡張などの産業振興のモデルとしても、満洲や朝鮮半島を捉えていた点である。

石山が綴った満洲視察のレポートは、先に触れたように『ダイヤモンド』に掲載し、書籍化されたが、新潟県人会の機関誌『新潟県人』にも転載された。『新潟県人』一九四〇年六月号より連載された「満鮮の初旅」では、道中の様子が詳細に記されている。下関から船で日本を発った石山が、翌朝デッキの上から目にしたのは、釜山港の充実ぶりであった。

「後で「釜山案内」を読んだら、この天然の良港にも、その修築に、既に三千万円を投じ、今後尚ほ投ずると書いてあつた。それを知ると、直ぐさま、私の頭にピンと来たのは、我が新潟港であつた。

図6-2　満洲視察時の石橋湛山と石山賢吉（『百年紀を越えて』）

あゝ、我が新潟港は、金も掛けないで、常に欠点ばかり指摘されて居る。我が新潟港に、三千万円かけたらどうなるか。その結果を想像して見よ。防波堤は、今の二倍にも、三倍にも延長されて、船舶の出入は、絶対安全になる。そして、港内には、多くの岸壁が出来る。さうなれば、日本一の信濃川が、運河に利用されるから、ヒンターランドは無限大になる。」(4)

新潟港の港湾拡張に当時、石山が取り組んでいたことは前章でも触れたが、視察のなかでも石山は地元振興を念頭に置いていたようである。「日本の今後は、満洲の資材に俟《ま》たなければならぬ。日満を連絡するには、新潟―清津間が、その最短距離である」（石山㉟：8）として、開発した新潟港を満洲や朝鮮半島への玄関口にする構想を描いていた。「新潟港に、天分を全ふせしめなければならぬ」として、「我が郷土の発展であり、日本の発展である」と語るように、石山にとって満洲国視察と地元振興は不可分の関係にあった（同）。満洲国においても岸信介が主導した建設計画が進められた大東港を視察し、「港となると、直ぐ、我が新潟港を思ひ出す」（同：217）と綴っている。

石山による視察レポートの連載が開始された『新潟県人』一九四〇年六月号の「編集後記」では、同誌の編集長であった北楯良彌が満洲視察から帰国した石山を羽田飛行場まで迎えに行ったことが記されている。「京城、新京その他で、県人会の旺んな歓迎を受けたと喜んで居られた」(25) というように、視察の過程で石山は多くの新潟出身者と現地で出会った様子を記事内でも印象的に記している。その意味でこの満洲および朝鮮半島への視察は、地元の産業振興に取り組む実業家としての姿を意識したものでもあった。

出版界の開拓地

満洲現地において石山と石橋の案内役を務めたのが、森田久と藤川靖夫である。森田は武藤山治時代の『時事新報』編集長であり、第四章でも触れたように石山も監査役として頻繁に同社へ足を運んでいた。「その為めに、私は、特に懇意になつた」と森田との関係を石山は綴っている（石山㉟：71）。森田は『時事新報』を退社後、一九三五年に同郷の友人であった中野正剛が経営していた『九州日報』の社長を務めている（早稲田学生新聞会編：383）。ここに森田を介した中野正剛との接点が浮かび上がる。市議会議員選挙時における石山の応援演説に中野が駆け付けた背景には、交詢社の交流に加えて、森田という共通の友人が介在していたのである。一九三五年五月、石山が九州の工場見学へと出かけた際にも、『九州日報』を訪ねた旨を記している（『ダイヤモンド』一九三五年八月一一日号：156）。さらにいえば千倉書房の千倉豊も中野の紹介で『九州日報』の社長となっているが、奇しくも石山の著作が一九三〇年代以降、千倉書房より多数刊行されている。

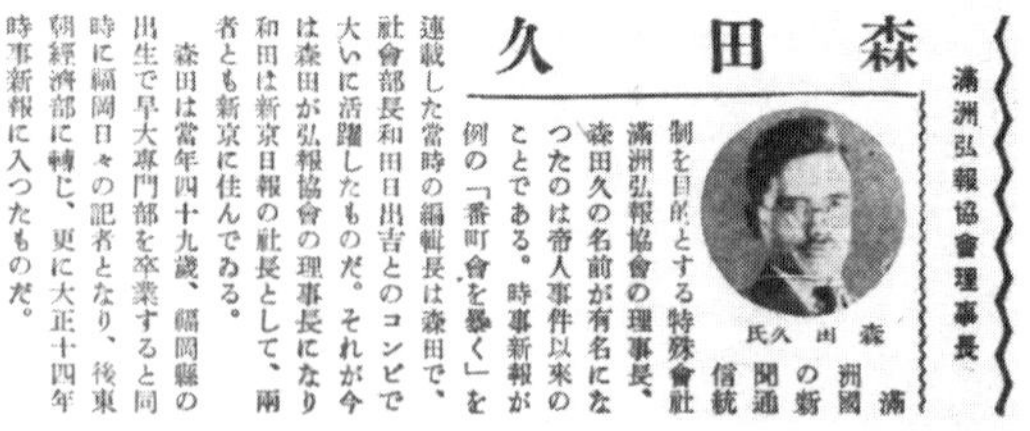
満洲弘報協會理事長

森田久

森田久氏

満洲國通信社の新聞統制を目的とする特殊會社満洲弘報協會の理事長、森田久の名前が有名になつたのは帝人事件以來のことである。時事新報が例の「番町會を暴く」を連載した當時の編輯長は森田で、社會部長和田日出吉とのコンビで大いに活躍したものだ。それが今は森田が弘報協會の理事長になり和田は新京日報の社長として、兩者とも新京に住んでゐる。

森田は當年四十九歳、福岡縣の出生で早大専門部を卒業すると同時に福岡日々の記者となり、後東朝經濟部に轉じ、更に大正十四年時事新報に入つたものだ。

図 6-3　森田久（『実業之世界』1938 年９月臨時増刊号）

森田は『九州日報』を去ったのち、満洲弘報協会の理事長として満洲に渡った。一九三七年に国策会社として設立された満洲国通信社の社長にも森田は就任している。『実業之世界』（一九三八年九月臨時増刊号）の木下龍二「満洲経営の第一線に躍る人々」でも取り上げられているように、『時事新報』において「番町会を暴く」の記事を担当した和田日出吉も『満洲新聞』の社長に就き、森田とともに満洲に活躍の場を求めた。

石山との関係者でいえば、第三章でも触れたように、ダイヤモンド社創業時の社員であった佐藤武雄も、石山の満洲視察には、満洲弘報協会に勤めており再会を果たしている。満洲は、革新官僚や実業家にとっては制約の多い本土で実現の難しい政策や事業の可能性を探れる「実験国家」であり、農家の二男三男にとっては開拓の新天地として知られるが、出版人にとっても再起を図るフロンティアとなっていた。

ダイヤモンド社にとっても満洲は新境地開拓の舞台であった。石山はダイヤモンド社の姉妹会社として満洲経済社の設立に関与し、満洲視察の直前となる一九四〇年二月に『満洲経済』を創刊している。石橋との満洲視察を社告で掲示した『ダイヤモンド』（一九四〇年五月一日号）では、『満洲経済』について「満洲に於ける唯一の産業・経済・批判・研究指導雑誌！　投資者・進出者の絶対指針！」、「ダイヤモンド誌の姉妹的経済雑誌はこれ」と打ち出すなど、『ダイヤモンド』との連携を強調している。『満洲経済』の創刊は、満洲弘報協会の経済雑誌を創刊したいという森田から要請を受ける形で始まったものであり、石山は同社の相談役となり、ダイヤモンド社から藤川靖夫を同誌の編集責任者として満洲へ派遣した。藤川は『経済マガジン』の創刊担当を務め、「雑誌経営の才能がある事が明かになつた」（石山㉟：71）と石山が評すなど、ダイヤモンド社きっての有望編集者であった。『満洲経済』創刊号の巻頭に掲載された祝辞において、石山はこうした経緯を綴っている。石山は「協力者としての喜び」を述べた。

「今回『満洲経済』の創刊に際して、私は色々の意味から、誠に欣快に堪へない。先づ第一は、昭和六七年満洲事変の後で、硝煙の中から立ち上つた友邦満洲国が、未だ十年の歳月も経ざるに、かくも経済的に長足の進歩をとげたかといふ一日本人としての喜びである。

私の欣快に堪へぬ第二の点は、私自身経済雑誌の創刊を実践し、殆んど人生の大部分を賭けてこれが発展と経営とに苦心して来たものとしての感懐にある。

私が主宰して来た経済雑誌は、幸ひ他誌との競争にも堪へ、順調なる発展を辿つて来たので、ひそかに経済界に対して、多少の役割りを果し得たものと自ら慰めては居る。さり乍ら、企業は企業であつて、それ以上の批判も与へられなければ、それ以下の待遇も与へられはしない。

然るに、満洲国の国家的機関たる弘報協会は、今回単なる私的企業以上の公的機関として『満洲経済』の創刊を実現した。これはとりも直さず、或る程度迄発展せる経済界のために、或は此の経済界の今後の発展に貢献するために、経済雑誌の存在理由を痛感されたからだと信じられる。此のことは、自由企業の形式によつて、我々が一生を打ちこんできた来た経済雑誌の必要性が、計らずも新進満洲国に於いて評価され、頼りなき我々の貢献感は、満洲国に知己を得たも同然である。これが一個の経済雑誌主宰者として、大いなる喜びでない筈はない。」(14)

創刊号に掲載された祝辞には、当時満洲国長官を務めていた星野直樹をはじめ、満洲重工業総裁鮎川義介など満洲政財界の大物の名も見られる。とりわけ星野は、祝辞のみならず評論記事として「日満支アウタルキー経済の基礎」も寄稿し、その後も「産業開発五ヶ年計画第四年度実施方策に就て」(一九四〇年六月号)や「満洲国財政の回顧と展望」(一九四〇年七月号)など、『満洲経済』の論客として誌面に登場した。石山は満洲視察の際に星野と実際に面会しており、この面会を機に戦後、石山はダイヤモンド社へ星野を招くことになる。

編集長の藤川が「満洲国経済政策の一端を担ふもの」(『満洲経済』一九四一年二月号:10)と述べるように、『満洲経済』の誌面には星野の他にも、一九四〇年八月号に掲載された座談会企画「満洲国に対する日本側の要望」では満洲から帰国し商工次官となっていた岸信介も出席し、同号には商工大臣の肩書で小林一三「ナチス統制の現状」が掲載されている。さらに一九四一年五月号には、甘粕正彦「職場における民族協和」も確認できる。甘粕事件による服役を終え出獄した甘粕は、一九三〇年に満洲へ渡り、当時は満洲国映画協会の理事長となっていた。石山が慕っていた大杉栄を殺害した人物と満洲を舞台に交錯するのは、歴史の皮肉といえよう。

『満洲経済』には石山自身も「大陸の宝庫」(一九四〇年四月号)や「商工大臣藤原銀次郎」(一九四〇年

六月号）を寄稿し、一九四〇年六月号には石橋湛山「日本物価の根本対策」も掲載されるなど、満洲視察の前後に両者は登場しており、誌面上でも共演を果たしていた。

石山と石橋の視察に際しては、一九四〇年六月号の「編集後記」でもその様子が言及されている。

「我社相談役、ダイヤモンド社社長石山賢吉老、東洋経済新報社主幹石橋湛山氏と共に来満、北満の移民地帯から、南満の重工業地帯、大東港、阜新までを残らず見て回はり、新京に帰つて来ては若い記者を摑まへて満洲国資源の豊富なることゝ、その科学主義開発の必要を説く。」（104）

目を引くのは「科学主義開発」である。地元新潟での工場誘致にあたって石山が理論的支柱としたのが、まさに理化学研究所の大河内正敏が提唱する「科学主義工業」と「農村の工業化」であった。視察直前の『経済マガジン』一九四〇年一月号にも、石橋湛山は「複雑な今年の経済界」を寄稿しており、『経済マガジン』一九四〇年五月号の座談会企画「日本経済の耐久力を語る」には、石橋湛山とともに、大河内正敏も参加している。当時の石山にとって、経済記者としてのライバル意識と、実業家としての開発志向とが交錯した舞台こそが満洲であった。

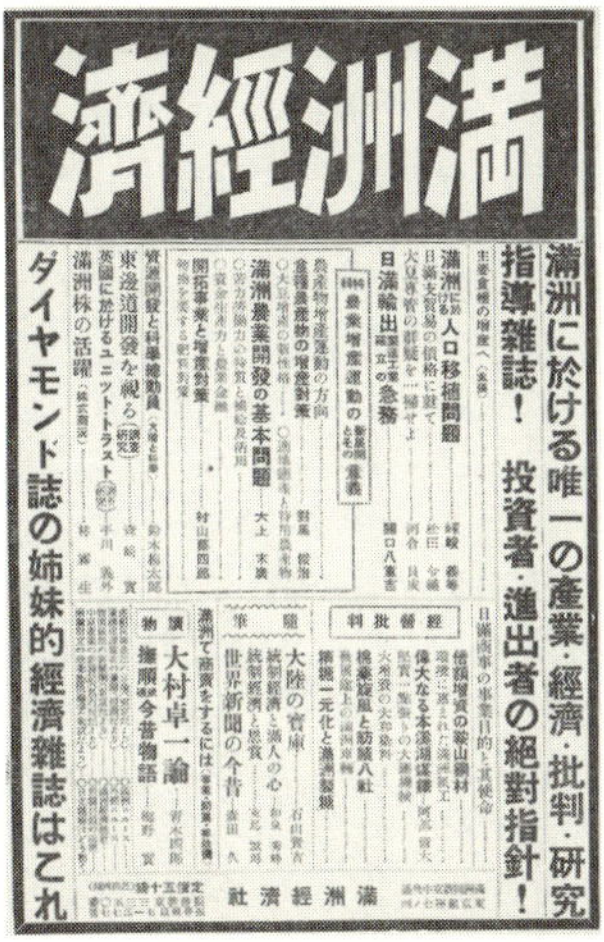

図6-4　『満洲経済』宣伝広告（『ダイヤモンド』1940年5月1日号）

新体制への協調

満洲視察から間もなく、『ダイヤモンド』（一九四〇年九月一一日号）では「声明」を発表し、第二次近衛内閣による新体制運動への協力を鮮明にしている。

「かゝる事態に臨んで、皇国は、国内の新体制建設を声明し、あらゆる制度・機構を改革して、一は国防国家の完成に依り、事変の解決並に東亜の非常に備へると共に、他は此の国家体制を通じて、新東亜の建設、更らに進んでは、世界新秩序の形成者たる自覚へ進まんとしてゐるのであります。

かゝる際、経済界並に経済言論界も独り従来の行き方を許されるものでなく、一切を挙げて国家に奉仕し国策に協力し、以て国家目的の一日も早き実現へ進まねばなりません。即ち、経済界に於いては、私益主義に非ずして公益主義の確立、それに依る国力の急速充実。経済言論界に於いては、新経済倫理・新産業精神の鼓吹、経営、投資の新指導、経済一般の国策的研究等であります。」(5)

あらゆるものが動員の対象となる戦時体制では、私経済と公経済の区分も消失し、私経済雑誌として始まった『ダイヤモンド』も、「私益主義」を否定し「国家に奉仕し国策に協力」すると掲げた。市会議員として石山も市会新体制実行委員会の委員に名を連ね、市政においても戦時体制への協調を示している。

第二次近衛内閣では、石山と懇意の間柄にあった小林一三が商工大臣に就任している。当時、実業界から商工大臣に就任した小林は「今太閤」と称され、石山も『ダイヤモンド』一九四〇年八月一日号にて「小林新商相は何をするか」と題して、「非常時局を担当するに、ふさはしい商工大臣である」(31)として期待を綴っている。

だが、就任から約半年後の一九四一年二月、小林は「機密漏洩疑惑」を問われることになる。商工省で立案していた「経済新体制」の覚書を小林が外部へ漏らしたのではないかと、国会で追及したのは、衆議院議員の小山亮であった。

小山は後年、「小林商相の機密漏洩事件」（『史』一九七二年八月号）として回顧文を記している。本シリーズの佐藤卓己『池崎忠孝の明暗』（二〇二三年）で詳述されているように、小山は池崎忠孝の盟友として、池崎とともに大日本育英会の創設にも寄与した。機密漏洩疑惑においても、池崎からの後押しによって小山は国会での追及を決意している。

当初、この件に関しての噂を耳にした小山は、大政翼賛会のフィクサーともされる矢次一夫が陸軍から借り出した憲兵隊の調書から噂の「種」を摑んだという。調書には「小林一三からはじまって次に渡辺銕蔵《てつぞう》（元東大教授・代議士）が調べられている。三番目に経済雑誌「ダイヤモンド」の記者で田沼が調べられている」(27)と記されていたようである。とはいえ、「その頃はまだ、私にも政府攻撃をする決心まではついていなかった」という小山だが、「今太閤」と持ち上げられる小林に対して反感を抱く池崎忠孝や今井新造らから「何もぐずぐずする必要なんかないじゃないか、ぜひやるべきだ」と促されたという。

「偉そうなことを言った小林をとっちめるのはこれだとばかり、池崎、今井の二人がどうでも追及しろといってきかない。その熱意にもうごかされ、私も腰を上げる気になったのである。」(28)

小山は、一九四一年二月二〇日からの衆議院決算委員会でこの疑惑を取り上げ、商工省と小林を追及した。その模様を当時、『小林商相機密漏洩問題の真相』（一九四一年）として刊行している。小山による質問のなかで、石山の名が登場する。

「此の山地八郎氏が作りました所の新体制覚書と云ふものが外間に漏洩しまして、当時木曜会の役員である――一会員である所の「ダイヤモンド」社の田沼と云ふ人が、其の日は欠席致しました所が、端なくも「ダイヤモンド」社の石山賢吉君がそれを見まして、是は企画院で斯う云ふ統制経済をやらうとして居るのではないかと考へました。さうして之を印刷物にしまして、外間に之を流布《るふ》致しました。」(39)

小山の追及では、商工省企画課長の山地八郎の私案が木曜会という研究会で提出され、その覚書が同会に関与していたダイヤモンド社の社員から石山の手に渡り、石山が各方面に配布したというのである。石山が配布したという文書を手にした渡辺銕蔵が、小林に確認し、その際に小林が「経済新体制」の企画院原案を見せたのではないかと小山は問いただした。

小林は「一切何も知りませぬ。又私はさう云ふ機密の書類の、所謂機密漏洩と云ふやうなことも断じてやつたことはないのであります」(50)と回答している。このとき、企画院総裁を務めていたのが、満洲から帰国した星野直樹であり、星野も小山からの質問を受けている。

「機密漏洩疑惑」は、当時の新聞紙上でも大きく取り上げられた。『東京朝日新聞』(一九四一年二月二六日夕刊)では「機密漏洩・事実なし、商相、強硬に否定、衆議院決算委員会、小山氏引責を迫る」として報じている。

そもそも発端には、商工省内部におけるイデオロギー対立があった。商工省次官の岸信介や企画院総裁の星野ら「革新官僚」の統制経済派に対して、大臣の小林は財界出身の自由経済派という立ち位置にあった。三宅晴輝『小林一三』（一九五九年）によると、岸や星野ら統制経済派の企画院が作成した「経済新体制」の原案に対して、小林をはじめ財界出身の閣僚が反対するとともに、その内容が外部にも伝わり財界からも反発を受けた。その結果、原案を大幅に修正したうえで策定された「経済新体制確立要綱」では「企業の民営」が強調されるなど、財界出身者の立場として小林は、革新官僚の統制経済案を「骨ぬき」にしたとされる（三宅：261f）。

問題となったのは、閣僚内での検討の過程でその内容が外部の財界人へと漏れたのではないかという点にある。小山が国会で取り上げたのは、まさにこの「経済新体制」の策定をめぐる機密漏洩疑惑であった。結局、小林は商工大臣の座を追われることとなり、その顛末を「大臣落第記」として『中央公論』（一九四一年五月号）に寄稿している。一方で星野もまた企画院総裁を更迭され、両者相討ちの結果に終わっている。

図 6–5　『小林商相機密漏洩問題の真相』（1941 年）

小山のいうように、石山が果して「機密漏洩」に関与したのかどうかは定かではない。とはいえ、石山にとっては、かねてからの懇意の関係にあった小林と、満洲で面識を持った星野とが政府の経済体制を据える中心人物となり、その関与を疑われるなど、政界との距離は一層近くなっていたことを物語る一件であったといえよう。

翼賛市会選での再当選

一九四二年六月の市議選において、石山は再選を期して立候補した。直前の一九四〇年四月に行われた国政選挙同様、翼賛選挙となった市議選において、石山は東京市翼賛市政確立協議会の推薦候補者となっている。

実はこの時点で、すでに石山には国政進出の話が浮上していた。当時の「随想記」(『経済マガジン』一九四二年五月号)にて、地元から出馬要請があったことを綴っている。

「郷里の新潟県で議員候補の推薦を受けたが、断つた。いやで断つた訳ではない。当選の見込がないから、翼賛選挙の名誉を尊重する上から断つたのである。人間は、自惚れられない。いざとなつて見ると、自分の徳が足らない事がわかる。私は、今回、それを経験したのであつた。」(84)

翼賛選挙となった一九四二年四月の第二一回衆議院議員総選挙においては、石山の地元・新潟二区で、幼馴染の名望家・相沢成治が立候補している。石山の辞退は、盟友との直接対決を避けたのではないかとも考えられる。あるいは逆に、石山が出馬要請を辞退したがゆえに、相沢へ白羽の矢が立った可能性もあるが、いずれにしてもすでにこの時期から石山には国政進出を望む地元の期待が見られるようになっていた。

衆院選は辞退した一方で、石山は市政には引き続き関与した。市議選への再出馬にあたって、「随想記」『経済マガジン』(一九四二年七月号)に石山はその心境を綴っている。「私は、今度、市会議員の選挙に立候補した。前回、丸山鶴吉氏の勧誘に応じて市会議員になつたが、なつて見ると、余りにひどい。

一回限りと思つた処、満期間際になつて情勢が変化して、再度の立候補をした」(74)と述べた。当初こそ選挙に出るつもりはなかったが、翼賛市政となったことが石山に再出馬を促したのであった。

「今回の選挙は、代議士であつても市会であつても、旧体制の上に載せた新体制であるから選挙の実際は自由選挙と著しい変りがない。だが、結果になると、大に違ふ。従来は、選挙が済めば、当選議員は、所属団体に赴いて結社をする民政党、政友会といふやうな政治ブロックが形成される。処が、今回は推薦選挙でさうした政治ブロックを破壊される。これが何よりも嬉しい。私達、革新同盟の所属議員は、僅か十一名の少数団体であつた処から、何をいつても通らない。その上に嘲笑を浴びせられるのだ。

私達は、調査をしない調査費の分配廃止を提議した。市会議員の歳費は二千二百円である。これが既に過分である。その上に、議員全体を調査委員に任命し、調査費を一年に三百円宛二回呉れる。不当分配であつて、不当利得である。当然廃止すべきものだ。それを私達が提議した処、市会には私達以外十人の賛成者もなく、少数を以て否決された。するとその時、何処やらに声あつて、議長が「少数否決」と宣すると、その言葉の次に、「極めて少数」と附け加へる者があるのであつた。否決とした上、嘲笑をするのである。以てその全般が知れやう。「無理が通つて道理が引込む」

表 6-1　1942 年東京市会議員選挙・品川区得票数

1位（当選）	西本啓（推前）	4,981 票
2位（当選）	関山延（推新）	4,479 票
3位（当選）	風間実（推新）	3,959 票
4位（当選）	石山賢吉（推前）	3,834 票
5位（当選）	石原永明（前）	3,800 票
6位（当選）	金子梅吉（推新）	3,453 票
7位	池田操（推新）	2,818 票
:	:	:

『読売新聞』1942 年 6 月 17 日夕刊より作成

といふいろは歌留多の文句を事実にしたのが、従来の市会である。それが根底から破壊されるのだから、愉快ではないか。今回の推薦選挙は、この点が有効である。本稿執筆中は、当落不明の状態であるが、幸に当選すれば、今度は大に働ける積りだ。」(74f)

市政革新同盟での活動に限界を感じていたがゆえに、石山は既成政党の影響力が取り払われた翼賛体制での議員活動に期待を寄せていた。推薦候補となったのも、翼賛体制への期待ゆえであろう。

『ダイヤモンド』(一九四二年六月二一日号)の「同人消息」では、「空梅雨の太陽が、カッと照る大井駅前の一角。市会議員立候補の貼紙が、昨日の雨に乱戦を物語つて居る。中に黒々と石山賢吉の名もある。十六日、開票の結果は当選。是で、老、再度、議員生活のスタートを切つた訳である。」(79)と伝えている。

前回同様、品川区より立候補した石山は、結果的に定員六名の同区において三八三四票を獲得し、四位で当選を果たした。その喜びを『経済マガジン』(一九四二年八月号)の「随想記」で石山は記している。得意の謙遜を交えながら、市会議員としての意気込みを語り、解決すべき課題として防空を真っ先に掲げた。

「どうやら市会議員に当選した。今回は前回より骨を折つた。殆ど力一ぱい出した。それであつて、漸く四番目にしか当選しなかつた。徳の足らない事を知つて、自省の念を強くした。(中略)

東京市の一番大きな仕事は防空である。これには、国土計画の問題が附随する。相当複雑して、割り切れない処のある問題である。その解決には努力を要する。私は市民の信認を得て、再び市会

議員に選ばれたのだから、この問題の解決に微力を致す積りである。」(112)

石山は防空だけでなく、前任時より引き続き市電の存在を中心とした交通問題をはじめ、住宅問題などの解決にも取り組むことも主張しており、実際、一九四二年一〇月には交通電気委員長に就任している(『市政週報』一八一号：9)。「それから市民生活を、純粋の戦時生活に編成替をする必要があるやうに思ふ。この問題の解決にも微力を致したく思つて居る。東京市は多事である。我々市会議員の責任は重い」(『経済マガジン』一九四二年八月号：113)と説き、「随想記」では東京市の多事難題をさばく石山の姿がアピールされている。

隨想記

石山賢吉

陪議員といふだけである。それであつて人氣滿點は何故か。
選擧肅正と市政革新の熱意に燃え

どうやら市會議員に當選した。今回は前回より骨を折つた。殆ど力一ぱい出した。それであつて、漸く四番目にしか當選しなかつた。德の足らない事を知つて、自省の念を强くした。

○

演説は十三日に切り上げた。十四日一日は何もしないで、靜に十五日の投票日を待つた。この邊の態度には餘裕があつたが、それだけ年を老つて熱に缺ける處もあつた。

○

丸山鶴吉氏は、同志の應援ばかりして、自分の演説は碌々しなかつた。文書戦も極めて淡々たるもの

図6–6 「随想記」(『経済マガジン』1942年8月号)

前回の市議選で石山を立候補へと導いた丸山鶴吉が、今回の市議選においても推薦候補として立候補し、全区のなかで最高の得票数を記録し、トップ当選を果たしていた。石山も「丸山鶴吉氏は、同志の応援ばかりして、自分の演説は碌々しなかつた。文書戦も極めて淡々たるもので、共同発送の挨拶状を一回出したゞけであつた。それであつて、全市切つての最高点に当選した。人気満点である」と舌を巻いた(同：112)。その丸山が座長を務めたのが、選挙実施直後に「挙市一体の新団体結成」のために設立された準備委員会である。「翼賛市政確立」を掲げた同委員会には、石山も品川区四位ながら同区の代表と

して委員に名を連ねた。

市議会議員としての石山の存在感は、松尾繁弌『最終東京市会議員誌』（一九四三年）でも見て取れる。

「今度は又都市膨脹抑制策を始め、防空問題、衛生問題、住宅問題等の重要問題に関して蘊蓄《うんちく》を傾け銃後の固めを一段と強化すべく努力しつゝある。その現はれとも謂ふべきものは「岸本市長に要望す」と銘打つた小冊子が、如何に市長の肺腑を衝いたかを見るも明かなのである。即ちそれは「岸本市長が陸軍大将でなかつたなら誰れも市長に迎へなかつたであらう」との冒頭で、岸本氏から将軍として活動して貰いたいと云ふのである。詳しく曰へば「東京市の戦時体制からは特別の知識ある岸本市長なればとの期待が外れた」と云ふので、仮へば市長第一声である買物行列の廃止、そして第一施設が区役所の親切課の特設であつたとて非難して居る。

氏は東京市の戦時体制は今一段も二段も強化しなければならぬとの主張から、将軍市長たる岸本氏に切実なる叫びを呈している。防空は幸に菰田将軍を拉《らっ》し来つたので全幅の信頼を持つもの、、詰りは特殊性の帝都をして文官市長等の出来得なかつた仕事を綺麗に遣つて除けて七百余万市民の護りをいやが上にも堅実にしたいものであると云ふ。我々は雲の如き人材の中から特に岸本将軍を選んで市長に迎へた意味も茲にありと一本釘を打つて緊張の度を強化せしめてゐる処は一見識だと思ふのである。氏は今や資産百万を超へ、名声嘖々として一顰《ぴん》一笑は経済界の羅針盤たるの形を呈してゐるので、嗚呼《ああ》偉なる哉との讃辞も一部で呈せられてゐること程実際家で経世家の折紙が付けられてゐる。」（131）

松尾が挙げる『岸本市長に要望す』という小冊子は確認できなかった。だが、石山は「岸本東京市長に要望す」と同名タイトルの社説を『ダイヤモンド』一九四二年一〇月一一日号に掲載している。石山は軍部出身ゆえの「実行力」の発揮を「軍人市長」岸本に要望した。

「岸本新市長は、理論よりも実行の人のやうに見受けられる。新任匆々区役所に親切課を新設し、市民の便利を図つた如きは、理論を超越した実行の人であることを立証して居る。

岸本実行市長よ。東京市には、以前から廃品利用の道は講ぜられて居るが、実績が挙らない。希くば市長の軍人精神を以て、之を徹底して貰ひたい。軍人市長の使命は善事を迅速果敢に実行するにある。市長の防空第一主義は元より結構であるが、その余力を廃品利用にも用ひて貰ひたいものである。」(4)

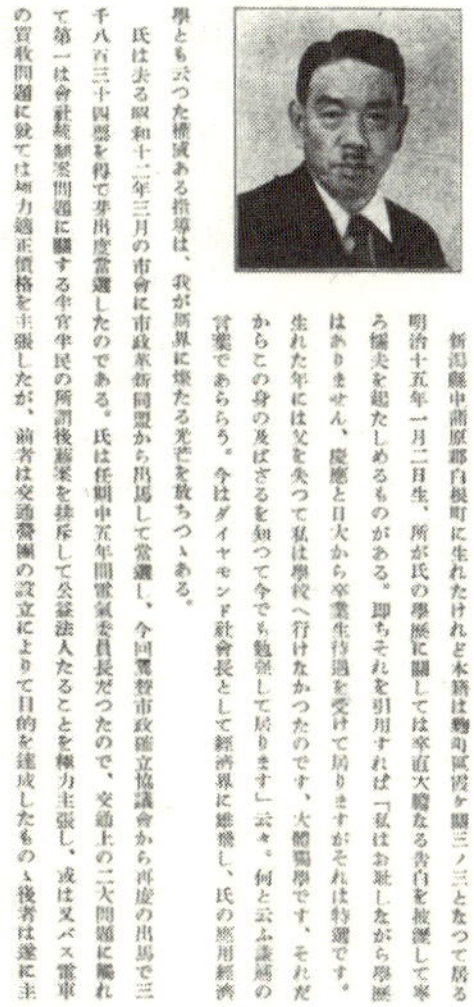
品川區選出　第四班所屬

石山賢吉氏

新潟縣中蒲原郡白根町に生れたけれど本籍は麴町區四番町三ノ三となつて居る。明治十五年一月二日生。所が氏の學歴に關しては卒直大膽なる告白を披瀝して寧ろ爆笑を起たしめるものがある。即ちそれを引用すれば「私はお恥しながら學歴はありません、慶應と日大から卒業生待遇を受けて居りますがそれは特選です。生れた年には父を失つて私は學校へ行けなかつたのです、大體獨學です、それだからこの身の及ばざるを知つて今でも勉强して居ります」云々。何と云ふ謙遜の言葉であらう。今はダイヤモンド社々長として經濟界に雄飛し、氏の應用經濟學とも云つた權威ある指導は、我が財界に燦たる光芒を放ちつゝある。

氏は去る昭和十二年三月の市會に市政革新同盟から出馬して當選し、今回翼賛市政確立協議會から再度の出馬で三千八百三十四票を得て再度當選したのである。氏は任期中五年間電氣委員長だつたので、交通上の二大問題に觸れて第一は會社線統制問題に關する半官半民の所謂後藤案を排斥して公益法人たることを極力主張し、或は又バス營業の買收問題に就ては極力適正價格を主張したが、前者は交通營團の設立によりて目的を達成したもの、後者は遂に未

図 6-7　市議会議員として紹介される石山賢吉（松尾繁弌『最終東京市会議員誌』）

その後、東京市が都制へと改められたことで一九四三年七月に都議会議員選挙が実施されたが、石山は出馬していない。一方で、当時の『ダイヤモンド』の同人消息欄では、石山の大蔵省委員任命が伝えられるなど（一九四三年七月一一日号：30）、民間人の立場から戦時経済政策に関与していく。

「勤倹力行」に殉じた『経済ニッポン』

小林一三をはじめ財界人の交流が深く、自由主義者とも見られていた石山だが、その思想的立場は固定的なものではなかった。むしろ石山の場合、政財界関係者との交流のなかで得た話に基づく「耳学問」を通して、時局を踏まえながら自説を柔軟に変化させていった。

『経済マガジン』創刊時となる一九三七年時点では、石山は政府の統制策に対して牽制《けんせい》するような態度を表明している。創刊号の「随想記」では、「或方面では、統制経済さへ実行すれば何でもよいように考へて居る。複雑した経済界を、適当に統制して行くには、余程の腕が要る。其の上、統制する役人よりも、統制される事業家の方が悧口《りこう》なのだから始末が悪い。下手に統制すれば統制しないより悪くなる。所謂角《つの》を矯《た》めて牛を殺す事になる」(59)と、統制経済論への警戒を示した。むしろ財界人たちの活動を「智能主義」になぞらえて称賛している。

「最近、我が工業界には、智能の優れた人が勢力を占めて来た。鮎川日産社長、津田鐘紡社長、中野日曹社長など皆な一文なしの事業家である。それが、小は数千万円、大は何億と云ふ巨額の資本を集めて、大事業を経営して居る。智能の働きである。躍進日本の工業界が智能の英雄に依つて支配されて居るのは、愉快である。」(同)

自らも地元での工場誘致を行っていたため、石山は事業家に共感を寄せ、彼らの経済活動を抑制するような統制策に対しては「角を矯めて牛を殺す」と石山は説いていた。たしかにこの時点においては、自由経済派と見られてもおかしくない。これ以降、「角を矯めて牛を殺す」という言葉を石山は多用している。

『経済マガジン』一九三八年一二月号の「随想記」では、その年に第一次近衛内閣によって可決、施行された総動員法に対しては、「総動員法は議会を通過したものだ。議会を通過すれば、軈て実行に移されるに極つて居る。文句があるならば、議会の審議中にいふ可きものだ。それに就て、今更、彼《か》れ是《こ》れいふのは、愚痴である」と述べる。その一方で、「然し、政府としても、軍部としても、それを実行するに就ては、大なる手加減が必要である」として、政府の統制経済策に対しての懸念を記していた。

「無暗《むやみ》に資本家の所得を憎んで、極端な配当制限をすると、企業を抑圧し、生産拡充に大障害を及ぼす。斯くては、角を矯めて牛を殺すものである。実を云へば、我々は、今日でも企業の萎縮を心配して居るのだ。」(88)

ただその後、日中戦争が長期化していくなかでスタンスを変化させていった。『政界往来』(一九三九年一月号)に掲載されたアンケート企画「長期戦下の国内改革如何」では、石山は「政府は統制強化、国民は勤倹力行」と回答している(179)。石山は、苦学生としての刻苦勉励と、投資よりも貯蓄を重視する「堅実」志向といった、自らの体験と会社経営に基づく「勤倹力行」の規範を、戦時体制に適用させていった。石山が唱えた「国民貯蓄」は、戦時インフレの防止にも資する主張であり、一九四三年には大政翼賛会の戦時貯蓄動員本部評議員を委託されている。

『ダイヤモンド』一九四一年八月一日号での「足許を踏み締めよ」においては、「統制経済になつたからとて、経済の自由活動が全然停止する訳ではない。日支事変以来の我が経済界は、半統制、半自由と

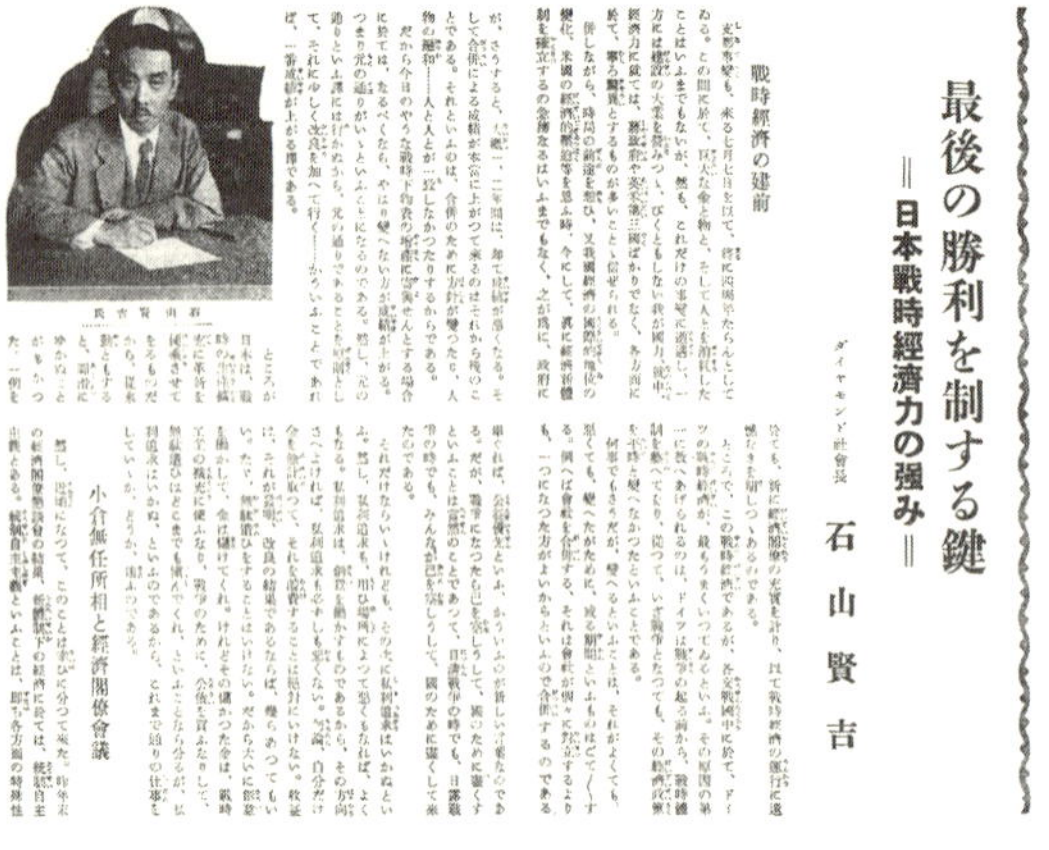
最後の勝利を制する鍵
＝日本戦時経済力の強み＝
ダイヤモンド社会長　石山賢吉
戦時経済の鍵前
小倉無任所相と経済閣僚会議

図6-8 「最後の勝利を制する鍵」（『雄弁』1941年6月号）

も見るべきものだ」（6）として、もはや統制経済を戦争遂行に伴う「非常時」として是認する態度を見せている。

「前に向つて進む事よりも、足許を踏み締める事が大切であると、私は考へる。簡単に云へば、整理である。自由経済時代に於ては、反動不況に遭遇すれば、必ず整理をする。今日も、それと同じ意味の整理が必要である。」（同）

石山は「自己整理を敢行すべきである。作業の合理化が必要である」（同）と強調し、日中戦争開始当初は統制経済政策への警戒を示していたものの、戦争が長期化していくなかでむしろ企業の側へ統制を受け入れるよう説いた。

「国民貯蓄は勝利への道」という社説が掲げられた『雄弁』一九四一年六月号でも、石山は「最後の勝利を制する鍵」を寄稿している。そのなかで「戦争になつたら己を空しうして、国のために尽くすといふことは当然のことであつて、日清戦争の時でも、日露戦争の時でも、みんなが己を空しうして、国のために尽くして来たのである」（91）と述べ、日中戦争当初は「戦費怖るゝに足らず」として数字の面で日清日露戦争を根拠としたが、長期化したなかでは精神面でも過去の「勝利」を拠り所とした。とはいえ、石山は統制経済を推進する立場に舵を切ったわけではなく、あくまで現状は「統制自主主義」であるという認識のもとで、統制に伴う「苦痛と不便」に耐え忍びながら、各人および各企業が「聖戦の大目的達成のために、最善の力を致さなければならない」(95)と主張した。

一九四一年一二月より太平洋戦争が開戦するが、その直後の『経済マガジン』一九四二年一月号では、巻頭に開戦の「詔書」、および東条英機首相による「大詔を拝し奉りて」に続いて、三宅雪嶺「歴史は繰り返す——日本国民よ奮起せよ」と並んで、石山の「一億国民の決意」が掲載された。

「大事は一朝にして成らず。相手は名に負ふ大敵である。我等国民は、堅忍持久の用意と覚悟を以て、之に臨まなければなりません。特に銃後の国民は、勤倹力行、貯蓄を行ふと同時に、奮励努力、生産拡充に努めねばなりません。各々の分を尽し、職域に奉公する事が、一億一心を実現し、聖旨に副ひ奉る所以《ゆえん》と信じます。従つて、我等、職を文筆に奉ずる者は、よく国策を理解し、正しきを伝へ、国民の進路を明かにせねばなりません。これが我等の責務だと心得ます。」(21)

太平洋戦争下においては、『ダイヤモンド』の誌名をめぐって、欧米からの外来語が「敵性語」として問題視され、一部の新聞で攻撃されたという。実際、講談社の『キング』が『富士』へ、また同業の経済誌『エコノミスト』も『経済毎日』へと改称されるなど、英米語を排撃する風潮のなかで石山は『ダイヤモンド』という誌名を堅持した。『ダイヤモンド』一九四四年一一月一一日号では、石山自身が誌名の問題について取り上げ、「雑誌の名が一時問題となつた。日本の雑誌に、敵国語はいかんといふのである。弊社は、熟考の結果、ダイヤモンドは、立派に日本語に転化して居る。改名の必要がないと信じ、世評に従はなかつた」(4)と綴っていた。

戦後になっても、石山は自伝のなかで「戦時の言論圧迫」の風潮としてこの問題を回想している。当初は、改名の必要はないと判断し、「情報局から命令があるまで、頑張ることにした」が、一部の新聞でしきりに書き立てられたことで「矢張り、名を変えねばならないと思った」という。そこでいざ情報局に直接問い合わせると、「情報局は、案外捌けていて、「名じゃない。内容だ」と云うことだった。そこで、この問題は、忽ち消滅、泰山鳴動して鼠一匹も出なかった」（石山㊻：185）と記している。

ただし一方で『経済マガジン』は、一九四三年三月号より『経済ニッポン』へ改題している。『キング』が『富士』へと改められたのもまさに一九四三年三月号と同じタイミングであったが、専門家を対象とした『ダイヤモンド』よりも、大衆経済誌の方が名実ともに戦時体制に適応していった。改題号の「編輯時言」では、誌名改題の理由が「世情」に応じたものではないことを強調している。

「ちかごろ、米英思想の排撃が、ともすると小児病的になつて、末梢的な問題にとらはれ勝ちな議論を見受けます。そんな狭量な物の考へ方は、断じて日本精神でも、皇道精神でもありません。

本誌の改題は、ちかごろ、世上の一部に唱へられてゐる如き時流におもねつて、行はれたものでは決してありません。マガジンといふ言葉は、まだ日本語にもなつてゐませんし、それに経済マガジンといふ題名自体がもともと余りよい題名ではありませんでした。その意味で、本誌は、このたび自発的に、改題することになつたのであります。」（62）

『経済ニッポン』へと改められた一九四三年三月号の巻頭では、「経済ニッポン漫画」として、「防空」、「貯蓄」、「節約」などのスローガンがイラストで描かれている。「編輯室の描写」欄においても、「前線の将兵は、命を国に捧げて居る。それを思へば、生活を国に捧げるぐらゐ何でもない。極力、消費を節約して貯金をせよ」、「政府は、三月一日から二十日までを貯蓄強調日とし、特に貯金をすゝめる事にした。我々のやうな、地位にある者は、特に政府から勧められるまでもなく、先んじて国策協力の行動を採らねばならぬ」(61) という石山の訓示を紹介している。

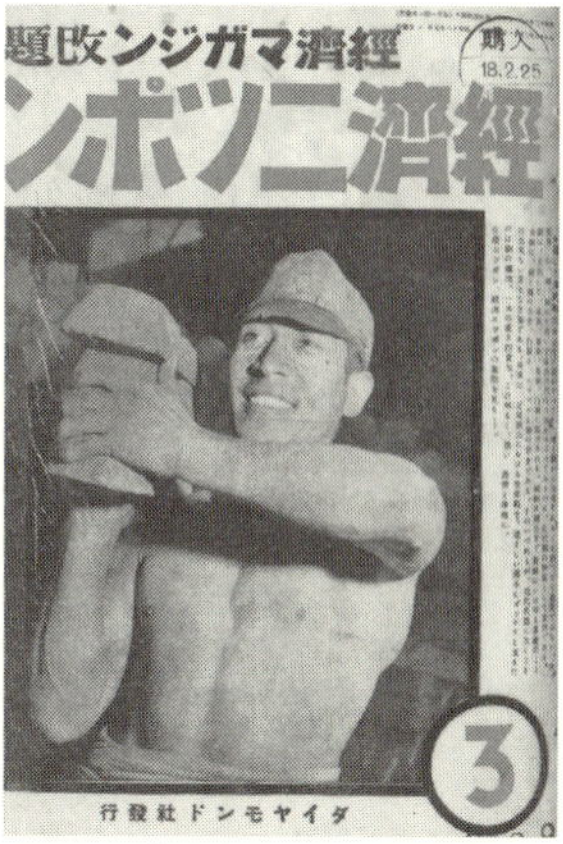

図 6-9 『経済ニツポン』(1943 年 3 月号)

図 6-10 「経済ニツポン漫画」(『経済ニツポン』1943 年 3 月号)

『経済マガジン』が誌名を改題した背景には、用紙統制という出版社にとっての切実な問題が関わっていた。改題直前の『経済マガジン』一九四三年二月号の編集後記では、「今回印刷用紙の配給が激減され、雑誌に於いては、だいたい一率《ママ》一体に四割減といふことになりました」(60) として大幅な頁の削減を詫びている。『経済ニツポン』と改題された一九四三年三月号の「編集時言」でも「用紙節約の国策」に応じて買切制度の実施を告知するとともに、日本出版文化協会の改編が触れられている。

「ちかく、日本出版文化協会が発展解消して、日本出版会(仮称)といふ統制会がつくられる筈になつてゐます。それと同時に、出版界にも、一段の整理が、促進されることになるでせう。」(62)

ここで挙げられている日本出版文化協会は、一九四〇年に日本雑誌協会や東京出版会などが統合されて設立された出版団体であり、用紙の割当を担った。内閣情報部の主導によって組織された出版新体制準備会の時点から、石山は評議委員に名を連ねていた。情報局の鈴木庫三《くらぞう》少佐からは「自由主義的な現状維持論者」として見られていたが（佐藤 2024：388）、石山はその後の「用紙節約」や「整理統合」を自ら主導していった。

整理統合という理念に殉じるように、『経済ニッポン』は一九四三年一二月号を最後に休刊している。石山自身も「太平洋戦争後は、用紙の統制が益々酷しくなり、遂にダイヤモンド・ウイークリ、経済マガジン、ダイヤモンド・レポートを逐次廃刊して、その用紙量を本誌に投入したが、それでも辛うじて三二頁建を支えるにすぎなかった」として、用紙確保のために『ダイヤモンド』以外の雑誌を廃刊したと述べている（石山㊻：321）。「出版界にも、一段の整理が、促進されることになるでせう」という予言が自己成就した形となったのである。市会議員となった一九三七年に自らの肝いりで創刊した経済大衆誌は、奇しくも市会議員から身を引いた一九四三年に幕を閉じた。

一方で行政職にはその後も関わり続けており、戦争末期の一九四五年六月、石橋湛山とともに大蔵省の行政委員に就任している。

ただしこの間に、本業の『ダイヤモンド』は休刊を余儀なくされていた。用紙不足により一九四五年四月二一日号を最後に発行は止まり、さらに追い打ちをかけるように一九四五年五月二五日の空襲で内幸町にあった社屋が焼失した。市会議員として「防空対策」を掲げていた石山は、自社にも「防空対策」を徹底していたが、「ダイヤモンド社は、丸焼けになっていたのであった」（同：210）。刀折れ矢尽きた状態に石山も「茫然として、半ば自失状態にあった」（同：213）というが、火災の保険金で近隣の印刷所を買収するなど、発行再開の道を模索しながら敗戦を迎えた。

石橋湛山への支援

アジア太平洋戦争での敗戦からわずか三カ月後の一九四五年一一月、『ダイヤモンド』は復刊を果たしている。「復興号」とされた『ダイヤモンド』一九四五年一一月一日号の表紙には、石山による「再刊の辞」が据えられた。用紙不足によって仙花紙で印刷された誌面において、石山は「今より三十年前に、弊誌を創刊して以来、大震災後の一ヶ月を除いては、一回も休刊した事なく定期刊行を天職と心得て来た私達としては、五ヶ月間の休刊は実に長い〳〵休刊でありました」(1)と綴っている。「産業経済の専門雑誌」として新発足することを掲げ、「日本の更生に対して、何分かでも貢献し、国民の義務を全ふしたいのであります」（同）と石山は説いた。

「雑誌報国」から「日本の更生」へと標語は挿げ替えられたわけだが、雑誌の刊行すら満足に行えないほど逼迫した状況に石山とダイヤモンド社は置かれていた。東京大空襲で社屋が焼かれ、『二十五年史』が刊行された一九三八年には二九一名を数えた社員数も戦局の悪化とともに散り散りとなり、復刊時点では石山を含めわずか一三名となっていた。「復興号」の誌面には、満洲から引き揚げた森田久「経済は生きてゐる」の寄稿も掲載されている。

図 6-11 「再刊の辞」（『ダイヤモンド』1945 年 11 月 1 日号）

社の再建に追われる最中、石山自身は一九四五年八月二八日、大蔵省に設立された戦後通貨対策委員会において「学識経験者」の一人として任命されている。戦後のインフレ抑制を目的とした通貨対策を検討する同委員会で、石橋湛山や高橋亀吉、小汀利得など名立たる経済論者とともに石山は名を連ねた。敗戦間際に石橋湛山とともに担った大蔵省の行政委員をそのまま引き継ぐような形で、敗戦後も戦後処理に参与したのであった。

国の経済政策にも関与するなかで、石山は国政進出を目指すことになる。一九四七年四月の第二三回衆議院議員選挙に石山は自由党の推薦で出馬した。

国政進出の背景には、石橋湛山の存在が見え隠れしている。石山に先行して、石橋は一九四六年四月、大日本帝国憲法下で行われた最後の選挙となる第二二回衆議院議員選挙に立候補している。青年期から政界に関心を抱いていた石橋は、戦時下で言論人としての限界を感じ、敗戦後初めて行われた国政選挙において、いよいよ政界進出を目指した。鈴村裕輔『政治家石橋湛山』によると、自由党の推薦を受けた石橋だが、準備の遅れもあり、地元山梨県での立候補が叶わず、東京二区より出馬している。地盤も看板もない東京二区での選挙戦は苦戦を強いられた（鈴木：17f）。

注目すべきは、選挙時に配布されたとされる石橋湛山への推薦状である。石橋への投票を呼びかける推薦状には、鳩山一郎や芦田均といった自由党の大物政治家とともに、推薦者の筆頭として石山の名が記されている。ここまで見てきたように満洲視察以降、戦時期に大蔵省の委員など石橋と石山は共演の機会を重ねていたが、そんな好敵手の国政進出を石山は支援していたのである。推薦状の紹介文では、石橋を財政経済の専門家として強調されている。

「我国の現状は御覧の通りであり、又民主的憲法の制定によつて国会の任務が極めて、重大化したに拘らず、見渡したところ財政経済に通暁する候補者は皆無といふべき状態であります。」

石橋は結局落選するも、第一党となった自由党において次期首相と目された鳩山から大蔵大臣就任を約束されていた。鳩山が組閣直前に公職追放となるも、吉田茂内閣のもとで民間人として大蔵大臣に就任している。

ライバルの大臣就任を目の当たりにした石山は、翌年の一九四七年衆院選で国政進出を目指すことになる。

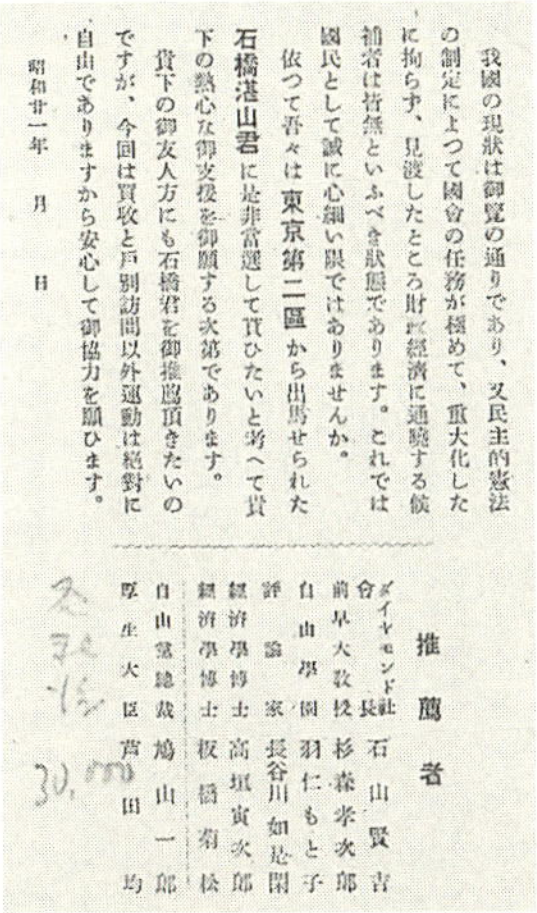
我國の現狀は御覽の通りであり、又民主的憲法の制定によつて國會の任務が極めて、重大化したに拘らず、見渡したところ財政經濟に通曉する候補者は皆無といふべき狀態であります。これでは國民として誠に心細い限ではありませんか。
依つて吾々は東京第二區から出馬せられた**石橋湛山君**に是非當選して貰ひたいと考へて貴下の熱心な御支援を御願する次第であります。
貴下の御友人方にも石橋君を御推薦頂きたいのですが、今回は買收と戸別訪問以外運動は絕對に自由でありますから安心して御協力を願ひます。
昭和廿一年　月　日

推薦者
ダイヤモンド社長　石山賢吉
前早大教授　杉森孝次郎
自由學園　羽仁もと子
評論家　長谷川如是閑
經濟學博士　高垣寅次郎
經濟學博士　板橋菊松
自由黨總裁　鳩山一郎
厚生大臣　芦田均

図6-12　石山の名が記された石橋湛山推薦状（国立国会図書館石橋湛山関係文書）

「経済大臣の第一候補」

一九四七年四月、第二三回の衆議院議員選挙で石山は、自由党の公認で新潟一区より立候補した。当時、地元新潟の政財界では政治家・石山賢吉が待望されていた。衆院選と同時期に実施された新潟知事選において石山は候補者の一人として浮上していた。『民選知事五代 上巻』では、「保守陣営——自由、民主両党は統一候補を立てるべく両党連係委員会を設け候補者を物色する」なかで、「石山賢吉（中蒲・白根＝ダイヤモンド社長）を推す動きもあった」（26）と記されている。石山は知事選ではなく衆院選を選ぶことになるが、前年の一九四六年には新潟県人会の第三代会長に就任するなど、名実ともに新潟県を代表する財界人へとなるなかでの国政進出であった。

とはいえ、その選挙戦は前途多難なかで始まった。選挙戦の様子について、石山は『随筆 花に背いて』のなかで克明に綴っている。

「顧ると、私の立候補は無謀に近かつた。定員三人、立候補十人、内二人は当選確実、残り一人を八人で争うのだから、非常の激戦。その戦のはげしさは、全国随一といはれた。或は、そうだつたかも知れない。初めから、その事がわかれば、私は立候補を考えなおしたであらう。」（1）

石山の立候補した新潟一区が「全国屈指の激戦」となった要因は、直前に大選挙区制から中選挙区制へと選挙制度が改正されたことにある。改正の背景には、前年の一九四六年に行われた第二二回衆院選において大選挙区制のもとで小党が乱立したことによって、共産党の議席増に対する国内保守勢力やマッカーサーの警戒があったと指摘される（境家：16）。

中選挙区制への変更によって、新潟一区も当初一区だった選挙区域が、一区と二区に分けられた。これにより石山の故郷・白根町を含む中蒲原郡は二区となったが、石山はあえて故郷とは異なる一区（新潟市、西蒲原郡、佐渡郡）をそのまま選択した。その理由について石山は言及していないが、制度変更以前より新潟市中心部に選挙事務所を構えていたことが大きいと考えられる。急遽、選挙区が再編された混乱状況のなかで石山は選挙戦へ臨むこととなった。

特に新潟一区は中選挙区制化に伴って、その情勢も厳しいものとなった。石山自身も「北昤吉君は当選確実。これは衆評一致であつた。社会党の笠原貞造君も、社会党の組織が物をいつて、是亦当選確実」（石山㊴：1f）という予想のもとで、残る一枠をめぐる争いとなったのである。「私は、ひどい立候補をしたのであつた。だが、そのひどさを知つたのは、選挙運動が、だいぶ進んでからの事。もう引くに引かれない。私は遮二無二突進した」（同：2）として、「思えば野暮な選挙運動であつた」（同：3）と振り返る。

地元紙『新潟日報』（一九四七年四月二二日）の事前予測においても、自由党の大物議員として知られる北昤吉の一強で、それに続く候補の一人として石山は挙げられている。その相手と目されたのが、社会党の笠原貞三、民主党の舟崎由之、村島喜代であった。

「当落のカギを握るのは結局農民層の動きと婦人の動向ということになろうが常識的にみて北氏は完全に当選圏内にありこれに続いて舟崎、石山、村島、笠原の四氏の誰が金的を射止めるかというところであるまいか。」

経済誌を刊行する出版人であるがゆえに、同欄では石山の支持基盤は「インテリ中堅層」とも分析されているが、石山が実際の選挙運動で働きかけたのは「当落のカギを握る」とされた農民層と婦人層であった。佐渡島から開始した選挙運動では、選挙区内の各地で演説を行った様子を記しているが、注目

表6-2　第23回（1947年）衆議院議員選挙・新潟一区得票数

1位（当選）	北昤吉（日本自由党）	42,661票
2位（当選）	笠原貞造（日本社会党）	26,942票
3位（当選）	石山賢吉（日本自由党）	25,792票
4位	舟崎由之（民主党）	20,909票
5位	高杉喜八（無所属）	14,774票
6位	村島喜代（民主党）	12,238票
:	:	:

すべきは石山の演説スタイルである。

「其の夜、私は、第一回の選挙演説をした。場所は佐渡両津港の公会堂であつた。但し表面の名目は、経済講演というのであつた。選挙演説では人が来ない。講演の方が人が来るからということからであつた。」（石山㊴：5）

石山自身が意図したものかは明確には述べられていないが、人々の興味を引くために「経済講演」という名目で「選挙演説」を行っていたのである。それは、市議会議員時代に自己宣伝の媒体としても刊行していた大衆経済誌『経済マガジン』で開発した手法であった。さまざまな会合や講演会へ参加し、そこで石山は、芝居でみた曾根崎心中の話をもとに、自らの苦労話を披露するなどして共感を得ようとしている。

「此の私の講演は深い感銘を与えたようであった。その為めに気の早い女は、衆議院より五日先きに行れた参議院選挙に石山賢吉と書いて投票した」（同：38）

結果的に定員三名の新潟一区において、石山は新人ながら三位に滑り込み、当選を果たしている。聴衆の関心を引くための選挙演説においては、自身の人的ネットワークを駆使して応援弁士の力も借りている。『読売新聞』（一九四七年四月二七日朝刊）では、「中選挙区筆記制は連記制ほど幅がないだけに投票は地みちに行われ、いわゆる変り種もごく少い、その三つ四つ」として、石山は「変り種」の一人として紹介されている。

「経済雑誌「ダイヤモンド」会長石山賢吉氏は郷里新潟県第一区から出馬、いさゝか立遅れ気味だったので将棋の木村名人や植原内相、羽黒山などずらり揃えての豪華応援が奏功したものである」

棋士の木村義雄とは石山が戦前に日本将棋連盟の世話人となって以来の付き合いであるが、選挙演説の手本でもあった。石山自身も「木村将棋名人の応援は百パーセントの効果があつた」（石山㊴：41）として、街頭演説において将棋講演を選挙演説へと転換する話術を取り上げ、新潟市内では必ずも知名度のなかったという石山について「木村将棋名人が、あれだけ褒《ほ》めるのだから――といつて、投票したものが可なりあつたようだ。名人のお蔭である」（同：45）と綴っている。

第一次吉田内閣で国務大臣を務めた植原悦二郎もまた、石山とは交詢社将棋部における将棋仲間であった。ただ応援弁士について、「自らの押し売りする政治家」よりも「推される政治家」を志す石山は、「選挙にお祭り騒ぎは禁物である」として、「その時の関係で自然に来るのはよいが、特にこっちから頼むのは不可だ」（同：41）とも記しており、必ずしも応援弁士の積極的な動員を行ったわけではなかった。西蒲原郡出身の横綱羽黒山については応援演説ではなく、地元紙『新潟日報』（一九四七年四月二四日）での広告応援であった。

選挙戦における新聞広告で目を見張るのは、石山が「経済大臣の第一候補」として宣伝されていることである。『新潟日報』（一九四七年四月二二日）に掲載された広告では、自由党本部提供のものが掲載さ

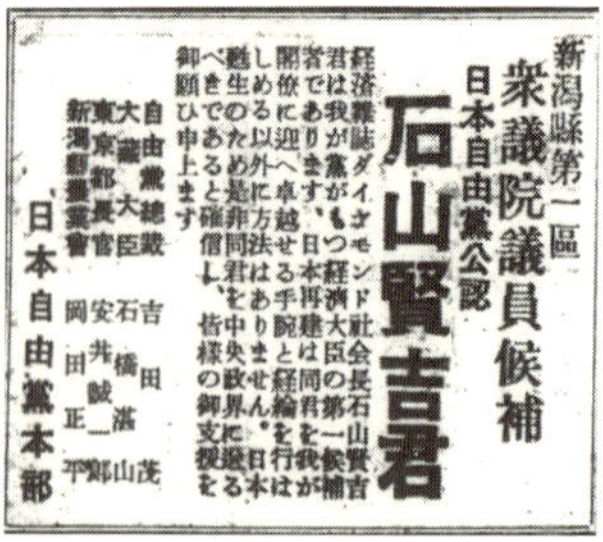

図 6-13　日本自由党本部による石山推薦広告（『新潟日報』1947 年 4 月 22 日）

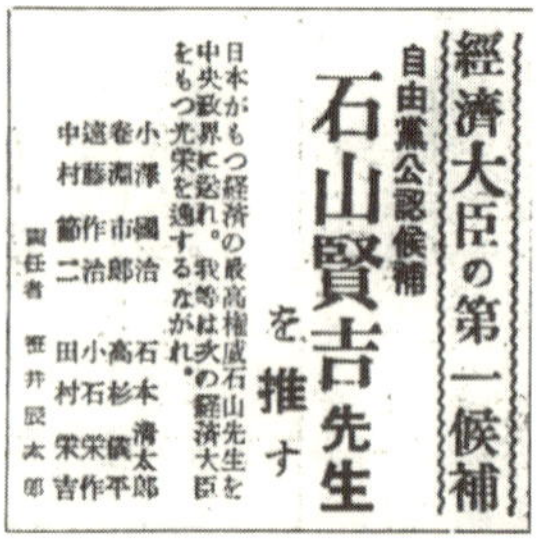

図 6-14　新潟政財界の有力者からの推薦広告（『新潟日報』1947 年 4 月 25 日）

れ、総裁の吉田茂を筆頭に、大蔵大臣石橋湛山の名で、石山を衆議院議員候補として推薦している。

「経済雑誌ダイヤモンド社会長石山賢吉君は我が党がもつ経済大臣の第一候補者であります。日本再建は同君を我が閣僚に迎へ卓越せる手腕と経綸を行はしめる以外に方法はありません。」

先に触れたように前年の衆院選では東京二区より立候補した石橋を石山は推したわけだが、その恩返しのように今度は大蔵大臣となった石橋が石山を推す構図となっている。前回時に落選した石橋は、この第二三回衆院選では静岡二区より出馬し当選を果たしている。

自由党本部の推薦広告と歩調を合わせるように、地元新潟の財界人からも「経済大臣の第一候補」、「日本がもつ経済の最高権威石山先生を中央政界に送れ。我等は次の経済大臣をもつ光栄を逸するなかれ」と打ち出した宣伝広告が『新潟日報』（一九四七年四月二五日）に掲載された。推薦人の筆頭で名が記されている小澤國治は、新潟県商工経済会副会頭として新潟港桟橋会社や新潟硫酸会社など地元企業を複数経営し、前年の衆院選に自由党から出馬し当選していた（武内：35）。『夕刊ニイガタ』（一九四七年四月二八日）では、「自由党では小沢前代議士の隠退によって新顔石山賢吉氏の移入で民主党の二強豪を向うに回しての当選はむしろ予想外と

表 6-3　第 23 回（1947 年）衆院選・新潟一区の地域ごとにおける主要候補者得票数

市町村	北昤吉	笠原貞三	石山賢吉	舟崎由之	高杉喜八	村島喜代
新潟市	13,944	15,429	13,263	4,319	1,076	8,519
西蒲原郡	12,165	7,754	11,512	3,846	13,614	2,975
佐渡郡	16,552	3,759	1,017	12,744	84	744
全体	42,661	26,942	25,792	20,909	14,774	12,238

『衆議院議員総選挙一覧 第二三回』（1948 年）：193-197 をもとに作成

もいわれ敢闘振りはたとうべきものがある」と記されるなど、石山は前任の小澤に代わる自由党推薦候補と見られ、新潟財界の地盤を引き継ぐ形となった。『朝日新聞』一九四七年四月二八日新潟版では、石山の勝因をまさに「小澤國治氏の地盤をリレーした」点にあると分析している。

図 6-15　当選時の様子（『新潟日報』1947 年 4 月 27 日）

各地域の得票数が記録されている『衆議院議員総選挙一覧 第二三回』（一九四八年）によると、佐渡では地元出身の北昤吉や舟崎由之に大差をつけられたが、自らの生まれ故郷である曾根町を含めた西蒲原郡では、高杉、北に次ぐ票を獲得している。さらに選挙事務所を新潟市に据えたことが功を奏し、新潟市でも第三位の票を得た。新潟市と西蒲原郡で一万を超える票を獲得したことが、当選の大きな要因となったと考えられる。

『新潟日報』一九四七年四月二七日では、当選時の写真とともに、六六歳にして初の国政議員となった石山の経歴を立身出世の

明るい経済体制を

石山代議士談

私は穏健中正の経済体制の確立を念頭として活躍する、これを具体的にいえば人間の本能とする自由主義経済と物資需給の必然から来る統制経済の両立する現実に即した経済体制の確立に専念する、私は人間の本能を無視する統制方策は人心を暗くするので明るい経済政策の樹立は一切の政策に先行するものと確信して努力する

図 6–16　当選時の談話（『朝日新聞』1947 年 4 月 27 日朝刊新潟版）

象徴として紹介している。その姿には、市議会議員当選時の際よりも笑顔が目立つようにも見える。

「東京から舞い戻つて激戦の第一区で古豪を向うに回しシャニムニの突カン作戦功を奏して代議士の栄冠をかち得た経済雑誌ダイヤモンド社長石山賢吉氏は本年六十六歳。

十六のとき新潟郵便局電気通信講習所を出て電信係を五年ばかり勤め二十二歳志を立てて上京後は正則英語塾に。夜は慶應商業に学び、立志伝中の人であるが新潟市古町八の選挙事務所で例のヒヨウ〱たる調子で「インフレもストライキもすべて物がないから起るので生産増加がすべての施策の第一だ。そのため科学者を動員して大規模な研究所や委員会を作つて創意工夫を総合することが肝要だ」と日本産業の将来について語るのであつた」

ここで語られている科学者の動員による研究所設置は、実際に国会議員となった石山が真っ先に取り組んだ政策課題であった。『朝日新聞』（一九四七年四月二七日朝刊新潟版）においても、「明るい経済体制を」として談話を載せている。

「私は穏健中正の経済体制の確立を念頭として活躍する、これを具体的にいえば人間の本能とする自由主義経済と物資需給の必然から来る統制経済の両立する現実に即した経済体制の確立に専念する、要は人間の本能を無視する経済方策は人心を暗くするので明るい経済政策の樹立は一切の政策に先行するものと確信して努力する」

石山は戦時期における「統制自由主義」を引き継ぐような経済政策論を強調している。石山にとって、戦時期と占領期は断絶していたわけではなく、地続きのものであったのだ。

科学工業化の政策化

衆議院議員となった石山は、国会議員となっても、市議会議員時代から引き続いて衆議院の電気委員会の委員を担当した（『政党年鑑 昭和二三年』：321）。

石山が国会議員として活動した期間はわずか半年足らずであるが、その間に特筆すべき取り組みは、「産業科学研究機関」の設置提言であった。当選から三カ月後の一九四七年七月、石山は「産業科学研究機関の設置に関する質問主意書」を政府に対して提出している。そこで石山は、政府主導による産業科学研究所の建設を提唱した。

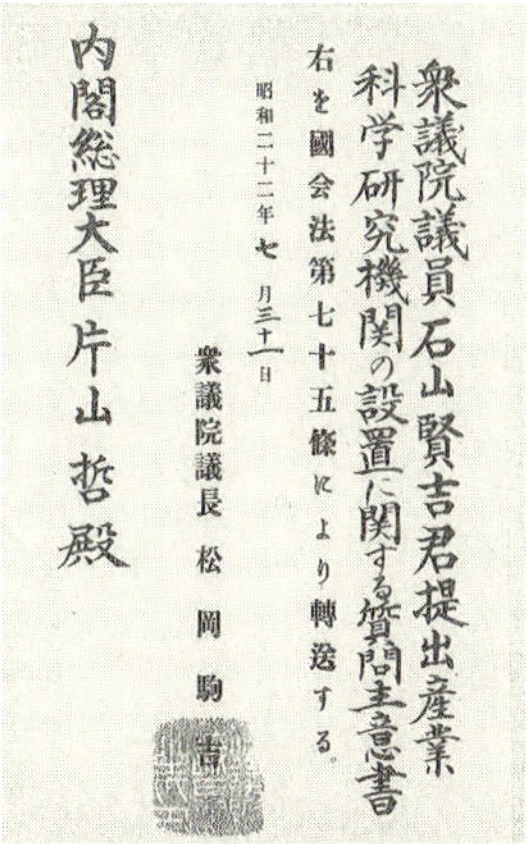
衆議院議員石山賢吉君提出産業科学研究機関の設置に関する質問主意書

右を國会法第七十五條により轉送する。

昭和二十二年七月三十一日

衆議院議長　松岡駒吉

内閣総理大臣　片山哲殿

図 6-17「産業科学研究機関の設置に関する質問主意書」（国立公文書館蔵）

「生産増加は何より大切である。インフレ克服も、生活安定も、生産さえ増加すれば、その目的を達し得るのである。

生産増加には、種々の方策があるが、就中、最も

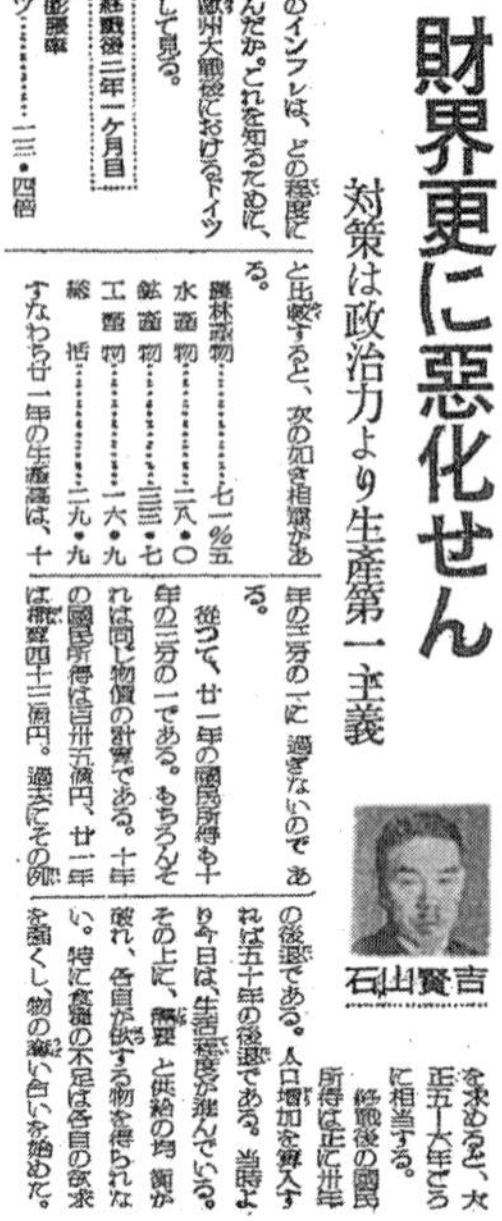

財界更に悪化せん

対策は政治力より生産第一主義

日本のインフレは、どの程度にまで進んだか。これを知るために、第一次欧州大戦後におけるドイツと比較して見る。

終戦後二年一ケ月目

◇通貨膨脹率

ドイツ……一三・四倍

と比較すると、次の如き相違がある。

農林産物……七一%五
水産物……二八・〇
鉱産物……三三・七
工産物……一六・九
総括……二九・九

すなわち廿一年の生産高は、十年の三分の一に過ぎないのである。

従つて、廿一年の國民所得も十年の三分の一である。もちろんそれは同じ物價の計算である。十年の國民所得は百卅五億円、廿一年は概算四十三億円。過去にその例を求めると、大正五、六年ごろに相当する。

終戦後の國民所得は正に卅年の後退である。人口増加を算入すれば五十年の後退である。当時より今日は、生活程度が進んでいる。その上に、需要と供給の均衡が破れ、各自が欲する物を得られない。特に食糧の不足は各自の欲求を強くし、物の奪い合いが始めた。

石山賢吉

図 6–18 「財界更に悪化せん」(『読売新聞』1947 年 10 月 20 日朝刊)

重要なのは、産業科学知識の応用である。

わが国の科学水準は低い。しかも実際の生産技術は、それよりも更に低い。故に、この際学者を動員し、既に習得した科学知識を実際に応用し、生産技術を引上げることだけでもその効果は偉大である。

わが国は敗戦によつて産業を制限された。その制限の範囲内において、今後如何なる産業を発達せしむべきかについては、篤と研究を要する。それには学者を動員することと、相当規模の実験機関を設置することが必要である。

以上二つの理由から、この際、産業科学の研究機関を設置することが必要のように考えられる。

戦前のドイツ政府は科学に対して一省を設けていた。アメリカが一九二九年時代に支払つた産業改善の研究費は日本の陸海軍費の六〇%に相当した。日本はこの際生産増加のために大規模の研究機関を設置することが極めて必要のように考えられる。これに対する政府の意向を問う。」

石山の提言に対する政府の答弁書では、「科学を応用し、生産技術の水準を上げるよう努力すべきであることについては洵に同感」としつつも、「ただ、産業科学研究機関の新設の点でありますが、現在国家として窮迫した資材、財政事情等では新しい研究機関を設置することは極めて困難」とする旨が回答されている。

一九三〇年代より石山は、大河内の「科学工業化」の理念を地元新潟での工場誘致で実践し、『ダイヤモンド』や『経済マガジン』でも「科学報国」を主張してきた。戦後も『ダイヤモンド』(一九四六年八月二一日号)で、「学者を尊敬し技師を優遇せよ」として産学官連携を訴えてきたが、これまでの科学工業化の主張をそのまま、敗戦後の国政の場で石山は政策提言として行ったのである。

国会議員となった石山は、名実ともに経済論者の権威と目されるようになっていた。一九四七年一〇月には『読売新聞』に開設された「経済観測欄」の担当をすることが発表された。本誌『ダイヤモンド』で自らの愛読者に対してだけでなく、新聞紙上でも広く一般読者にも経済解説を行うようになったのである。初回は「財界更に悪化せん」として、敗戦後のインフレ下において「政治力より生産第一主義」の必要性を説いた。

しかし、その三日後の一九四七年一〇月二三日、石山の公職追放が新聞紙上で伝えられる。

無念の公職追放

政策提言を行うなど国政の場で活動する石山だったが、就任からわずか半年後の一九四七年一〇月、公職追放の対象となる。『官報』(一九四七年一一月二一日)では、「新潟県第一区選出議員石山賢吉は、去る十月十五日、昭和二十二年勅令第一号に基く同令第四条の覚書該当者と指定せられ、十一月十七日

訣別の辭

石山賢吉

（一）

私は、今回、ダイヤモンド社が追放になり、その責を負うて、社を去る事になりました。ダイヤモンド社が追放になつた譯で、別に社が無くなる譯ではありません。昭和十二年七月七日から昭和十六年十二月七日までの間、ダイヤモンドの經營に從事して居た者が、責任を負うて同社を去るまでの事であります。

私は、昭和十五年五月に、ダイヤモンド社長をやめて會長になり、段々、經營に遠ざかりました。戰災でダイヤモンド社が燒かれ、復興をした時、半年ばかりの間、創刊當時の若さに返えり、東奔西走いたしましたが、復興が成ると、再び經營に遠ざかり、原稿を書くだけ――云はゞ一記者として存在するだけでありますから、今回、私がダイヤモンド社を去りました處で、何の影響もありません。

だが、私一個として――ダイヤモンドを創刊し、多年、同社を經營して來た私としては、色々の感情が往來するのであります。

私が、ダイヤモンドを創刊したのは、大正二年でありますから、創刊以來、三十五年になります。當時、三十二歳であつた私は、六十七歳になつたのであります。

私がダイヤモンドを經營して、特に心掛けた事は、經營のために、記者の自由意思を束縛しない事でありました。私は、それ以前に、雜誌社にも、新聞社にも勤めた。だが、何處も、思う通りに記事を書かせてくれない。そう書くと、廣告を集めるのに差支えるとか。彼は、社の後援者から苦狀が來るとかというのです。然も、明かにそういつて吳れるのなら、未だよい。明かに、そう云い兼ねる處から、書いた記事を[illegible]。それが不愉快で堪らなかつた。

私一人の感情は、とにかくとしても、そんな事では、新聞雜誌の職責が盡せるか。私は、それが不滿で堪らなかつたのです。

そこで、私は、自分が雜誌を經營したら、そうした弊害を除かう。之を第一に心掛けたのであります。[illegible]か、私のように、無資本で雜誌を創刊した者には、それが非常な難事でありました。

図 6–19 「訣別の辞」（『ダイヤモンド』1947 年 11 月 11 日号）

退職者となつた」と記載されている。ダイヤモンド社は「G項該当言論報道団体」として、文藝春秋社や中央公論社、講談社とともに該当対象とされた（総理府大臣官房監査課編：101）。『官報』（一九四七年一二月一〇日号）では、GHQによる宣伝用出版物没収指令として、戦時期における石山の『紀行 満洲・台湾・海南島』（一九四二年）が没収対象となっている。

とはいえ石山も予期していたようで、国会議員として初めて国会へ臨んだ段階で「私は国会の一年生である。その一年生も、そのまゝで行けるかどうか、不明の状態にある」と綴っていた（石山㊴：60）。というのも、選挙前にあたる一九四七年四月の時点で、『朝日新聞』（一九四七年四月五日朝刊）にて「懸案者に大物」として「言論界では石橋蔵相、石井商相、ダイヤモンド社長石山賢吉氏らが懸案者となつているが、言論報道に関する該当基準がまだきまらぬため、言論関係の決定は総選挙後に持ちこされる予定である」と報じられている。石橋らとともに追放該当者の候補とされており、石山は予め追放を覚悟をしていた。

公職追放後、石山は衆議院議員の座から追われただけでなく、本職の出版業や記者職からも離れることを余儀なくされた。就任したばかりの『読売新聞』の「経済観測欄」の担当からも外れることが一九四七年一一月九日朝刊に発表され、本誌『ダイヤモンド』一九四七年一一月一一日号では、石山自身による「訣別の辞」が掲載されている。「私は、今回、ダイヤモンド社が追放になり、その責を負うて、社を去る事になりました」として、会長になって以降は「云はゞ一記者として存在するだけ」としながらも「ダイヤモンドを創刊し、多年、同社を経営して来た私としては、色々の感情が往来するのでありますす」(13)と無念さを滲《にじ》ませた。

「私は、残り惜くはあるが、永年の御好誼を拝謝し、皆さんと訣別いたします。世事多難、皆さんの御健昌と皆さんの御発展を御祈りします。私は代議士もやめる事になりますから、これから、経済研究に没頭し、それに余生を捧げます。私は公職追放を受けても、経済研究者としての資格は消滅しませんから、皆さんにお目に掛れる事もあると信じます。」(14)

志半ばでの追放に、石山は失意の色を隠せなかった。公職追放となった直後に刊行された『随筆 花に背いて』では、「最早、再び、代議士候補に立つ事はあるまい」(序)と綴っている。郷土誌の『新越佐』(一九四八年四月号)に掲載された「石山賢吉氏訪問記」においても、記者からの「あなたを自由党の大蔵大臣に郷土人は期待してゐました。残念がつてゐます」という声に対して、「もう何も考えぬことにしてゐます。考えぬことが自然で心を常に平穏にしてくれます」(3)と返答するなど、表向きには政界からの撤退を表明していた。

図6–20　将棋を指す芦田均（『富士』1952年2月号）

芦田均との「共著」

「石山賢吉氏民主党入り」が『読売新聞』一九四八年六月一八日朝刊で報じられた。石山の民主党入りの背後には、芦田均との関係があった。当時、民主党総裁にして、首相の座にあった芦田と、石山は公職追放後、急速に接近していった。

もともと戦前より石山は芦田と懇意の関係にあった。接点は交詢社での将棋部である。石山同様、芦田も将棋愛好家として知られ、「腕自慢素人将棋指し告知板」（『富士』一九五二年二月号）では石山とともに紹介されている。一九三七年に石山が市議会議員選挙に立候補した際にも応援演説に駆け付けていたことは前章でも触れた通りであるが、外交官出身の芦田は、一九三二年の衆院選で当選し政治家へ転身しながら、『ジャパンタイムズ』の社長にも就任するなどメディア議員であった。

戦後、石山は芦田と個人的な親交を深めるだけでなく、その関係性は政界にも及んでいった。芦田の日記には、石山の名が頻出している。

石山は自らが国政進出する以前より芦田の熱烈な支持者であった。一九四六年五月に芦田の後援会を結成する話が持ち上がった際には、菅原通済とともに「石山君は実に熱心であり菅原君と共に双璧というべき支持者である」（『芦田均日記 第一巻』：107）と芦田は記している。

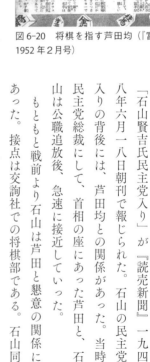

その後、石山は衆議院議員となるも公職追放の対象となり、その座を追われると芦田への支援を本格化していく。一方で芦田は、一九四八年三月に退陣した片山哲内閣に次いで、第四七代内閣総理大臣の座に就いた。首相就任が決まった翌日の一九四八年二月二四日には、「今朝は食事前から石山賢吉君が来た。私の演説原稿を丁寧に書き直した上、政策についても要領を書いてくれた。矢張り智恵は借りるべきだと思つた」（『芦田均日記 第二巻』：56）と記すなど、石山は首相の相談役となっていたのである。

さらに石山は、芦田を陰で支えるだけでなく、ダイヤモンド社より『芦田首相を描く』（一九四八年）を刊行して大々的に支援を行った。興味深いのは同書が企画された経緯である。一九四八年四月一二日付の芦田の日記によると、その経緯からして同書は芦田の自己宣伝本とでもいえるものでもあった。

「十時過に石山賢吉と共に官邸に出て行つた。石山君には先日津久井龍雄君が書いた『芦田首相を描く』を渡して之が何とかモノにならむだらうかといふ相談をした。石山君は快く私が一つやつて見ますと引受けてくれた。

小沢代議士が先般の話の結果、民主党の行くべき途、芦田均の役割と言つた数ページのメモを持つて来た。これは仲々よく出来てゐるので石山君に見せた。」（94）

芦田に付き添って官邸に出入りするようになっていたこと自体にも目を見張るが、石山の著者名で刊行された『芦田首相を描く』は、そもそも芦田が石山に依頼する形で企画されたものであった。石山自身も、そのプロパガンダ的性格を踏まえて執筆計画を練っていたようである。「夕食に石山賢吉君と皆川君が来て『芦田均を描く』の原稿を相談した。石山君は冒頭から提灯《ちょうちん》持ちでは人がよまぬ、物語り、

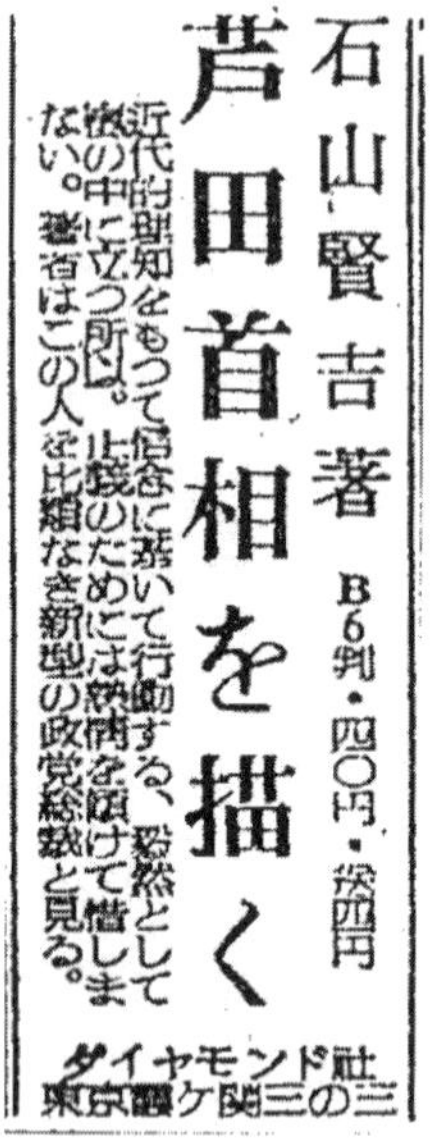
石山賢吉著
芦田首相を描く
B6判・四〇円・送四円
近代的叡知をもつて信念に基いて行動する、毅然として俗の中に立つ所以。此議のためには熱情を傾けて惜しまない。著者はこの人を比類なき新型の政党総裁と見る。
ダイヤモンド社
東京霞ケ関三の三

図 6–21 『芦田首相を描く』広告（『読売新聞』1948 年 7 月 14 日）

或は事件を描くことがよい、と言つた。確かに名論に相違ない」(94) と同日付の芦田の日記には綴られている。

その後も、石山は芦田のもとへ資料提供や執筆内容の確認で連日足を運んでいた。芦田はその様子に、「石山君が来て私の伝記は出来る丈け完全なものにしたいと言つて資料を求めた。親切な人だ。珍らしい人である」(101)、「五時過に石山賢吉君を同道して官邸に帰り芦田均伝の冒頭などをよんだ。石山君とは近頃益々相許すようになつた」(107) と、石山への信頼を記している。芦田は「大森へ行つて新憲法審議の経過についての参考書類を取つて来た。石山君に供給する資料である。石山君の著書は毎日ゲラを見たり、材料を供給するので忙しい」(130) として積極的に石山のために資料を収集していた。

さらに同書の執筆においては、芦田は資料を提供するだけでなく、自らも筆を執っていた。「石山君の著書〝芦田首相を描く〟の資料を書いた」(119) と綴られているうえに、石山がゲラを持参し確認を求めた際には、「石山君からの原稿を見ると其末尾が尻切れトンボになつてゐて少々不体裁に見える。床に入つてから原稿用紙を出して二枚程書き足した。これで少しは結末がついたかと思ふ」(132) と、その結末まで芦田が記していたのであった。

もはや石山と芦田との共著ともいえるものであり、「石山賢吉君の著書〝芦田首相を描く〟が今日民主党本部に届いて代議士諸君に配布された。このような本が出るとは生れて以来考へたことがなかつた。これでも私の六十年の記録として充分である」(145)と、芦田自身もその出来に満足している。公職追放後の石山は、総理となった芦田の相談役兼広報担当の役割を担ったのである。

「若し私が現地位に居なかったら」

『芦田首相を描く』について、自らも執筆していた芦田は「今日、石山君へ送る最後の原稿を書いた。それは昭和十五年春《ドイツの抗戦力》を出版した時の思出である」(134f)と綴っている。ここで挙げられている『ドイツの抗戦力』(一九四〇年)の存在こそが、占領期における石山の運命を左右した。

石山が芦田に急接近したのは、一九四〇年に芦田は『ジャパン・タイムズ』の社長を退任したころであった。芦田は一九四〇年一月から少しの間、ダイヤモンド社本社の一室を借り、事務所とした。『ジャパン・タイムス小史』(一九四一年)では、もともと「芦田氏は、外交官として長く欧洲にも駐在したことあり、また外交史の研究を以て博士となり、外交評論家として著名な人でタイムスの社運発展のために尽すところ大なるものがあつた」(58)が、「昭和十四年十二月芦田社長は、代議士として政治方面の用務多忙の為め社長の職を譲つて取締役となり」(66)と記されている。

ただ『ダイヤモンド』(一九五五年五月五日号)に寄せた芦田の回想によると「私は、当時の軍閥政治のやり方に賛成しかねておりましたので、新聞の経営がだんだん困難」(126)になったことが理由であったという。矢嶋光『芦田均と日本外交』(二〇一九年)によると、『ジャパン・タイムス』への介入

図 6–22　ダイヤモンド社刊行『ドイツの抗戦力』広告（『東京朝日新聞』1940 年 4 月 27 日朝刊）

を行う外務省との間で亀裂が生じ、「外務省による事実上の解任といえるものであった」(138) という。

いずれにしても「毎日の足溜りがない」状態のところを、石山の「好意に甘えて、戦災で焼けてしまうまで、寄寓しておりました」（『ダイヤモンド』一九五五年五月五日号 : 126）と芦田は述べる。石山は芦田の事を綴った評伝『芦田首相を描く』のなかで、部屋代を払おうとする芦田に対して、一切受け取らなかったというエピソードを綴っている。部屋代は必要ないと言われ困惑する芦田に対して、石山は「あなたが私の社に居られると、部屋代以上ものがありますから」としたうえで、「あなたは、私達に最も不足している国際知識を過分に持ち合わせて居られる。それを私達に時々きかせて頂きたい。それが高価の部屋代です」(3) と述べたという。

折しも当時芦田は『ドイツの抗戦力』の訳書刊行を企図し、ダイヤモンド社から出版されている。石山によると、同書はハンガリー国立大学の国際政治学者であったイヴァン・ラヨスが、「ハンガリーの国内輿論を憂いて、ドイツは所詮戦争に勝てないとの判断を、経済的に立証するため」に一九三九年にハンガリー国内で公刊され、「欧米諸国に一大センセーションを惹起した」ものである (99)。内容、そして反響も含めて、池崎忠孝『米英怖るゝに足らず』とは対照的な「啓発書」であったといえよう。

ただし欧米とは対照的に、同書が刊行された一九四〇年当時の日本国内では折しも日独伊三国同盟締結が迫っていた。そうした状況下で、同書に言及する新聞・雑誌記事はほとんど見当たらず、反響を呼ぶものではなかった。芦田の企図した輿論は、三国同盟を期待する国内世論には受け入れられなかったのである。それどころか、芦田は同書の出版によって「石山さんに、とんだ迷惑をかけた」(『ダイヤモンド』一九五五年五月五日号：126)と振り返っている。

「当時は、三国同盟の熱に浮かされていたので、経済的、財政的にドイツを批判するこの本は、忽ち憲兵隊の指摘するところとなりました。私は、憲兵隊で訊問をうける。それだけならいいのだが、ダイヤモンドで出版したというので、石山さんまでが、呼ばれるという破目になつてしまつた。が、しかし、これも、後になつて、石山さんにはいささか、プラスになつた。戦後、占領軍が入つてきて、文筆人を追放した。

ところが、この本を出したということは、独伊同盟熱にうかされていた時に、日本の世論に一応、反省の機会を与えようとしたことは、連合国の立場に同調したというので、石山さんの追放が非常に早く解除になった。

私は、非常に迷惑をかけたが、あとで、追放解除に役立つたということは、怪我の功名であつたと思います。」(127)

戦時体制への批判が後付けで再発見されることによる「リバイバル効果」がここにはうかがえる。芦田が企画し石山が刊行した同書は、三国同盟締結を期待する当時の日本社会で世論の共感を得られなかった。しかしその存在によって、かえって占領期において石山は「免責」の対象としてみなされたのである。ただし石山自身が『戦費怖るゝに足らず』を記していることを考えると、石山自身の思想信条に基づいたものというよりは、芦田との関係性を重視した出版だったといえるだろう。

いずれにしても追放取消の材料を提供された恩義として石山は民主党入りを果たすわけだが、その追放解除自体に芦田が関与していたのである。石山と芦田が『芦田首相を描く』の制作を行う最中の一九四八年五月二十日、芦田の日記には「石山賢吉、永田雅一、楢橋渡、保利茂君等の非該当はホッとした。肩がやゝ軽くなった」(『芦田均日記 第二巻』:112)と記されている。

「石山賢吉君には非該当の旨を自身で知らせに行つた。石山君は「民主党へ入党しますよ」と言つて喜んでくれた。若し私が現地位に居なかつたら、永田、石山両君は助らなかつたと思ふ。人間は偶然の Chance で運命が定まる。」(113)

芦田は大映社長の永田とも将棋を指す仲であったが、当時首相の座にあった芦田は追放取消リストの策定において働きかけたものと思われる。属人的な対応ともいえるが、石山の追放取消における芦田の影響力は確かであった。一九四七年に同じタイミングで、かつ同じ名目で公職追放となった北昤吉や石橋湛山の追放解除は、石山の追放取消から二年も後の一九五一年であったことを考えると、芦田の「若し私が現地位に居なかったら」というのは間違いない。新潟一区でいえば、北とともに佐渡出身の有田八郎も一九五二年にようやく追放解除された。選挙区内での有力候補が追放されていたこの時期、この芦田の「助け」が、石山の政界再挑戦を促すことになる。

追放取消と民主党入り

石山は『ダイヤモンド』一九四八年六月一一日号で、「追放取消に就ての御挨拶」を記している。

「私は、今回追放取消になり、元の地位え帰ることになりました。だが、ダイヤモンド社の会長に帰える意思はありません。ダイヤモンド社は、リツパな後継者が出来て、私時代以上の成績をあげて居ります。無事であつても、引退しなければならない私ですから、復帰の必要はありません。只、私は、書くことが好きで、これが私の命です。追放で、ダイヤモンド誌上に自由に書けなくなつたのが、何より淋しかつた。一記者として復活いたします。私の論文も、そろ〱ぼけて参りました。所詮は、独善に過ぎません。永年のよしみで、読んで頂きたいのであります。今回の取消は皆さまの御同情による事で、厚く御礼を申上げます」(5)

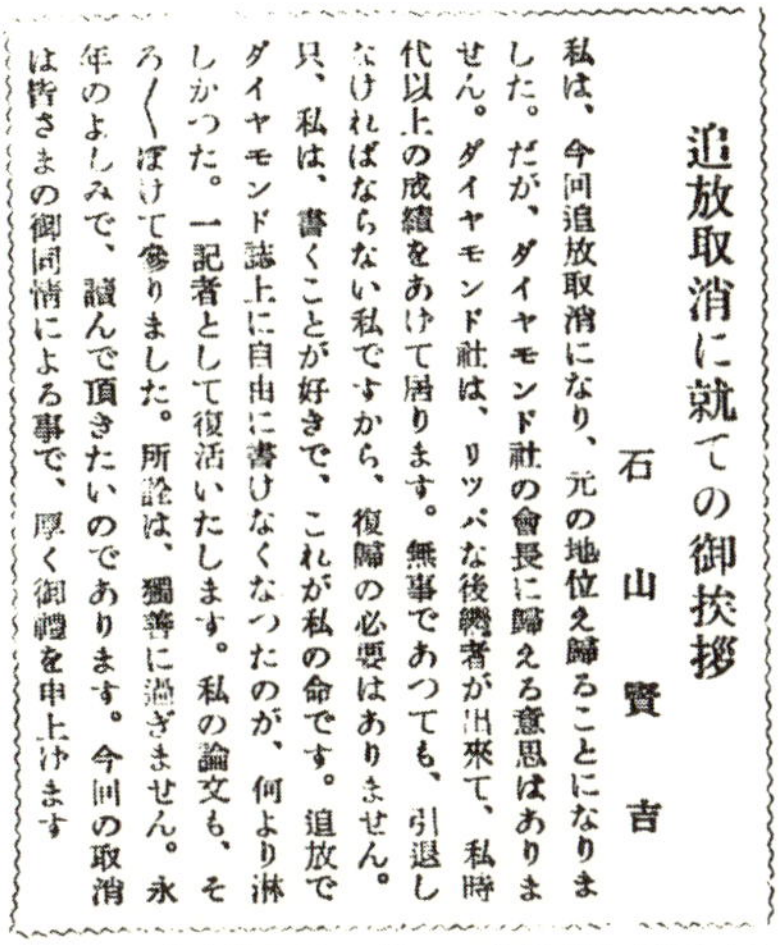
追放取消に就ての御挨拶
石山賢吉
私は、今回追放取消になり、元の地位え歸ることになりました。だが、ダイヤモンド社の會長に歸える意思はありません。ダイヤモンド社は、リツパな後繼者が出來て、私時代以上の成績をあげて居ります。無事であつても、引退しなければならない私ですから、復歸の必要はありません。只、私は、書くことが好きで、これが私の命です。追放で、ダイヤモンド誌上に自由に書けなくなつたのが、何より淋しかつた。一記者として復活いたします。私の論文も、そろ〱ぼけて参りました。所詮は、獨善に過ぎません。永年のよしみで、讀んで頂きたいのであります。今回の取消は皆さまの御同情による事で、厚く御禮を申上げます

図6-23「追放取消に就ての御挨拶」（『ダイヤモンド』1948年6月11日号）

会長職復帰の意思を否定し、あくまでも「一記者」としての復帰を強調している。それは同時に、民主党への入党を芦田へ誓った石山にとっては、本業のダイヤモンド社の経営は社員に任せ、政界への再挑戦に軸足を置くことを意味するものでもあった。

一九四八年六月一六日には、芦田主催の追放取消を祝う夕食会が催されている。当時の芦田の日記による

と、「夕食は、楢橋、石山賢吉、保利茂氏の追放解除の祝の小宴を設けて民主党閣僚と政調会長、幹事長を招待した。主として選挙対策を強行すること、産業資金放出の急務であることを論じた」（『芦田均日記 第二巻』：131）と記されるように、追放取消早々から民主党の運営に参画していった。石山自身も民主党では、議席をもたない形で、政務調査会顧問に迎えられている（『政党年鑑 昭和二四年』：165）。

民主党の党員となった石山は、党の機関誌『民主新論』一九四八年八月号に「民主党と中道政治」を寄稿している。前回の衆院選では自由党の公認候補として立候補しながら、公職追放の取消後に民主党入りしたことについて「変節漢」とも呼ばれたことを気にしながら、石山は民主自由党へと改組された元の所属党に復帰しないことを自己弁護した。

「私は、今回、民主党に入党した。それに就て、私を変節漢という人がある。現に、過日日比谷公会堂の放送討論会に出席した時、野次の第一声は「変節漢」であつた。

私は、昨年の春、自由党の公認候補として選挙に立ち、辛くも当選した。そして、自由党の所属議員として、半年間生活した。その関係からすれば、私は、追放が解除になれば自由党に復帰すべきである。尤も、私が居た時代の自由党は、今春に解体して、民主党の脱党組と合流し、民主自由党を組織し、私の党籍は自然消滅に帰している。これで私と自由党との因縁は一応断ち切られているから、私は自由党に復帰するに及ばぬものとも云える。だが、それは理屈で、今の民自党は、自由党を本体とするものであるから、それえ復帰するのが、実質的には当然だといえば云える。

しかし、過去の行懸りはどうあるにしても今日の私には、民主自由党の党人となる意思はない。

それは、私が昨年半年間の党人生活によつて、自由党が古色蒼然たる政党であることを知り、今の民主自由党が、元の自由党を本体とするに於ては、依然として古臭い政党であると思うからである。」(46)

石山は「自由党の前身である昔の政友会は、散漫ではあつたが、打ち解けて話せる政党であつた。今は、それすらない。議員の当選数を主流にする階級政党である事には、私はひどく失望したのであつた。」(46)とも述べ、民主自由党のあり方を批判する。それに対して「民主党は、民自党に比較すれば、新し味がある。特に、その標榜《ひょうぼう》する修正資本主義には私は賛成である」(47)と、「修正資本主義」や「中道政治」といった民主党の理念への賛同を示す。

「私は、相当年齢に達したが、まだ働けるような気がする。余事はとにかくして、馴れた経済調査ならば、人並みゆける積りである。民主党人としてはその方面に働きたい。」(48)

石山はその後も、本拠地である『ダイヤモンド』(一九四八年一一月二一日号)にもおいても、「民自党の政策を評す」と題して、「人気取に傾き真実性を欠く」(15)と指摘した民主自由党批判の論稿を掲載している。

民主党入りした石山の影響で、『ダイヤモンド』自体も民主党との関係性のもとで読まれた。『書評』(一九四九年三月号)に掲載された平岡敏男「雑誌批判：経済」では、「もとの社長石山賢吉が民主党いりしたからというわけではないが、この方は、どちらかといえば修正資本主義のにおいが強い」(52)と記されるなど、「経済評論家の石山」に加え、「民主党の石山」としても認知されていった。『アサヒグラフ』（一九四九年四月一三日号）でも、「街の経済学者」の一人として紹介されながら、「民主党残留派に籍をおく」(14) ことが強調されている。

民主党入りした石山の動向は地元の『新潟日報』（一九四八年八月八日）でも伝えられた。「在京県人花形総まくり」と題した記事のなかで、石山は県出身の在京有力者の筆頭として紹介された。

「四十年の歴史を持つ県人会は戦時中一時解散を余儀なくされたが本年六月会長石山賢吉氏、副会長加藤清二郎、山本惣治の両氏、理事長に京谷大助氏を擁して復活、事務所をダイヤモンド社の一隅に設け目下基金獲得と会員の連絡、名簿整理に大童となつている。会長石山氏は最近追放解除をうけて政界にカムバック、民主党政調会顧問に迎えられ氏の財政経済のウン蓄を傾けて屋台骨のゆらぎはじめた民主党再建に努力しているが、すでに追放となつた高橋亀吉、小汀利得両氏と相ならんで、いわゆる市井経済評論家の第一人者としては周知のところである。」

在京縣人花形總まくり
財界、出版界に進出
各方面に搖がぬ地盤
花形揃いの財界人
出版界に氣鋭の士
ふるわぬ官僚陣

図6-24　「在京県人花形総まくり」（『新潟日報』1948年8月8日）

地元紙でも「民主党再建」に注力している様子が伝えられているが、同時に石山が新潟県人会の復興にも動いていることが紹介されている。副会長の加藤清二郎は、石山と同郷の白根町出身で「食堂王とまでよばれた立志伝中の人」とされ、当時は追放該当者として隠退中だった山本惣治も鮎川義介の後継として日産重工の社長である。京谷は当時、昭和理化工場の社長であったが、戦前はダイヤモンド社に在籍していた。石山は自らのネットワークを中心に新潟県人会の再建にもあたり、次の国政選挙に向けて地元へのアピールも行っていた。

一九四八年八月には芦田を招いて、新潟市で民主党の演説会も開催していた。芦田の日記には、「今朝の新聞に終戦三年を迎へての首相談が出てゐる。夕方に新潟知事と石山君が来て「あれはよかつた」と言つてくれた」と、石山の高等幇間ぶりがここでも発揮されたうえで、石山から「来る二十二日の新潟大会は地元ではハデにやる用意をしてゐる」（『芦田均日記 第二巻』：173）と伝えられた様子が綴られている。現地新潟において芦田は石山に案内される形で、一般人向けの講演会のみならず、商工会や地元ラジオ放送などでも演説を行った。民主党の顔である芦田を引き連れて石山は、地元での活動に精力的に取り組んでいた。

度重なる落選

一九四九年一月の衆議院議員選挙で、石山は民主党の公認候補として出馬している。前回当選したこともあって、事前予想では有力候補として見られていた。『新潟市政進展史 第四巻』（一九七一年）によると、「民自党の松木弘、民主党の石山賢吉、社会党の笠原貞造の三氏が有力視されたが、この三者のせり合いに乗じて共産党の上村進、労農党の星名芳男、無所属の高杉喜八の三氏がどの程度進出するか見ものと云われ、また新人風間啓吉氏がどの位伸びるか興味をもつて見られていた」(35)とされる。

さらに当時の『読売新聞』(一九四九年一月二二日朝刊)では新潟一区の情勢として、「石山賢吉(民元)松木弘(自前)両氏は当確、これを追うのは風間啓吉氏(自新)で笠原貞造(社前)も西蒲原郡への斬りこみ戦術が功を奏すれば圏内に入ろう」として、石山は「当確」とまで言われていたのだ。

表6-4　第24回(1949年)衆院選・新潟一区得票数

1位(当選)	風間啓吉(自新)	38,251
2位(当選)	松木弘(自前)	35,605
3位(当選)	上村進(共新)	20,143
4位	青柳良太郎(自新)	19,473
5位	石山賢吉(民元)	19,107
6位	星名芳男(労新)	18,578
7位	笠原貞造(社前)	16,580
8位	高杉喜八(無新)	6,196

しかし開票の結果は、石山は一万九一〇七票を獲得するも五位にとどまり、落選している。当選までは約千票差足らずと、僅差での敗北であった。新潟一区は、民主自由党の新人風間と現職松木がワンツー当選を果たし、民主自由党の圧勝であった。事前の予想を反する結果に、『新潟市政進展史 第四巻』では「新人風間氏の一位当選、共産上村氏の三位当選は大番ぐるわせといわれ、選挙は水もの蓋をあけて見なければ分らないことを実証した」(36)と記録されている。『衆議院議員総選挙一覧 第24回』(一九四九年)における新潟一区各市町村での得票数からも接戦だったことが分かるが、石山にとっては前回の当選時に比べ、新潟市と西蒲原郡での票が伸び悩んだことが落選の要因となった。

表6-5　第24回（1949年）衆院選・新潟一区の地域ごとにおける主要候補者得票数

市町村	風間啓吉	松木弘	上村進	青柳良太郎	石山賢吉	星名芳男	笠原貞三
新潟市	7,105	22,071	10,128	1,349	7,927	8,760	8,078
西蒲原郡	4,541	8,772	6,691	17,856	6,037	6,744	4,375
佐渡郡	26,605	4,762	3,324	268	5,143	3,074	4,127
全体	38,251	35,605	20,143	19,473	19,107	18,578	16,580

『衆議院議員総選挙一覧 第24回』（1949年）：294-299より作成

全国紙が当選有力と見ていた一方で、地元紙の『新潟日報』は事前より冷静に石山の情勢を捉えていた。『新潟日報』一九四九年一月七日では、「追放解除の石山氏は必勝を期しているようだが追放期間の政治情勢変化や党籍変更が案外大きく響くのではないかとみられている」と分析している。というのも、民主党公認候補として出馬した石山だったが、選挙戦の時点ですでに芦田は総理の座を退いていたからである。選挙戦の直前となる一九四八年一〇月に、昭和電工事件により芦田内閣は総辞職へと追い込まれていたのである。復興金融公庫をめぐる昭和電工の贈収賄事件では、当時大蔵省主計局長だった福田赳夫を皮切りに、大野伴睦民自党顧問、西尾末広前副総理が次々と逮捕され、その後、同年一二月には芦田自身も収賄容疑で逮捕、起訴され、一時は政界での表立った活動を控えざるを得なくなった（矢嶋 2023：157）。このとき石山は芦田という後ろ盾を失い、なおかつ疑獄による民主党のイメージ悪化という劣勢のなかで選挙戦に臨まざるを得なくなっていたのである。

内閣総辞職の直前、一〇月一一日に石山は芦田のもとを訪れている。芦田は「石山賢吉君来訪。やはり選挙が気にかゝると見える」（『芦田均日記 第二巻』：217）と綴っており、石山は疑獄が与える次期選挙への影響を気にしていたようである。『新潟日報』が「政治情勢変化」や「党籍変更」を不安視していたのも、こうした背景があったと考えられる。結果的に石山の懸念は的中した形となった。『新潟市政進展史 第四巻』では、「追放解除の石山氏は追放期間の空白や党籍の変更などが影響し、大物有力の楽観ムードがたたつて遂に落選した」(36)と総括された。

『新潟日報』(一九四九年一月二六日)では「敗北の基本的原因は民主党の人気落潮にあろう」としたうえで、石山の落選要因を詳細に分析している。そこでは「選挙民に無断で民主党に籍をうつしたことは知識人として納得されぬ上に追放解除のために節を売つたとの宣伝がきいた」、「旧来の民主党との間に血と感情のつながりがなく石山個人の空回りとなり一万九千の得票も石山個人の票というべきでとり得る限界に達した」、「支持層が財閥事業界、学界などの上層にあり一般労農方間からはソツポを向かれた」などの要因が挙げられている。民主党への転籍が、地元新潟での支持を逃した背景となった。

地元新潟での衆院選落選後、今度は参院選に舞台を移して石山は国政復帰を狙うこととなる。一九五〇年六月の第二回参議院議員選挙で、全国区より石山は立候補した。江古田山人「参議院をねらう人々」(『新経済』一九五〇年二月号)では、「元ダイヤモンド社長経済随筆となると天下無敵の石山賢吉氏が、親友芦田の民主野党派を基盤に全国から打つて出る」(43)として、前回の衆院選よりもさらに、「親芦田」との共闘が注目された。

芦田の日記にも、石山の参院選出馬にあたって芦田の積極的な支援が見て取れる。参院選前年となる一九四九年九月の段階より芦田は、品川区会議員の清水一郎や、国際問題研究所顧問で中国通として知られる宮元俊直らに石山への支援を取り付けている。一九四九年九月一五日付の芦田の日記には石山も含め、「夕食を共にし乍ら石山君の選挙について色々の話をした。一同石山君を援助する意気の旺んなことを示した」（『芦田均日記 第三巻』：178f）と記されている。

さらに一九四九年一〇月三日の芦田の日記では、「ダイヤモンド社に行くと、社員の人達が二十名位会議室に席を占めてゐた。石山君が来年の参議院選挙に出る決意を述べたので、私は選挙の注意、違反のないように、金は使はないように、効果的な運動をするよう簡単な話をした」（186）というように、立候補を決意した石山とダイヤモンド社の社員たちへ芦田自身が選挙運動のアドバイスを行っていた。

参院選において石山が全国区から立候補することを決めたのも芦田であり、一九四九年一一月二日の日記には「石山賢吉君の運動のことで色々案を立ててみた。どうしても全国的にやらねばならぬ」（200）と記されている。『ダイヤモンド』一九四九年一二月二一日号の「同人消息」でも「来年の全国参議院議員が有望になつて来た」（74）と、石山の全国区での出馬が期待されていた。

こうして芦田から全面的な支援を受ける形となったことで、事前予測においても前回衆院選にも増して石山の当選は確実視されていく。

『経済往来』一九五〇年一月号に掲載された與謝次郎「参議院を狙う経済界の人々」では、石山賢吉と渡辺銕蔵を取り上げながら、「この両者はともに経済人としては第一級の有名人であるが、不幸にしてその政界進出は共通して今日まで恵まれていない」（83）として紹介している。

「石山氏は芦田氏と共に自由党を脱党して民主党に入つたがダイヤモンド社長たりし経歴によつて

一時追放の厄災にあい、芦田内閣の未期《ママ》に解除された。今回は新潟を地盤として全国参議員への出馬を決意しているが、日本経済再建のためには先づ出さねばならぬ筆頭の人であろう。目下追放隠居中の石橋湛山氏とは対蹠的な人物であり、その政策も、性格も、そのままにダイヤモンドと東洋経済の両誌の性格の相違に表現されているのも面白い。若し民主党が政権を担当するとあれば、当然経済閣僚であることは間違いなく、あくまで地味にしかも強靭なネバリをもつ石山式経済再建方式は、今後の日本に重要な示唆を与えるに違いない。また一歩をゆづつて何かの専門委員会の委員長にして置くだけでも、政府と議員の勉強は一段の進歩をせざるを得ないだろうと思う。それ程彼はポストに忠実な人である。」（同）

芦田との関係性や石橋との比較にも言及しながら、民主党が政権を担当する場合の「経済閣僚」として、かつての衆院選時代の「経済大臣の第一候補」を髣髴とさせる文言が登場する。石山と地元の支援者にとって、参院選への挑戦は公職追放によって一度は潰《つい》えた「経済大臣」への再挑戦でもあった。

選挙戦が始まると、地元の『新潟日報』（一九五〇年五月二二日）でも「全国区はまず石山、大島、小林」として、新潟では全国区の筆頭候補として名前が挙げられ、地元での支援状況も報じられている。

「経済関係方面を基礎に前年の衆院の雪辱を期して再び乗り出した石山賢吉氏は本部あたりで相当買つているようだが、本人はじめ県支部あたりでは前回の例などから決して楽観出来ぬとし、久保田氏との抱き合せで食い込みを策している。しかし一般に同氏の評判はよく、氏自らもこの選挙に万一落選するようなこととなれば今後政界からは足を洗うという悲壮な決意も内々近親に洩らしているなどの関係もあり、県支部あたりでも同氏の応援には各地元県議を中心に下部組織を動員、二十万から二十二、三万票の獲得をねらっている」

その後も『新潟日報』（一九五〇年五月二六日）では、筆頭候補である石山の動向について、選挙事務所の活動状況も詳しく報じられた。選挙事務所の運動員による票読みとして、「県外では東京、群馬、愛知、京阪神、島根などに強く経済雑誌ダイヤモンドでなじみの知識層へ食い込み、少くとも県外でも十万票を稼ごうという腹」まで紹介されている。さらに『新潟日報』（一九五〇年六月四日）でも、「経済人石山」を表看板に税金問題で悩み抜いている商工業者にアッピールしようとの作戦」のもとで、地盤を持つ新潟市内を中心に、大阪や名古屋などの大都市にも働きかけている様子が伝えられた。

石山、大島が有力（全国区）
北村、久保田、清沢は雁行

図6–25　有力候補とされる石山（『新潟日報』1950年5月23日）

石山自身も東京および新潟を中心に選挙演説を行い、これまでの選挙運動と同様に、盟友の木村義雄も応援演説に駆け付けた。石山は『ダイヤモンド』（一九五〇年六月二一日号）にて、木村の演説を取り上げ、「私が選挙をする時は、必らず応援演説をしてくれる。一昨年の選挙にも、昨年の選挙にも来てくれた。特に、昨年の如きは、立会演説の代理までしてくれた」(39)と記している。とはいえ、今回は当初こそ石山が木村の名人戦の対局を気にして

「遠慮」したが、木村の方が「石山の選挙に、私の応援演説は附物だ」として街頭演説に加わったという。さらに木村は名人戦の最中にも、新潟へ駆けつけ石山の応援演説を行っている。

選挙戦が佳境となる一九五〇年の「五月廿二と廿三の二日、私と並んで、トラックの上に立ち、東京市中を演説し廻つてくれた。廿二日は、芦田前総理と名人と私の三人だつた。かうした応援者を得ると、私の演説も引立つ。王子街頭の如きは、巡査が交通整理をするほどの人だかりであつた」(39)と記すなど、芦田と木村に囲まれた選挙演説に石山は手応えを感じていた。

ダイヤモンド社も社を挙げての選挙運動を展開した。『ダイヤモンド』一九五〇年五月一一日号の「同人消息」では、幹部を中心に選挙運動へ奔走する様子が綴られている。「参議院選挙開始！石山賢吉老立候補、老最後の選挙とあつて、我社要人も総出動」として、「先づ石山皆男会長が、新橋選挙事務所で、総指揮に任ずれば、加藤社長は巨軀に鞭《むち》打ち、新潟地区へ出発。当分の間、現地に止り東京地区を凌駕すると意気込む」(82)とされ、社の「要人」が各地へ飛ぶなかで、本業の雑誌制作は留守を預かる若手たちに任された。さらに「特殊技能者は、挙げて選挙応援との指令に、腕に覚えの面々が勇躍参加」(同)として、看板・ポスター・ハガキなども自前で作成していた。まさに社員総動員での選挙戦であり、石山がこれまでの出馬した東京市議選や衆院選のときとは比べ物にならないほどの力の入れようであった。

さらに本誌『ダイヤモンド』でも選挙戦の最中、一九五〇年五月二一日号にて「経済人を国会に送れ——参院選終盤にかゝる」を掲載し、誌面からも石山を支援した。

「『ダイヤモンドと石山賢吉』この言葉は、経済と縁の薄いものでも一応は知つている。筆者の如くダイヤモンドを二十年近くも読みつづけたものにとつては、石山の名は耳にタコができるほどだ。彼から参議院に立つの弁を、聴き及んでいないが、果して如何なる政治信条を以て、政界に乗出したか。端的にいつて、いまの選挙は、金の草鞋と体力を賭ける一戦だけに、並大抵の努力ではない。よほどの決心がなければ、出られるものでない。

思うに、四十年来、書きつゞけてきた経済論を、実際政治の上に移し植えたいからであらう。石橋湛山の蔵相振りは、歴代のうちでも異色の存在であつた。むろん及第点をとつた。石山氏がいわゆる大臣級の人物であることは、湛山氏を引きあいに出すまでもない。民主党の天下は容易に来そうもないが、かゝる人材を野に置くことは国家の損失といつてよい。

自由党があの大世帯をもちながら、経済全般に通暁している人がない。いまの経済閣僚のお粗末さ加減はどうだ。池田大蔵を筆頭に青木安本然り、高瀬通産然り、森農林又然り。石山氏は、かつて新潟県衆院選挙で、絶対確実といわれて落選した。今度も当確と伝えられて、さぞかし、迷惑に思つていることだらう。選挙は水物、最後まで油断はできぬ。」(29)

『ダイヤモンド』本誌に綴られたこの「選挙は水物、最後まで油断はできぬ」という予言は、石山にとって悲劇的な形で成就した。一九五〇年六月四日に迎えた参院選は投票の結果、石山は落選している。定数五六名（うち補欠が六名）に二一七名が立候補した全国区において、石山は一三万六七〇七票を獲得するも六〇位と及ばなかった。当選者の最低得票数が一五万〇二四四票であり、約一万四〇〇〇票の差であった。

開票速報の段階ですでに雲行きが怪しいことは石山も把握していたようである。『新潟日報』（一九五〇年六月六日）には、投票日の翌日に石山の自宅を取材した際の様子が伝えられている。

「五日の昼下り東京都品川区大井蔵田町《ママ》の石山賢吉候補の自宅を訪れると――「ヤァいま起きたところです。すつかり疲れてしまつてねー」と腰巻姿で余裕しやくしやくだが、心中はやはりかくしおおせず対談中もつぎつぎとかかる情報電話に耳傾ける「どうも票が少い、これはやはり私に人間的な徳がないせいでしようかなァ」と顔をくもらせる。その時「東京、新潟の票は入れないで八万」との報告にホッと愁眉《しゆうび》を開いていた」

かつての市議選のように余裕な姿を見せつつも、開票速報に一喜一憂する様子が見て取れる。しかし翌日の『新潟日報』（一九五〇年六月七日）では「石山賢吉氏は当選圏内にいま一息というところで足ぶみしており」と伝えられており、その後落選が確定する。

落選を受けて、『ダイヤモンド』（一九五〇年六月二一日号）の「同人消息」では、「石山老、連日の敢闘朝から夜に及んだが、今一息というところで落選。選挙終えての感想に曰く「体力用うべし」と。この体験に馬力をかけ、このところ株式相場の見方の研究に没頭中」(82)と切り替えた様子が伝えられた。ただし、同号に石山自身による「落選のおわび」も掲載されており、そこでは悲痛な心境が綴られている。「当選確実」と言われながらの落選に、石山は失意を隠せなかった。

「大地を打つ槌は外れても……と思つた参院選挙が外れた。書斎に戻つて、静に敗因を考えて見る。

煎じ詰めれば、自分の無力ということに帰着する。自分としては、最善を尽して戦つた。遺憾《いかん》なきまでに戦つた。それで破れたのだ。力が不足であつたのだ。今回の選挙は、前回よりも最高得票が多かつた。山川良一氏などは六十万票も取つた。それであるのに、自分は、十四万票にも達しなかつた。無力を感ぜずに居られない。」(46)

この落選以降、石山が再び選挙へ立候補することはなかった。「経済大臣の第一候補」と期待された石山だったが、その実現も見ることなく、政界の表舞台から退くこととなった。

終章

政界進出の余韻

──政治家としての終焉と出版人としての栄光

政界引退後の石山賢吉

（「現代の出版人」『出版ニュース』1955年８月下旬号）

「ダイヤモンド社会長石山賢吉君の出版界に於ける経歴は完全に五十年だからおどろく、しかもそれが自ら種を取り、文章にまとめ、編集し、そして出版すること半世紀というのだから一寸類がない。

こう書いて来ると、彼は本を書き、雑誌をつくること以外にわき目もふらぬ堅人かと想像する人が多いだろうが、やわらかい事も人一倍、彼自ら告白しているところでも、女道楽にかけてもあえて人後に落ちるものでないが、娑婆気百パーセントで代議士に出て追放を喰らつたり、参議院議員に立候補して落つこちたり、人のすることは何でも一度はやつて見るというところに、俗人石山賢吉の面目躍如たるものがある。」（小汀利得「娑婆気百パーセントの楽天家──現代の出版人」『出版ニュース』一九五五年八月下旬号：9）

「推される側」から「推す側」へ

一九五〇年の参院選で落選して以降、二度と選挙に出ることはなかった石山だったが、ただちに政治との接点が切れたわけではなかった。その後も、石山は芦田均の腹心として政界に関わり、周囲では再出馬の話もささやかれた。実は石山自身も当初こそ次期衆院選に立候補する意向を芦田に伝えていた。

一九五〇年の参院選では民主党としても一一議席を失う結果となったが、芦田は「参議院センキョに惨敗したことが不快で堪らない。石山君が危いのが更に気になつて夜十時過まで事務所と連絡をとつた」（『芦田均日記　第三巻』：292）と石山の選挙結果を気にかけていた。石山の落選が伝えられた一九五〇年六月六日の夜、芦田は石山のもとへ慰問に訪れ、「本人は案外元気だつた。「まさか落ちるとは思はなかつた」と言つて、「私はアキラメがよいから何とも思つてゐません」といふあたり流石に苦労人だ」（同：293）とその様子を書き留めている。落選確定後、今度は石山が芦田のもとを訪れており、芦田は「元気がよいのは感服する。この次衆議院で斗ふと言つてゐる」（同）と記しており、石山自身も再出馬への意欲を示していた。

落選後も石山は国民民主党の党員として活動を続け、一九五〇年七月一三日に結成された国民民主党新潟県支部の支部長に就任している（永木：750）。一九五一年九月に開催された国民民主党新潟県支部の「追放解除者祝賀大会」では、石山は県支部長として「よろこびの挨拶」を行っていた（同：768）。その対象となった「追放解除者」のなかには、『新潟日曜新聞』および『新潟毎夕新聞』で社長を務めた吉川大介や『新潟新聞』の社員だった高岡大輔などのメディア出身議員も含まれている。

さらに一九五一年一二月、国民民主党や新政クラブを中心とした新党結成準備委員会が設立されたが、石山は同委員会発足にあたっての新党準備大会にも参加し、常任委員として民主党から政策担当の一人となっている（『朝日新聞』一九五一年一二月二二日夕刊）。

一九五二年二月に結成された改進党所属となった石山は、同年の第二五回衆議院議員選挙への出馬が噂された。日本自由党中央機関誌『再建』（一九五二年五月号）に掲載された志賀高「選挙戦線を往く」では、石山の立候補が断言されている。

「一区（三名）は、松木弘と風間啓吉の両自由党氏と上村共産党氏、これに対して前回次点の青柳良太郎、参院選挙の雪辱を期して立つ大島秀一、古強者の北昤吉、吉川大介（以上自由）、石山賢吉（改）、笠原貞造（社右）前厚生次官葛西嘉資（無）らが立つ。現役陣苦戦の予想でまず指を折られるのはこの一区である。」(39)

しかし結局、公示された新潟一区の候補者欄に石山の名はなかった。ここでは自由党として挙げられている吉川大介が、石山に代わって改進党の公認候補として出馬している。吉川は、自由党の大島秀一と追放解除から政界復帰した北昤吉に割って入り、第二位で当選した。トップ当選した大島は『主婦と生活』創業者としても知られ、第二次岸内閣で「通産政務次官にまでなった政治家」（『出版ニュース』一九五九年八月中旬号：3）であるが、一九五二年の衆院選新潟一区で当選した三人いずれもメディア出身者となった。

石山は自身では選挙へ出なかった一方で、改進党候補者の応援演説に奔走していた。『ダイヤモンド』

一九五二年一〇月一一日号の同人消息欄では、「石山老、枕と魔法ビン携帯、自動車を駆って愛知行。十日間選挙応援演説に声をからす」(128) と記されている。

愛知県において、石山が応援演説を行った候補者として考えられるのは、中野四郎である。中野の経歴については、『あいちの政治史』(一九八一年) に詳しい。愛知県碧海郡出身の中野は一三歳で上京し、同じ碧南郡出身の政治家であった鈴木正吾の紹介で、茅原華山の書生となる。一九三八年に東京市の牛込区議選へ立候補した中野は、三木武吉と鳩山一郎の系列下の区議が幅を利かせるなかで当選を果たしている。その後、区会議長となったのち、一九四二年には翼賛選挙となった東京市議選へ出馬した。非推薦ながら当選し、市政へ進出する。地盤のない東京において、中野の「強さの秘密は、当時選挙権を持っていた在日朝鮮人の人々の支持だった」(53) とされる。中野は、浅沼稲次郎らとともに「大東京古物仕切商組合」を結成し、在日朝鮮系の人々を支援していた。「ボクの票の八割は朝鮮系の人たちだった」と中野自身述べている (53)。

戦後は、「憲政の神様」と呼ばれた尾崎行雄に私淑し、鈴木の支援によって国政進出を図った。一九四六年の衆院選では三州農民党より出馬し、当選後は日本農民党を設立し中央委員長にもなったが、一九五二年には改進党へ入党した。『現代政治家の素顔』(一九七七年) では、「『政治の原点は農民』という中野氏の情熱が新党の原動力となったが、こうした理想主義的肌合いが改進党、無所属など野党生活を多くさせている」(160) と評された。「衆議院議員候補者総選挙公報」(一九五八年) でも中野自身が「働けど恵まれざる山村の農家の実情を見て感奮、われ政治家となりて働く農民の生活を楽にせんと志

図 E-1　中野四郎（『歴代閣僚と国会議員名鑑』）

し」(2)と記すなど、農民目線を強調している。

だが野党生活から一転して、その後自民党入りした中野は、佐藤栄作および福田赳夫の派閥に属し、一九六五年に佐藤内閣で党の国会対策委員長となった。さらに一九七八年には大平内閣で国土庁長官として入閣も果たしている。

中野の経歴のなかで石山と接点があるのは、戦時期の東京市会議員である。石山も「私は、先年、東京市会で初めて中野君に会つた」と記している（石山㊴：93）。その後、石山が一九四七年の衆院選で国会議員となった時点では、その間柄は「親友」（同：65）となっていた。石山にとって一九〇四年生まれの中野とは、二〇歳以上年齢の離れた「親友」であったが、「中野君は気前のよい人で、東京でも、時々、私に御馳走をして呉れる」（同：82）というように会食を行っていた。

一九四六年の第二二回衆議院議員選挙時には、『ダイヤモンド』（一九四六年一二月二一日号）で「記者は過日鈴木氏と共に愛知県へ中野四郎君の応援演説に行つた」(18)として、鈴木正吾とともに選挙演説へと駆け付ける記述が見られる。その後も「選挙があると、中野四郎君の応援に、自動車で行く。同君の選挙区は、愛知県の碧海郡である」（『ダイヤモンド』一九五七年三月五日号：99）と石山は述べていた。

中野は国政進出以来、日本農民党に所属していたが、一九五二年の衆院選では改進党へ合流している。中野の改進党入りを仲介したのも、石山であった。芦田の日記によると、一九五二年七月二七日、「石山賢吉君に伴はれて農民党の中野四郎君来訪。「私は改進党は嫌いで、北村氏などとは話もしたくないのだが、石山君と特別の関係でアナタを通じて入党しようかと思う」」（『芦田均日記 第四巻』：188）として、中野は石山とともに芦田のもとへ訪れ、改進党へ入党している。

石山の支援は、選挙時の応援演説のみならず入党の仲介まで、表舞台と裏舞台、その両面で行われた。「推される側」から「推す側」へと立場を変えて、石山は芦田のもとで政界へと関与し続けたのである。

新軍備促進連盟と交詢社

芦田の支援者として石山の政治活動が際立ったのが、新軍備促進連盟である。一九五二年二月に芦田を中心に発足された同連盟は、軽武装を基調とした吉田茂の路線を批判し、党派を超えて再軍備を国民へ呼びかけるために結成された。新軍備促進連盟の結成を伝える『毎日新聞』一九五二年二月五日朝刊の記事内でも、「再軍備しないという吉田首相の心のうちが理解できない。いい悪いをいっている時ではない。どうやるかの時期であることは諸外国の例を見てもわかり切っているではないか」といった芦田の談話が掲載されている。再軍備についての国民的議論を提起しようとした芦田だが、実際半年前の一九五一年九月に『毎日新聞』が行った世論調査では、再軍備賛成が七六％、反対は一二％と賛成が多数を占めるなど、講和条約が締結され日本の主権が回復したなかで、たしかに再軍備論の機運は一定程度高まっていた（『毎日新聞』一九五一年九月一六日）。

とはいえ戦時期には国際協調を重視し反戦主義者だったはずの芦田による再軍備論は、一見すると変

軍備促進連盟の結成
芦田、渡辺銕蔵氏らが提唱

保安隊に関する吉田首相の言明によって再軍備問題はいまや今国会の重要論議の一つとなり野党各派は挙って吉田首相の真意を追究しようと意気込んでいる。この時に当り民主党芦田均氏はかねてから再軍備すべしと主張してきたが、今度新たに自由党の渡辺銕蔵氏をはじめ広く同志を糾合し『軍備促進連盟』を結成、速かに再軍備すべしとの超党派的国民運動を展開することとなり、十日午後一時から神田共立講堂でその第一声を挙げることとなった。

芦田氏の運動は単に民主党に限らず、各界各方面から同志を糾合し全国を遊説して逐次運動を拡大しようとするもので鳩山一郎、石橋湛山、緒方竹虎、西尾末広、鍋山貞親の各氏らも考え方においては相通ずるものがあるとして今後これらの人たちとも何らかの形で関連させたい意向のようである。

芦田氏は吉田首相の施政方針演説にも大蔵大臣の財政演説にも二千億に近い防衛関係費について説明がないのは西欧民主主義国家にもその例がなく明らかに全体主義的なやり方であり、突如として保安隊を言明したのは日米行政協定の進展とともに客観情勢が挙ぎそういわざるを得ないところまで達したのではないかとも見ている。そこで事態はすでに再軍備是非の段階ではなく、時期と方法のみが問題であって予備隊を増強するような方法では絶対に祖国を愛する自衛力の実現は望めず、はっきり軍隊と唱えてこそ入隊者の誇と使命が決まるのであるからかかる方法で速かに再軍備に着手すべしと主張するのである。芦田氏の国民運動がいかに国民の批判を浴びるかは別として西独の場合と同様再軍備問題の成り行きは国民の切実な問題であると共に今年の大きな課題として極めて重視される。

芦田氏談　再軍備しないという吉田首相の心のうちが理解できない。いい思いをいっている時ではない。どうやるかの時期であることは諸外国の例を見てもわかり切っているではないか。一日も早く国民がその自覚に立つことが必要だと思うので国会中でも全国を遊説したいと思っている。

(上)芦田氏
(下)渡辺氏

記者席から

図 E-2 「軍備促進連盟の結成」(『毎日新聞』1952 年 2 月 5 日朝刊)

節にも映る。だが、八嶋光『芦田均と日本外交』が指摘するように、芦田にとっては、朝鮮戦争が勃発し冷戦構造が深刻化するなかで、集団安全保障の義務を果たすための再軍備論であり、外交官時代の経験に基づく国際協調路線の延長として位置付けられるものであった。

石山との関係で注目すべきは、新軍備促進連盟の拠点が交詢社に置かれた点にある。石山が交詢社を人的ネットワークの基盤としたことはここまでも述べたが、芦田にとってもそれは同様で、芦田の日記にも頻繁に交詢社へ訪れ、政財界の関係者と会合しながら将棋を指す様子が記されている。新軍備促進連盟に関してもまた結成前後から交詢社で検討が行われていた。『芦田均日記 第四巻』によると、一九五二年二月一三日には交詢社で「石山賢吉君と下河辺と三人で昼食をし乍ら軍備促進運動の組織化について話した」(99)という。その際、新軍備促進連盟に関して「(一)事務所を交詢ビル六〇八号に置くこと、(二)事務総長に宮元利直氏を依頼すること、(三)宇垣大将を顧問に推すこと、(四)資金カンパを初めること」(100)などの取り決めがなされている。

それから間もなく一九五二年二月二〇日には、「交詢社で新軍備促進連盟の発起人の初顔合せをした。

集つたのは、石山賢吉、渡辺銕蔵、神吉英三、北岡寿逸、宮元利直、榊原麗一、井上正彦、島野君。その上で規約の作製、事務所の設定、理事、会長の制度等を打合せた」(104) とされる。

「同憂の士来れ!!」と掲げられた連盟自身による告知文では、発起人代表として芦田を筆頭に一六名の名が挙げられ、石山もその一人として記されている(『東京だより』一九五二年三月号：1)。そのなかで特筆すべきは渡辺銕蔵である。渡辺は戦時期に小林一三の機密漏洩疑惑において石山とともに関与が疑われ、戦後は東宝争議時の東宝社長として強硬に対応したことで「反共の闘将」として知られる存在であり、一九五〇年の参院選においても石山とともに経済人の政治家筆頭候補として挙げられるなど、石山とも接点の多い人物であった。渡辺によると新軍備促進連盟においては「ダイヤモンド社の石山賢吉君が肝入り役」(渡辺 1956：348) であったという。連盟の事務局長を務めた宮元利直も、井上正彦とともに前章でも触れたように石山の一九五〇年参院選立候補に際しての支援者でもあったなど、新軍備促進連盟は芦田と石山の人脈を基盤に形成された組織であった。

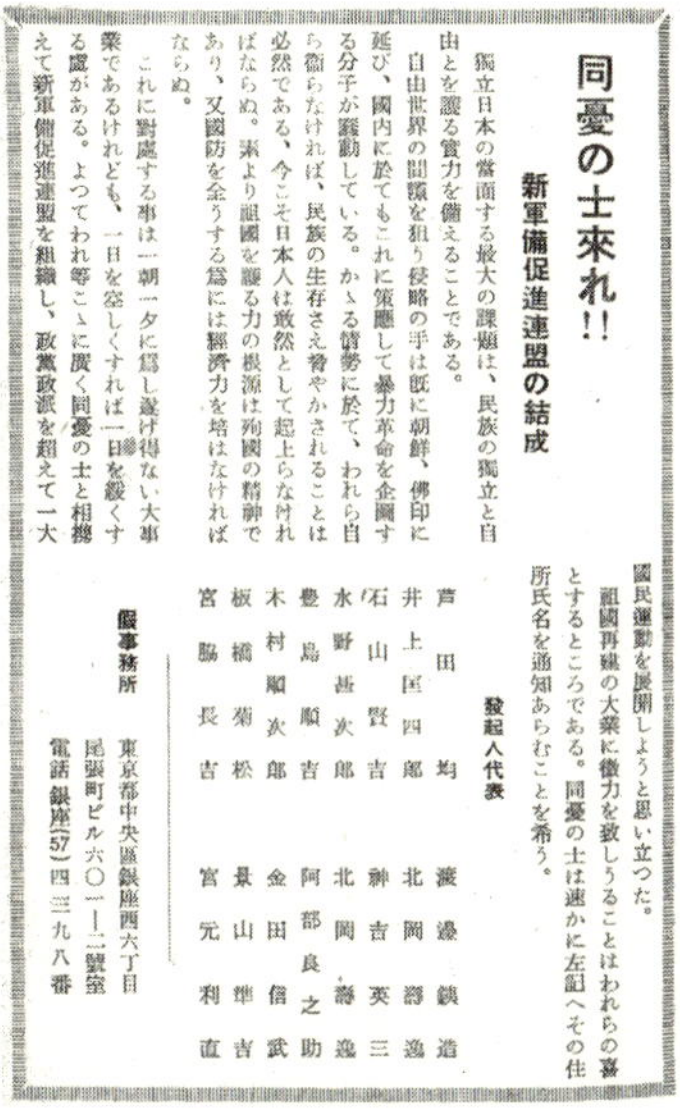
同憂の士來れ!!
新軍備促進連盟の結成
獨立日本の當面する最大の課題は、民族の獨立と自由とを護る實力を備えることである。
自由世界の間隙を狙う侵略の手は既に朝鮮、佛印に延び、國内に於てもこれに策應して暴力革命を企圖する分子が蠢動している。かゝる情勢に於て、われら自ら衞らなければ、民族の生存さえ脅やかされることは必然である、今こそ日本人は敢然として起上らなければならぬ。素より祖國を護る力の根源は殉國の精神であり、又國防を全うする爲には經濟力を培はなければならぬ。
これに對處する事は一朝一夕に爲し遂げ得ない大事業であるけれども、一日を空しくすれば一日を緩くする虞がある。よつてわれ等こゝに廣く同憂の士と相攜えて新軍備促進連盟を組織し、政黨政派を超えて一大國民運動を展開しようと思い立つた。
祖國再建の大業に微力を致しうることはわれらの喜とするところである。同憂の士は速かに左記へその住所氏名を通知あらむことを希う。
發起人代表
芦田均　渡邊鐵造
井上匡四郎　北岡壽逸
石山賢吉　神吉英三
水野甚次郎　北岡壽逸
豊島順吉　阿部良之助
木村剛次郎　金田信武
板橋菊松　景山準吉
宮脇長吉　宮元利直
假事務所　東京都中央區銀座西六丁目 尾張町ビル六〇一―二號室 電話 銀座(57)四三九八番

図 E-3　新軍備促進連盟結成の告知(『東京だより』1952 年 3 月号)

「道楽雑誌」と全国遊説

新軍備促進連盟が石山と芦田にとっての活動

拠点であった交詢社に置かれたが、連盟の広報もまた二人にとって「自前」の雑誌で展開された。

新軍備促進連盟結成の告知は、『東京だより』という同人誌で発表された。一九四九年七月号として創刊された『東京だより』は、「読みやすい政治経済文化の雑誌」を標榜しているものの、内実は芦田と石山、そして木村義雄といった親交の深い三人による同人誌であった。石山が記したとされる「発刊の言葉」では「ここに何か書いたり論じたりしなければその日を送れない一ト群れの人間が居ります。それ等の連中がウップンのはけ口を求めて雑誌をもくろんだ。それが本誌の発刊であります」(2)と始まり、「云はば一種の道楽雑誌です」とも自称している。第二号からは表紙にも「執筆同人」として芦田、石山、木村の名が記されるようになり、奥付に記載の発行所の所在地もダイヤモンド社内に置かれるなど、三人の交友関係を具現化した媒体であった。

新軍備促進連盟の主要人物二人による『東京だより』は、同連盟の広報誌的な役割を果たすことになる。先にも触れた結成の告知は『東京だより』一九五二年三月の巻頭に掲載されたものであるが、さらに別欄で「新軍備促進連盟の誕生」として設立の経緯や活動内容についても伝えている。「一昨年朝鮮に侵略戦争が始まった時、世に魁《さきが》けて日本の自衛を唱えた芦田均氏は、最近軍事促進の国民運動を起すことを思い立ち、同志石山賢吉、渡辺銕蔵博士その他の人々と協議の上、新軍備促進連盟を結成する準備に着手した」(60)として、芦田の同志筆頭に石山の名が挙げられている。

連盟の「第一着手」として行われたのが、演説活動である。折りしも改進党結成の二日後となる一九五二年二月一〇日、連盟は神田共立講堂で演説会を開催している。石山が司会を務め、渡辺と芦田が講演を行った。先の『東京だより』の記録では、「烈々たる闘志に燃えた憂国の熱弁が、完全に満場を圧する。共産党のはげしい野次も歯が立たない」(60) と勇壮な言葉が並ぶ。

東京を皮切りに、新軍備促進連盟の主催として石山の司会、芦田・渡辺および経済学者の田邊忠男の講演を中心とした「新軍備演説会」を大阪、横浜、仙台などで開催した。この全国遊説について渡辺は自伝『反戦反共四十年』(一九五六年)で、「昭和二十七年三月十五日大阪公会堂における再軍備演説会場の情景は、前記の東宝争議の際の昭和二十三年四月八日の共産党追放宣告の日の情景と並んで、私の一生における最も激越な、忘れ難き印象を残したものである」(348f) というように、大阪での講演会を印象深かった会として挙げている。『東京だより』(一九五二年四月号)でも、中之島公会堂に「聴衆五千人以上」を集めた演説会は、「入口に共産党員が立塞がり、入場者を捉まえ、徴兵反対、軍備反対に署名せよと迫り、二階両脇に陣取り、数百名が盛んに演説の妨害をした」と会の記録でも伝えられている。石山は後年、『東京だより』一九五七年一二月号の「再軍備演説会余話」と題した記事のなかで、「この時は、凄かつた。公会堂建設以来の大入だといわれた」と大阪での演説会の騒然とした状況を取り上げている。

図 E-4　『東京だより』創刊号（1949年 7 月号）

「入口に共産党員が十四、五人並んでいて、私に軍備反対、徴兵反対の署名をせよ——というので

あつた。私は「軍備賛成、徴兵賛成」だとハネ付けて、会場に入つた。」(74)

当時の『朝日新聞』(一九五二年三月一六日大阪版朝刊)でも「反対のヤジと賛成の拍手とで終始騒然」として、会場までの抗議活動に対しては警察機動隊も出動したと報じた。血のメーデー事件が発生したのが、この年の五月であり、独立回復前後、革新運動の盛り上がりも見せる状況下で、「軍備促進」を国民へ訴えかけた芦田たちの運動は同時に左派系団体による猛烈な反発も「促進」することとなった。

渡辺は大阪とともに、仙台での演説会に際しても「野次と妨害は物凄いものであつた」(渡辺 1956：348)と述べている。一九五二年五月二四日に開催された仙台での演説会に際しては、地元紙『河北新報』(一九五二年五月二五日)にて「陸海空三軍が必要。芦田氏、仙台で語る」との見出しで到着時の様子まで詳細に報じられるなど、元首相率いる一行の仙台訪問には大きな注目が払われていた。駅長室での記者団との会見で、芦田は「最近メーデー騒じょう事件などで治安がかく乱されているが、軍の備えさえあればこのような心配はない、軍事力を背景としないかぎり警察力のみで騒じょう事件等は防止できるものではない」と血のメーデー事件を踏まえて再軍備を主張している。『河北新報』(一九五二年五月二六日)の編集後記欄でも演説会を取り上げ、「二十四日夜仙台市の公会堂で芦田均氏らの新軍備促進の演説会が開かれたが、問題が問題だけに集まった聴衆も非常に多く、さしもの大ホールも超満員の盛況、メニユーヒン以上といわれた」と報じた。

ここで名が挙がっている「メニユーヒン」とは、アメリカの音楽家であるユーディ・メニューインのことであろう。一九五一年メニューインは、アメリカの親善大使として来日している。静謐な空間でクラシックを堪能する音楽会とは対照的に、このセンシティブな話題を扱った演説会では野次が絶えなかったようである。『河北新報』の同欄は「野次」を挙げつづけた一部の聴衆に批判のまなざしを向けた。

「再軍備の是非はしばらくおくとして、国際情勢と日本の国内情勢がいまのような有様でそして問題が問題だけに真面目にこれを聴こうと、貴重な土曜の夜の時間をさいて行った人々も多かっただろう。しかしそれらの真面目な、善意の人々の期待は全くふみにじられて、怒声、罵声の野次が場内を圧殺してしまった。

野次も演説の内容に一矢をむくいる手ごたえ、聞きごたえのあるものならいゝのだが、頭から演説をきこうとせず、語らせない、聞かせないというたちのもので「再軍備反対」とか「徴兵拒否」あるいは「ゴー・ホーム・あしだ」「問答無用」「さっさと帰れ」「わあ〳〵」というわけで「ソ同盟――なんとか」という言葉もしば〳〵聞えていた。

それらは極めて計画的に、一般的な印象では日共や学生が組織的に仕組んだ野次隊であったことは誰の目にも明らかだった。」

石山は仙台での演説会でも司会役を務め、開会の辞を述べた。だが、「ところで演説会がはじまってみると、初めから怒声、罵声の野次で、最初に演壇に立った石山賢吉氏は再三立往生の末、ついに途中で演説をやめてしまった」と石山の演説は打ち切られてしまった。『東京だより』（一九五二年七月号）でも、「共産党並に共産党系の学生が入り込み、組織的の妨害を行い演説を無効に終らせようとした」と妨害の様子を詳細に伝え、「大学所在の仙台市は、共産党の巣窟であって、同時に温床である」(87) というように感情的に記している。石山自身は「仙台の演説会は、共産党の勝利で、われわれの敗北であつた。三百人位の人が、会場へ入つて来て、ガヤガヤ騒がれては、どうすることも出来ない」(『東京だより』一九五七年一二月号：77) と振り返った。

新軍備促進連盟による全国遊説の間に、その抗議の声はヒートアップしていった。この間、本誌『ダイヤモンド』でも再軍備論を必死に唱えるかのように、一九五二年二月二一日号では芦田が「ソ連の平和攻勢にどう対処すべきか」を寄稿し、石山自身も一九五二年七月一日号にて「再軍備は増税を要求しない」を記すなど、本業の誌面からも連盟の主張を展開している。芦田が率いる再軍備運動に、石山も内外で寄与していた。

再軍備は増税を要求しない

石山賢吉

再軍備をすれば、増税になりはしないか。この懸念が一般に多い。

それは、やり方だ。再軍備の規模は、人によつて、考え方が違うが、一應の目標は、兵力廿六萬人、飛行機三千機、海軍三十萬瓲である。この製造に一兆三千億圓を要し、維持費を加えれば、一兆五六千億を要するものと見られている。自力でやれば、無論、大増税をしなければならぬ。しかし、アメリカの力を借りると云う手がある。アメリカの力を借りなければ、經費を賄い得ても、再軍備は不能である。日本は、敗戦によつて、軍備工場を閉鎖された。今日、兵器を作るには、再興を要する。然もその後、兵器が進歩している。今日、日本において兵器を作る事は一部分に局限され、大部分は不能である。陸、空、海の兵器を揃えるには、アメリカの力を借りるより外ない。

アメリカの力を借りるのは、國辱だと云う人がある。勿論、借りるよりも、借りない方がよい。

だが、戦争に負けた國が、再起するには、或期間、他國の力を借りるのは、止むを得ない次第ではないか。その例は、世界に沢山ある。第一次大戦後のドイツの復興はアメリカ依存、現在のイギリスもアメリカ依存、その他、マーシャル・プランの援助を受けた國は皆、アメリカ依存ではないか。

中共などは、勝つた國でありながら、ソ連から兵器の供給を受けて、朝鮮で連合軍と戦つている。中共は、工場のない國である。それが、短期間にもせよ、アメリカに優る戦車を用い、又、近時、ジエット式戦闘機ミグ十五號を以てアメリカの重爆撃機B二九を撃ち落している。云わずと知れているその兵器は、ソ連からの借物である。その上、政治に對しては、ソ連から強度の束縛を受け、中央官廳は勿論、村役場の末に至るまでソ連の官吏が監視に入つている。その中共に、敬意を表する人が、日本のアメリカ依存を國辱だと云う。その目的が他に存する事がわかる。

日本は、廿七年度豫算において千八百億圓の軍事費を計上している。この程度の失費では、日本の財政はビクともしない。これで七萬五千人の警察豫備隊を三萬五千人増員して、十一萬人とし、その失費を賄つている。

廿七年度の軍事費は歳出總額の二一%、國民所得の三・六%である。戦前の昭和十年より十二年に至る三ケ年間の平均軍事費は、歳出總額の四六%、國民所得の六・五%であつた。この数字は、今後日本の復興が高まるに従つて、國民の経済力に軍事費負擔の餘力があることを示している。

日本の軍備は、最初、自力で陸上を整え、陸、空、海に及ぶべきであるが、それにしても來年以後軍事費の増額を免れない。しかしそれに對しては、復興の進行より生ずる租税の増收があり、官吏の無駄を整理する奥の手もある。

日本の現在は、だらけている。競馬に一年二百五十億圓を賭し、競輪に三百五十億圓、パチンコに至つては八百億圓も無駄に散じている。奢侈品のキヤラメルだけでもその失費が百億圓に上る。以上三者の合計は、千四百億圓である。これだけでも、新鋭のジエット式戦闘機を四百臺作れる。

他方、官吏の數は、二—三倍になつている。國民精神を作興すれば、再軍備は、難事ではない。難事でも、家を守る戸締りは、遂行せねばならぬ、泥棒の家でも、戸締りをするではないか。

図 E–5　石山賢吉「再軍備は増税を要求しない」(『ダイヤモンド』1952 年 7 月 1 日号)

軍備促進運動の打ち切り

一方で政界周辺では、左派系運動団体とはまた異なる形で、新軍備促進連盟の活動を冷やかに受け止めていた。

『人物往来』一九五二年一〇月号では、戸川猪佐武「政界の「新国軍」ラッパ手」において同連盟の動向を取り上げている。戸川は当時『読売新聞』の政治部記者で、後に政治評論家として記した『小説吉田学校』（一九七一年）などで知られるが、自らも一九六三年の第三〇回衆院選に出馬し、落選したものの、まさにメディア出身議員の裾野に位置付けられる人物でもあった。小宮京『語られざる占領下日本』（二〇二二年）によると、一九五〇年頃の戸川は、民主党に情報源に持っていた。「マッカーサー華やかなりし頃の占領下、いち早く、再軍備論の先鞭をつけたのは芦田均であった」(20)と始まる同記事では、新軍備促進連盟における石山の存在に言及している。

「なかで熱心なのは石山賢吉である。石山は芦田のファンで、故郷の新潟で民主党から再三立候補しては落ちている。今度も改進党から打って出るようだ。といつたように、芦田とは形の影にそうように、遊説にもおともをしている。大体、連盟の資金かたは、この石山がまかなつているとみてよかろう。」(26)

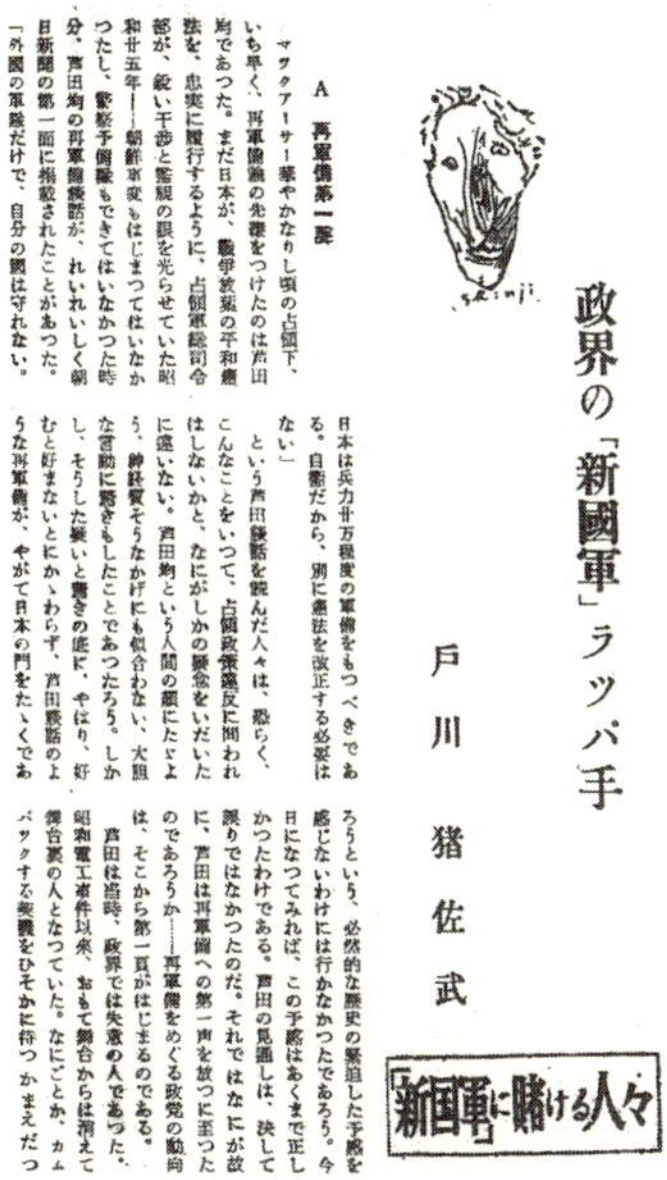
政界の「新國軍」ラッパ手

戸川猪佐武

「新国軍」に賭ける人々

A　再軍備第一聲

マッカアーサー華やかなりし頃の占領下、いち早く、再軍備論の先鞭をつけたのは芦田均であつた。まだ日本が、戦争放棄の平和憲法を、忠実に履行するように、占領軍総司令部が、鋭い干渉と監視の眼を光らせていた昭和廿五年——朝鮮事変もはじまつてはいなかつたし、警察予備隊もできてはいなかつた時分、芦田均の再軍備談話が、れいれいしく朝日新聞の第一面に掲載されたことがあつた。

「外国の軍隊だけで、自分の国は守れない。日本は兵力廿万程度の軍備をもつべきである。自衛だから、別に憲法を改正する必要はない」

という芦田談話を読んだ人々は、恐らく、こんなことをいつて、占領政策違反に問われはしないかと、なにがしかの疑念をいだいたに違いない。芦田均という人間の顔にたゞよう、神経質そうなかげにも似合わない、大胆な言動に驚きもしたことであつたろう。しかし、そうした疑いと驚きの底に、やはり、好むと好まないとにかゝわらず、芦田談話のような再軍備が、やがて日本の門をたゝくであろうという、必然的な歴史の緊迫した予感を感じないわけには行かなかつたであろう。今日になつてみれば、この予感はあくまで正しかつたわけである。芦田の見通しは、決して誤りではなかつたのだ。それではなにが故に、芦田は再軍備への第一声を放つに至つたのであろうか——再軍備をめぐる政党の動向は、そこから第一頁がはじまるのである。

芦田は当時、政界では失意の人であつた。昭和電工事件以来、おもて舞台からは消えて舞台裏の人となつていた。なにごとか、カムバックする契機をひそかに待つかまえだつ

図 E-6　戸川猪佐武「政界の「新国軍」ラッパ手」（『人物往来』1952 年 10 月号）

石山は、かつて東京市議選出馬時に市政革新同盟を資金面でも支援したように、新軍備促進連盟においてもパトロン的役割を担って

いたようである。北浩平「右翼総登場」（『人物往来』一九五三年五月号）においても、「芦田均がダイヤモンド社の石山賢吉の財的バックで、辛うじて出している「東京だより」」（14）として言及されており、同連盟の広報誌となった『東京だより』についても石山が支えていた。

しかし翌年に控えた参院選を前に、芦田と石山が所属する改進党では、新軍備促進連盟の運動を煙たがる向きもあった。先に紹介した戸川の記事では「総裁に推したのが戦犯だつた重光葵、加うる政策が再軍備では、看板である進歩的保守党のツヤが消えてウルトラコンサヴアチヴの印象を与えてしまう」ということで改進党では再軍備を掲げず、「再軍備案は、芦田の期待に反して、日の目をみるにいたらない」（27）と綴られていた。実際、植村秀樹『再軍備と五五年体制』（一九九五年）においても、新軍備促進連盟による運動が改進党内での対立の火種ともなっていたことが指摘されており、所属政党からも支持を得られず、半ば孤立状態に置かれた。

結局、仙台での演説会を最後に、『東京だより』でも新軍備促進連盟の告知レポートが掲載されることはなく、芦田と石山らの再軍備運動は自然消滅のような形で終わりを迎えた。政界での反応によって運動自体が打ち切られてしまったと渡辺自身も述べている。

「然るに東京で国際会館の開館祝賀の招待を受けた時、隣席に居た当時の民主党の代議士数名が私の席に来て、私に向つて「先生、再軍備演説会にあんまり芦田さんを引張り出さないようにして下さい」と言つた。私は「僕が引張り出すんじやないよ、芦田君の計画を僕が応援しているだけだよ」と答へた。このような空気が民主党を支配していたらしい。とうとう「新軍備促進運動」はそれきり打切られてしまつた。
民主党の人々は再軍備演説会の野次、妨害の外形のみを見て怖れをなしたのであらう。とんでもない事だ。我々はこの妨害攻撃と戦つて勝つて来てをるのである。演説会の後には其土地に大きな反響を与えて来たのである。それはその後のその土地の新聞の論調でも明白である。我々はこの運動の成功と勝利を確信してをつたのである。然るに保守党の諸君は水鳥の騒ぎに敗走するように戦はずして敗れるような方針をとつたのである。芦田君の企画したこの演説会をあの当時尚ほ十数の大都市において継続してをつたならば、必づ全国的に再軍備に関する国民の認識を深めさすことができてをつたに相違ない。然るにこの運動を停止せしめて、その後数年間選挙毎に、社会党の再軍備反対、憲法改正反対の運動の跳梁《ちょうりょう》に任せて、保守党は無言の態度を採つてをつたが故に、遂に今日の如く婦人、青年の間に社会党の甘言を広く浸潤せしめるに至つたことは遺憾千万である。」（渡辺 1956：351f）

新軍備促進連盟が立ち消えとなった後の一九五三年二月六日、芦田の日記には「帝国ホテルにて石山賢吉君親子と午餐をした。石山君が参議院の立候補を中止したとの説を確めたい点もあった」（『芦田均日記　第四巻』：288）という記述が見られる。この段階にいたって、石山は政界再挑戦を断念した。新軍備促進連盟では演説会で矢面に立ちながら度重なる野次を浴び続け、改進党内でも白眼視される状況が影響したのではないかと推測される。

その後、『文藝春秋』一九五六年九月号に掲載された宝井馬琴「出ると負け選挙の記」では、石山の言葉を引きながら選挙運動の「バカバカしさ」が紹介されている。落語家の宝井は参院選に一九五〇年、一九五三年、一九五六年と三度出馬したが、いずれも落選していた。

「ダイヤモンドの石山賢吉さん曰く、選挙運動くらいバカバカしいものはない、だから、やらぬ——なるほど、考えてみればこれほどバカバカしいものはないかも知れぬという気もする。三年かかつてやつとこさこしらえた金が、一夜にして水の泡となる、これはまずまず覚悟の上だからよろしい。トラックに乗つてヘトヘトになりながら東奔西走しなければならない。これも承知だ。しかし、そんなことよりも、世間の人がそうした選挙運動というものをいい眼で見てくれないのが身を切られるように辛いのである。それはトラックの上から見ているとよくわかる。最初のうちは芸人のくせにバカな真似をしていると思つているのだろうぐらいに考えていたが、石山さんもそれを感じているところをみると、芸人なるが故にそう見られたともいいきれない。果して街頭演説を聴く大衆の眼が、私を堕落政治家の同類と見倣しているかどうかはよくわからないけれども、そこに政治や政治家に対するたいへんな侮蔑がこもつていることだけは、ありありと読みとれる。政治に関係のある人間をそういう風に眺める大衆が現にあるということは、棄権率などと睨《にら》み合わせてみると思い当るのである。」(200)

石山は、人々の支持を集めるために自らを演出せねばならない選挙での振る舞い方に「バカバカしさ」を感じていた。むしろメディア活動に従事していたがゆえに見抜いていたともいえよう。以降、石山の政治への関与は、芦田や中野四郎の応援演説など限定的なものにとどまった。

菊池寛賞と「大臣の魅力」

石山が芦田に参院選立候補断念を伝えた当時、『ダイヤモンド』（一九五三年二月一一日号）での自伝的連載の最終回「雑誌経営の回顧(29)」で、そのまとめとして自らの半生を総括しながら、国政進出についても言及している。

「終戦後、ダイヤモンドは、一歩一歩、順調に復興したが、私自身には、相当の波瀾があつた。代議士に出たり、落選したり、追放になつたり、解除になつたりした。これ等のことは、一々、ここには書かない。

たゞ、最後に一筆したいのは、私の昨今の心境である。

私は、今日までに、多少脇道へそれたことはあるが、それは迷いであつて、ダイヤモンドに執筆しダイヤモンドを経営することが、自分に一番適しており、又、それが、その日〳〵を愉快に過す方法であることを知つて、この頃は、ダイヤモンドに専心している。今後もそうで、私は、ダイヤモンドを墓場にするであろう。」(55)

政界進出は「迷い」によって「脇道へそれた」ものであったというのが、石山の出した結論であった。度重なる落選と新軍備促進連盟の頓挫《とんざ》によって、政治家への未練はなくなったようである。同連載は『私の雑誌経営』（一九五三年）としてダイヤモンド社より書籍化されるが、『出版ニュース』（一九五三年八月下旬号）では同書を紹介しながら、「石山は攻撃的な野依（秀市）と同じようなスタートであるが、そのやり方は最も対照的である。その石山も政治的野心はもうすてたようだ。またすてたところに、晩

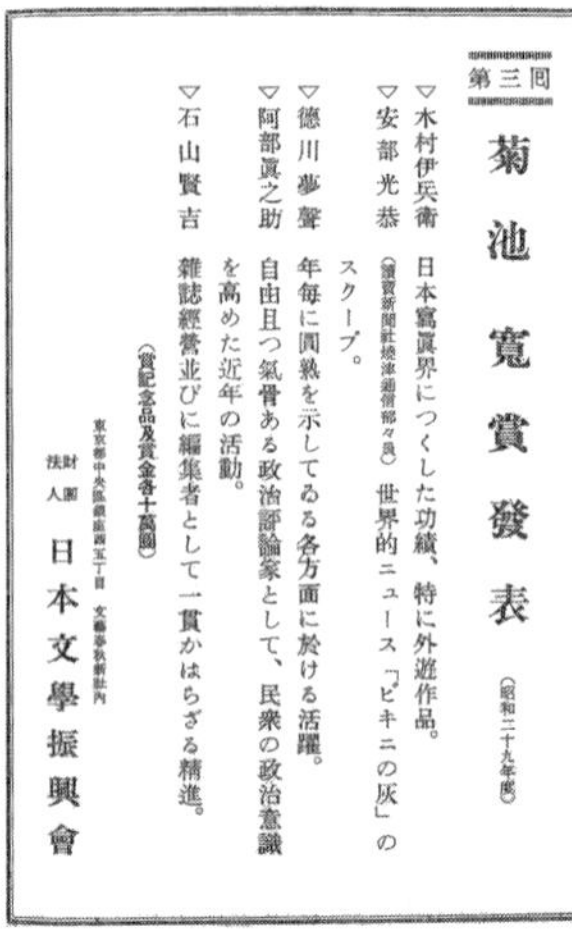
第三回
菊池寛賞發表
（昭和二十九年度）

▽木村伊兵衛　日本寫眞界につくした功績、特に外遊作品。
▽安部光恭　（讀賣新聞社燒津通信部々員）世界的ニュース「ビキニの灰」のスクープ。
▽徳川夢聲　年毎に圓熟を示してゐる各方面に於ける活躍。
▽阿部眞之助　自由且つ氣骨ある政治評論家として、民衆の政治意識を高めた近年の活動。
▽石山賢吉　雜誌經營並びに編集者として一貫かはらざる精進。

（賞記念品及賞金各十萬圓）

東京都中央區銀座西五丁目　文藝春秋新社内
財團法人　日本文學振興會

図 E–7　「菊池寛賞発表」（『文藝春秋』1955 年 4 月号）

年の雑誌経営の新しい道が拓かれる」(3)と評している。

政治的野心を捨てたところに雑誌経営の道が拓かれるという予言の通り、石山は一九五五年に菊池寛賞を受賞している。第五章でも触れたように菊池とは戦前、市政革新同盟から東京市議選に立候補した間柄であるが、奇しくも菊池の名を冠した賞を政界引退後に受賞したのであった。日本文学振興会による同賞は、もともとは長年活躍する作家の功績を記念するために一九三九年より菊池寛が始めたものであるが、戦時期の中断を挟んで、一九五三年より文学以外の文化活動一般にも対象を広げて再スタートしていた。『文藝春秋』一九五五年四月号に掲載された「第三回菊池寛賞発表」では、「雑誌経営並びに編集者として一貫かはらざる精進」という石山の選考理由が紹介されており、石山の出版人としての功績が評価された形となった。石山の菊池寛受賞を受け、『ダイヤモンド』一九五五年五月一日号および五月五日号では、受賞記念祝賀会での石山の挨拶をはじめ、藤原銀次郎や芦田均による祝辞や、河野重吉による石山の評伝「文筆五十年」が二号にわたって掲載された。医師でありながら、石山と交流があった関係で『ダイヤモンド』にも寄稿していた河野は、『東京だより』一九五五年四月号でも「菊池寛賞を受けた石山賢吉氏のこと」を記している。河野によると、「今回の受賞の、直接の対象となつたものは、氏

図 E-8　受賞記念祝賀会での石山（『ダイヤモンド』1964 年 8 月 3 日号）

の、「米国印象記」であるといわれる。一昨年の暮、氏は米国の国務省の招待をうけ米国に渡つた。その時の著作である」(16) として、石山の『米国印象記』（一九五四年）について言及している。

「『印象記』は毎頁、氏の令息四郎君の撮影した写真が入つている。読む本であると共に、見る本である。その最後の写真は、氏が、机もないモテルの一室で、箪笥を机代りにして「印象記」を書いている写真が載つている。

この一葉の写真こそ、今日の受賞の因をなした、最も貴重な写真である。「精進」という受賞の言葉の、これは形になつたものだからである。」(16f)

石山のアメリカ取材に同行した実子の四郎は、自らも翌年に『横眼でみたアメリカ』（一九五五年）を刊行している。その後、一九六三年に『プレジデント』の創刊を担当した。同誌の基調とする処世術、自己啓発としての読み物は、石山が企業分析や人物評論のなかで見出した記述スタイルでもあった。すでに『ダイヤモンド』一九六三年一月一日号の「新年のことば」において石山は、アメリカの経済雑誌社であるタイム社と提携し、新雑誌社設立の計画を発表している。

「新雑誌社は、タイム社の〝フォーチュン〟に準じたもの

図 E-9 『米国印象記』に掲載された執筆姿の石山

を、月刊誌として、この春から発行する。日本の経営者や部課長には、欠くことのできない画期的な刊行物と信ずる」(2)

石山が随筆のなかで築いていった「処世術」という出版ジャンルは、経営者向けの『プレジデント』へと継承されていった。四郎は石山の没後、社長に就任するも、ダイヤモンド社の労組対立が紛糾した一九七三年に退社へ追い込まれ、自ら「新しい経営者像の会」を設立した。

息子の石山四郎が写真に収めた石山の執筆姿に、「精進」が見出されたというが、『毎日新聞』(一九五五年二月二六日朝刊)の「時の人」欄で取り上げられた際にも、「彼をよく知るものは〝うん、あれは賢吉というより精進之助といった方がよいほどの男で、その精進ぶりは全く表彰ものだ〟という」として、石山の実直な姿勢が強調されている。

記者あるいは雑誌編集者としての「精進」は、政界引退と重ねられて論じられた。山崎安雄『著者と出版社 第二』(一九五五年)では、『実業之日本』の増田義一と比較しながら石山の政界引退と出版業への専念を評している。

「戦後、石山さんは代議士に出たこともあつた。実業之日本社の増田義一氏のように深入りはしなかつたが、同じ経済雑誌畑の人として、共に郷里は新潟であり、相似たるものを思わせた。けれど石山さんは、ガラにないことを悟つて直ぐ元の道へ引きかえした。それは一時の迷いであつて、「ダイヤモンド」を執筆し、ダイヤモンド社を経営することこそ、己の本分であり、「ダイヤモンド」を墓場にする決意を固めている。」(165)

政治家を諦め、出版業に専念したことが、「出版人一筋」としての姿を強く印象付けるようになった。その意味で、政界での敗退ゆえに出版人としての誉れを得たともいえよう。

菊池寛賞を受賞した翌年に刊行された渡部茂『一九五〇年代の人物風景 第三部』(一九五六年)では、石山の政界進出に関しての内情が触れられている。著者の渡部は、自らが刊行していた『人物展望』が一九三九年に戦時期の企業整理によって廃刊へ追い込まれ、一九四〇年に石山に拾われる形でダイヤモンド社へ入社していた。『経済マガジン』の編集に携わるなかで、渡部は「ダイヤモンド社の社員として、石山会長を傍で見て来た」(327)という。

「石山賢吉氏は、地味な経済記者である。論文を書いても総論よりは、各論に重きを置く人で、適確な数字と、専門的な技術批評まで添えて詰将棋のような文章を書く人である。だから、社員に対しても『政治的な動きよりその根底をなす、経済的な動向に注目せよ』とよく教えられた。

ダイヤモンド社が盛んになると、郷党の人々が入れ替り立替り「郷里から立候補」をすすめていたが「私はその柄にあらず」と辞退し続けていた。

それが昭和二十二年の春、郷里の新潟第一区から、自由党の公認として、出馬して当選した。

これは、昭和二十一年の暮、友人某氏から、連立内閣の閣僚の交渉があつたために噂されている。その連立内閣は不成立に終つたがそのため、議会に於ける議席を持つ必要ありと感じたのであらう。代議士に当選したが、数ヵ月にして公職追放令に該当して、失格した。それから、不運な生活が暫く続いたが、追放解除になつてから衆議院と、参議院選挙に一度づつ出馬したが落選した。選挙は大きなバクチといはれているだけに一度選挙の味を知ると、忘れられないといわれていたが、石山賢吉氏は、ぷつつりと断念した。」(329)

第六章でも触れたように、石山は一九四七年の衆院選へ立候補した際には「経済大臣の第一候補」と打ち出されていた。渡部の述懐を踏まえると、単なる選挙広告のキャッチフレーズではなく、現実味を帯びたものであったことがうかがえる。閣僚交渉については、「友人某氏」と考えられる芦田均の日記(『芦田均日記 第一巻』)と照らし合わせると、当時、吉田内閣退陣に伴う連立内閣案といった「政変」(300)の可能性が記されており、新聞紙上でも「芦田組閣説」(302)が報じられていた。

むしろ渡部の記述で目を引くのは、政界進出の動機に関する言及である。これまで石山の評伝においては「やむにやまれぬ使命感」や「在野の立場から進んで国会の場にその言論を反映させたい思い」が指摘されてきたが、渡部は「大臣という魅力」へと踏み込んで石山の政界入りを評している。

「私は、石山さん程の人でも、大臣という魅力は、忘れられないものかと、不思議に思つたことがある。石山賢吉氏の政界入りは、石山さんの生涯における唯一つのミステークではないかと、思つている。何故なれば、必要とあれば時の政府が、閣僚の椅子を用意して迎えに来る日があるかも知

れないからである。議会に於ける議席は、それからでもおそくはないと思うからである。」(329)

重要なのは、渡部茂が書いたこの原稿を、石山自身が事前に確認している点にある。原稿内容に対して石山は「直す処はありませんよ」(渡部：331) と述べており、閣僚交渉の噂や、「大臣の魅力」に惹かれての政界進出を間接的に認めていた。

出版界の重鎮として

石山が菊池寛賞を受賞した一九五五年は、奇しくも『東洋経済』創刊六〇周年を迎えた年でもあった。「創刊六十周年記念特大号」と銘打たれた『東洋経済』一九五五年一一月一九日号には、記念対談として石橋湛山と石山による「経済拡大で国民に希望を与えよ」が掲載されている。「経済雑誌界の両長老」と紹介しながらも、「ダイヤモンド会長」の石山と、「通商産業大臣」を冠する石橋というように、その肩書は政界進出の明暗を物語っている。当選回数わずか一回で落選を繰り返し、ついに政界を引退した石山に対して、閣僚経験を積み、この二年後には総理となる石橋との対照的な構図となった。対談の冒頭でも、石橋は「質問は国会でさんざんやられて、もうウンザリしているから、(笑) 今日はきき役になつて、石山さんの話をきかせて貰おう」(43) と冗談交じりに大臣としての立場を示していた。

だが、歴史にｉｆが許されるなら、かつては「経済大臣第一候補」と目された石山も、政治状況に翻弄されなければ石橋の立ち位置にいたかもしれない。対談のなかで通産大臣に対し、石山は一矢報いてもいる。石橋が唱えていた積極的な経済政策に対して、石山は賛同しながら、それを実行できない政治

経済拡大で国民に希望を与えよ

石山賢吉　石橋湛山

ダイヤモンド会長　通商産業大臣

‖誤解される積極政策‖

図 E-10　石橋湛山との対談企画（『東洋経済』1955 年 11 月 19 日号）

状況を咎めた。

「石橋　政治家にはいわゆる言論の自由がないから……。（笑）

石山　政治家にはあるのだが、閣僚としてはないかも知れない。閣僚などやめるんですね。通産大臣などどうでもいいから……。

石橋　全くその通り……。（笑）」（45）

石橋はたじろぐように閣僚としての限界を弁明しているが、かつて石山も取り付かれた「大臣の魅力」を振り払うように、石山は「閣僚などやめるんですね」と石橋に言い放った。

『東洋経済』六〇周年の翌年となる一九五六年、今度は『実業之世界』の野依秀市が「言論活動五〇周年」として記念講演会を催している。『実業之世界』一九五六年五月号では、「野依秀市言論活動五十年第一記念号」と銘打たれ、記念講演会における名士たちの講演談話が掲載されている。石山もその一人として、記念講演会での野依とのツーショット写真とともに「お互に言論五十年」を寄稿した。

石山は「野依君と私とは、同一時期に言論人を志した。野依君が言論五十年を迎えれば、私も、同一年限に達したわけである」（168）として、慶應商業以来の互いの歩みを振り返っている。

図 E–11　石山賢吉「お互に言論五十年」（『実業の世界』1956 年 5 月号）

「説の多い人物である。それを五十年続けて来た。私も五十年続けた。私は、黙々として続けた。野依君は、ハデに続けた。道は悪険であつた。世界に大きな戦争が二回もあり、その渦中に、日本も戦い、或は、大震災があつたり、思想の衝突があつたりし、経済は幾変転した。

二人はそこを通り抜けて来たのだから、まあまあといつたようなわけである。

私は、野依君より二つ、三つ年長であるが、言論界に引き出してくれたのは野依君だから、野依君は、私の先輩である。私の方から先に、野依君の言論五十年を祝し、次ぎに野依君は、私の方を祝してくれるに相違ない、野依君おめでとう。お互に、余生がある。もつと大いに、やろうではないか。

代議士、御苦労様。保守合同では大活躍してくれて嬉しかつた。更に国会でも、大いに活動してくれ給へ。至嘱。既に、やつてはいるだろうが。」(169)

野依は、前年の一九五五年に行われた衆院選で日本民主党の公認候補として出馬し、大分二区でトップ当選を果たしていた。さらに自由党の大野伴睦と民主党の三木武吉を引き合わせて、保守合同実現の立会人となっていた。同号には、大野や三木、鳩山一郎の「祝辞」も掲載されている。

石山賢吉
新春清談　景気と出版界

昭和三十七年の新春を迎えてここにダイヤモンド社取締役会長・石山賢吉氏の清談をおききすることとした。石山氏は本年迎えて満八十歳の御高齢ながら、ダイヤモンド社の経営の他に、日本雑誌協会々長、読書推進運動協議会々長などもつとめ、業界の重鎮であり、長老というよりも貴重な人物と言えよう。従って氏の発言・行動は常に業界の注目をあつめている。そして、経済雑誌『ダイヤモンド』をはじめとする出版事業五十年――正に半世紀を出版に生きた信念の人と言えよう。

最近、病後で自重されておられるが、八十歳とは思われぬほどの若さが感じられ、談話に興がのれば、その声もまた若く、論旨は核心をついて明断である。

（石山賢吉氏＝写真＝は明治十五年一月二日新潟県生まれ、慶応義塾商業学校卒。大正二年ダイヤモンド社を創業し今日に至る。現在同社取締役会長）

図 E-12　石山賢吉「景気と出版界」（『出版ニュース』1962 年 1 月上旬号）

政界で活躍する石橋や野依の陰で、石山は出版界で存在感を発揮していく。一九五六年に結成された日本雑誌協会の初代会長に石山は就任した。その経緯については、野間省一が石山の追悼号となった『ダイヤモンド』一九六四年八月三日号において述べている。野間は日本雑誌協会と同年に設立された日本書籍出版協会において副会長および会長を務めたが、「私共出版を業とする者はこぞってこの大長老に私淑し、当代第一の指導者として、日本雑誌協会会長に推戴、同時に読書推進運動協議会会長に迎えたのであります」という（37）。

菊池寛賞受賞以降、石山は出版関連団体での要職を務め、名実ともに出版界の重鎮となっていた。『出版ニュース』一九六二年一月上旬号では、「新春清談」として石山による「景気と出版界」が掲載されているが、石山は「業界の重鎮」として紹介されている。

「石山氏は本年迎えて満八十歳の御高齢ながら、ダイヤモンド社の経営の他に、日本雑誌協会々長、読書推進運動協議会々長などもつとめ、業界の重鎮であり、長老というよりも貴重な人物と言えよう。従って氏の発言・行動は常に業界の注目をあつめている。そして、経済雑誌『ダイヤモンド』をはじめとする出版事業五十年――正に半世紀を出版に生きた信念の人と言えよう。」（5）

この年、石山は藍綬褒章も受賞し、出版人としての石山の地位は確固たるものとなった。『東京だより』（一九六三年一月号）では、「石山先生の功績を讃う——藍綬褒章授章を祝して」が掲載され、「産業人を指導啓蒙」および「実業教育の普及に貢献」が評価されたと伝えている。

角福たちに囲まれて

石橋の『東洋経済』と野依の『実業之世界』を追うように一九六三年五月、石山の『ダイヤモンド』も設立五〇年を迎えた。『ダイヤモンド』（一九六三年五月二七日号）では、「ダイヤモンド創立五〇周年祝賀記念パーティの記」として記念会の模様が記されている。石橋をはじめ政財界の有力者も参加した会において、目を引くのは祝辞を述べた一人に当時大蔵大臣だった田中角栄がいたことである。

「私は石山先生を郷里の大先輩として、自分の父親のように師事してまいりました…。私は不勉強ではありますが、大蔵省にまいりましてから、毎月ダイヤモンドを読んで、どのような株式市場対策をやればよいか。また就任以来、約一〇カ月間、いろいろなことをやってきましたがそのタネ本は、実はダイヤモンドであったのです…。」(19)

祝賀会という場でのリップサービスの面もあろうが、あながちただの世辞として片付けられない面もある。というのも田中の境遇は、石山と重なる部分が多い。石山が大河内正敏へ働きかけて白根町への工場誘致を行っていた一九三〇年代、田中の自伝『私の履歴書』（一九六六年）によると、進学を断念した田中も大河内の書生を目指して上京し、書生にはなれなかったものの、建設業を通して大河内との出

図 E-13　創立 50 周年パーティーで祝辞を述べる田中角栄（『ダイヤモンド』1963 年 5 月 27 日号）

会いを果たしている。

そして石山にとって最初で最後の当選となった一九四七年の衆議院選挙に、新潟三区から初当選したのが田中であった。服部龍二『田中角栄』（二〇一六年）によると、田中は「理研は俺の大学だった」(23) と語るほど、大河内に師事し、大河内が提唱する農村工業論を信奉していた。大河内の唱えた農村工業論に着想を得た石山の智能主義と地元への還元は、石山の没後、田中の日本列島改造論として実現されていった。田中についての評伝は多数刊行されているが、田中の番記者を務めていた馬弓良彦による評伝『人間田中角栄』はその初期の一冊で、同書は田中が首相の座に就いた一九七二年にダイヤモンド社より刊行されている。

翌年の一九六四年七月二三日、石山は老衰により息を引き取った。八二歳であった。

石山の葬儀ならびに告別式は、二日後の七月二五日に青山斎場で執り行われた。『真理』一九六四年八月号によると、「生前からゆかりの深い友松主管」(28) として友松圓諦が法名を付けた。友松は真言大谷派の家に生まれ自らも僧侶となりながら、浄土宗から独立し、超宗派の寺院として神田寺を開いた異色の仏教家であった（友松：170）。「坊主嫌い」を自称していた石山とも重なる部分があり、友松が主管する雑誌『真理』にも石山は生前、たびたび寄稿していた。友松が付けた法名は「慈眼院常精進済生賢吉居士」であり、ここでも「精進」の文字が入れられた。

葬儀および告別式の様子は、『ダイヤモンド』一九六四年八月三日号で「石山本社会長追悼記」として詳細に伝えている。前年『ダイヤモンド』創立五〇年記念パーティーで「祝辞」を述べたのが田中角栄だったの対して、石山の葬式で「弔辞」を述べたのは、福田赳夫であった。福田の弔辞では、石山の政界進出や、一九五九年に亡くなった芦田均との関係についても触れている。

「終戦直後、先生が中央政界への進出を試みられたのも、戦後の世相を憂え、祖国の将来をおもんぱかっての、やむにやまれぬ気持ちからであっただろうと思います。

政治活動を思いとどまれてからの先生は、ダイヤモンド社の発展に専念されましたが、かたがた芦田均氏と親交を結ばれ、芦田均氏の政治活動をお助けなされたことは、広く世の知るところでありますが、これもまた同じお気持ちから出たことであったと思います。

先生の晩年におかれては、私がとくに先生のご指導に預かることになりましたが、カ黙の先生がときにもらされる短いお言葉は、千金の重みをもって私に迫るものを覚えました。

私はけわしい政界を勇気をもって、今日まで歩みつづけてまいりましたが、これも先生のご指導とご激励に、よるところ大なるものがあると感謝しております。」(34)

後に田中と一九七二年の自民党総裁選で相まみえ、「角福戦争」とも呼ばれた権力闘争を展開した両者であるが、派閥を超えて両者から石山は親われた。福田は田中とは対称的にエリートコースを歩んでおり、旧制一高から東京帝大法学部を経て、戦前は大蔵省に入省し、大蔵官僚を務めた。石山と知り合ったのもこの頃である。戦後、一九四八年の昭和電工事件では収賄罪で逮捕されるも、無罪となった後に、一九五二年の衆院選に無所属で出馬・当選する。福田が『ダイヤモンド』へ盛んに寄稿し、六〇年代半ばまでの一時期、同誌における政治的論客のような役割となるのは、一九五七年四月三〇日号「岸新政策今後の展開」からである。記事のタイトルの通り、自民党へ入党し財政通として岸信介へ仕えるようになった時期である。石山が選挙のたびに応援演説に駆け付けるほど昵懇《じっこん》の間柄にあった政治家の中野四郎も福田派に属した。

福田は、石山の生前となる一九六三年九月、石山の寿像を制作していた。石山自身も『ダイヤモンド』(一九六三年一一月四日号:15)において「寿像などとは、もってのほかである。私は、とうてい、それに値しない。それだけに、涙の出るほどうれしかった」と謙遜しながら福田への感謝を綴っていた。

序章でも紹介した『朝日新聞』(一九六四年七月二五日)の小汀利得による石山の追悼文のなかで、「本物の弟子としての経済記者」のなかで「現在もっとも活躍しているのは財界社長三鬼陽之助君であろう」と、三鬼の名を挙げている。その三鬼も『週刊読書人』(一九六四年八月三日号)に石山の追悼文を寄稿している。

「石山さんが、日本における私企業の評論家として、最高峰的存在であったことは、その創刊した雑誌「ダイヤモンド」が、現に、一頭地をぬいている事実とともに、誰にも否定は出来ないことである。ことに、電力事業を中心としての、論稿は、いまでも再読教えられるところが大きい。ただ、強いて、ケチをつければ、終戦後、石山さんも、本業以外に、政治とか、郷土関係の仕事に、性来の世話好きが手伝い、やや色気を出しすぎた。同時に、年齢のせいもあってか、経営者にたいする感度が、あまくなった。ことに技術者気質の創業者的な経営者に、ホレすぎられた。」

『ダイヤモンド』と『東京だより』では、石山の追悼特集を組み、生前に親交のあった関係者からの追悼文が多数掲載された。その顔触れは、いかに「世話好き」が高じて、他分野へと「色気」を出したかを象徴するものでもあった。先に挙げた福田のような政治家のほかに、松永安左ヱ門や松下幸之助、伊藤忠兵衛といった財界人をはじめ、棋士の木村義雄や社会主義者の荒畑寒村などさまざまな分野の人間が石山との関係性を綴っている。

石山の世話好きを象徴する存在が、当時ダイヤモンド社の顧問となっていた星野直樹であろう。星野は「石山先生をしのぶ」として『ダイヤモンド』一九六四年八月三日号に追悼文を寄せている。満洲視察をきっかけに知り合った石山と星野であるが、星野は戦後、A級戦犯として東京裁判で終身刑が言い渡されており、巣鴨プリズンに収容されていたときに石山から「満洲でたいへんお世話になった」と本の差し入れを受けていた。さらに星野の一時外出が許されると、ダイヤモンド社の机を設け、「西山原吉」というペンネームで『ダイヤモンド』へ寄稿していた。一九五八年に星野が釈放されると、星野はダイヤモンド社の取締役に就任し、一九六三年にはダイヤモンド社より『見果てぬ夢——満州国外史』を刊行していた。同年一二月に開催された出版記念会で、石山は「われわれダイヤモンド社の従業員一同は、星野先生を師と仰ぎその訓戒を深く守っている」と述べている（『ダイヤモンド』一九六四年一月一

図E-14　葬儀の様子（『ダイヤモンド』1964年8月3日号）

日号：10）。石山が亡くなって五日後となる一九六四年七月二八日に、星野は石山に代わってダイヤモンド社の会長に就任した。

「世話好き」として築いた人的ネットワークとしてのつながりが、結果的に石山を政財界へと近づけ、政治家への道も拓くこととなった。政界とは無縁だったはずの石山が、将棋界や地元新潟をはじめ多方面での世話を焼くなかで、いつしか「推す」立場が「推される」立場へと転じたのであった。「政治の論理」には当初関心がなく、「メディアの論理」にも自省的だった石山は、互酬的な関係性を築くなかで担ぎ上げられる、いわば「つながりの論理」によってメディア議員へと「推された」といえよう。とりわけ石山の場合は、予言の自己成就的メディアとしての性格を持つ経済雑誌界という場に属したことにより、「推す」ことから「推される」ことへの切り替えはシームレスに行われた。石山の経歴をたどると、当選回数わずか一回のメディア議員の「裾野」には、自らは政治家になろうと思っていなくとも、世話好きのあまり政治家へと持ち上げられるメディア関係者の姿が浮かび上がる。

石山の一周忌追悼特集号とされた『東京だより』一九六五年一〇月号では、石山の「一周忌追悼会」の模様が掲載されている。石山が交友の基盤とした交詢社で開催された同会において、星野直樹による挨拶文のタイトルは「困った時に助ける人」であった。

石山の墓は、東京鶯谷にある寛永寺第三霊園に設けられ、翌年の一九六五年に石山の顕彰碑も建立された。『東京だより』（一九六五年一二月号）では、その除幕式の様子が記録されているが、当時第一次佐藤内閣における内閣改造で田中角栄に代わって大蔵大臣となっていた福田赳夫が、先の寿像制作に続いて、顕彰碑建立委員会でも会長を務めた。同委員会が作成した碑文には「東京市会議員、衆議院議員ほか幾多の公職につき、日本雑誌協会会長、日本読書推進協議会会長、東京新潟県人会会長をも勤めたが、翁の志終始一貫文筆にあり」(23)と記された。『ダイヤモンド』（一九六五年一一月二二日号）でも、生前は石山と新潟出張にも同行した尾形六郎兵衛が「寛永寺墓地に石山賢吉翁の顕彰碑を訪ねる」を寄稿している。尾形は、石山家の墓の周囲に芸能関係者の墓が多くあることに気付き、「翁はお墓の中にはいっても、このような有名な芸能の人々を隣組にもって、地下に眠りつつ、日本の前途の繁栄を望んでいるのではなかろうか」(24)と綴っている。その後、石山の生誕百年を記念し、石山の論集『人智無極』（一九八〇年）が刊行されたが、その編纂委員には、荒畑寒村や木村義雄、中野四郎、三鬼陽之助らとともに、田中角栄と福田赳夫も名を連ねた(369)。石山は死後もなお「つながり」を保ち続けた。

あとがき

『その幸運は偶然ではないんです！』（二〇〇五年）というダイヤモンド社から刊行された訳書がある。著者の一人であるJ・D・クランボルツはアメリカの心理学者で、彼が提唱した「計画的偶発性」は、キャリア教育においても参照される理論である。ここでいう「計画的偶発性」とは、キャリア形成における選択の大部分が偶然に基づくものであり、その偶然を活かすための準備の必要性をクランボルツは説いた。それゆえにダイヤモンド社は同書を自己啓発書として打ち出しているが、偶然の発見や僥倖《ぎょうこう》として自然科学の分野などでしばしば用いられる「セレンディピティ」にも通じる視点であろう。

石山賢吉の来歴を辿るなかで、想起したのはこの「計画的偶発性」であった。ダイヤモンド社を一代で築き、メディア議員へと至る石山のプロセスは、「計画的偶発性」を体現したものといえよう。すなわち石山が記者となったのも、自ら雑誌出版社を立ち上げたのも、そして実業界や政界と関わり政治家となったのも、いずれも石山が上京時には思い描いておらず、「偶然」の成り行きに基づいたものであった。石山自身も自伝のなかで「運命が幾変転」するなかでの「境遇の変化は、私の幸運であった」と繰り返し記している。

本評伝の起点は、序章でも紹介した『丸』に掲載された「石山賢吉と野依秀市」にある。戦記雑誌研究に取り組むなかで目にした同記事では、野依秀市や石橋湛山の「好敵手」として石山が位置付けられていた。ただ野依や石橋と比較されながら、現在ではダイヤモンド社自身の刊行物を除き、ほとんど顧みられることのない石山は両者のはざまに埋もれた存在のように思えた。

政治家と言えば、石橋湛山に象徴されるように、青年時代から政治家を志して政界へと進むものとしてイメージされよう。政治思想史研究で取り上げられる政治家たちも、そのように崇高な理念を持った人物がその多くを占めてきた。ただその一方で、「偶然」の成り行きで政治家にまでなった石山のような対象はあまり想定されてこなかったようにも思う。多選議員のみでは見落とされてしまうメディア議員の「裾野」を捉えようとする試みも、石山の政界進出を追うなかで気付いた観点であった。

クランボルツのいう「計画的偶発性」の「計画的」とは、先述のように偶然を活かすための事前の備えを指すものであるが、石山の場合はそれを体現しただけではない。むしろ、自らの立身出世を偶然によって得られた「幸運」として謙遜しながらも、独学と交友関係に基づいた「計画的」なものとして自分自身で描き続けた。修養的な価値観を説いた自伝や、処世術としての人物評論は、その象徴である。その意味で、石山の存在は日本における自己啓発という出版ジャンルを確立した先駆者の一人であり、自己啓発書を多く手掛ける今日のダイヤモンド社のまさしく源流にもなっている。

ただし自らの雑誌で何度も連載し、何冊も出版した自伝のなかで、石山は記者業と出版業について繰り返し記したが、一方で政界進出については、ほとんど触れていない。それは裏を返せば、「偶然」によって成功を修めたのが記者業や出版業であったのに対して、政治家としては時代の「偶然」によって翻弄され、撤退を余儀なくされたためであったと考えられる。唯一政治活動を綴った『随筆 花に背いて』も、衆院選に当選し国会議員となったばかりの段階で記されたものであった。そこには「偶然」による「幸運」と「不幸」を取捨選択し、自らの立身出世を描き出す石山の姿がうかがえる。

メディア議員という観点からみて興味深かったのは、こうした石山の「記す」ことへの態度である。記者が天職であり、書くことの幸せを自分に言い聞かせるように何度も記しながら、にもかかわらず日記を嫌い、付けなかったという。石山にとって「記す」ことは、あくまで他者に読まれることを前提とした「読み物」を記すことであった。

政治思想史研究の正攻法は、日記をはじめとしたエゴドキュメントである。しかし日記を付けない石山の場合、エゴドキュメントはおおよそ存在しない。むしろ石山にとって、日々の出来事や心情を綴る場は、自らのために書く日記ではなく、他者に読まれることを前提とした雑誌というメディアにあった。それゆえにメディア史研究として扱うべき対象であり、その自己呈示的要素が政治活動にもつながるのであればメディア議員として興味深い事例であると考えた。

高名な政治家の日記は、自分にとっての記録であるとともに、後世のために残す「歴史的資料」として記されたものである。それに対して石山が雑誌で記した随筆は、あくまでその当時の読者に向けた「読み物」として綴られたものであった。とりわけ石山の場合は、広範な一般読者層を対象とした新聞よりも、特定の「愛読者」を対象とした雑誌という媒体を拠点とした。石山の随筆を愛読者であるフォロワーへ向けたつぶやきと考えれば、公私の境界が希薄で自己演出されたその情報発信のあり方は、今日のSNSを先取りするものであったと捉えることもできる。石山は自らの立身出世譚とともに、プライベートな交友関係も人物評論や処世術として記事のネタとしたが、石山にとってそうした人物評論こそが「つながり」を担保するものとなり、「高等幇間」と呼ばれた由縁でもあった。

そこに石山にとって「メディア議員」へと転じる契機があったともいえる。石山の場合は決して当初から政治家になろうと思っていたのではなく、記者活動へ実直に取り組むことが、政財界への「つながり」を生み、かえって政治家への道を拓いたのであった。

終章でも触れたように石山の墓は、東京鶯谷の寛永寺霊園に置かれていた。ただ筆者が墓参りに訪れた時点ではすでに存在せず、霊園の管理人に伺うとすでに整地済みで、今は合祀墓に入っているとのことだった。あとになって没後五〇年となる二〇一四年を機に整地化され、現在は故郷・白根町にある恵光寺の川瀬家の墓に分骨されていることをダイヤモンド社の社史『百年紀を越えて』で知った。恵光寺は、石山が尋常小学校の時代を過ごした校舎があった場所であり、石山の原点ともいえる地であるが、社史でも「川瀬家はすでに白根に存在せず、霊標は判然としなかった」(6)と記されている。

また二〇〇二年に竣工された青山ダイヤモンドビルの一角に設置されていたという石山記念ホールも、筆者が二〇二三年に訪ねた際には、すでに別テナントが入っており、同ビルの受付の方に伺ってみると「よく分からない」とのことであった。

もちろん、ダイヤモンド社においては石山の存在は偉大な創業者として現在でもなお折に触れて紹介されている。一方で石山の痕跡は、徐々に薄れつつあるようにもみえた。石山の没後六〇年となるが、本書をきっかけに石山の存在に光が当てられることとなれば幸いである。

本書の執筆にあたっては、本シリーズの研究会に参加させていただき、執筆の機会をいただいた佐藤卓己先生にまず感謝を申し上げたい。筆者にとって初めてとなる評伝の執筆に悪戦苦闘するなかで、佐藤先生には野依に関する資料なども提供していただくなど、執筆面でもサポートをしていただいた。本シリーズの研究会に参加するなかで、研究会の先生方にも様々な助言と刺激を頂いたことも、本書にとっては欠かせないものであった。構想段階では、昭和研究会において福間良明先生、谷本奈穂先生、高井昌吏先生、前田至剛先生、山本昭宏さんに見ていただき、片山慶隆先生の主宰する近代日本メディア史研究会や、立命館大学の福間ゼミでも発表の場と貴重なコメントを頂いた。

また創元社編集部の山口泰生さんと山﨑孝泰さんに大変お世話になった。山口さんには前回の『〈趣味〉としての戦争』に引き続き、本書においても重要なアドバイスと温かいお言葉を頂き、執筆の背中を押していただいた。編集を担当していただいた山﨑さんには、筆者の遅々として進まない執筆で何度もスケジュールを組みなおしていただくなど、多大なるご面倒をおかけした。本書が何とか完成にまでこぎつけることができたのも、山﨑さんに伴走していただいたおかげである。心より感謝を申し上げたい。

二〇二四年九月吉日

佐藤彰宣

引用文献

本書で引用した文献を中心に列挙した。ただし本文中に発行日を記した新聞記事および官報、『ダイヤモンド』・『経済マガジン』・『満州経済』の編集後記・同人消息欄は省略している。また石山賢吉の書籍、新聞・雑誌に執筆した文献は著作年譜に記載した。

・赤上裕幸『三木武吉の裏表――輿論指導か世論喚起か』創元社・二〇二四年
・赤木須留喜『東京都政の研究――普選下の東京市政の構造』未來社・一九七七年
・朝日新聞社編『朝日年鑑 昭和九年』朝日新聞社・一九三三年
・朝日新聞政党記者団編『政党年鑑 昭和二三年』ニュース社・一九四八年
・朝日新聞政党記者団編『政党年鑑 昭和二四年』ニュース社・一九四八年
・芦田均「言論界の一異彩」『ダイヤモンド』一九五五年五月五日号
・阿部留太「就任の辞」『ダイヤモンド』一九四〇年一月一日号
・阿部留太「皆川君を悼む」『ダイヤモンド』一九四〇年一〇月一一日号
・荒畑寒村・向坂逸郎『うめ草すて石――思い出の人びと』至誠堂・一九八二年
・有山輝雄『近代日本メディア史I――1868－1918』吉川弘文館・二〇二三年
・安藤良信『次に立つ我々』復興社・一九三七年
・池田成彬・柳澤健『故人今人』世界の日本社・一九四九年
・池田藤四郎「エフイシエンシー雑誌を発行す」『実業之世界』一九二六年二月号
・池袋散人「高等幇間石山賢吉」『人物評論』一九三三年一〇月号
・石山賢吉翁顕彰碑建立会「石山賢吉翁顕彰碑」『東京だより』一九六五年一二月号
・石山賢吉顕彰記念会編『石山賢吉物語――生涯一記者を貫いて』石山賢吉記念顕彰会・二〇〇七年

・石山皆男編『ダイヤモンド社二十五年史』ダイヤモンド社・一九三八年
・市村清『闘魂ひとすじに――わが半生の譜』有紀書房・一九六四年
・伊藤肇「社長のメイ著を評定すれば」『財界』一九六四年一月一日号
・伊藤肇『人間的魅力の研究』日本経済新聞社・一九八〇年
・稲村隆一「農村の破壊者」『政界往来』一九三七年九月号
・井上円了編『南船北馬集　第一四編』国民道徳普及会・一九一八年
・今泉省三『長岡の歴史　第五巻』野島出版・一九七二年
・岩波伊三郎編『東京芸妓評判録　上編』東洋廣進所・一九〇四年
・上野天窓編『新潟県所得納税名鑑』栄新堂・一八九四年
・植村秀樹『再軍備と五五年体制』木鐸社・一九九五年
・魚住弘久「戦時期「営団」の再検討――その虚像と実像」『年報行政研究』第三八号・二〇〇三年
・内海朝次郎『逓信畠の先輩巡礼　続』交通経済社・一九三六年
・永木千代治『新潟県政党史』新潟県政党史刊行会・一九六二年
・栄元『租借地大連における日本語新聞の事業活動――満洲日日新聞を中心に』晃洋書房・二〇二一年
・江古田山人「参議院をねらう人々」『新経済』一九五〇年二月号
・大草実・萱原宏一・下村亮一「三老人の浮世話」『経済往来』一九八九年七月号
・大河内正敏『農村の工業』鉄塔書院・一九三四年
・大澤聡「増田義一と『実業之日本』――野依秀市との併置から見えること」土屋礼子編著『近代日本メディア人物誌――創始者・経営者編』ミネルヴァ書房・二〇〇九年
・大塚豊次編『三井と三菱』実業之世界社・一九一三年
・大橋新太郎「短見二則」『ダイヤモンド』一九二六年二月一一日号
・大尾侑子『地下出版のメディア史――エロ・グロ、珍書屋、教養主義』慶應義塾大学出版会・二〇二二年

・小笠原輝「メディアが発信してきた「将棋めし」と「観る将棋ファン」」『将棋と文学スタディーズ』将棋と文学研究会・二〇一九年
・尾形六郎兵衛「石山先生郷里へ帰る（一）六〇年前の〃おじ〃の教訓」『ダイヤモンド』一九六三年七月一日号
・尾形六郎兵衛「石山先生郷里へ帰る（三）大いなる年輪」『ダイヤモンド』一九六三年七月一五日号
・尾形六郎兵衛「寛永寺墓地に石山賢吉翁の顕彰碑を訪ねる」『ダイヤモンド』一九六五年一一月二二日号
・小野瀬不二人『最新実際新聞学』植竹書院・一九一五年
・小汀利得「産業経済雑誌論」内外社編『総合ヂャーナリズム講座　第一一巻』内外社・一九三一年
・小汀利得「娑婆気百パーセントの楽天家――現代の出版人」『出版ニュース』一九五五年八月下旬号
・萱原宏一「石山賢吉翁のこと」『将棋世界』一九五〇年八月号
・河合良成『帝人事件――三十年目の証言』講談社・一九七〇年
・河崎吉紀「メディアに関する議員の一〇〇年――『衆議院議員名鑑』における数量的分析」佐藤卓己・河崎吉紀編『近代日本のメディア議員――〈政治のメディア化〉の歴史社会学』創元社・二〇一八年
・河野重吉「菊池寛賞を受けた石山賢吉氏のこと」『東京だより』一九五五年四月号
・菊池寛「話の屑籠」『文藝春秋』一九三七年四月号
・北浩平「右翼総登場」『人物往来』一九五三年五月号
・木下牛太郎編『白根地方お伽噺復刻』白根市教育委員会・一九七七年
・木下龍二「満洲経営の第一線に躍る人々」『実業之世界』一九三八年九月臨時増刊号
・共同印刷株式会社社史編纂委員会編『共同印刷90年史』共同印刷・一九八七年
・協同出版社編纂部編『雑誌年鑑昭和一七年版』共同出版社・一九四二年
・黒岩比佐子『パンとペン――社会主義者・堺利彦と「売文社」の闘い』講談社・二〇一三年
・桑原虎治編『慶応義塾商業学校創立参拾週年記念録』桑原虎治・一九二一年
・撃石火生「労働争議に成功した人失敗した人」『実業時代』一九二九年九月号

・憲政資料編纂会編『歴代閣僚と国会議員名鑑』ＷＵＭ教育財団政治大学校出版部・一九七八年
・現代政治機構研究会編『現代政治家の素顔――衆議院全議員録』住宅新報社・一九七七年
・交詢社編著『交詢社百年史』交詢社・一九八三年
郷誠之助「所感」『ダイヤモンド』一九三八年五月一日号
・講談社社史編纂委員会編『講談社の歩んだ五十年――明治・大正編』講談社・一九五九年
小竹即一「辟見、正見、邪見」『事業之日本』一九二六年四月号
小林一三「座談会　私の画く大劇場街と国民劇の将来」『ダイヤモンド』一九三四年二月二一日号
・小林昌樹編『雑誌新聞発行部数事典――昭和戦前期　附．発禁本部数総覧【増補改訂普及版】』金沢文圃閣・二〇二〇年
・五味渕典嗣「「山本実彦――「出版界の四天王」の栄光と挫折」土屋礼子編『近代日本メディア人物誌――創始者・経営者編』ミネルヴァ書房・二〇〇九年
・小宮京『語られざる占領下日本――公職追放から「保守本流」へ』ＮＨＫ出版・二〇二二年
・小山亮『小林商相機密漏洩問題の真相――決算委員会に於ける小山亮代議士の質疑応答の全文』七人社・一九四一年
小山亮「小林商相の機密漏洩事件」『史』一九七二年八月号
財界二千五百人集編纂部編『財界二千五百人集』財界二千五百人集編纂部・一九三四年
財務協会編『東京紳士録』横尾留治・一九一二年
坂井新三郎『越佐名士録』越佐名士録刊行会・一九四二年
境家史郎『戦後日本政治史――占領期から「ネオ55年体制」まで』中央公論社・二〇二三年
佐々木十九「故池田藤四郎と私」『商店界』一九三〇年二月号
佐藤周平『相当なもの――人物月旦』秀文閣書房・一九三五年
佐藤卓己『キングの時代――国民大衆雑誌の公共性』岩波書店・二〇二〇年
・佐藤卓己「メディア政治家と「政治のメディア化」」佐藤卓己・河崎吉紀編『近代日本のメディア議員――〈政治のメディア化〉の歴史社会学』創元社・二〇一八年

・佐藤卓己『負け組のメディア史――天下無敵野依秀市伝』岩波書店・二〇二一年
・佐藤卓己『池崎忠孝の明暗――教養主義者の大衆政治』創元社・二〇二三年
・佐藤卓己『言論統制 増補版――情報官・鈴木庫三と教育の国防国家』中公新書・二〇二四年
・佐藤卓己編『青年と雑誌の黄金時代――若者はなぜそれを読んでいたのか』岩波書店・二〇一五年
・佐藤正忠『一流人のことば』大和書房・一九六三年
・サンデー社編『人物研究』サンデー社・一九一三年
・志賀高「選挙戦線を往く」『再建』一九五二年五月号
・執行治平「メディア・イベントはどのように受け手の参加を促したのか――昭和期の新聞棋戦事業を対象として」『マス・コミュニケーション研究』九七号・二〇二〇年
・静木恒夫『小林一三と大谷竹次郎――東宝と松竹の資本、機構、人物』第百書房・一九三六年
・下村亮一「ある時その人」『経済往来』一九八三年四月号
・ジャパン・タイムス社『ジャパン・タイムス小史』ジャパン・タイムス社・一九四一年
・衆議院事務局編『衆議院議員総選挙一覧 第二三回』衆議院事務局・一九四八年
・衆議院事務局編『衆議院議員総選挙一覧 第二四回』衆議院事務局・一九四九年
・衆議院編『衆議院議員名鑑』大蔵省印刷局・一九九〇年
・趣味の人社編『趣味大観』趣味の人社・一九三五年
・旬刊新潟社編『躍進新潟の全貌』旬刊新潟社・一九三七年
・商業興信所編『日本全国諸会社役員録 明治二九年版』商業興信所・一八九六年
・白戸健一郎「普通選挙体制下のメディア政治家――政党政治と「世論」政治」佐藤卓己・河崎吉紀編『近代日本のメディア議員――〈政治のメディア化〉の歴史社会学』創元社・二〇一八年
・白根市教育委員会編『白根市史 巻七 通史』白根市・一九八九年
・白根市立白根小学校創立百周年記念事業実行委員会『白根市立白根小学校創立百周年記念誌』白根市立小学校・一九七三年

・白根町立白根小学校『白根小学校八十年のあゆみ』白根町立白根小学校・一九五三年
・白柳秀湖『山水と歴史』千倉書房・一九三四年
・白柳夏男編『戦争と父と子――白柳秀湖伝』日本商工出版・一九七一年
・人事興信所編『人事興信録　第五版』人事興信所・一九一八年
・人事興信所編『人事興信録　第七版』人事興信所・一九二五年
・進藤榮一・下河辺元春編『芦田均日記　第一巻』岩波書店・一九八六年
・進藤榮一・下河辺元春編『芦田均日記　第二巻』岩波書店・一九八六年
・進藤榮一・下河辺元春編『芦田均日記　第三巻』岩波書店・一九八六年
・進藤榮一・下河辺元春編『芦田均日記　第四巻』岩波書店・一九八六年
・新聞研究所編『昭和新聞名家録』新聞研究所・一九三〇年
・新聞研究所編『日本新聞年鑑　昭和六年』新聞研究所・一九三〇年
・新聞研究所編『日本新聞年鑑　昭和八年』新聞研究所・一九三二年
・杉原四郎編『日本経済雑誌の源流』有斐閣・一九九〇年
・鈴村裕輔『政治家石橋湛山――見識ある「アマチュア」の信念』中央公論新社・二〇二三年
・総理府大臣官房監査課編『公職追放実務提要』芦田東光社・一九五〇年
・ダイヤモンド社「石山賢吉物語」https://www.diamond.co.jp/ishiyama/memorial/index.htm
・ダイヤモンド社社史編集委員会編『七十五年史』ダイヤモンド社・一九八八年
・ダイヤモンド社社史編集委員会編『百年紀を越えて――Beyond the Centennial』ダイヤモンド社・二〇二一年
・高野復一「チラシ其他広告的印刷物」『ダイヤモンド』一九一三年五月号
・高場襄二「裃をぬいだ名士連の横顔（交詢社のぞき）」『人の噂』一九三〇年一二月号
・宝井馬琴「出ると負け選挙の記」『文藝春秋』一九五六年九月号
・武内甲子雄編『代議士録――民主議員四六六人物の全貌紹介』人事興信所・一九四六年

・田中角栄『私の履歴書』日本経済新聞社・一九六六年
・田中勝之・鎌倉孝夫編『日本労働者運動史4――ファシズム下の労働運動』河出書房新社・一九七五年
・玉塚商店編『二六節用 第四十四版』玉塚商店・一九三四年
・中日新聞社会部編『あいちの政治史』中日新聞本社・一九八一年
・筒井清忠『石橋湛山――自由主義政治家の軌跡』中央公論新社・一九八六年
・出久根達郎『万骨伝――饅頭本で読むあの人この人』筑摩書房・二〇一五年
・手島益雄『新聞記者の三十三年』東京芸備社・一九三三年
・哲学館『哲学館報告 明治二六年度』哲学館・一八九四年
・土居市太郎「思い出の五十年（五）――大崎・金・両君の昇格問題」『近代将棋』一九六一年六月号
・東京都交通局総務課調査係編『東京都交通局四十年史』東京都交通局・一九五一年
・東京都品川区『品川区史 通史編 下巻』東京都品川区・一九七四年
・東洋経済新報社百年史刊行委員会編『東洋経済新報社百年史』東洋経済新報社・一九九六年
・東洋大学編『東洋大学一覧 大正七年』観想発行所・一九一八年
・戸川猪佐武「政界の「新国軍」ラッパ手」『人物往来』一九五二年一〇月号
・徳永直『失業都市東京』中央公論社・一九三〇年
・友松諦道・山本幸世編『人の生をうくるは難く――友松圓諦小伝』真理運動本部・一九七五年
・トラベル・メイツ社編『新潟風土記――風土と文化』新潟書店組合・一九七九年
・中島富治「思ひ出（八）」『将棋日本』一九三九年一月号
・中島富治「明治大正棋界の座談会を読んで」『将棋世界』一九五三年一〇月号
・永田鉄山刊行会編『秘録永田鉄山』芙蓉書房・一九七二年
・中野四郎「衆議院議員候補者選挙公報」『衆議院議員総選挙公報集録 昭和三三年五月二二日執行』・一九五八年
・永嶺重敏『雑誌と読者の近代』日本エディタースクール出版部・一九九七年

・新潟県『新潟県史　資料編〈一六近代四〉政治編』新潟県・一九八五年
・新潟県中蒲原郡編『中蒲原郡誌　上編』新潟県中蒲原郡・一九一八年
・新潟県年鑑編集局編『新潟県年鑑　昭和八年度版』新潟毎日新聞社・一九三二年
・新潟県年鑑編集局編『新潟県年鑑　昭和九年度版』新潟毎日新聞社・一九三三年
・新潟県年鑑編集局編『新潟県年鑑　昭和一〇年度版』新潟毎日新聞社・一九三四年
・新潟市合併町村史編集室編『新潟市合併町村の歴史――基礎史料集七』新潟市合併町村史編集室・一九八四年
・新潟市政進展史編さん部編『新潟市政進展史　第三巻』新潟市・一九六八年
・新潟市政進展史編さん部編『新潟市政進展史　第四巻』新潟市・一九七一年
・新潟商工会議所『新潟商工会議所八十年史』新潟商工会議所・一九七九年
・新潟市歴史博物館編『第四国立銀行展図録』新潟市歴史博物館・二〇一六年
・新潟日報事業社出版部編『新津・白根（写真集ふるさとの百年）』新潟日報事業社・一九八一年
・新潟日報事業社出版部編『図解にいがた歴史散歩　新発田・北蒲原二』新潟日報事業社出版部・一九八五年
・新潟日報社編『越佐が生んだ日本的人物』新潟日報社・一九六五年
・新潟日報社編『民選知事五代――県政支配の構図　上巻』新潟日報事業社・一九七八年
・日東元「観戦記者の点描」『将棋評論』一九四七年五月号
・日本軽金属『日本軽金属二十年史』日本軽金属・一九五九年
・日本経済新聞社編『私の履歴書　第六集』日本経済新聞社・一九五八年
・日本電報通信社編『新聞総覧　大正二年』日本電報通信社・一九一三年
・日本文学振興会「第三回菊池寛賞発表」『文藝春秋』一九五五年四月号
・野田律太『評議会闘争史』中央公論社・一九三一年
・野間左衛追悼録編纂会編『しのぶ草』野間左衛追悼録編纂会・一九五七年
・野間省一「洛陽の紙価を高めた」『ダイヤモンド』一九六四年八月三日号

・野村證券株式会社調査部編『理研コンツエルン株式年鑑 昭和一三年四月』野村證券調査部・一九三八年
・野依秀市「我が「実業之世界」の生みの親の一人として「逝去された恩師」桑原虎治先生をめぐる思ひ出」『実業之世界』一九三九年九月号
・野依秀市編『百花爛漫――財界人問答』実業之日本社・一九五六年
・野依秀市「石山賢吉君はナゼ日本一となった」『実業之世界』一九六四年一〇月号
・野依秀市『石山賢吉と野依秀市』実業之世界社・一九六六年
・服部龍二『田中角栄――昭和の光と闇』講談社・二〇一六年
・早坂隆『永田鉄山――昭和陸軍「運命の男」』文藝春秋社・二〇一五年
・林廣吉「議会における農業問題」『我観』一九三六年二月号
・平岡敏男「雑誌批判――経済」『書評』一九四九年三月号
・平山周吉『満洲国グランドホテル』芸術新聞社・二〇二二年
・福井佑介「出版関連議員と政論メディアの変遷――雑誌の専門化と商業化」佐藤卓己・河崎吉紀編『近代日本のメディア議員――〈政治のメディア化〉の歴史社会学』創元社・二〇一八年
・福田赳夫「その社会正義漢と祖国愛」『ダイヤモンド』一九六四年八月三日号
・星野直樹「石山先生をしのぶ」『ダイヤモンド』一九六四年八月三日号
・増田信一郎「石山賢吉と野依秀市」『丸』一九四八年一一月号
・増田弘『石橋湛山――リベラリストの真髄』中央公論社・一九九五年
・増田弘『石橋湛山――思想は人間活動の根本・動力なり』ミネルヴァ書房・二〇一七年
・増田弘『政治家・石橋湛山研究――リベラル保守政治家の軌跡』東洋経済新報社・二〇二三年
・松尾繁弌『最終東京市会議員誌』都市情報社・一九四三年
・丸山鶴吉『七十年ところどころ』七十年ところどころ刊行会・一九五五年
・三浦節夫『ショートヒストリー東洋大学』学校法人東洋大学・二〇〇〇年

・三神良三『人間的魅力の研究』日本経営者団体連盟弘報部・一九八二年
・三鬼陽之助「私の雑記帳」『財界』一九五八年四月一日号
・三鬼陽之助「企業の最高峰――石山賢吉氏回想」『週刊読書人』一九六四年八月三日号
・三鬼陽之助「三鬼陽之助の財界鬼検事調書――NHK「春の波濤」の福沢桃介とは」『財界』一九八五年二月一九日号
・三鬼陽之助「私の雑記帳」『財界』一九九七年七月二二日号
・三田商業研究会編『慶應義塾出身名流列伝』実業之世界社・一九〇九年
・三宅晴輝『小林一三』日本書房・一九五九年
・三好仲雄編『東京就学案内』四海堂・一九〇一年
・武藏次郎「ダイヤモンド社を裸にする」『事業之日本』一九三九年八月号
・武藤山治「立候補を中止した私の心境」『中央公論』一九三二年三月号
・武藤山治『通俗実経済の話』時事通信社・一九三四年
・文部省調査局編『日本の成長と教育――教育の展開と経済の発達』文部省・一九六二年
・矢嶋光『芦田均と日本外交――連盟外交から日米同盟へ』吉川弘文館・二〇一九年
・矢嶋光「外交の民主化と政党政治――芦田均と鳩山一郎」増田弘編『戦後日本保守政治家の群像――自民党の変容と多様性』ミネルヴァ書房・二〇二三年
・安成貞雄「資本家なき工場」『ダイヤモンド』一九一三年七月号
・安成貞雄「其著『武士道』より見たる新渡戸稲造博士の無智と無識」『実業之世界』一九一五年八月一五日号
・安成二郎「森山吐虹氏のこと」『政界往来』一九五六年二月号
・山崎安雄『筆者と出版社 第二』学風書院・一九五五年
・山本岩夫「観察を誤れる新聞記者」『実業之世界』一九一三年四月一五日号
・山本亨介『将棋文化史』筑摩書房・一九八〇年
・雄弁研究会編『式辞と演説』愛隆堂・一九五二年

・與謝次郎「参議員を狙う経済界の人々」『経済往来』一九五〇年一月号
・吉岡金峰『越佐趣味の人々』大新潟時報社・一九三八年
・吉田甚蔵『各種実業学校教示――青年之成功』保成堂・一九〇五年
・読売新聞社編『明治・大正・昭和日本徳行録』読売新聞社・一九二九年
・萬朝報社調査部皇国日本史編纂局編『皇国日本史』萬朝報社調査部皇国日本史編纂局・一九三六年
・ラヨス、イヴァン（大町千二訳）『ドイツの抗戦力』ダイヤモンド社・一九四〇年
・理化学研究所史編集委員会編『理研精神八十八年』理化学研究所・二〇〇五年
・理研電線株式会社「わが町・わが村白根大凧合戦と越後の地酒」『電線時報』一九九〇年四月号
・早稲田学生新聞会編『紺碧の空なほ青く――近代日本の早稲田人五五〇人』早稲田大学出版部・一九七七年
・渡部茂『一九五〇年代の人物風景　第三部』人物展望社・一九五六年
・渡辺進次・池田原養編『昭和新潟人物誌』旬刊新潟社・一九三五年
・渡辺鋹蔵『反戦反共四十年』自由アジア社・一九五六年

【無署名記事】

・一記者「大崎八段が三十年の棋士生活を語る」『将棋月報』一九三六年八月号
・無署名「常議員会記事」『交詢雑誌』一八八三年九月一五日号
・無署名「塾報」『慶應義塾学報』第一〇一号・一九〇六年
・無署名「社会各方面より見たる高等幇間」『実業之世界』一九〇九年六月号
・無署名「波多野承五郎を釈放す――三井八郎衛門氏の代理朝吹英二氏の仲裁」『実業之世界』一九一〇年五月一日号
・無署名「大記者か小記者か　実業之世界記者石山賢吉君」『サンデー』一九一〇年六月一二日号
・無署名「読者倶楽部」『実業之世界』一九一〇年七月一五日号
・無署名「「燈火に呪はれたる東京市（社説第七回）資本論＝電燈料三割減要求の根本的理由は玆に存り」『実業之世界』

一九一〇年八月一日号
・無署名「最後の手段を決行するに先ちて東京電燈株式会社重役並に大株主諸氏に与ふるの書」『実業之世界』一九一〇年九月一五日号
・無署名「電燈記事一回中止に就いて読者諸君に告ぐ」『実業之世界』一九一〇年一〇月一日号
・無署名「野依社長の奇禍と今後の「実業之世界」」『実業之世界』一九一〇年一〇月一五日号
・無署名「雑誌界の双璧」『実業之世界』一九一三年六月一五日号
・無署名「筆の人口の人」『サンデー』一九一五年七月四日号
・無署名「十人十色」『ダイヤモンド』一九一五年九月号
・無署名「新渡戸博士の提灯に就て」『ダイヤモンド』一九一五年一〇月号
・無署名「新刊紹介」『実業之世界』一九一五年一〇月一五日号
・無署名「社告」『ダイヤモンド』一九一六年一二月号
・無署名「将棋の理想――藤原昇段祝賀会」『実業』一九二六年三月号
・無署名「棋局観戦記――石山賢吉氏小将棋界」『実業』一九二六年六月号
・無署名「雑報――野間新報知社長」『印刷雑誌』一九三〇年七月号
・無署名「新装なれる二大劇場」『実業之世界』一九三三年一二月号
・無署名「逓信畠から出た人々巡礼記（十）」『逓信協会雑誌』一九三四年六月号
・無署名「太平洋横断飛行の失敗に猫ババをキメ込む報知新聞八面的解剖」『実業之世界』一九三五年三月号
・無署名「棋界騒動の内幕」『政界往来』一九三六年一月号
・無署名「棋界ニュース」『将棋日本』一九三七年一一月号
・無署名「同人偶語」『経済マガジン』一九三七年六月号
・無署名「読者だより」『経済マガジン』一九三八年一二月号
・無署名「愛読者に告ぐ！」『経済マガジン』一九三九年二月号

・無署名「市政の動き」『市政週報』一九三九年五月号
・無署名「社告」『ダイヤモンド』一九四〇年五月一一日号
・無署名「声明」『ダイヤモンド』一九四〇年九月一一日号
・無署名「市政の動き」『市政週報』一九四二年一〇月号
・無署名「桶屋がパトロン」『ダイヤモンド』一九四六年一二月二一日号
・無署名「石山賢吉氏訪問記」『新越佐』一九四八年四月号
・無署名「街の経済学者告知板」『アサヒグラフ』一九四九年四月一三日号
・無署名「発刊の言葉」『東京だより』一九四九年七月号
・無署名「腕自慢素人将棋指し告知板」『富士』一九五二年二月号
・無署名「新軍備促進連盟の誕生」『東京だより』一九五二年三月号
・無署名「同憂の士来れ!!――新軍備促進連盟の結成」『東京だより』一九五二年三月号
・無署名「第二回軍備促進演説」『東京だより』一九五二年四月号
・無署名「仙台市の演説会」『東京だより』一九五二年七月号
・無署名「プロフイル」『出版ニュース』一九五三年八月下旬号
・無署名「婦人雑誌界の人々」『出版ニュース』一九五九年八月中旬号
・無署名「ダイヤモンド創立五〇周年祝賀記念パーティの記」『ダイヤモンド』一九六三年五月二七日号
・無署名「星野直樹氏の出版記念会〝必ずや五族協和の火が〟」『ダイヤモンド』一九六四年一月一日号
・無署名「真理ニュース」『真理』一九六四年八月号
・SVC「記者生活の危機」『文藝春秋』一九三四年三月号
・SVC「新聞紙匿名月評」『文藝春秋』一九三二年一一月号
・XYZ「経済人を国会に送れ――参院選終盤にかゝる」『ダイヤモンド』一九五〇年五月二一日号
・△△△生「九重城外より――交詢社の将棋の格式」『ダイヤモンド』一九二六年四月一一日号

石山賢吉 略年譜

＊石山が記した新聞・雑誌記事のうち、ここでは本書で直接引用したものを列挙する。本文中に発行月を記した『経済マガジン』での「随想記」は省略している。

一八八二（明治一五）年（0歳）
一月二日新潟県西蒲原郡曽根村に油紙業を営んでいた石山賢治、妻マスの子の長男として生まれる。父の賢治が結核のため死去。白根町にある母の実家へ引き取られ、伯父の川瀬善一郎のもとで育てられる。

一八九〇（明治二三）年（8歳）
白根尋常小学校へ入学する。幼馴染の相沢成治とともに哲学館出身の教員・木下牛太郎が開いた夜学にも通う。

一八九四（明治二七）年（12歳）
白根尋常小学校を四年で修了し、同校の補習科で学ぶ（一方で高等科へ進学したとも語っている）。

一八九七（明治三〇）年（15歳）
伯父の紹介で郵便局の電信技手になるため、新潟市内の電気通信伝習所へ入学する。

一八九八（明治三一）年（16歳）
白根郵便局に電信技手として就職する。ここでも相沢成治と同僚になる。勤務の傍らで古典の読書や数学の勉強を行い、一方で茶屋遊びにも興じる。

一九〇二（明治三五）年（20歳）
茶屋遊びが原因で、加茂郵便局への転勤を命じられる。

一九〇三（明治三六）年（21歳）
「石山家を興せ」という母の言葉に促され、加茂郵便局を退職し上京。上京後は、同郷の丸山謹二とともに「芸者評判録発行所」へ勤め、記者活動を開始する。

一九〇四（明治三七）年（22歳）
法律家を目指し一時は日本大学専門部生となっていたが、丸山孫蔵の勧めで慶應義塾商業学校へ入学する。日中は正則英語学校へ通いながら、夜学校であった慶應義塾商業学校へ通う。

一九〇五（明治三八）年（23歳）
野依秀市とともに『三田商業界』を創刊する。

一九〇六（明治三九）年（24歳）
石山素投の名で『三田商業界』で記事を執筆。慶應義塾商業学校を首席で卒業する。就職先が見つからず、卒業後も『三田商業界』の編集に携わる。
「各銀行会社商店の勘定科目と帳簿の組織（一）千代田生命保険相互会社」『三田商業界』三月号／「各銀行会社商店の勘定科目と帳簿の組織（二）三越呉服店」『三田商業界』四月号／「各銀行会社商店の勘定科目と帳簿の組織（三）東京瓦斯株式会社」『三田商業界』六月号／「各銀行会社商店勘定科目と帳簿組織（四）北海道炭鉱鉄道会社」『三田商業界』一〇月号

一九〇七（明治四〇）年（25歳）
野依が三田商業研究会の会長役を務める桑原虎治との対立により『三田商業界』を一時退社し、石山が一人で雑誌経営を担うも低迷。

一九〇八（明治四一）年（26歳）
野依の復帰に伴い、『三田商業界』から『実業之世界』へと改題。
「三井安田両銀行の営業振を評す」『実業之世界』五月号

一九〇九（明治四二）年（27歳）
同郷の山田ハマと結婚し、桑原虎治の家で野依を招いて結婚式を行う。
「大日本麦酒会社の決算報告を評す」『実業之世界』三月号／「東京鉄道株式会社の決算報告を評す」『実業之世界』八月号／「亡滅に瀕しつゝある購買組合共栄社の内幕――小人の典型波多野承五郎氏の愚を哂ふ」『実業之世界』九月号／「波多野承五郎君に与へて亡滅に頻せる購買組合共栄社の経営法を教ふ」『実業之世界』一〇月一日号

一九一〇（明治四三）年（28歳）
『実業之世界』で野依発案の東京電燈会社攻撃キャンペーンの記事を担当する。その際、古川鉱業の鈴木恒三郎に決算報告書の鑑別法を教わる。白柳秀湖とともに『サンデー』へ移籍。野依の出刃包丁事件による拘引に際して一時『実業之世界』へ戻る。
「壱億の国財を有する日本橋頑固商人啓発論」『実業之世界』一月一日号／「利き目のある広告と利き目のない広告」『実業之世界』六月一日号／「約束を蹂躙する松屋呉服店」『サンデー』七月三一日号／「瀕死の日醤を惨殺したる原田二郎」『実業之世界』一二月一日号

一九一一（明治四四）年（29歳）
野依の保釈前後に『実業之世界』を去り、伊藤欽亮が経営する『日本新聞』で経済記者となる。
「決算報告の鑑別と予の経験」『実業之世界』四月一日号・四月一五日号

一九一二（明治四五＝大正一）年（30歳）
白柳秀湖の勧誘により『毎夕新聞』へ移るも、編集長の小野瀬不二人と対立し退職する。

一九一三（大正二）年（31歳）
『投資』・『毎夕新聞』への入社を希望するも採用は見送られ、藤田藤四郎からの提案を受け『ダイヤモンド』を創刊。
「会社を誤る株主」『実業之世界』二月一五日号／「郵船会社の脱税行為を指摘す」『実業之世界』三月一五日号／「取消」『実業之世界』四月一五日号／「日本郵船会社増資考」『ダイヤモンド』五月号

一九一四（大正三）年（32歳）
「決算報告の滑稽」『ナショナル』八月号

一九一五（大正四）年（33歳）
①**『決算報告の見方』ダイヤモンド社**

一九一九（大正八）年（37歳）
名古屋の地元夕刊紙『名古屋日報』の経営に乗り出すも、内部対立により撤退。

一九二〇（大正九）年（38歳）
『家庭婦人』の経営を引き受けるも、一年足らずで廃刊。
「野依君は商売上手になれ」『実業之世界』一〇月号

一九二二（大正一一）年（40歳）
慶應義塾大学より特選として大学卒業と同資格が授けられ塾員となる。
「京浜電力を観る（一）」『ダイヤモンド』一一月二一日号

一九二四（大正一三）年（42歳）
将棋棋士・大崎熊雄の八段昇格を支援する。
②**『模範工場見学記』ダイヤモンド社**

一九二六（大正一五＝昭和一）年（44歳）
共同印刷争議において調停役となる。
③**『現代重役論』ダイヤモンド社**
「共同印刷争議調停者としての私の感想・感情的闘争より経済的持久戦へ」『実業之世界』五月号

一九二七（昭和二）年（45歳）

日本将棋連盟の顧問となる。『読売新聞』において「鉄仮面士」の名で将棋観戦記を手掛けるようになる。

一九二八（昭和三）年（46歳）

「序」赤堀又次郎『読史随筆』中西書房

一九二九（昭和四）年（47歳）

交詢社新館事務委員となる。

一九三〇（昭和五）年（48歳）

④**『創刊苦心』ダイヤモンド社**

⑤**『工場見学旅行』ダイヤモンド社**

「財界人事漫録」『文藝春秋』三月号から九月号まで連載／「実業参謀本部論」『中央公論』一一月号

一九三一（昭和六）年（49歳）

⑥**『財界人を語る』ダイヤモンド社**

「資本家陣営闘士物語」『中央公論』五月号

一九三二（昭和七）年（50歳）

武藤山治が経営者となった『時事新報』の監査役、小林一三の東京宝塚劇場の監査役、東京新潟県人会の理事にそれぞれ就任。

⑦**『庄川問題』ダイヤモンド社**

「会社決算の内幕」『実業之世界』五月号／「新聞界の不動様・武藤山治氏の印象」『サラリーマン』九月号

一九三三（昭和八）年（51歳）

「時事新報は立直るか」『ダイヤモンド』二月一一日号

一九三四（昭和九）年（52歳）

永田鉄山と会談する。白根町に理研電線株式会社の工場を誘致する。ダイヤモンド社に少年寮を設ける。

「謹告」『ダイヤモンド』二月一一日号／「武藤山治氏を悼む」『ダイヤモンド』三月二一日号／「武藤山治氏の思出」『ダイヤモンド』四月一日号・四月一一日号／「財界人としての武藤山治氏」『文藝春秋』四月号

一九三五（昭和一〇）年（53歳）

⑧**『金と人間』千倉書房**

⑨**『先人に学ぶ』千倉書房**

⑩**溝呂木光治との共著『将棋此の一手』千倉書房**

⑪**『白根町と燕町』ダイヤモンド社（非売品）**

「九州の初旅（二）」『ダイヤモンド』八月一一日号／「選挙粛正運動」『サラリーマン』八月号／「将棋随筆」『将棋世界』

一二月号

一九三六（昭和一一）年（54歳）

東京新潟県人会の理事長に就任し、日比谷公会堂にて郷土祭「新潟県の夕」を開催。

⑫『**仕事の妙味**』千倉書房

⑬『**これからの株式投資**』東京パンフレット社

⑭『**金持に学ぶ**』今日の問題社

「新潟から佐渡へ」『ダイヤモンド』五月一一日号／「新潟県の新興工業」『ダイヤモンド』九月一日号より九月二一日号まで連載

一九三七（昭和一二）年（55歳）

東京市会議員選挙へ市政革新同盟から推薦を受けて品川区で立候補し、当選を果たす。大衆経済雑誌『経済マガジン』を創刊。ダイヤモンド研究所を設立し、『戦費怖るゝに足らず』などのパンフレットを制作する。

⑮『**事業と其人の型**』千倉書房

⑯『**牧野元次郎氏を語る**』学芸社

⑰『**戦費怖るゝに足らず――日清日露両戦役の経験**』ダイヤモンド研究所

⑱『**こんな事では鉄価は下らぬ――日鉄当局者の猛省を促す**』ダイヤモンド研究所

⑲『**東京市電の更生策――交通研究資料第四八編**』日本交通協会

「事業と人物（一）」『銀行通信録』四月号／「『三田商業界』から『実業之世界』と改題の頃・若かりし野依君と私」『実業之世界』五月号／「発刊の辞」『経済マガジン』六月号／「野依君と私」『実業之世界』六月号／「戦費怖るゝに足らず」『ダイヤモンド』八月一一日号／「如何にしたら良い友人が得られるか」『経済マガジン』一二月号／「重囲の中に淋しく奮闘する東京市電」『経済マガジン』一二月号

一九三八（昭和一三）年（56歳）

⑳『**経済記者修業**』ダイヤモンド社

㉑『**処世哲学**』ダイヤモンド社

㉒『**貯蓄の妙味**』ダイヤモンド社

㉓『**経済行脚**』千倉書房

「二人の友人」東京日日新聞社学芸部編『友を語る』東京日日新聞社／「雑誌経営の体験を語る」『経済マガジン』一月号・二月号／「相手を重く見てやれ」『経済マガジン』三月号／「経済記者修業」『経済マガジン』六月号より八月号まで連載／「適材適所」『経済マガジン』九月号／「東西雑誌王」『経済マガジン』一〇月号より翌年四月号まで連載

一九三九（昭和一四）年（57歳）

市会議員として交通インフラ問題に取り組み、『東京市交通統制に対する意見書』を発表。

㉔『東京市交通統制に対する意見書（一）』東京市政革新同盟（非売品）
㉕『東京市交通統制に対する意見書（二）』東京市政革新同盟（非売品）
「長期戦下の国内改革如何」『政界往来』一月号／「公営か民営か、半公半官か」『ダイヤモンド』九月一日号／「安田興四郎君を悼む」『ダイヤモンド』九月二一日号／「交通統制は公法人が最良」『ダイヤモンド』一一月二一日号

一九四〇（昭和一五）年（58歳）
ダイヤモンド社の社長を辞し、会長へ就任。『満州経済』を創刊し、石橋湛山とともに満洲を視察する。
㉖『**日本産業の再編成**』ダイヤモンド社
㉗『**利益が多くて配当の少ない独逸の会社**』ダイヤモンド社
「再び東京交通統制問題を論ず」『ダイヤモンド』一月一日号／「社長更迭の辞」『ダイヤモンド』一月一日号／「阿部君と私」『ダイヤモンド』一月一一日号／「協力者としての喜び」『満州経済』二月号／「大陸の宝庫」『満州経済』四月号／「満鮮の初旅」『新潟県人』六月号／「商工大臣藤原銀次郎」『満州経済』六月号／「小林新商相は何をするか」『ダイヤモンド』八月一日号

一九四一（昭和一六）年（59歳）
「石山賢吉文集」（全七巻）をダイヤモンド社より刊行する。
㉘『**石山賢吉文集 第一 私の雑誌経営**』ダイヤモンド社
㉙『**石山賢吉文集 第二 我が郷土**』ダイヤモンド社
㉚『**石山賢吉文集 第三 上海紀行**』ダイヤモンド社
㉛『**石山賢吉文集 第四 近代の事業家**』ダイヤモンド社
㉜『**石山賢吉文集 第五 紡織工場見学記**』ダイヤモンド社
㉝『**石山賢吉文集 第六 庄川問題上巻**』ダイヤモンド社
㉞『**石山賢吉文集 第七 庄川問題下巻**』ダイヤモンド社
「最後に勝利を制する鍵」『雄弁』六月号／「足許を踏み締めよ」『ダイヤモンド』八月一日号

一九四二（昭和一七）年（60歳）
翼賛選挙となった東京市会議員選挙へ推薦候補者として立候補し、再当選。東京市会では交通電気委員長に就任。
㉟『**紀行 満洲・台湾・海南島**』ダイヤモンド社
「一億国民の決意」『経済マガジン』一月号／「私の歩んだ道」『ダイヤモンド』三月一一日号／「先人に学ぶ――戦争に夏休はない・藤原銀次郎氏の一言」『経済マガジン』九月号／「岸本東京市長に要望す」『ダイヤモンド』一〇月一一日号

一九四三（昭和一八）年（61歳）
大蔵省委員、戦時貯蓄動員本部評議員に就任。『経済マガジン』を同年三月号より『経済ニッポン』へ改題するも、同年一二月号を最後に休刊。

「相沢周介君を悼む」『ダイヤモンド』四月一日号

一九四四（**昭和一九**）**年**（**62歳**）

㊱『株式会社経営分析』ダイヤモンド社

「ダイヤモンド（雑感）」『ダイヤモンド』一一月一一日号

一九四五（**昭和二〇**）**年**（**63歳**）

『ダイヤモンド』四月二一日号を最後に発行は止まり、空襲によって社屋は消失する。大蔵省行政委員に就任。敗戦後の一一月一日号より『ダイヤモンド』は復刊。戦後通貨対策委員会委員に就任する。

「再刊の辞」『ダイヤモンド』一一月一日号

一九四六（**昭和二一**）**年**（**64歳**）

東京新潟県人会会長に就任する。第二二回衆議院選挙へ立候補した石橋湛山を支援する。

㊲『財産税の解説』ダイヤモンド社

「学者を尊敬し技師を優遇せよ」『ダイヤモンド』八月二一日号

一九四七（**昭和二二**）**年**（**65歳**）

第二三回衆議院選挙へ自由党公認候補として新潟一区から立候補し、当選を果たす。衆議院電気委員会委員に就任し、「産業科学研究機関の設置に関する質問主意書」を政府へ提出する。G項該当者として公職追放により衆議院議員およびダイヤモンド社会長を辞職する。

㊳『これからの産業――既設産業の巻』東京プレスサービス

「訣別の辞」『ダイヤモンド』一一月一一日号

一九四八（**昭和二三**）**年**（**66歳**）

公職追放取消となり、ダイヤモンド社へ取締役顧問として復帰。民主党へ入党し政務調査会顧問に就任する。

㊴『随筆 花に背いて』ダイヤモンド社

㊵『芦田首相を描く』ダイヤモンド社

㊶『簿記の知識』ダイヤモンド社

「追放取消に就ての御挨拶」『ダイヤモンド』六月一一日号／「民主党と中道政治」『民主新論』八月号／「民自党の政策を評す」『ダイヤモンド』一一月二一日号

一九四九（**昭和二四**）**年**（**67歳**）

第二四回衆議院選挙へ民主党公認候補として新潟一区より立候補するも落選する。芦田均、木村義雄とともに『東京だより』を創刊する。

㊷『インフレ株価算出法』ダイヤモンド社

㊸『人間学』ダイヤモンド社

一九五〇（**昭和二五**）**年**（**68歳**）

第二回参議院選挙に民主党公認候補として全国区より立候補するも落選する。

㊹『思い出の人々』ダイヤモンド社

「落選のおわび」「木村名人は名人中の名人」『ダイヤモンド』六月二一日号

一九五一（昭和二六）年（69歳）

ダイヤモンド社会長に復帰。国民民主党新潟県支部支部長に就任する。国民民主党や新政クラブなどによる新党結成準備委員会の常任委員（政策担当）に就任する。

㊺『名ある工場を訪ねて』ダイヤモンド社

一九五二（昭和二七）年（70歳）

芦田均を中心とした新軍備促進連盟の主要メンバーとして全国遊説に赴く。交詢社常議員となる。

「私の二十才代」誠文堂新光社編『二十代』誠文堂新光社／「巨人言行録」『ダイヤモンド』四月五日号／「再軍備は増税を要求しない」『ダイヤモンド』七月一日号／「敗残の死」『ダイヤモンド』一二月二一日号

一九五三（昭和二八）年（71歳）

㊻『私の雑誌経営』ダイヤモンド社

㊼『会社経営と株主報告――米国および欧州の実例』ダイヤモンド社

「雑誌経営の回顧（29）」『ダイヤモンド』二月一一日号

一九五四（昭和二九）年（72歳）

㊽『先人に学ぶ改訂版』ダイヤモンド社

㊾『アメリカ印象記』ダイヤモンド社

一九五五（昭和三〇）年（73歳）

菊池寛賞を「雑誌経営並びに編集者として一貫かはらざる精進」として受賞する。

石橋湛山との対談「経済拡大で国民に希望を与えよ」『東洋経済』一九五五年一一月一九日号

一九五六（昭和三一）年（74歳）

日本雑誌協会初代会長に就任する。

㊿『随筆カラ放送』ダイヤモンド社

(51)『財界歴訪記』ダイヤモンド社

(52)『商売に生きる道――繁栄している中小企業の実例』ダイヤモンド社

「財界歴訪記（二三）日本テレビ見学三」『ダイヤモンド』一月五日号／「我が事業と人生」『先見経済』二月号／「お互に言論五十年」『実業之世界』五月号／「序――渡部君の人物評」渡部茂『一九五〇年代の人物風景 第三部』人物展望社／「再

軍備演説会余話」『東京だより』一二月号

一九五七（昭和三二）年（75歳）

「独学」『毎日新聞』一一月一四日夕刊

一九五八（昭和三三）年（76歳）

㊸『回顧七十年』ダイヤモンド社

「ダットサン遠乗記」『ダイヤモンド』一九五七年三月五日号／「独学」『東京だより』九月号

一九五九（昭和三四）年（77歳）

読書推進運動協会会長に就任する。

「経済誌に一生を賭けて」『新経済』五月号

一九六〇（昭和三五）年（78歳）

㊹『藤原銀次郎氏の足跡』ダイヤモンド社

一九六一（昭和三六）年（79歳）

㊺『石坂泰三物語』ダイヤモンド社

「小林さんを追慕す」小林一三翁追想録編纂委員会編『小林一三翁の追想』小林一三翁追想録編纂委員会

一九六二（昭和三七）年（80歳）

藍綬褒章および紺綬褒章を受章する。

「景気と出版界」『出版ニュース』一九六二年一月上旬号

一九六三（昭和三八）年（81歳）

ダイヤモンド創立五〇周年祝賀パーティーを開催し、田中角栄らが祝辞を述べる。福田赳夫が中心となって石山の寿像が制作される。

㊻『雑誌経営五十年』ダイヤモンド社

「新年のことば」『ダイヤモンド』一月一日号／「寿像に対して」『ダイヤモンド』一一月四日号

一九六四（昭和三九）年（82歳）

七月二三日七時一五分、東京警察病院で老衰のため死去。青山葬儀所で葬儀が行われる。法名は「慈眼院常精進済生賢吉居士」。勲三等旭日中綬章を受け、没後従四位を授与される。遺骨は寛永寺第三霊園に収められる。

「母校の思い出」『新潟日報』一月三〇日朝刊

一九六五（昭和四〇）年以後

㊼『人間学』（改訂版）ダイヤモンド社・一九六五年

㊽『先人に学ぶ』（再改訂版）ダイヤモンド社・一九六五年

㊾石山賢吉翁生誕百年記念編纂委員会編『人智無極――石山賢吉翁生誕百年記念』ダイヤモンド社・一九八〇年

佐藤彰宣　SATO Akinobu

1989年兵庫県神戸市生まれ。2017年立命館大学大学院社会学研究科博士後期課程修了。博士（社会学）。立命館大学産業社会学部授業担当講師、東亜大学人間科学部講師などを経て、現在、流通科学大学人間社会学部准教授。専門は文化社会学、メディア史。著書に『スポーツ雑誌のメディア史』（勉誠出版）、『〈趣味〉としての戦争』（創元社）、共著に『「知覧」の誕生』（柏書房）、『趣味とジェンダー』（青弓社）、『近頃なぜか岡本喜八』（みずき書林）など。

近代《きんだい》日本《にほん》メディア議員列伝《ぎいんれつでん》　8巻

石山賢吉《いしやまけんきち》の決算《けっさん》——ダイヤモンドの政治《せいじ》はあるか

2024年11月10日　第1版第1刷発行

著　者　佐藤彰宣
発行者　矢部敬一
発行所　株式会社創元社
https://www.sogensha.co.jp/
〔本　　社〕〒541-0047 大阪市中央区淡路町4-3-6
Tel. 06-6231-9010　Fax. 06-6233-3111
〔東京支店〕〒101-0051 東京都千代田区神田神保町1-2 田辺ビル
Tel. 03-6811-0662
装　丁　森裕昌
印刷所　モリモト印刷株式会社

ISBN978-4-422-30108-2　C0336

近代日本メディア議員列伝

全巻構成

四六判・上製　各巻平均 350 頁
各巻予価：2,970 円（本体 2,700 円）

1 巻◆片山慶隆『大石正巳の奮闘——自由民権から政党政治へ』
【第 13 回配本 ·2025 年 7 月刊行予定】

2 巻◆井上義和『降旗元太郎の理想——名望家政治から大衆政治へ』
【第 2 回配本・既刊】

3 巻◆河崎吉紀『関和知の出世——政論記者からメディア議員へ』
【第 5 回配本・既刊】

4 巻◆戸松幸一『古島一雄の布石——明治の侠客、昭和の黒幕』
【第 14 回配本 ·2025 年 9 月刊行予定】

5 巻◆白戸健一郎『中野正剛の民権——狂狷政治家の矜持』
【第 3 回配本・既刊】

6 巻◆佐藤卓己『池崎忠孝の明暗——教養主義者の大衆政治』
【第 1 回配本・既刊】

7 巻◆赤上裕幸『三木武吉の裏表——輿論指導か世論喚起か』
【第 4 回配本・既刊】

8 巻◆佐藤彰宣『石山賢吉の決算——ダイヤモンドの政治はあるか』
【第 9 回配本・既刊】

9 巻◆福間良明『西岡竹次郎の雄弁——苦学経験と「平等」の逆説』
【第 7 回配本・既刊】

10 巻◆石田あゆう『神近市子の猛進——婦人運動家の隘路』
【第 11 回配本 ·2025 年 3 月刊行予定】

11 巻◆松尾理也『橋本登美三郎の協同——保守が夢見た情報社会』
【第 6 回配本・既刊】

12 巻◆松永智子『米原昶の革命——不実な政治か貞淑なメディアか』
【第 10 回配本 ·2025 年 1 月刊行予定】

13 巻◆山口仁『田川誠一の挑戦——保守リベラル再生の道』
【第 8 回配本・既刊】

14 巻◆長﨑励朗『上田哲の歌声——Why not protest?』
【第 12 回配本 ·2025 年 5 月刊行予定】

15 巻◆河崎吉紀『近代日本メディア議員人名辞典・付総索引』
【第 15 回配本 ·2026 年 1 月刊行予定】